美国情报组织揭秘

高庆德·著

时事出版社

目 录

第一章

美国情报工作的历史演变

第一节 一个“君子不看他人信件”的国度

美国人从事情报工作的历史与其国家史同样古老，情报工作为美国的扩张和国家战略的实现作出了巨大的贡献。美国的情报工作自独立战争开始，从无到有。历时四年的南北战争为情报工作提供了用武之地。19 世纪末，随着美国社会向帝国主义转变，情报工作开始步入第二个发展时期。此时，美国政府和军队相继成立了专门的情报机构，侦听和派遣等情报工作方式开始定型并固定下来，专职、稳定的情报队伍渐渐形成。以珍珠港事件和美国加入第二次世界大战为契机，情报工作在战火中迅速膨胀。以 1947 年中央情报局的成立为标志，美国情报史迈入了第三个发展阶段。二战后，美国成为世界霸主之一，在对苏联的冷战中，情报工作发挥了极大的作用，情报界成为政府机构中不可或缺的组成部分。冷战结束后，国际政治格局发生了剧变，美国情报工作也进行了相应的调整和改革。尤其是进入 21 世纪以来，“9·11”事件的发生使美国情报界开始了大刀阔斧的改革，情报工作也随之迈进第四个发展阶段。

一、美国早期的情报工作

早在独立战争时期，开国元勋乔治·华盛顿作为“美国情报之父”创立和发展了美国的情报工作，以使用间谍为主的情报工作首次登上美国政治、军事斗争舞台。当时除了在战争中诞生了希拉斯·迪内、内森·黑尔、约翰·哈尼曼等著名间谍外，还创建了“秘密通信委员会”、卡勃间谍网等重要的情报组织和机构；不仅在与英国展开的间谍战中战功卓著，还使编制密码、情报分析等现代情报工作领域初露端倪。因此，独立战争时期作为美国情报的幼年期，为其立国后的情报工作奠定了基础。

1861 年爆发的南北战争是美国早期情报活动大发展的时期。此间，不仅间谍战开展得如火如荼，密码信号通讯也获得了长足的发展。前者主要以埃伦·平克顿建立的平克顿调查局为代表，他抓获了南方的主要间谍萝丝夫人，据说还粉碎了一次巴尔的摩叛乱组织刺杀林肯的阴谋。但是，他有一个致命的弱点，即缺乏情报分析能力，从而导致了其在对南军兵力进行评估时经常出现偏差。1862 年，南北方分别成立了各自的情报机构，南方的情报机构是“秘密情报局”，主要负责信号情报方面的工作，编制密码、截收对方通讯并建立了一个正式的通信网，但没有反间谍方面的任务，地位也不高；北方的情报机构是“波托马克军团军事情报局”。总之，在美国情报工作的早期，获取的情报大多是初级的情报，还没有出现战略情报；获取手段主要是间谍；情报机构存在时间短暂，还没有形成一个统一、完整、有力的情报机构。

二、美西战争期间的情报工作

19 世纪末至二战这段时期，堪称美国情报工作的“青春期”。

这一阶段的第一场最重要的战争——美西战争的前后，成立了应运而生的专业化、常设的情报机构。1882 年 3 月，美国海军部长正式发布命令成立海军情报局，职责是“搜集和记录战时或平时对海军有用的情报”。因此，海军情报局是现存的美国情报机构中历史最悠久的一家，其领导人西奥多罗斯·马森上尉也由此成为美国历史上第一名专职情报主管。1885 年 10 月，美国陆军也成立了情报机构——军事情报局，职责是“搜集有关战争和陆军的各类外军情报”，由当时的陆军副官部管辖，而这个副官部乃是日后的总参谋部的雏形。在大多数情况下，海军情报局和军事情报局只搜集科技、军事情报并绘制地图，但驻外武官报回的情报也成了重要的来源。另外，在此期间还引领了情报界和商界合作的开端。在战争部的要求下，美国当时最大的火药制造商杜邦公司设法从欧洲国家秘密获取了生产无烟火药的技术。

美西战争打响后，这些情报机构都在间谍和反间谍方面对战争作出了巨大贡献。虽然美西战争的规模不大，美军也受到了不少批评，但成立不久的情报机构却是这场战争中的大赢家，它们的声誉大大提高，人员也得到了锻炼。

三、第一次世界大战前后的情报工作

美西战争之后，美军开始进行根本性的改革以实现现代化。1903 年，西奥多·罗斯福总统向国会提出的议案得到批准，美军成立总参谋部负责调动和管理全国军队，军情局成为其中的第二部，代号 G-2。为了克服陆、海军情报机构之间的竞争，总参谋部对它们的职责和资产做了明确划分。新任军情局长是拉尔夫·范迪曼，他在八国联军攻占北京后曾到过天津，因此在他任职期间打开了美国远东情报工作的新局面。军情局在政府高层日益发挥重要作用。然而，由于总参谋长贝尔一直对情报工作有成见，而且和范迪曼之间也有个人恩怨。1908年6月，贝尔借故裁撤了军情局，将它并入原来的总参三部，即军事学院之内，美国的情报工作因而陷入低谷。

在威尔逊总统任职期间，美国与英国的情报机构建立了联系，英美情报界之间的一种非正式合作关系就此建立起来，并且一直持续到美国参战。这种合作关系对促使美国参战起到了至关重要的作用，这其中牵涉到世界情报史上一桩极为有名的案例，也是无线电侦察史上最辉煌的一次战例——“齐默尔曼电报”。1917年初，英国海军的电讯监听部门截收到了一份电报，是德国外交部长齐默尔曼发给德国驻墨西哥大使的。电文上写道：“我们将于2月1日展开无限制的潜艇战。尽管如此，我们仍要尽力使美国保持中立。如果这一愿望不能实现，我们可在下列基础上与墨西哥结盟：一同参战，一同媾和，我们将提供大量援助并对墨西哥恢复对亚利桑那、得克萨斯、新墨西哥……的统治予以理解。”一直盼望着美国人不再隔岸观火的英国人当即便通过威斯曼①的渠道将这一电文转给了威尔逊总统，总统对德国人的两面派作风大为光火，指示把这一电报透露给新闻界。于是，美国举国上下沸腾了，德国人竟然支持墨西哥对美国领土的要求，许多原先持孤立主义态度的美国人也被德国人激怒了。1917年4月6日，美国宣布加入第一次世界大战，“齐默尔曼电报”可以说是起到了巨大的催化作用。

国会一宣战，范迪曼便抓住机会向总参谋长进言要重建军情局。1917年5月3日，陆军部发文在军事学院内成立新的军事情报局。

---

① 威斯曼：英国外交官。尽管英美两国在第一次世界大战中是盟国，但是两国对战后世界安排的分歧却使合作困难重重。英国外交官威斯曼在情报的传递方面发挥了重要作用，同时也对美国的战略进行解读、分析。他曾在给英国政府的报告中评论威尔逊关于战后世界安排的“十四点”：“在威尔逊总统的思想中，未来世界和平的全部内容就只有一个概念，基于国际联盟的概念。假如这一点失败了，其他都一无用处。所有的其他13点都是出自这一点，如果它（国联）不能付诸实施，其他部分就会变得毫无意义并随之消失。”

重建后的军情局在组织上分为三个部分：行政处负责传统的情报搜集，包括武官渠道、公开情报等；情报处负责秘密的情报搜集，即间谍活动；监听处负责电讯监听和邮检。在范迪曼的领导下，军情局的势力迅速膨胀，初建时只有 2 名干部和 3 名文职工作人员，到战争结束时，已经发展到 282 名干部，28 名兼职官员和上千名文职工作人员。范迪曼虽然是名老资格的情报通，但他也不乏新思想。当美国情报界有名的密码专家休伯特·雅德利向他建议成立密码编制和破译部门时，他从善如流，立刻组织专家成立 MI-8（军情八处），由雅德利领导负责这方面的工作，后来这个机构成为了有名的“黑屋”。

一战后期，人们对德国间谍的恐惧和愤恨与日俱增，军情局在反间谍工作中有许多过火的行动，招致各方批评。但到 1918 年 6 月，军情局升格为直辖于总参谋部的机构，其领导也改为由准将担任，这表明军情局的功绩已经得到各方承认，情报机构在军队体系中的地位得到巩固。

四、两次世界大战间的情报工作

两次世界大战间是美国情报界没落的年代。由于孤立主义在美国外交政策中占了主导，美国情报界大部分时间处于休眠状态，它的任务归并为两类：保卫美国本土和美国在海外的利益；阻止欧洲势力干涉西半球事务。

1921 年，经济萧条迫使美国政府召回了驻比利时、捷克、厄瓜多尔、荷兰、瑞典和瑞士的武官，司法部调查局和财政部秘密服务局停止了他们的反间谍工作，国务院也放弃了所担负的情报任务。这一年，军事情报局总部的人数从 1918 年 1441 人的高峰锐减为 92 人，经费也从 250 万美元降为 22 万美元，至大衰退时经费进一步减少。1937 年，美国的情报经费只及苏联和日本的 1/10。马歇尔将军曾对这一时期的情报工作有如下评价："我们对外情报的全部就是驻外武官在饭桌上听到的只言片语，或许还可以加上点在咖啡厅的收获。"艾森豪威尔总统也曾回忆说，当时驻外武官并不是一个令人羡慕的职位，原因是经费不多，"他们大多是费力精打细算的老好人，很少懂得情报是怎么一回事"。尽管美国驻里加的领馆在20世纪20年代曾被苏联人称为"罪恶的间谍中心"，但作为内中人物的乔治·凯南却一语道破："美国对苏联从来未能超出一知半解的程度。"

这一时期，仍然生存下来的只有雅德利领导的密码工作部门——MI-8。1919年10月1日，这个机构成为美国"黑屋"，国务院和军情局各负担一部分经费。"黑屋"监视的重点起先是苏联，后来日本也被列入其中。它最出色的一次表现是在华盛顿海军会议期间。在这次有关美、英、法、日、意参加的旨在限制战舰吨位数量的会议上，日本起初要求与英美海军战列舰之比为10∶10∶7，美国专家担心这个比例会使日本在西太平洋占据海上优势而未同意，谈判陷入僵局。1921年11月28日，"黑屋"截收到了东京日本外交部发给日本谈判代表团的电报，上面说如果原先的目标不能达到，代表团可以将比例降为10∶10∶6。这个关键的情报使美国人心中有了底，最终迫使日本人做出了让步。在它存在的10年中，"黑屋"破译了45000份密码情报，有英国的、法国的、苏联的，当然还有日本的。所有原始情报都来源于布建于西部联合电报公司和邮政电报公司的员工，这一来源也导致了在其存在10年后最终解散的结局。

五、"君子不看他人信件"

美国从建国开始，情报就一直在政治、军事斗争舞台上扮演着重要角色。然而，为什么要称美国是一个"君子不看他人信件"的国度呢？这要归因于胡佛总统上台后情报机构得到的政策指导。1929年胡佛总统上台后，以正人君子自居的国务卿史汀生得知"黑屋”的存在后大为不满，当即指示国务院负担的那部分经费停拨。他认为偷看别国的外交信函是一件肮脏的事情，是对共同信任精神的侵犯，而这种精神正是他为人和外交政策的根本。1929 年 10 月 31 日，“黑屋”寿终正寝。

然而，所谓“君子不看他人信件”对于情报工作而言实为一种讽刺，它提倡的是一种冠冕堂皇的国家安全观。一方面，秘密性本来就是情报的一个重要属性，要获取高质量的可用情报，从而辅助决策，保卫国家安全，有时不得不采取一些秘密手段；另一方面，美国向来是一个标榜人权与自由的国家，秘密手段很难避免侵犯公民的隐私权，如此“君子”行为则无法真正地保证国家的充分安全。因此需要在两方面做出权衡，但实际上却很难做到。事实上，“偷看他人信件”这种不绅士的行为也并没有终止，曾负担“黑屋”60%经费的军情局又新创建了一个“信号情报处”接下了“黑屋”的业务。

20 世纪 30 年代，德国和日本的战争野心暴露无遗，世界形势日趋紧张，间谍战也因此日益加剧。1933 年，美苏建交后，苏联也开始以外交使团和贸易办事处为掩护在美国开展情报活动。1936 年 8 月 24 日，罗斯福总统将美国反间谍工作交给了联邦调查局，自此该局成为了美国反间谍工作的主力。

19 世纪末到二战前的近半个世纪是美国情报界的“青春期”，其间真正意义上的情报机构从无到有，全球情报体系也建立起来。在支援作战、为军队服务上，情报机构作出了自己的贡献，也有过失误和教训。最为重要的是，在这个时期，美国领导人已经普遍具有了一种情报意识，但不足的是人们对情报的这种认识尚未上升到战略的高度，情报参与国家决策还是天方夜谭。因而，“君子不看他人信件”从另一个角度来看，也代表了美国在这一段时期的情报观。

值得一提的是，范迪曼是这一时期美国情报史上的中心人物。他既继承了平克顿时代的情报传统，又开启了后代的杜诺万使情报参与国家决策的时代。他本人虽是军人，但他的情报工作范围却超出了军界。事实上，在范迪曼及其同僚的努力下，情报界已经开始以独立的姿态走上国家政治舞台。

第二节 “战时建、平时撤”的情报观

美国情报发展史在冷战前的总体特点是还没有形成一套常设的情报体制，在战时情报工作发展迅速，战后随着安全形势的改善，国家又渐渐地忽视了情报的重要性，情报工作因此停滞不前，甚至发生倒退。

情报活动在美国独立战争和其后的扩张中发挥了至关重要的作用，但美国的早期创立者当时仅把情报活动看作为获得战争胜利而采取的一种权宜之计。在这种观念的指导下，宪法和政府中都没有情报机构的位置。南北战争中，情报史上展开了一场空前规模的间谍战，随着战争双方对情报的需求日益增加，密码通讯和间谍活动都得到了大发展。但战争结束后，美国政府大幅裁军，战时设立的一些情报机构也均被裁撤。随后，美国社会开始由自由竞争的资本主义向帝国主义过渡，这种转变中的社会性质使得美国开始面向全世界寻求发展。在这样的背景下，才产生了少数专业化的、常设的情报机构。第一次世界大战中，美国以密码部门 MI-8 为首开展的信号情报工作发展迅速，军事情报局在战争后期也升格为直辖于总参谋部的机构，情报机构的地位得到了很大的提高，但战争一结束，美国情报界又进入了休眠状态。已成为美国“黑屋”的 MI-8，因“君子不看他人信件”的政策而撤销，情报经费和人员也大幅削减。到了第二次世界大战时期，美国情报机构“战时建、平时撤”的特征体现得更为明显，最具有代表

性的当属战略情报局的发展和消亡。

一、战略情报局的兴亡

战略情报局是美国二战期间情报工作的主力，其建立可以追溯到1941年杜诺万呈递的第一份报告。1940年6月，罗斯福为了谋求共和党对他的支持，任命史汀生为陆军部长，弗兰克·诺克斯为海军部长。诺克斯接任后首先要求总统派杜诺万为特使到英国考察，看看他们在德国的打击下还能否坚持，罗斯福接受了这一建议。1941年3月，杜诺万从欧洲回国后，便把有关文件递到了总统办公桌前。“尽管我们面临巨大的危险，我们却没有一个有效率的机构来分析、理解和评估我们有可能得到的、有关潜在和现实的敌人的情报。”杜诺万向总统提出警告，接着又进一步分析，指出战争的本质已经发生了巨大的变化，现有的情报搜集机制已经明显不适用新形势，然后他建议：“我们应当成立一个中央级的机构，它可以自己搜集有关潜在敌人的情报”，这个机构应当享有在海外搜集情报的全权，它还有权协调和管理驻各地的武官和其他情报人员，其职责是进行情报评估并为总统准备分析报告。杜诺万的这份报告无疑是未来新型情报体系的一个整体规划。

尽管杜诺万的建议遭到了陆、海军情报局和联邦调查局的激烈批评，1941年6月，罗斯福总统还是任命杜诺万为情报协调官，这个职位“有权搜集和分析所有关系国家安全的情报资料并将这些情报上报总统”。这是美国向建立一个中央情报机构迈出的第一步。

杜诺万所担任的这个“情报协调官”既没有军衔也没有薪水，但只有几个月的工夫，他手下的人马就达到了600人，办公地点遍布全纽约。他的机构分为两部分：公开与秘密的情报活动。在杜诺万手下，有一个庞大的专家群，他们负责对各个渠道的情报进行分析研究，这个部门称作分析研究处。聘用情报圈外的专家参与情报业务，这在美国情报史上还是破天荒的。战时这个部门收听轴心国的广播、搜集各类报刊杂志，从这些材料中搞清德国占领下的欧洲的情况。杜诺万的秘密活动依照英国情报部门的模式，共分为五个方面：秘密情报（SI）是指间谍活动；特工（SO）是指破坏和颠覆；心战（MO）是指广播宣传；行动（OG）是指训练和装备敌后游击队；还有反间谍组（X-2）。除上述业务部门之外，还有一个行政部门负责通讯、财务和人事；另有一个研究发展部负责间谍技术的开发和研制，该部门的专家们可以制造出以假乱真的伪币和身份证明文书，他们还发明出了许多特殊武器，其中包括无声、无火的微型手枪和多种爆炸设备。杜诺万的机构自成立之日起就向总统上报大量的材料，有来自德军总参谋部的谈话记录，有对苏联工业能力的评估，也有德国对美短波广播的分析报告。这些卓有成效的工作受到了总统的赞赏。

1941 年 12 月 7 日清晨，日本联合舰队对美国太平洋舰队的基地——珍珠港发动了突袭。美军太平洋舰队 19 艘战列舰被击沉，256 架飞机被炸毁，2400 余名陆海军官兵死亡，太平洋舰队司令金梅尔将军负伤。这一事件成了美军历史上最惨重的灾难，并直接导致了美国加入第二次世界大战。事后人们在总结这一事件的教训时，将珍珠港事件发生的原因归结于情报失误，情报界成为批评的焦点。如此庞大的情报队伍，无数渠道的情报来源为什么未能在事前摸清日本人的企图和行动计划？令人信服的解释是：从当时多个渠道得来的情报的确可以分析出日本人的企图，但这些真知灼见被淹没在浩繁的情报海洋里了。人们得出的教训是：美国需要一个拥有绝对权力的中央情报机构，对所有的情报进行综合分析。这一认识改变了人们长期以来对情报的看法，为美国情报界带来了一场革命，使美国情报史进入了一个新的时代。1942 年 6 月，总统发布行政令，杜诺万的情报协调官办公室被撤销，另组建战略情报局（OSS），其职责有两大项：为参谋长联席会议搜集和分析战略情报；规划、指导和实施参谋长联席会议所需要的特别行动。战略情报局长对参谋长联席会议负责，相比原来的情报协调官办公室直接对总统负责，战略情报局的地位明显降低了。尽管如此，从另一个角度看，战略情报局的成立却是美国情报工作的一次胜利，战略情报局是美国历史上官方成立的第一个战略性情报机构。

战略情报局在二战中大名远扬，尤其是他们的特殊行动。他们的队伍遍布全世界，和各种各样的组织打交道，包括缅甸丛林中的土著、西西里的黑手党、越南的游击队等。这种特务队大多由三五个人组成，在夜间空降或登陆到某个地区，然后融入当地的地下组织，并通过无线电与总部保持联系，安排空投物资、救助战俘或飞行员、破坏敌人的交通补给线等。为了配合盟军的诺曼底登陆，战略情报局和英国人联合组织了一次大规模的情报活动，名为“杰德堡行动”。从1944年5月起，他们便开始空降到法国敌后，组织各种各样的破坏活动，在掩护盟军主攻方向、迷惑敌军方面发挥了重大作用。登陆战打响后，他们又及时地破坏了交通和通讯，导致德军的一支部队在增援诺曼底时，原本只需3天就能走完的路却走了15天。参加这项行动的共有82名美国人，战后被授勋的就有53名，这个比例在所有参战部队中是最高的。可以说，美国情报部门的有力配合，为二战的迅速胜利起到了“催化剂”的作用。

1944年11月，罗斯福总统指示杜诺万为战后成立一个常设的情报机构作一个规划。此举标志着美国已经准备在战后以世界主导的姿态出现，而在这一过程中美国必将面对来自各方的挑战，同时也意味着美国高级领导层已经决定让情报界在战后的冷战中发挥更重要的作用。11月18日，杜诺万将完成的一份绝密的备忘录——《永久性的世界范围情报机构基础》交到总统面前。他在附信中指出建立一个“井然有序的情报体系”将有助于政府正确决策并消除现有的重复、混乱和浪费等弊端。备忘录的正文建议创建一个“采取秘密和公开手段搜集情报的组织，该机构同时要提供情报指导，制定情报规划并协调政府各部的情报工作。”这个机构应直属总统管辖，功能将包括间谍活动、研究分析、反间谍、国外的颠覆行动以及总统所要求的其他有关情报的活动。在管理上，可以成立一个由国务卿、陆军和海军部长以及总统指派的其他人员组成的顾问委员会来帮助而不是控制该机构的行动，这个机构应当对其他情报组织有指导的权力。

两个月后，罗斯福总统逝世，杜诺万雄心勃勃的计划和他本人的事业也成为陪葬。新上任的杜鲁门总统不熟悉前总统与杜诺万之间的默契，对情报工作也同样无知，他所听到的都是“战略情报局将成为美国的盖世太保”之类的批评。1945 年 9 月 20 日，总统发布行政命令，宣布战略情报局于当年 10 月 1 日撤销。

1945 年 9 月 28 日，通宵未睡的杜诺万向下属们发表告别演说：我们的机构是“一次史无前例的实验”，它证明“一群种族信仰不同、能力不同、脾气禀性也不同的美国人有勇气面对历史悠久、训练有素的敌对组织。……诸位可以毫无愧色地相信你们开创了一个先例，你们向美国人证明只有基于准确的情报基础上的国家政策才能使和平永在”。事实上，杜诺万的实践为美国情报界带来了一场革命。此前，情报只是军队和战争的附属，没有地位也没有威信。在杜诺万手下，情报工作有了空前的规模和力量。更具深远意义的是，情报观念在美国已经深入人心，情报工作成了精明强干、富于冒险精神的美国人所乐于献身的一项职业。杜诺万对美国情报界作出的最大贡献在于他开创性地使正宗的学术研究与情报业务得以联姻。“我们的工作不靠所谓的‘金发女郎’或‘孤胆英雄’，我们的情报大部分出自于辛劳的汗水。”在杜诺万时期，研究机构与情报界的合作关系得以确立，并成为战后数十年的一个传统。在杜诺万的任期内，情报已经成为美国战略决策的一个最基本的组成部分。

二、"战时建、平时撤"的情报观

杜诺万的情报机构纵然在战争期间作出了巨大贡献，战后仍未能幸免被撤销的遭际。战略情报局在二战前后发展的过程再一次验证了美国情报机构"战时建、平时撤"的特征。

虽然这种"战时建、平时撤"的情况有一部分是由外部环境造成的，如一战后的经济萧条、政权更替时政策的改变等，可能会使情报界呈现出不连续的特征。但究其根本，这一特征从总体上反映了美国这一时期的情报观。美国人仅重视情报对于促进战争胜利的重要作用，还没有认识到情报工作对于国家安全、政策的连续性影响。也就是说，战略情报在美国还没有得到充分的重视与运用。

国家安全的需要是影响情报发展的主要因素。特定时期特定的安全状况会对情报提出特定的需求，尤其是战争时期，情报的支援显得尤为重要。然而在没有炮火硝烟的平时，情报也可以为决策提供辅助，促使情报者在决策中取得优势。情报不仅是影响战争胜败的重要因素，还是制定国家战略决策和政策的重要依据，保障国家安全的重要力量。任何国家的决策者在作某种决策，特别是作重大的政治、军事、经济的战略决策之前，在判断形势时，都是以情报作为依据的，因而无论是战时还是平时的决策，都离不开情报，尤其是战略情报。同时，有些情报是和国家的安全息息相关的。如果在平时就能一如既往地重视情报机构的发展，重视战略情报在维护国家安全中的作用，那么何来1941年珍珠港事件的惨痛教训？即便是在貌似安全稳定的平时，也可能会发生一些可能带来严重后果的突发事件，特别是在威胁多样、环境复杂的时代背景下，任何危机的突然发生都有可能，忽视情报工作容易导致预警的失误。美国人的另一次切肤之痛——"9·11"事件就是一个例子。西方兵圣克劳塞维茨曾经说过："情报是我们一切想法和行动的基础。"不仅在战时如此，平时亦然。

1945 年战略情报局撤销之后，美国的情报工作一度陷入混乱状态，连杜鲁门总统都极少能看到有价值的情报。当时他曾感慨地说："每当需要情报时，必须通知两三个部门，……进行一番研究，才能得到情报。"他认为战时的情报结构已经不适应新的形势，"白宫自己不掌握情报系统和缺乏统一的情报研究的局面必须改变"。于是才有了中央情报局等常设机构的建立。

然而，"战时建、平时撤"的情报观作为美国情报史的一部分也无可厚非，人的认识总是要经过一个由浅入深的过程，换个角度看，它也是一个国家情报工作走向成熟所必经的探索之路。这一时期的情报观，以及由此带来的所有经验和教训，都为美国情报界进一步发展、逐渐形成完善的情报体系提供了先验，使其在探索中不断成熟。

第三节　战后美国情报组织的建立

经过从独立战争到第二次世界大战结束这 100 多年的实践，美国决策者和热衷于情报工作的人士逐步体验到：要想使国家强大，必须要有一支高效率的、集中的情报机构，它既能满足战争的需要，又能在和平时期发挥重要的作用。因此，经过数年的争论和酝酿，从 40 年代后半期开始，美国逐步形成了由总统直接控制和指挥、以中央情报局为龙头的中央情报体系。在战后到冷战之前的这段时间，对于情报界而言最重要的两个历史性事件就是 1947 年《国家安全法》的出台以及中央情报局的建立。

一、《国家安全法》的出台

1946年初，杜鲁门政府作出了三个关键的战后情报决策，这三个决策最终通过《国家安全法》表现出来。

第一个决策是由杜鲁门本人作出的，他认为造成珍珠港事件情报大失误的原因是国家的信息协调不够充分，军方、国务院互不通气，导致痛失有效预警的良机。尽管他想促进情报协调工作，但由于他在1945年10月1日解散了杜诺万及其战略情报局，苦于找不到可以托付的“中央”级的部门。于是，他批准了参联会建议的成立一个独立的“中央”情报机构，以“综合各部门在战略和国家政策层面的情报”的计划。建议成立的新情报系统，设想由中央情报主任主持，但要向国家情报委员会报告，以防止中央情报主任对情报界产生过度影响。这一计划由海军情报局副局长悉尼·索尔斯制定。1946年1月22日，他被杜鲁门任命为第一任中央情报主任，以及中央情报组（CIG）的领导人。中央情报主任是总统的私人情报顾问，由总统任命，只对国家情报委员会负责，其任务是“实现与国家安全有关的情报协调和评估，在政府部门内进行战略评估和国家政策情报的适当分发”。在这一天同时下达的命令还包括：建立一个由国务卿、陆军部长、海军部长以及总统的私人代表组成的国家情报委员会，负责规划、开展和协调所有的“联邦对外情报活动”；中央情报组是它的行动机关，职责是接管原战略情报局的国外情报任务，负责情报评估、分发及各部门之间的联系，其人员分别来自国务院情报与研究处、联邦调查局和陆、海军情报部门，经费也由上述机构临时提供。此时成立的中央情报组即为鼎鼎大名的中央情报局的前身，但它没有进行隐蔽活动的职责，也没有固定的经费来源，因而还不能算作一个完全意义上的中央情报机构。

第二个决策是关于负责隐蔽行动的机构任命。战略情报局解散后，其研究与分析处归并到了国务院，而行动部门（包括国外隐蔽行动站）则划归战争部所有。为了减少部门间关于隐蔽行动的冲突，1945 年 9 月，参联会提议成立一个新的中央机构的负责人，进一步“协调与国家安全有关的情报活动”。中央情报组成立后，原战略情报局行动部的残余就要求转移到中央情报组之中。1946 年末，索尔斯挑选了一批经验丰富的工作人员、分析家，成立了中央情报组的“特殊行动办公室”，并建立了一个由间谍、联络员、反情报人员组成的海外情报站网络。由此，中央情报主任控制了大部分的海外隐蔽行动，美国在战争期间发展起来的非凡的情报行动能力也就有了一个永久性的机构作为基础。情报综合处理与行动协调能力的归并，扩大了中央情报组的职能，也使得中央情报主任成为美国情报界真正的龙头老大。如今他已拥有两项主要任务：向国家提供有关威胁的战略预警，以及协调海外的隐蔽行动。

第三个关键决策，是确保美国情报维持一个松散联盟的状态，而不受军方或非军方决策者的集中指导。陆军部和海军部曾提出“各部门也需要自己的情报”的观点，即各部门的情报工作不应该完全受到任何一方的完全控制（这里暗指的主要是中央情报主任）。杜鲁门采纳了这一观点，但他和他的顾问们实际上并没有弄清楚“部门”情报到底是怎样的一种状态，比如部门之间的界限应该维持在什么程度比较合适。这一决策导致中央情报组指导情报工作的能力受到了严重限制，尤其是对反情报工作能力的指导，联邦调查局行事几乎我行我素，并且，二战中建立起来的军事情报能力也因此得到了无法阻挡的迅速扩张。在此后的几十年里，国防部负责的军事情报占了情报工作领域的一大部分，因此美国的战略情报能力又受到了一定程度的限制，成了冷战期间美国情报工作上延续数十年的慢性病。

杜鲁门的计划得到了国会的法定批准后，1947 年，美国颁布了在情报史上具有划时代意义的国家情报工作的第一号法案——《国家安全法》。该法案将中央情报组改组为中央情报局，但新成立的中央情报局的任务几乎是 1946 年 1 月宣布的中央情报组任务的重申。新法案还统一了各军种，成立了继陆、海军之后的第三个军种，即独立的空军，同时还设立了国防部长、国家安全委员会，它是美国国家安全的宪章。至今，《国家安全法》经过多次修订，仍指导着美国情报界的工作。

二、中央情报局的建立

中央情报局是美国整个情报体系中最为重要的机构，其前身为上文中提到的中央情报组。1947 年 5 月 1 日，《国家安全法》正在国会中讨论行将通过之时，杜鲁门总统就宣布任命罗斯科·希伦科特海军少将为第一任中央情报局局长。同年 7 月 26 日，《国家安全法》开始生效，中央情报局正式成立，从而使美国历史上有了第一个中央集权的情报组织。中央情报局的成立被视为美国情报活动发展步入现代化的“里程碑”，从此美国情报史进入了第三阶段。

根据《国家安全法》的规定，中央情报局是一个情报机构，而不是一个行动组织。它的职责包括：向国家安全委员会提供政府各部门和机构有关国家安全方面情报活动的情况；向国家安全委员会提供协调政府各部门和机构有关国家安全方面的情报活动的建议；联系和评价有关国家安全的情报，为政府内部适当传播情报，在适当的地点提供有用的机构和设施；为现存情报机构的利益，从事共同关心的辅助服务，以便更有效、更集中地执行国家安全委员会的决定；履行影响国家安全的有关情报的其他职能和义务，以便国家安全委员会能随时进行指导。规定专门指出：中央情报局“无权进行监视、传讯，不行使执法权和国内安全职能”。还规定，中情局是政府中一个独立的部级单位，直接向国家安全委员会主席——总统负责。

1948年6月18日，根据国家安全委员会10/2号文件，美国认可了中情局从事心理战和准军事行动的计划，同时对隐蔽行动进行了定义。隐蔽行动包括与下述活动有关的任何秘密行动：宣传、鼓动经济战；先发制人的直接行动，包括破坏和反破坏活动、爆破及疏散工作；颠覆敌对国家，包括支持地下抵抗运动、游击队和难民解救小组、支持自由世界受共产主义威胁的国家中土生土长的反共力量。该文件还授权中情局成立了“政策协调处”，该处隶属于中情局，但处长由国务院任命，并绕过中情局直接向国务卿和国防部长汇报工作，其目的是推脱情报部门和美国政府的责任。平时，该处归国务院指挥，战时则由五角大楼指挥。这是美国第一次以官方文件规定由中情局负责隐蔽行动的规划和实施，此时中情局搜集、分析和隐蔽行动三种职能已经构建完毕。1949年，国家安全委员会还在中情局建立了独立的行动部门——特种作战办公室；时任中情局局长建立了“国家评估委员会”（BNE），对各机构不同来源的情报进行统一的分析评估。

三、情报协调机构——国家安全委员会的建立

国家安全委员会也是根据1947年的《国家安全法》建立起来的。它属于大安全协调机构范畴，其中也具有制定、审查和指导宏观情报工作的功能，因此也是美国情报工作的最高协调部门。依照1947年的《国家安全法》，该委员会最初由七名成员组成，即总统、国务卿、国防部长、陆海空三军总长和国家安全资源局局长（负责紧急事务和国内防务），总统担任主席。1949年，杜鲁门总统根据《国家安全法（修正案）》，对国家安全委员会进行了改造：取消三军总长和国家安全资源局局长的成员资格；将副总统确定为正式成员；确定参谋长联席会议主席和中央情报主任为顾问，其中，参谋长联席会议主席为该委员会的法定军事顾问，中央情报主任，即中央情

报局长为主要情报顾问。总统助理、副助理和秘书是该委员会的官员。国家安全委员会是总统与情报界的主要联系机构，它以各情报机构提出的情报为依据而作出决策。其职责是向总统提出有关国家安全的内政、外交和军事通盘结合的各种政策建议；协调军队和政府部门的关系，解决国家安全问题；负责审查、指导美国所有对外情报、反情报及特殊活动（如隐蔽行动）。该委员会是制定国家安全政策和计划的最高行动机构。《国家安全法》将该委员会定义为："总统在制定对外政策、进行危机管理等方面的顾问和咨询机构。"经过半个多世纪的演变，国家安全委员会如今已成为美国国家安全、外交和防务政策制定的核心，政府管理情报系统、应对危机和重大突发事件的权威机构。

二战后以《国家安全法》为依据的情报机构的建立，为美国情报界的形成开启了大门。同时，美国和苏联的矛盾日益尖锐，已成立的情报机构以及即将建立的情报机构，也为美国赢得即将到来的冷战增加了筹码。

第四节 冷战初期的美国情报界

从冷战全面爆发到60年代末、70年代初的20多年时间里，美、苏在全球范围内展开了激烈的争夺。美国建立世界领导地位和推广民主价值观的努力遭到了苏联的顽强阻击，苏联及其宣扬的共产主义意识形态成为美国国家安全所面临的最大威胁。面对苏联的扩张，刚刚经历过二战硝烟洗礼的美国人认识到，与共产主义世界的斗争需要一副强大的情报盾牌，"在核时代，我们的国家将无法幸免于另一场类似于珍珠港事件的突然袭击"。为了维护国家安全，赢得冷战，并为随后爆发的朝鲜战争、越南战争等提供保障，美国开始有意识地在政治、经济、军事、安全等各个领域大力发展其情报能力，迅速完成了情报机构的组织建设，完善了情报搜集手段和情报行动的方式方法，使整个情报系统的工作效能大大提高，并迅速成长为全球实力最雄厚、功能最完善、机构最庞大、资金最充足、技术最先进的情报强国。

一、中央情报局的新发展

情报分析机构方面：1951 年初，原哈佛历史系教授威廉·兰格在中情局内组建了“国家评估办公室”。兰格曾经在战略情报局工作过，因而具有丰富的情报分析和情报工作经验。新成立的办公室分为上下两层：下层为评估处，起草并协调评估报告；上层为“国家情报评估委员会”（局内称之为“枢密院”），检验并质询评估处的报告。该办公室还编写了《国家情报调查》，这是一部包含外国情报信息的百科全书，以供办公室作内部资料检索。该办公室与 1949 年成立的“科学情报处”和 1950 年成立的“研究与评估处”并称为情报分析的“三驾马车”，而国家评估办公室负有领导另外两个办公室的责任。后来，中情局又设立了“动态情报处”，同时正式设立负责情报分析工作的副局长。

隐蔽行动方面：虽然早在 1948 年，国家安全委员会就赋予了中情局规划和实施隐蔽行动的权力，但却没有成立相应的机构来执行这一任务。1952 年 8 月，中情局合并了特种作战办公室和政策协调处，正式成立行动规划部，也就是隐蔽行动部。

中央情报局的发展与其领导人的领导风格有着密不可分的关系。1950 年，陆军中将沃尔德·比得尔·史密斯被任命为第二任中情局长，取代了因朝鲜局势预测失误而离职的局长希伦科特。史密斯的外号是“甲壳虫”，他被称为“最好的局长之一，第一位改革家”。他开创性地将数目众多的科室重组为情报分析与评估、行动与计划、后勤保障与安全保卫等三大部分，并分别设立了三个副局级职位。1953 年 2 月 9 日，史密斯改任国务卿，艾伦·杜勒斯接任，开创了文官担任此职位的先河。他曾在战略情报局任职，因而也是第一位有情报工作经验的局长，他以个人魅力和社会关系为情报界赢得了声誉。1961 年，肯尼迪总统任命约翰·麦康为中情局新局长，他从体制上为中情局赢得了前所未有的重要地位：中情局长不再是二等幕僚，而成为了与国务卿、国防部长平起平坐的政府工作的主要参与者之一。在他任内，1962 年初成立了科学技术部，并在该部内成立了“外国军事空间情报分析中心”、“国家图像情报诠释中心”，标志着科技情报时期的开始，也使麦康赢得了“科技局长”的称号，同时也标志着中情局的组织建设基本完成。在古巴导弹危机中，中情局提供了苏联在古巴部署导弹的准确照片和情报，这也是麦康最显著的政绩。此后，以高科技手段搜集情报的做法直到 80 年代初都在情报界中占主导地位。

二、军事情报部门的变化

20 世纪五六十年代，美国军事情报部门发生了巨大变化，主要表现在国家安全局、国家侦察办公室和国防情报局的相继成立。这些新成立的单位对整个国家情报体系和情报计划的实施影响巨大，是美国情报系统不可缺少的重要组成部分。

美国的信号情报工作在其情报史上占有很重的分量，历史上负责信号情报工作的机构众多。1949 年 5 月 20 日，国防部长约翰逊下达绝密指令，成立武装部队安全局（AFSA），由参谋长联席会议控制，其职能是“统一进行国家军事机构内除陆、海、空军各部单独进行的通信情报和通信保密活动以外的这些活动”。朝鲜战争爆发后，杜鲁门总统决定整顿信号情报工作，国防部长洛维特和国务卿艾奇逊对信号情报工作进行了调查，建议更多地进行协调和国家级的指导。1952 年 10 月 24 日，杜鲁门总统签署了一份绝密备忘录——《通信情报活动》(现已部分解密)，撤销了原有的武装部队安全局。1952 年 12 月 1 日，在原武装部队安全局和三军密码机构的基础上，美国成立了国家安全局，掌管全国的通讯和密码工作。根据总统指令，国家安全局“既隶属于国防部，又不是它的组成部分”。该局被称为情报界“最守口如瓶的成员”，直到 1957 年，《美国政府机构手册》里才正式承认它是“国防部内一个独立的组织机构”，“在国家安全方面从事高度专业化技术和起协调作用”。

国家侦察办公室的成立，是第一架美国 U-2 高空侦察机被击落的直接结果。美国制造的 U-2 飞机在服役之初，堪称美国情报界的秘密武器，它被用来执行间谍飞行任务，侦察前苏联和其他国家的后方纵深目标。在当时，由于 U-2 飞机的飞行高度很高（在 20000 米以上），地面高射炮根本奈何不了，而其他战斗机也无法在同一高度飞行，因此该飞机经常深入其他国家领空，进行间谍活动。直到 1960 年 5 月 1 日，一架 U-2 飞机在斯维尔德洛夫市上空被前苏联击落。为此，美国在 8 月 25 日成立了统管卫星侦察的机构——国家侦察办公室，负责为情报界安排卫星侦察计划，包括通过卫星进行图像和信号情报的搜集。国家侦察办公室从成立之日起就是一个国家级的情报单位，它是国家情报委员会的重要成员。

美国总是在发生重大情报失误之后，开始思索情报机构的变革。国防情报局的成立与国家侦察办公室相仿，不过这次的导火索是“猪湾事件”。这次事件是中情局为了瓦解亲苏的古巴卡斯特罗政权而策划的隐蔽行动，训练了一批反对卡斯特罗的古巴流亡者，组成一支意图夺取古巴政权的“古巴旅”，中情局也派特工参与其中，结果行动失败，“古巴旅”被全部围歼在猪湾地区，美国作为幕后主使的身份也被暴露于世。“猪湾事件”后，肯尼迪总统对中情局作为唯一的情报来源有些信心不足。于是在 1961 年 8 月 1 日，国防部下达了第 5105.21 号命令，成立了国防情报局。该局是国防部、参联会、联合特种部队军事指挥部和其他国防机构主要的国外军事情报臂膀，主要负责生产各类军事情报。国防情报局刚成立时，其作用相当于军界中的中央情报局，如今，它已经成了一个战斗支援机构。

另外，为了加强各军事部门的勘测、制图和大地测量，1972 年国防部内成立了国防测绘局，主要任务是提供与军事行动的成功密切相关的勘测、制图和大地测量的结果和服务。该部门就是 1996 年改组后的国家图像与测绘局；在 2003 年 11 月，又改组为现今的国家地理空间情报局。

三、行政部门情报机构的成立

美国大部分情报资源都掌握在国家和军事情报机构手中。同时，一些民间行政部门，如国务院、商务部、财政部等，也要求成立情报机构，来专门负责搜集和分析有关的外国事务。

1944 年战略情报局解散后，其研究与分析任务也随之转交到了国务院，由一个临时的研究与情报服务机构来执行。之后，经过两次易名和多次机构更迭，至 1957 年底，才将此机构定名为国务院情报与研究局。该局规模很小，主要负责向国务卿和其他高层决策者提供及时、客观的形势分析。

20 世纪 50 年代初期，美国出台了“出口管制法”，要求限制技术转让，试图控制情报和商品流入苏联和其他潜在的敌对国家，于是在国家安全委员会的推动下，于 1954 年成立了战略情报办公室。但这个办公室的成立从未得到过法律的承认，它只是根据国家安全委员会建议而下达的 1954 年第一号总统令而成立的。国家安全委员会的建议是出于对苏联想获取美国工业和军事情报的企图的担忧。由于重视航空照片，该办公室成立了一个航空图片特别工作组，并要求对“具有战略情报价值的航空图片的生产者和使用者提高警惕”。为此，战略情报办公室与国防部、国会发生了冲突：国防部认为战略情报办公室的保密工作是多此一举，国会则考虑到它对科学项目的副作用。结果，该办公室成了冲突的牺牲品。1957 年 6 月，战略情报办公室停止工作，商业部的情报任务交给了情报联络办公室、出口实施办公室下属的情报处、出口管理办公室下属的外国有效性评价处这三个单位联合实施。

财政部在 1961 年也成立了自己的情报机构——国家安全办公室，主要代表财政部与国家安全委员会联系。1972 年，该办公室成为情报委员会成员；1977 年改组为情报支持办公室。

冷战初期是美国情报机构迅速增加的时期，情报能力不断增强，但由此也带来了一系列的问题，比如情报界职权范围过宽而导致中情局的一些特殊行动违背了美国的基本政策，破坏了美国在国际上的声誉，因而被称作“离群的凶猛野象”。1967 年发生了“自由号”情报船事件，次年又发生“普韦布洛”号情报船事件，1972 年的“水门事件”更是将要求控制管理情报界的呼声推到了最高潮。因此，到了冷战中后期，美国政府和国会对情报界的监督开始加强，各种调查、监督委员会相继浮出水面。

第五节　冷战中后期的美国情报界

从冷战开始到 60 年代末、70 年代初，美国情报机构相继建立，但仍然处于一个松散的局面。于是，进入 70 年代以后，为了应对风起云涌的美苏冷战对抗，美国情报机构形成了一个比较完整的体系。然而，冷战中期的美国情报界面临严峻的挑战，它问题丛生，情报失误频发，不得不接受一系列的情报调查与监督。进入 80 年代后，美国情报工作建立起了一个“绝对优势的综合情报体系”，一跃成了西方国家的情报首脑，同时，情报界也在自我检讨的过程中不断变革和发展。

一、冷战中后期美国情报组织体制的变化

由于在冷战初期成立了多个情报机构，美国在执行内外政策的过程中逐步发展形成一个强大的情报体系——是一个由许多部门中的间谍情报组织组成的无形政府和权力机构，也是执行国家统治者意图的重要工具。这个情报体系复杂且庞大，从上到下、从政府部门到民间团体、从国内到国外处处可见。到冷战中后期，美国将一个松散的、各自为政的情报体系加以调整和充实，组成了一个由总统直接领导的、以中央情报局为核心的、各个情报机构为其成员的情报体系，美国人习惯地称之为“情报界”。

但是，美国情报界的组织结构没有什么大的变动，只是根据其所处的世界局势的变化和需要，在原有基础上进行了一些调整和充实。就其总的情况而言，美国情报机构大致可分为三种：一是国家级的情报机构，如中央情报局、国家安全局、国家侦察办公室，它们对整个政府，而不是为某一个部门履行情报职责。它们的活动是为国家一级决策者提供情报，可直接接受最高领导层的指挥；二是国防部及各个军种内的庞大而复杂的情报机构，工作重点以国防部及各军种需求的情报为主，这些单位主要有国防情报局、陆军情报局、空军情报局和海军情报司令部等；三是联邦政府各部门的情报组织，如联邦调查局、司法部情报政策和审议处、国务院情报研究局和美国特工局等，它们与国家级情报机构保持联系，搜集和分析别国情报，以供本部门所需。

二、20 世纪 70 年代美国情报界的问题和监督

从 20 世纪 60 年代后期开始，美国情报界的许多“劣迹”陆续

被新闻媒体披露，情报机构成了人们眼中“离群的凶猛野象”，要求对情报机构加强管理和控制的呼声越来越高。1974 年 12 月 22 日，《纽约时报》记者西摩·赫斯发表了一篇揭发中情局“家庭珍宝”的文章。“家庭珍宝”是中情局长詹姆斯·施莱辛格任内汇编的一本长达 693 页、有关该局“有问题的活动”的项目清单，内容涉及对反战人士和新闻记者的监视与窃听、参与暗杀卡斯特罗的行动计划等一系列违反国家法律、破坏立法或其他有疑问的活动。这篇文章像导火索，即刻在全国引发了一场烧向中情局的熊熊大火。自“猪湾事件”时就已经形成的、到了越南战争和“水门事件”时已经一触即发的对情报系统的疑虑和敌意，终于在此时爆发了。美国国会当月就通过了《对外援助法》修正案（即“休斯—瑞安修正案”），第一次要求总统和中情局在从事隐蔽行动之前必须以书面形式向国会提交报告，并规定国会参众两院有权监督对外情报活动。

随后，美国国会相继成立了数个调查委员会对中情局及其他情报机构的活动展开了全面的调查，中情局的人员大量削减，海外隐蔽行动基本停止。到 20 世纪 70 年代中期，中情局共向 17 个委员会递交了行动计划和活动情况的详细汇报，局长和副局长平均每年向各委员会汇报 30～35 次。美国国会参众两院相继成立了各自的情报特别调查委员会。1975 年 1 月 27 日，参议院成立了由民主党参议员弗兰克·丘奇任主席的“参议院研究政府有关情报活动的特别委员会”，即著名的“丘奇委员会”，主要调查中情局所实施的暗杀行动；三周后的 2 月 19 日，众议院也成立了由纽约州民主党议员奥斯·派克任主席的“众议院情报特别委员会”，即“派克委员会”，主要调查三个简单问题：情报活动的代价到底多大？好处多大？风险多大？同期成立的委员会还有白宫授命成立的“墨菲委员会”（政府机构执行对外政策调查委员会）和“洛克菲勒委员会”（中央情报局在美国国内活动情况调查委员会），对情报活动的正当性、情报机构及其功能的适当性以及对外政策的恰当性展开了全面调查，并提出了许多情报工作的改进建议和改革提案，使得1975年成为了名副其实的“情报年”。这次调查是美国历史上第一次针对情报机构进行的如此大规模的调查行动，同时也是美国情报史甚至世界情报史上迄今为止所进行的“最严厉、最苛刻”的调查。在为期15个月的调查活动中，“丘奇委员会”一共举行了合计达21天的公开听证，召开了126次委员会全体会议和40次小组委员会会议，公开发表了14卷听证记录与报告，向参议院提出了183项建议，“把中情局的许多机密，除情报来源、方法和正在进行的行动外，都公诸于世”。1975年底，美国中情局驻雅典站站长韦尔奇被暗杀，美国公众认识到，这种调查和由此引发的泄密，使得情报官员的生命面临严重威胁，便要求停止这种“有损于国家利益的、没完没了的调查”。轰轰烈烈的调查活动结束后，参众两院的情报调查委员会都演变成了常设的情报监督委员会，分别于1976年和1977年成立了“参议院情报特别委员会”（SSCI）和“众议院常设情报特别委员会”（HPSCI），标志着国会情报控制机制的正式确立，同时也标志着美国行政机关独揽情报大权时代的结束。1980年10月，美国国会通过了《情报监督法》，取代了1974年的“休斯—瑞安修正案”，从而完善了国会对情报活动，尤其是隐蔽行动的控制机制。

20世纪70年代末，美国情报工作进入了低潮期，由于“水门事件”和“伊朗门事件”等的影响，中央情报局的经费减少了40%，人员压缩了50%，从事隐蔽行动的情工人员从60年代中期的2000多人降为1980年的200人。

三、20世纪80年代的情报改革

经过70年代的情报大调查，中情局一度萎靡不振、名誉扫地，因此80年代初，美国情报界正处于江河日下的境地，再加上此时情报界弊病丛生。因此，里根从1980年底正式当选总统后，便立即开始了对情报机构的整顿和控制。

此时情报界存在的问题，主要表现在以下几个方面：

一是情报部门割裂，体制上弊端过多。首先，美国情报机构众多，庞杂而隐秘，工作任务大量重叠，而且内耗严重，极大地影响了整个情报系统的运作与效率。多年来，美国情报界逐步形成了各自为政的两个独立王国——政府情报机构和军方情报机构，两者不仅在工作任务方面出现严重重复，激烈的竞争使其不能或很少共享情报，甚至互相封锁。这种多头管辖的情报体制造成了机构任务重叠，情报质量下降，部际关系复杂，人力物力浪费过大，乃至造成情报失误。其次，美国的领导体制也不合理，缺乏统管全局的机构。各机构各自为政，只追求本单位的利益，使得决策部门得不到准确、及时和完整的情报。再次，情况汇报制度也存在不合理之处，情报分析人员一般只习惯于按部就班地写日常汇报，使得分析产品回答不了关于“明天”的问题，缺乏预见性。有时，一旦情报搜集人员和分析人员发现与一般看法不同的新材料，他们的第一个直觉就是把这些材料压下来。如果分析人员还有些犹豫，他的上司也会建议他这样做。此外，情报官员常将某个机构通过非常手段获取的资料另作处理，禁止这些材料传到其他部门。美国情报界中的这种机关作风，无法保证搜集来的情报经过整个情报界得到客观而严密的分析。

二是情报工作不力，影响决策。从 1960 年以后，经国会和情报界调查所举出的情报失误至少有 30 次。美国情报部门对苏联的行动和能力常常做出错误判断，也不能预料军事进攻和有限战争中敌方的战术和目标。同时，在保卫美国在第三世界的经济利益和地理战略利益方面也表现欠佳。70 年代引起最大争议的失误是“伊朗门事件”，美国情报机构及其分析人员几乎没有预见到伊朗发生的革命，一系列的情报失误，以及对伊朗国王采取的踌躇不定的政策，导致 1979 年 11 月美国大使馆被占领，使美国在中东至关重要的经济和安全利益遭到极大损害，而且美国竟把几百名忠实的情报人员抛弃在伊朗，其他隐蔽下来的谍报人员也不敢相互联系，原来合作得很好的情报机构也拒绝同其合作，美国的情报能力大大削弱。事后分析造成“伊朗门事件”的原因，主要可以总结为两个方面：其一，自从冷战爆发后，美国情报界就一直将注意力集中于苏联集团的军事威胁和“遏制全世界的共产主义”方面，并为之耗费了大量的人力、物力、财力。美国情报机构在情报搜集方面存在着只重视苏联集团、忽略其他地区；只重视军事和政治情报、轻科技经济等其他情报；只重视官方文件、不理会社会思潮；只重视技术情报、轻人力情报等问题。另外，美国过分依赖其盟国的情报机构也使情报工作受到了一定的限制，如该事件中美国过分依赖伊朗情报机关“萨瓦克”提供的情报就是一个典型的例子。其二，情报分析人员脱离实际，他们很少实地接触所研究地区的实际情况和政治力量。情报部门驻外站的分析人员极少，情报分析人员也不愿意谋求海外职位，因为驻外人员难于晋升。同时，大多数行动官员都认为，在搜集情报的过程中，情报分析人员是多余的，结果导致驻外情报分析人员与长期呆在华盛顿一样，脱离实际，书生气十足。情报分析人员实地考察太少，每三年才有一次为期六周的临时外调任务，所以，他们的主要情报来源只是别人提供的东西。

针对以上的情报界弊病，里根政府决定采取对策，提高情报工作效力。1981 年，凯西在一次听证会上谈到对情报工作的打算时，提出他的目标是“改组、效率和安全”，他要对症下药，重新树立“信心、信任和荣誉感”。

第一，提高情报首长的地位，要求其发挥更大作用。以前，中央情报主任只是美国情报系统的协调者和总统的情报顾问，但里根上台后，中央情报主任第一次获得了正式的内阁成员的资格，可以参加一切内阁和国家安全委员会的会议，并可以随时与总统直接通话或要求直接面见总统，在情报工作上直接对总统负责，从而加强了“情报机构对内外政策的影响”。除了正常的外交和军事活动以外，里根政府对苏联积极反攻的外交目标可以通过“情报途径”来实现。1981年底，里根总统又签发了第12333号总统令——美国情报活动，详细规定了美国情报界的职责、使命和活动范围，强化了中央情报主任在情报界的预算、任务分配和管理等方面的权力；明确授权情报机构在国外进行隐蔽行动。

第二，增加对情报工作的投入。1981年，凯西上任不久，情报预算年度增长率达到了25%，中央情报局的年预算为30亿美元，这大大激发了中央情报局的活力。凯西让他的副局长英曼起草一个情报工作五年计划（1985—1990），主要内容是加强人力物力，更新技术设备，窃听和通讯材料微型化，加快发报速度以防窃听等。情报经费也因此从1980年的60亿美元猛增到1985年的200亿美元。实际上，1980年以来，美国情报经费增长幅度比国防费用增长要快，1986年为240亿美元，1989年为280亿美元，1990年以后的几年内几乎维持在300亿美元左右。

第三，为了打破情报机构各自为政、互不通气的局面，80年代中期，凯西提议建立了“国家情报委员会”。该委员会由从事国家情报搜集、处理和生产工作的各情报机构的高级代表组成，主席由中央情报主任担任，副主席由中央情报局副局长担任，成员包括中央情报局副局长、国家安全局局长、国防情报局局长、国务院情报与研究局局长、联邦调查局负责情报的助理局长、能源部国际事务第一助理部长、负责国家安全的财政部长特别助理。另外，国防部侦察办公室的代表在讨论它主管范围内的事务时作为正式成员，其他会议以观察员身份参加。军事情报部门的高级代表以观察员身份参加，如经中央情报主任邀请，可正式作为成员参加会议。

第四，情报工作的方针和任务顺势而变。80年代前半期，美苏之间仍在大力开展军备竞赛，政治、军事、经济、外交各方面都进行着激烈的斗争，因而双方的间谍战依然在如火如荼地展开着。

1985 年，美国掀起了“间谍粉末”事件风波，指责苏联克格勃利用化学跟踪剂监视美国驻苏人员，损害了他们的健康。美国借此破获了数起与苏联有关的重大间谍案件，如“沃克家族间谍案”、“霍华德间谍案”等，因而 1985 年被称为“间谍年”。同年 10 月，美国颁布《军人间谍罪惩治法》。1988 年，由中情局牵头，美国情报界成立了反间谍中心。针对以往的情报失误，美国制订了新的情报工作方针和任务，里根和凯西在重建中央情报局的过程中，提倡“依靠先进技术和情报人员并重、进攻与防守兼备”的方针，优先恢复人力情报，加强情报分析，以扩展新的工作领域。到了 80 年代末，由于世界局势逐渐从紧张走向缓和，美国的情报方针和任务又发生了变化，变化主要包括四个方面：一是把经济、科技情报列为最优先目标，加强对世界经济趋势的研究，并给予情报机构搜集经济科技情报的权力，加强对盟国的防范；二是把反恐怖活动、反毒品走私等国际性问题列为情报工作的重要任务，这主要是由 80 年代中期恐怖活动案件频繁发生导致的，从 1983 年起，美国公民和驻外机构在国外遭恐怖分子袭击的人数和次数都在上升；三是加强人力情报，卡特时期的中央情报主任特纳一直迷恋技术手段，对人力情报的价值持怀疑态度，并大刀阔斧砍掉了秘密活动，解雇了许多经验丰富的特工人员，而凯西上任后，里根和老布什总统都十分重视改善人力情报工作，大量增加拨款，扩大人力情报队伍，多方提高情工人员的素质。

由于 1986 年“伊朗门事件”曝光，凯西称病辞职。实际上，凯西在任时，他承袭的是一个官僚情报机构，他经营 6 年后依然是一个官僚的情报机构。这主要是由于凯西对政治事业和人民保持着传统理解，他追求在权力方面的改变，在工作上却只为现代化而现代化，不作实质性的更新和改变；在情报分析工作上过分重视数量而非质量；他反对情报公开化，因而与国会及有关部门之间矛盾很大。凯西认为，他所管辖的情报界仅是为了协助它的六个忠实的委托人——总统、副总统、白宫办公厅主任、国务卿、国防部长和国家安全顾问，他认为他的工作不受任何约束。这些使其情报工作受到了影响，也出现了不少失误和问题。

1989 年，曾任中央情报局局长的老布什入主白宫，成为美国历史上第一位情报官员出身的总统，他是自艾森豪威尔以来，美国情报产品最老练的消费者，人们都称他为“情报总统”。老布什总统取消了中央情报主任的内阁成员资格，并在冷战结束的局势下，启用中情局的情报分析专家罗伯特·盖茨为他的中央情报主任兼中情局局长，以应对美国在冷战后面临的剧变中的国际安全环境。

第六节　冷战后的美国情报界

1992—2001 年期间，美国情报界经历的变革历程大致分两个阶段：前五年为探索和转型阶段；后五年为全面改造、稳步发展与完善期。在这十年中，它为应对新挑战所做的种种努力及发生的变化，主要体现在以下四个方面：

一、明确新任务、目标和服务对象

20 世纪 80 年代末到 90 年代初，随着东欧社会主义国家剧变及随后“两强”之一的苏联解体，美国情报部门突然间失去了竞争对手，顷刻间，美国情报界将向何处去，它未来的目标、任务是什么以及工作将如何开展等问题，成为了白宫决策者和美国情报系统领导人必须面对和立刻解决的课题。然而，由于国际形势瞬息万变，难以把握，再加上中情局局长更换频繁等因素，导致美国在前五年提出的目标和任务每年都有改变。直至 1997 年特尼特任中情局局长后，美国情报系统才基本找准了自己的定位，工作方针和任务也随之确定。

1991 年走马上任的盖茨在次年 3 月提出了《美国情报改革一揽子计划》，其中提出了情报界的任务：重视经济和科技情报；跟踪独联体成员国的情报；监视国际核扩散、恐怖组织、毒品交易、有组织犯罪活动及第三世界国与国和种族之间的冲突；搜集环保和资源等情报。1993 年，新任局长詹姆斯·伍尔西提出了他的“龙蛇理论”，即“巨龙已被杀死，但我们仍处在充满形形色色小蛇的丛林中”，情报部门需要在确保政治、军事、安全情报活动不受伤害的情况下，进一步将重点转到经济、科技及其他“非传统领域”，如人口增长、移民潮、全球气候变化等。1994 年，克林顿总统赞扬了这一理论，并为中情局确定了如下任务：掌握涉及核扩散和与恐怖主义相关的国家的情况；严密监视那些政治和经济形势一旦发生突变可能会对美国产生不利影响的国家的动向，重点是俄罗斯、中国和中东国家；确保美国企业在国外能够进行公平交易。1995 年，中情局长的桂冠又转移到了约翰·多伊奇头上，这次将情报界的工作目标依次规定为：经济情报；对伊朗、伊拉克、朝鲜等“敌对国家”及俄罗斯、中国的监视；重点搜集有关核武器和生化武器扩散、国际恐怖活动、毒品交易和有组织犯罪活动的情报；满足战时军事情报需求；搜集环保、水资源等领域的情报。

1997 年 7 月，特尼特被正式任命为中情局局长。在广泛征询情报界其他机构领导人意见的基础上，明确了情报系统的新使命与任务，即利用一切手段，继续获取最佳的政治、军事、经济情报，尤其要加强有关经济和跨国威胁情报的搜集与分析；加大打击外国间谍活动的力度；广泛开展针对“无赖国家”的秘密行动。半年后，他又对此做了进一步的细化，包括：将对付“跨国威胁”作为隐蔽行动的重点；重新审查以往的情报评估；间谍卫星开发要“重小轻大”；重新重视俄罗斯；中国必须成为监视重点。他还反复强调，要展开全方位、多角度且有的放矢的情报活动，坚持“任务、目标多头并举，某一时期突出一个或数个重点”的原则，以彻底摆脱以往围绕一个核心运转的传统作业模式。1999年，特尼特再次明确，情报工作要贯彻“目标不分先后，重点没有轻重缓急，只是某个时期某一项显得更为重要”的工作方针。同时，特尼特大胆修正了“中情局只服务于白宫”的一贯做法，将“情报消费者群体”扩展至三个层次：总统及顾问班子；军事机构的首长和国会立法者；政府其他部门和大型的工商企业。

二、规划新型情报体制

为使美国情报系统尽快适应新形势，冷战结束后，总统、国会、中情局等纷纷开始探讨情报体制改革的问题。国会参、众两院的情报委员会率先垂范，在1995年先后组建了改革小组，各类改革方案和建议纷纷出笼。这是冷战后美国情报体制改革的第一次高潮。

1996年中最具代表性和权威性的情报改革方案，是众议院情报委员会的《21世纪的美国情报界》和总统情报调查委员会（即“阿斯平—布朗委员会”）的报告《为21世纪做准备：美国情报机构的作用和能力》，其要点是：

1. 强化领导，实现情报系统的统一指挥。为实现这一目标，两委员会提出了如下具体措施：（1）设立“外国情报指导委员会”，以架起总统、国家安全委员会和情报系统之间的桥梁，协助中央情报主任领导全国的情报与反情报行动。委员会主席由总统国家安全事务助理担任，成员包括国务卿、国防部长、参联会主席等人的副手。（2）以法律形式将中央情报主任的权力具体化，使其在出任中情局局长的同时，真正享有国家情报活动的规划权、经费分配权、政府部门各情报机构关键人员的任命、调配和派遣权等，成为名副其实的“国家情报总监”。（3）在中情局内为中央情报主任设三个办公室：情报系统管理办公室，负责编制情报预算和分配方案，制定情报需求和规划，下达情报搜集任务，协调基础设施建设计划等；基础支援办公室，主管人事、训练、安保，协调信息系统建设等；技术开发办公室，负责指导、协调新工具与新设备的开发。（4）增设军事情报主任一职，由其统领各军事情报部门，并向中央情报主任负责。

2. 设立专职或专业情报局。具体措施包括：将中情局行动部、国防情报局的人力情报行动中心及其他情报机构的人力情报部门合并组成秘密情报局，负责秘密手段的情报搜集；由中情局、国家安全局、国家侦察办公室及其他部门的信号情报与图像情报部门组成技术情报局，负责监听全球通讯、间谍卫星管理及以技术为主要手段对别国武器发展动向进行监视与追踪；由国家侦察办公室、国防部空中侦察办公室和中情局科技部人员为主组成情报技术开发局，负责研制和购买空中侦察与太空情报搜集系统，及陆、海领域使用的各类情报设备、技术和工具等。

上述方案对于改善情报机构“各自为政”的局面的确会有一定的帮助，但其改革幅度过大，需要对情报系统做“伤筋动骨”的大手术，因此未被白宫决策者全盘接受。尽管如此，这些建议还是给美国的情报系统改革提供了许多新思路。

三、各机构纷纷进行全面调整

冷战结束后，美国情报机构几乎每年都在进行整顿与调整，其中以中央情报局、联邦调查局和国防情报局动作最大。

1. 中央情报局：美国情报系统真正实施全面改革，提出和落实多种措施和计划，还是在 1997 年。特尼特之前的几任中情局局长也做出了一定的调整，如 1993 年盖茨在情报系统内设立“公开情报协调员”一职，伍尔西上任后筹建了类似于 CNN 的“中情局电子新闻网”，多伊奇任内增设了军事支援助理局长一职等。特尼特上任后，从机构和人员两方面入手，采取了如下整改措施：合并、增设或扩充机构。特尼特履任后的第一件事，就是取消、合并了一些功能相近的部门和委员会，将中情局情报部内的9个业务室合并为5个，将负责确定情报搜集目标并协调和监督的15个专业委员会减少了三分之一；增设了专门的情报资料接收和分发机构，即“联合情报回收和储存系统办公室”；扩充了“反扩散中心”，原来的100人扩编为200人，同时接管情报部国际事务办公室的部分分析功能。

2．联邦调查局：冷战结束后的最初几年中，联邦调查局曾一度减少对莫斯科间谍在美国活动的监视力度，后来该局调整了工作方针，扩充了反间谍部门的规模，还应形势需要增设了一些新的机构。1997年初，联邦调查局在其总部内组建了旨在协调全国反计算机犯罪的“网络安全办公室”。随后，又在各地的分局和办事处内相继设立了“反网络犯罪别动队-37”（简称C-37），他们的任务是搜集各类有关利用互联网盗取秘密、或破坏网络等行为的情报，追查并逮捕网络罪犯，被称为新时代的“网络巡警”。此外，该局还与敌方执法机构共同组建13个城市反恐突击队、“国内危机支援协调办公室”等。但最大的机构变化要属1999年正式启动的“新五年计划”，具体做法是：（1）“清理门户”，严明纪律，清除滥用权力、挪用公款、内部间谍等弊端。（2）“分二为四”，原来该局大部分案件的侦办和处理主要都是由局长直接领导下的犯罪调查处和国家安全处两大部门完成的，人们习惯上称为“一局二部”的运作体制，但是，由于案件调查和情报分析分散在各个部门，而且沟通很少，常常发生多个部门同时调查同一嫌疑人并互相争功的事件。针对这一问题，1999年底，联邦调查局的两大“业务处”扩展成四个，即犯罪调查处、国家安全处、反恐怖处和调查服务处，目的是使联邦调查局在防范外国情报活动，打击恐怖主义和有组织犯罪等方面更加主动。

3. 国防情报局：1998 年后，美国国防情报局开始实施其大规模的变革计划，目的是协助国家和军方决策者更有效地“应对来自任何领域、任何敌人的任何威胁”。第一，国防情报局改变了指导方针，将服务范围由“高层”拓展至基层军事部门，以更多资源搜集战场和战术情报，努力使部队在与敌遭遇前就掌握对手的计划、意图和装备等情况。第二，与别国军方分享情报。20 世纪 90 年代末，国防情报局不仅继续与盟国分享情报，也开始向过去被视为“敌人”的国家提供相关的信息支援。美国军事情报专家认为，在国际联合军事行动中，美军对参与多国军事行动的别国军队的依赖性很强，为确保美方人员的安全和战斗胜利，国防情报局必须向他们提供必要的情报支援。1998 年，国防情报局建成的情报发送网，既能在瞬间将各类情报传递到美军前线指挥部和基层战斗单位，还能将其输送到美军赖以依靠或提供援助的别国军事指挥员手中，但这种合作也是有限的、有条件的。第三，调整机构。国防情报局在此期间建成了一个高效率的情报搜集、生产和分发系统。该系统由国家军事情报搜集中心（NMICC）、国家军事情报生产中心（NMIPC）、政策支援处（DPS）及情报处（J-2）等部门组成。此外，还增设了一些特色部门，如国家军事情报系统中心，组建了联合军事情报学院，目的是培养和训练军事和文职情报官员，为国防情报局和参与国家情报计划实施的其他机构输送合格人才。

四、广纳人才，提高队伍素质

冷战后的十年中，美国情报机构在人才招募方面采取了多项措施：

第一，在 1991 年通过了《国家安全教育法》，以立法的形式明确规定了在情报人才培养和使用方面的一些项目，并根据该法授权，中情局牵头成立了“国家安全教育委员会”，主要任务是制定相应标准，审定资金申请者个人或院校资格，掌管资金的发放；确定“关键学科内容”和需要重点研究的国家名单；制定情报界招募在校生、教职员工及将学校某部门全建制地发展为情报机构外围组织的操作程序。此法律出台后，不仅使情报人员的培养和储备工作有法可依，还为情报部门堂而皇之地进入各类学府寻找理想“合作者”铺平了道路。

第二，美国情报界用于人员招募的费用逐年增多。1996 年，参众两院的情报委员会提出：“不向情报人员提供足够营养，就别指望有一流的情报队伍。”于是国会增加了拨款和追加款，例如，1998 年 4 月，美国情报系统一次就得到了 18 亿美元的追加款，用以改善技术设备和招聘、训练适应新时代要求的情报员。自从克林顿的第二个任期开始，特尼特等情报界领导人就一直在恳请政府和国会每年为情报界递增 10 亿美元专款，用于招聘合乎时代要求的情报人员，以及留住关键岗位上的关键人才，尤其是要提高肩负秘密任务的特工的待遇。

第三，各个情报部门还制定了招募人才的长远计划。如中情局在 1996 年制定的“培养和发展情报工作队伍的 10 年规划”，国家安全局在 1999 年推出的旨在 5 年内实现主要岗位人员“大换血”的新招募计划等。到了世纪之交的时候，很多情报机构都反复强调，要重视征募那些外国土生土长的间谍为美国服务，重视对象国的语言和文化。另外，中情局还办公司以求贤才。1999 年 9 月，中情局用 2800 万美元启动资金创办了“非盈利”实体——“因克埃特”公司，旨在将网络技术转化为情报之用，然而其核心在于尽快网罗、培育出一批适应信息时代要求的情报人才。

除此以外，冷战后美国情报界的改革措施还有很多，例如提升海外人力情报能力、加大对间谍活动的打击力度等。这一时期是美国情报界进行重新定位、研讨改革的第一个重要阶段，为进入新世纪的美国情报界作了铺垫。

第七节 新世纪的美国情报界

在冷战刚刚结束的时候，美国人就开始了对新世纪的展望。新世纪，往往伴随着人们观念中的新威胁和新挑战而存在，因此需要新的局面、新的方向。2001年9月11日，纽约和华盛顿等地区连遭恐怖分子的突然袭击。从某种意义上讲，这一悲剧给美国情报界带来了机遇。可以说，美国人酝酿已久的冷战后情报改革，如果没有“9·11”事件，就不会如此高效、彻底地展开。“9·11”事件犹如“催产素”，不仅迅速消除了与允许中央情报局展开国内情报搜集活动有关的相关法律、政策出台所遇到的阻力，还再次唤起了进一步扩大情报、安全机构权力的呼声。仅一个月后，限制中情局海外秘密行动的一些规定（如不许采取暗杀手段等）被取消。随后，2003年美国情报界在伊拉克大规模杀伤性武器问题上出现失误，也在客观上推动了美国情报界情报改革的步伐。

“9·11”事件后，非传统安全领域越来越强烈的威胁引起了美国的重视。2002年，小布什总统在西点军校明确指出，对美国最严重的威胁已经不是来自传统大国的强大军队和工业能力，而是恐怖主义，以及包庇、支持恐怖组织的“邪恶国家”。小布什在竞选连任中也一再强调美国仍处于“战争之中”，仍然面临着严重的恐怖威胁。除此之外，武器扩散、非法贸易、网络攻击等非传统安全领域的威胁对美国的挑战也不断加剧，两洋屏障已不足以保护美国本土的安全。为应对各种挑战，提高国家安全保障能力，美国情报界进入了一个新时期。为此，美国情报界的地位重新受到了高层的高度重视。白宫方面曾表示，“布什政府的国家安全战略和国防计划文件开始将情报提升为国家安全决策的核心……在传统上被视为支援功能的情报，现在已经成了国家权力的一个决定性要素。”

一、成立改革委员会，提出改革动议

“9·11”事件后，国会两院立即组成联合委员会对事件起因进行调查，并将中央情报局、联邦调查局和军事情报机构等作为重点调查对象。2002年12月10日，参众两院情报委员会公布了联合调查报告。这是“9·11”事件后的首份调查报告，调查结果包括：情报界缺乏有效的对内情报能力，对内、对外情报的界限分割太严重；情报机构间无法信息共享，情报机构间存在明显的地盘争夺、竞争抢功与文化差异等问题；白宫对情报的等级次序划分错误，过分重视军事情报，而对战略情报重视不足；情报界的情报分析能力不强；情报界缺乏一个全面的反恐战略；对人力情报的重视程度不足。针对以上调查结果，情报委员会提出了一些建议：设立国家情报主任，使其具有完全的预算、管理和人事权力，并且国家情报主任的能力必须能使情报界成为一个整体；应该对情报界的工作目标、优先次序进行清晰的重新定位；应建立及时的情报共享能力；联邦调查局应加强战略分析能力；应实施“联合旅行”的轮值制度，从而使情报机构内的官员开阔眼界，消除文化隔阂；应使情报界人员在种族上、文化上更加多样化。

但是，在事件调查过程中，国会议员屡屡泄露调查消息，尤其是情报机构负责人就事件经过所做的秘密听证材料经常被国会议员们有意无意地泄露出去，引起有关官员的不满，从而极大地影响了调查的进度。针对这种情况，联邦调查局开始对联合委员会的泄密情况展开调查，并最终迫使国会联合委员会停止了工作，其调查结果和建议也因此没有得到充分重视。于是，国会和总统另外各指定了5名成员，组成“美国遭受恐怖主义袭击国家委员会（即‘9·11’事件委员会或‘基恩委员会’）”对事件进行全面调查。

2004 年 7 月 22 日，“9·11”委员会报告浮出水面。虽然在结论和建议上与国会联合委员会的调查有很大一部分的重复，但它却得到了充分重视，并成了此后情报界改革的重要依据。该报告得出的结论主要有：“9·11”事件前，政府部门在事关恐怖主义问题上协调不够；“9·11”事件前，情报界对“基地”组织的战略分析能力不足；情报机构间在对内、对外情报之间的界限没有打破，情报共享不足；中央情报主任的权力、能力不足以设定国家情报的优先次序，调动情报资源，为整个情报界设定工作标准；情报界的保密限制过于严格；国会情报委员会没有足够的预算权、政治影响力和持续的能力，因而无法进行有效监督。通过对比可以发现，该报告的结果除了最后两点是全新的观点外，其余都与上一份报告相似或雷同。“9·11”委员会也提出了很多建议，其中，建立国家反恐中心、建立国家级情报中心、“想象”应被日常化（如使用情报“红队”）以及成立联合国会情报委员会这几项建议都是上一份报告中未曾有过的，而且除了将国会的参议院情报委员会与众议院情报委员会合并的建议仍未施行以外，其他三项建议很快就得到了落实。除此以外的其他建议，诸如建立国家情报主任、中情局应加强分析能力和人力情报能力、促进信息共享，以及联邦调查局应加强能力等建议，都与国会的调查报告相仿。

伊拉克战争后，公众的焦点转移到了政府对伊拉克大规模杀伤性武器（WMD）明显错误的评估上。于是参议院情报委员会对此展开了调查，并于 2004 年 7 月 7 日出台了调查报告。报告指出了情报界在 2002 年对伊拉克大规模杀伤性武器评估失误的主要原因，也提出了去除情报政治化、提高情报分析能力，以及加强人力情报建设等建议。但由于种种原因，这份报告的影响力并不大。

2005 年 3 月 21 日，专门负责调查这一事件的大规模杀伤性武器委员会（正式名称为罗伯—希尔伯曼委员会）公布了一份调查报告，这次得到了真正的重视。这份报告提出的观点包括：这次情报失误的根源在于搜集、分析以及与决策者的交流不足；政治压力并没有让分析人员改变分析判断，但“不鼓励情报人员去怀疑”的情报界氛围造成了失误；情报界对最危险的敌人（包括朝鲜、伊朗等国家）的武器项目、意图理解得太少；情报界整体上管理松散，应该加强中央集权；分析人员过于依靠秘密来源的信息，分析方法低于标准；信息共享方面，“9·11”后在反恐领域已经有了一定改进，但在反扩散领域没有取得发展。同时，该报告提出了一些建议：总统应该支持国家情报主任行使在情报界预算、人事、项目、优先等级等方面最大限度的权力；中央情报主任应制定任务主管（Mission Manager）负责制定与优先情报目标有关的各方面的情报战略，仅仅成立国家情报中心是不够的；成立反扩散中心；国家情报主任应该成立新的人力资源部门，负责招募科学、技术、语言等方面的人才；国家情报主任应成立一个专门负责科技采办工作的部门；联邦调查局和国防部的人力情报部门应成为中情局人力情报部门的下属单位（后来据此成立了国家秘密行动中心）；中情局应成立公开来源处，以整合整个情报界的公开来源情报（后来据此成立了公开来源中心）；成立国家情报大学；在联邦调查局内建立由国家情报主任领导的国家安全署，将该局原有的情报、反恐、反情报等事务合并；在情报界外建立由政府出资的非盈利性研究机构；国会应当成立情报拨款小组委员会；国家情报委员会下应当成立一个长期的专门机构，负责履行长期战略分析的职责。在这些建议中，除了最后两项没有落实以外，其他都已经或正在建立。

二、颁布新法案，制定新战略

美国情报界每一次大的变革都有法律法规作为支撑，正如珍珠港事件带来了《国家安全法》一样，“9·11”事件后也带来了一系列的新法案，其中最重要的就是2004年12月布什签署的《情报改革与恐怖主义防止法》。该法案试图通过提升情报界的集权化程度以加强统一管理，加强情报机构间的协调与合作，从而解决情报界内长期存在的各自为政、资源分散、协调不足等问题。而且，该法案设立了国家情报主任一职，取代中央情报主任成为情报界的领导人，并加强了其在预算、人事等方面的权力。从此，美国情报界又增加了一个新成员，而且是地位举重若轻的成员——国家情报主任办公室。无论是国家级、部级情报机构，还是军方的情报机构，统统置于国家情报主任领导之下，甚至连联邦调查局这样的"禁区"也不得不在法律框架下服从统一管理。

2005 年，美国历史上第一次出台了《国家情报战略》。它为美国情报界构建了一套自我评估和修复制度，并从以下几个方面采取了措施：对情报界作为支持国家政策的"大系统中的子系统"的效力做出评估；建立一个严格的评估流程，对情报界的战略计划在何种程度上实现了国家目标、支持了相关任务做出判定；为各情报机构的战略计划注入"准备性"因素，以应对随时可能发生的危机和意外事故；为国家情报主任构建一个充满活力的指挥和控制体系。这是美国情报界历史上首次规定要进行"自我批评"与"自我改正"，随着该制度的落实与完善，美国情报界将提高对决策的支持力度和水平，增强对未来环境的适应能力。

另外，针对美国情报界长期存在的信息共享不足、门户之见严重等问题，美国国会及情报界通过了《爱国者法案》、《大规模杀伤性武器委员会报告》、《国家情报战略》、《整合与协作的（五）百日计划》、《情报界信息共享战略》等法案、计划和报告。它们从信息共享的目标、措施、实施步骤等方面对美国情报界进行了新的规范，力求实现在美国情报界范围内可以最大限度地接触与利用所需信息的目的。

三、成立新机构，整合情报界

“9·11”事件使美国情报界清楚地认识到人力情报、公开来源情报等在应对非传统安全领域威胁上具有技术情报所无法比拟的独特优势。在这一理念的指引下，美国成立了一系列新型的情报机构。

2002年11月，美国成立了国土安全部。该部的主要任务是预防在美国国土内再次发生恐怖主义袭击事件，提高应对恐怖主义的能力；一旦恐怖袭击发生，使损失降至最低并尽快恢复。属于情报界组成部分的信息分析与基础设施保护司，是国土安全部的四大支柱部门之一，合并了原来属于联邦调查局、国防部、商务部、国家标准与技术协会、能源部、总务管理局等几个联邦机构下属的情报与基础设施保护机构，集中进行反恐情报分析，以克服情报机构以前存在的因相互封锁而导致情报分析不完整的情况。

随后，美国情报界又成立了联合情报界委员会，以及四个国家级的情报中心。其中，前两个中心设在国家情报主任办公室内，后两个中心则设在中央情报局内。联合情报界委员会的成员主要包括国家情报主任、国务卿、财政部长、国防部长、司法部长、能源部长和国土安全部长等，其职责是辅助国家情报主任改进和开展联合、统一的国家情报工作，保护国家安全。具体而言包括：就确定需求、制定预算、财务管理、监督和评价情报界绩效等，向国家情报主任提出建议；确保由国家情报主任确定或拟定的计划、政策和指令能按时进行。

新增的四个国家情报中心分别是：国家反恐中心（NCTC）、国家反扩散中心（NCPC）、国家秘密行动部（NCS）以及公开来源中心（OSC）。国家反恐中心是在2003年成立的恐怖主义威胁综合中心的基础上升级而来的，其主要任务是制定反恐战略、分析与整合一切有关反恐事务的情报、为反恐行动部门提供情报支持等。国家反扩散中心的任务主要是确定长期的扩散威胁和需求、协调情报界内部反扩散战略计划的制定、寻求增强发现和击败未来扩散威胁能力的新方法和新技术等。国家秘密行动部的任务主要是整合、协调和评价情报界的人力情报活动。公开来源中心则是建立在中央情报局对外广播和信息处的基础上，任务主要是执行国家情报主任制定的公开来源战略、政策和规划。以上四大情报中心的成立为美国情报界进行特定任务的情报支援与在重要事务上进行全源情报分析奠定了基础，提升了美国情报界在国家决策中的作用。另外，国家情报主任还可以根据需要依法建立若干个处理特定事务的国家情报中心，这大大有助于美国情报界对特定问题进行全源情报分析。国家情报中心的建立不仅意味着美国情报界的聚集，还在一定意义上打破了原有的以搜集为中心的“烟囱”式分工格局，促进了机构间的信息共享，增加了情报界在整体上的融合。

除此以外，美国情报界还根据大规模杀伤性武器委员会的建议，设立了任务主管，以监督、管理诸如朝鲜、伊朗、古巴、委内瑞拉以及反恐、反扩散、反情报等重要国家与事务方向，协调整个情报界的搜集与分析。这不仅可以集中整个情报界的力量去处理一些特定的、重要的事务，还能够及时知晓情报工作的遗漏与重复之处，然后对其进行协调。随着任务主管制度的成熟及其影响的扩大，美国情报界的融合度将进一步提升。

四、改革求彻底，重视文化转型

美国这次的改革与以往相比，一个很大的不同就在于其目的是实现情报界的彻底变革，而非仅仅进行机构、制度、体制上的表层变革。美国近年来提出的一项改革重点，即力求塑造一种适应发展的全新的情报界文化，从而从根本上解决情报界存在的弊端。为构建新文化，美国情报界采取了三个循序渐进的步骤：

（一）评估当前文化

“9・11”事件后，《美国国会联合调查报告》、《“9・11”委员会报告》认为，美国情报界各个机构在事件前恶性竞争，没有进行充分的信息共享，是造成对恐怖预警失败的重要原因。第二任国家情报主任约翰・麦康奈尔在《检修情报》（*Overhauling Intelligence*）一文中指出，“国家情报主任必须转变情报界的文化，目前它的特征是专业性强但却狭隘地集中于单个情报机构的目标……为了取得合作带来的诸多好处，情报界必须塑造一种新的文化。”美国国会以及情报界对当前文化的深刻反思，为破除旧文化迈出了坚实的一步。

（二）提出新的文化

《整合与协作的（五）百日计划》、《检修情报》、《情报界信息共享战略》等报告中都指出，旧的“基于需要而知道”（need to know）的文化，即信息提供者认为需要的情况下才进行共享的文化已不合时宜，应该向“基于责任而提供”（responsibility to provide）的文化，即信息提供者在保护来源与方法的同时主动将信息提供给相关机构和人员的文化转变，以最大限度地利用搜集到的信息。

（三）巩固新的文化

《情报界信息共享战略》的一大战略要点就是建立信息共享的奖励制度，从而使情报搜集与分析人员主动要求废弃旧的文化，迎接新文化。另外，加强国家情报主任的权力、成立国家情报中心、设立任务主管等都有助于从组织结构层面巩固新的文化。这一系列措施可以在一定程度上避免新的文化面临夭折的厄运。而要使新的组织文化得到充分巩固，进而真正深入到情报工作中，则需要采取更多的措施，文化的改革将是一项需要长期努力的艰巨工程。

第二章

美国情报组织

第一节　名副其实的情报大国

美国人从事情报工作的历史与其国家的历史同样古老。从独立战争到两次世界大战，从冷战到“9·11”，美国在复杂的国家安全环境中迅速发展了自己的情报王国。尤其是1947年《国家安全法》出台所迎来的美国现代情报时期，情报工作更是发展迅速，其他国家恐怕难以望其项背。而今，美国已经成为举世公认的情报大国。

一、从自身发展来看，美国情报工作已经形成了比较成熟的体系

自身的发展成熟程度是衡量一国情报力量的基础。在法律法规的指导下，美国的情报力量已经系统化，情报界就是国家情报系统的骨架，并且在此基础上形成了运作指挥体制、预算执行体制、评估体制、监管体制等。

第一，美国情报工作有明确的法律和纲领作为指导，因而得以有条不紊地进行。1947年颁布的《国家安全法》是美国情报工作最

重要的法案，也是美国国家安全的宪章，据此法案建立了国家安全委员会、国防部、中央情报主任、中央情报局等机构以及一系列的组织编制。此后虽然经过多次修订，但该法案一直是美国情报机构工作遵循的准则。2004 年《情报改革与恐怖主义防止法》出台以后，美国国家情报工作又有了新的指导性文件。这两项法案是美国情报工作的纲领，此外还有很多规定具体领域的情报法案，都使得情报工作有章可循，也奠定了情报系统化的基础。

第二，情报组织机构系统化。情报界，即“由各行政部门机构和组织组成的联合体”[①]，是美国国家情报工作的实际承担者。实际上，自从使用了“情报界”这个名词开始，美国情报机构就已经形成了一个结合体，表明各机构不是互不相干的，而是在同一个情报系统中工作。情报界的各机构和组织虽然各自独立工作，但都承担着国家情报工作中的一部分。根据 2009 年美国国家情报主任办公室公布的《美国情报界概况》[②]，美国情报界现包括以下 17 个成员，可分为项目管理者、部级情报机构以及军种情报机构三大类，分别为：

1. 项目管理者（Program Manager）

• 国家情报主任办公室（Office of the Director of National Intelligence，ODNI）

• 中央情报局（Central Intelligence Agency，CIA）

• 国防情报局（Defense Intelligence Agency，DIA）

• 司法部：联邦调查局（Federal Bureau of Investigation，FBI）

• 国家地理空间情报局（National Geospatial-Intelligence Agency，NGA）

---

① *“Definition of the IC”*. http：//www. odni. gov/who _ what/definition _ IC. htm.

② Intelligence Legislative Affairs：*An Overview of the United States Intelligence Community for the* 111th *Congress*. 2009，http：//www. odni. gov/reports. htm.

• 国家侦察办公室（National Reconnaissance Office，NRO）

• 国家安全局（National Security Agency，NSA）

2. 部级机构（Departmental Components）

• 司法部毒品管制局：国家安全情报办公室（Office of National Security Intelligence of DEA，DEA/NN）

• 能源部：情报与反情报办公室（Office of Intelligence and Counterintelligence of DOE）

• 国土安全部：情报与分析办公室（Office of Intelligence and Analysis，DHS I&A）

• 国务院：情报与研究局（Bureau of Intelligence and Research，INR of DOS）

• 财政部：情报与分析办公室（Office of Intelligence and Analysis of DOT，OIA）

3. 各军种机构（Service Components）

• 陆军（United States Army）

• 海军（United States Navy）

• 空军（United States Air Force）

• 海军陆战队（United States Marine Corps）

• 海岸警卫队（United States Coast Guard）

第三，美国情报系统在各方面建立了比较成熟的体制。在运行体制上"中央集权"与"分工负责"相结合，总统是国家情报系统的最高统帅和主要情报用户，他通过以其为主席的国家安全委员会对整个情报系统实施指挥和管理，向各个情报部门提出和下达任务；情报系统各组成单位在国家情报主任的领导下，各司其职，通过国家情报主任向总统和国家安全委员会负责。在财政预算体制上，情报界基本沿用了1947年的预算执行体制，即情报界各机构活动的资金都来自于"国家情报计划"(National Intelligence Program，NIP)，军事情报的资金来自"军事情报计划"（Military Intelligence Program, MIP)[①]。在评估体制上，情报界有负责国家情报评估的最高机构，即国家情报委员会，并且从情报搜集到评估都有详细规定的流程。在监督体制上，美国对情报界的外部监督主要分为行政监督和立法监督，情报控制主要通过行政、国会、司法、公众控制以及内部竞争来实现。

二、从投入资源与规模来看，美国情报界当属各国之首

美国为保持其超级大国地位，投入了大量的人力、财力、物力，以保证其在全球性情报工作上的领先地位。其数量与规模远远超过了其他国家。

第一，美国是情报经费预算最高的国家。冷战后，美国的情报经费预算一直稳定在每年260亿～300亿美元左右，这个数字仅是美国政府报告给国会并经其授权使用的合法预算，实际经费还包括秘密活动经费、各部门向情报机构提供的经费，以及追加的经费等。例如，2001年“9·11”事件仅数周后，美国总统小布什就为中情局等情报机构额外拨款10亿美元，供其改善反恐情报工作。而且，美国情报经费仍保持增长之势，尤其是最近几年的增长，使得与其他国家差距不断扩大。2007年，国家情报计划的预算已达435亿美元，2008年又比上一年增加了40亿美元。而英国的情报预算仅占美国同期的10%，法国的情报预算仅占美国同期的4%左右，日本的情报预算仅占美国同期的0.06%[②]。

---

① 在2005年9月以前，“国家情报计划”原称为“国家外国情报计划”，“军事情报计划”则是原来的“联合军事情报计划”与“战术情报和相关活动”的合并。

② 以上数据系根据 http://www.dgse.citeweb.net/finance.html 等网站上的数据整理得出。

第二，美国情报界门类齐全，机构庞大，人员众多。情报工作是美国国家安全工作的重点，为了获取情报优势进而获取决策优势，美国使用各种来源的情报，相互印证，从情报获取的手段上就略胜一筹。根据2007年联合出版物《联合情报》，美国的情报门类包括地理空间情报、人力情报、信号情报、测量与特征情报、公开来源情报、技术情报与反情报等七个大的门类。这些情报来源使得美国的情报工作几乎做到面面俱到，可以全天候、全方位、全天时地获取全频谱的情报信息。此外，美国在本土以及海外各处都成立了大量的情报机构或情报站，形成了全球情报网，这些都是其他国家难以匹敌的。

第三，美国情报界的科学技术发展水平很高。美国十分重视将先进的科学技术优先应用在情报工作上，如最早研制了U-2高空侦察机，1996年又研制出装备全新高科技的“黑暗之星”新一代无人驾驶间谍飞机，以及众多间谍卫星等。近年来，一旦在诸如生物科学、纳米技术和信息技术等领域取得了突破性进展，美国情报界就要加以充分利用。负责开发情报技术的“情报高级研究计划中心”，于2004年开发了“阿耳戈斯系统”，它可以监视外国新闻媒体和其他公开的消息来源，以获取重大传染病或生化事故发生的征候。例如，在2006年11月禽流感爆发初期，“阿耳戈斯系统”就全部投入使用并对禽流感疫情进行了严密和有效的监控。如今，它每天能从21个主要语言的近3000个消息渠道监视多达100万条的新闻报道。[①] 由于拥有先进的技术与装备，在国际合作中，美国常常处于领导者的地位，并且可以迅速、全面地掌握所需的全球信息，因而也为其“情报霸主”地位增加了砝码。

---

① 《美国情报界60年回顾与展望》，中国网，2008年2月26日，http：//www.usqiaobao.com。

三、从影响范围来看，美国的情报力量和活动遍及全球

首先，美国的情报活动范围大部分都在海外。美国情报界的组成机构虽然本部都在美国本土，但每个机构在海外都有若干办事处、办公室或情报中心。拿中情局来说，仅它的行动部，在美国本土以外的地区就设有工作站达130多个，人员有10多万（包括情报特工人员和线民）。情报活动范围与美国的利益重点密切相关，在“9·11”事件以前，美国主要关注的是其在海外的利益，如今则将本土安全置于国家利益以及情报工作任务的首位，于是国内情报活动又得到了加倍的重视。

第二，美国在全球布下了大量情报网或间谍网。众所周知，冷战时期美苏双方的间谍斗争如火如荼，美国在苏联部署了间谍网。事实远不仅如此，美国情报机构还将触角伸向了苏联以外的世界各地。德国有关当局曾披露说，截至1997年，德国境内大约有100名训练有素的美国特工人员。美国与英国、加拿大、澳大利亚、新西兰合作的“梯队”监听网，即利用地理条件在国内建立的数目众多的电子窃听和信号拦截站，监控区域可覆盖全球，而且冷战后，中国大陆已经取代了前苏联而成为头号目标。

第三，与重要国家展开情报合作。美国与其他国家，尤其是西方盟国之间的合作早已有之。例如，“9·11”事件一发生，美国就与以色列及西方国家的情报机构展开了合作：一是与以色列情报机构摩萨德联手查找事件的有关线索，摩萨德派出两支代号为“联结”与“彩虹”的部队，全力协助美国搜集伊斯兰极端分子的有关情报；二是进一步弄清本·拉登及“基地”组织在全球的网络情况，为此，美国中央情报局、联邦调查局与德国、法国、英国、意大利等多个国家的情报机构拓宽了合作范围和渠道，还与巴基斯坦、俄罗斯、

塔吉克斯坦等国的情报机构组成联合情报网，共同搜查本·拉登及其同伙的窝藏地点。

第四，一些国家甚至对美国形成了情报依附。由于美国情报力量强大，很多国家在与其展开合作时渐渐形成了依赖性。事实上，情报合作几乎就是以美国为主导的活动，美国还常以“合作”为名对其盟国进行情报监控。如“梯队”系统中，虽然在美国的盟国领土内都设有地面卫星接收站及监听站，但站内的负责人或关键岗位都由美国情报人员担任。即使有些监听站没有美国情报人员，其设备也都设置为将搜集的情报首先传到美国国家安全局，经“过滤”后有选择地分发给有关盟国。形成这种局面的原因是许多监听站主要由美国情报机构投资兴建，主要依靠美国提供技术支持，而且监听站主要使用的间谍卫星都是美国发射的。情报上的优势是美国得以控制欧洲盟国的基本条件。对于1991年的海湾战争，法国国防部长皮埃尔·若克斯不得不承认，“我们的情报机构过分依赖美国提供的情报，我们几乎两眼一摸黑。”

四、从理论水平来看，美国的情报理论与研究最为丰富

理论是实践的先导。从一国的情报理论水平，可以管窥该国的情报总体发展状况，同时在很大程度上也可以代表该国情报工作成熟的程度。美国的情报理论研究，发轫于20世纪40年代，发展于60—70年代，兴盛于80年代，变革转型于世纪之交，如今已成为世界情报理论研究的“资料库”。

第一，情报研究在美国已经成为一种显学，这也为情报事业的发展提供了肥沃的土壤。

美国从不讳言情报，反而上到政府情报机构，下到民间学术研究团体，形成了蓬勃发展的研究氛围。情报在美国早已是一门公开

的学问，既有国际性的学术研讨会，又有许多著名学术期刊、名家专著、庞大的研究队伍等。

第二，美国的情报理论已经形成了系统、成熟的理论体系。从美国已经出版的情报理论著作来看，美国的情报理论研究涵盖了情报历史、情报控制、情报失误、战争形态演变与军事情报的角色变化等宏观领域，也深入到了情报分析心理学、分析依据与推理等微观领域；对于情报的概念、术语规范、性质、作用、流程等基础理论问题的讨论深入而全面，使得各国研究界都将美国的理论作为自己的研究对象和学术权威；美国还将情报在作战领域的应用形成了一系列的条令、规范、制度，联合作战情报支援理论充分体现了美国的情报理论研究的成熟。

美国是一个年轻的国家，其情报发展也仅仅经历了短暂的60年。他们珍视每一次国家安全危机或威胁，从珍珠港事件到冷战，再到“9·11”事件，美国正是抓住了一个又一个的历史拐点而突飞猛进地发展情报力量。这既得益于美国善于汲取教训、在失败和反省中进步、基于威胁的安全观念、以及强烈的危机意识等民族特性，也与美国社会化、开放性的情报发展环境有关。更重要的是，美国充分认识到，国家安全必须倚重情报，需要可靠的情报来提供决策优势。

第二节　美国情报界的“龙头”——国家情报主任

国家情报主任（简称DNI），是美国情报界的首脑，总统的首席情报顾问，为国家安全委员会和国土安全委员会提供与国家安全有关的情报事宜，并监督和指导国家情报计划的实施，由国家情报主任办公室（ODNI）辅助其工作。

国家情报主任设立于2005年，此前负责这一工作的是中央情报主任，由中央情报局长兼任。设立国家情报主任的想法却可以追溯到1955年，当时国会建议中央情报主任应该有一个副手管理中央情报局，以便中央情报主任专职协调整个情报界的工作。在接下来的50年里，这一建议成为了后来情报界立法和执行机构研究报告中的不变主题，纷纷寻求中央情报主任的改革。然而，最终还是“9·11”恐怖袭击最终将改革情报界和设立国家情报主任的长期呼吁正式提上了议程。2004年7月，“9·11委员会”在最终报告中提议设立国家情报主任。不久，美国联邦政府开始着手改革。8月，美国前总统布什签发了四条行政命令，宣布可以不需要立法而尽可能地加强和改革情报界。在国会，参议院和众议院也通过了1947年《国家安全法》的修正案。这两项议案结合的结果就是产生了2004年《情报改革与恐怖主义防止法》。12月17日，布什将该法案列入法律。2005年2月，布什提名前驻伊拉克大使内格罗蓬特为第一任国家情报主任。2005年4月22日上午7时，ODNI正式开始运作。迈克尔·麦康奈尔与丹尼斯·布莱尔分别于2006年、2009年继任这一职务。2010年6月，詹姆斯·克拉珀（James R. Clapper）被奥巴马任命为国家情报主任。

一、成立原因

进入21世纪以后，美国才开始大刀阔斧地改革情报界，并于2005年成立了国家情报主任及其办公室。究其原因，则既是历史矛盾积累的结果，同时也有其现实因素。

（一）历史因素

国家情报主任的设立是美国情报界长期官僚斗争的解决方案。根据1947年的《国家安全法》，中央情报主任（DCI）被指定为总统和国家安全委员会的首席情报顾问，负责指导和协调整个情报界的工作。但是，军事情报一直都由国防部长全权负责，作为国家安全委员会的一员，国防部长在许多地方拥有特权，然而中央情报主任在国家情报组织和情报预算方面并没有充分的权力。1949年《中央情报局法》通过后，与军事情报相关的组织和预算就归国防部长管辖了。由于冷战期间军备持续扩张，情报组织也不断发展，权力的天平越来越向国防部长方向倾斜，再加上缺少预算的授权，中央情报主任根本无法像最初法案中所设想的那样充分行使职能。这一严重缺陷，在某种程度上，也是国家安全领域频频出现情报失误的原因之一。可以说，《国家安全法》制定之初就是有其缺陷的，它只规定了中央情报主任作为情报界首领的职能，却没有规定清楚其相应的权力是什么。前中央情报主任理查德·赫尔姆斯（Richard Helms）在1969年提到，尽管从理论上讲中央情报主任对情报界活动负有100%的责任，但他真正能控制的情报界资产还不到15%，而国防部和参联会则控制了85%。这种状态一直持续到卡特总统签发了17号总统指令，中央情报主任才开始有预算权和对情报界的日常管理权。但国防部仍控制了90%的预算，留给中央情报主任的则少得可怜。另一方面，由于国防部长掌控了大部分国家情报资产和预算，情报界的工作重点转移到了主要提供军事行动支援上，而且在海湾战争后，军方又对情报支援提出了更高的要求。国家安全局、图像与测绘局、国家侦察办公室等都成了战斗支援机构。因此，在国家情报主任成立之前，情报界更多强调的是战役战术情报，而对战略情报重视程度不够。

（二）现实因素

一是外部威胁更为复杂，美国情报界需要改革工作目标。冷战时期，美国情报工作的主要目的就是应对苏联的威胁，而现在威胁的对象、种类不断增多，在全球化的大背景下，传统安全与非传统安全向情报界的工作提出了更高的要求，其中最重要的就是恐怖主义威胁。虽然改革建议持续不断，但最终促成情报界迅速进行大变革的还是两个诱因——一是“9·11”恐怖袭击给情报界带来的精神创伤，以及在伊拉克大规模杀伤性武器方面的情报失误。可以说，“9·11”是战后美国情报界发展的分水岭，它虽然给美国人带来了噩梦般的记忆，但对于情报界而言则是重获新生的契机。二是应整合与改革情报界内“顽症”的需要。情报界机构繁多，又各自为政，存在着深刻的门户之见，常常因为恶性竞争而呈现“老死不相往来”的局面。面对新世纪复杂多样的威胁和挑战，情报界需要的是良性竞争与深入合作，需要培养信息共享、团结协作的情报文化。而彻底改革情报界内的弊病，必须有独立并享有充分职权的情报界领导人，于是国家情报主任应运而生。同时，国家情报主任取代中央情报主任履行其对整个情报界的职能，也减轻了中央情报局局长的负担。否则后者身兼二职，疲于奔命，既无法有效监管和整合庞大的情报界，也不能专心管理中央情报局的日常事务。

二、职责与职权

国家情报主任负责监督和指导国家情报计划的实施，整合与协调整个情报界的工作，其职能范围综合而言主要有四项：监督、协调、整合与指导情报界活动。2004 年《情报改革与恐怖主义防止法》中做了详细规定：

1. 确保生产出及时、客观的国家情报，并提供给总统，主要执行机构的部门或局，参联会主席，高级军事指挥官以及国会。

2. 为国家情报的搜集、分析、生产和分发制定目标与优先次序。

3. 确保情报在情报界内最大限度地使用和可用。

4. 以情报界各成员提供的预算目标为基础，制定国家情报计划年度预算，并确保执行。

5. 监督与外国政府或国际组织的安全部门或情报机构的协调合作。

6. 确保多数准确的情报分析都来自全源情报，以适应国家安全的需要。

7. 制定人事政策与计划，加强联合行动能力，以推动情报界的人事管理。

8. 监督项目管理计划的制定与实施，与国防部长在国防部计划上展开合作，内容包括费用、计划表、目标、具体步骤等。

与中央情报主任相比，国家情报主任新增的特权中最重要的就是情报界预算权。但是，国家情报主任没有行动控制权或行动指令权，也没有对情报界各机构直接进行人事任免的权力。

国家情报主任行使职责的途径主要是颁布政策性文件。成立之初，可用形式主要是情报界指令（ICD）、情报界政策备忘录（ICPM）、情报界政策指导（ICPG）三种。情报界指令是国家情报主任向情报界传达政策指令的主要形式，由国家情报主任或第一副主任批准签发，它在每个系列里都是按顺序命名的（如 ICD200），基本序列及对应内容如下：100—情报界管理，200—情报分析，300—情报搜集，400—用户效果，500—信息管理，600—人力资本，700—安全与反情报，800—科学技术，900—任务管理。情报界政策备忘录是在正式文件发布之前对情报界提供的政策指导性文件，一般会反映一项新政策的内容或对已有政策的更新或修改，级别低于ICD，它的编号由年份、相应的系列号以及顺序编号组成（如 2005—100—1），所有的备忘录都含有如下语言："这项政策的内容将形成情报界指令。"情报界政策指导级别也低于 ICD，它对情报界提供更加详细的政策实施方面的指导，由审理官员和负责管理的国家情报副主任批准通过，这类文件都会标明情报界指令的序号，后面是"."加顺序编号（如情报界指令 201 的第一个实施指导文件就会标注为 ICPG201.1）。

2009 年 1 月 16 日生效的《情报界 101 号指令》中规定了最新的指令内容，包括 ICD、ICPG，还新增了情报界标准（ICS）和国家情报主任行政函件（EC），而 ICPM 则不再列入，但在国家情报主任宣布撤销之前，以前签发的 ICPM 文件仍然有效。情报界标准的级别低于 ICD 和 ICPG，并与适用的 ICD、ICPG 保持完全一致，内容包括特定的技术程序，以及与授权的任务或职能相关的详细计划书，涉及某个特定领域政策的统一实施，由制定官员批准。国家情报主任行政函件，主要关注与国家情报主任对情报界的影响相关的问题，它是交流战略政策意图或国家情报主任的初步计划的函件，其后可能会签发或制定 ICD 或 ICPG，国家情报主任也用它来处理即时、紧急的政策需要，由国家情报主任或第一副主任签发。

三、国家情报主任组织

自从 2005 年国家情报主任办公室运作以来，其组织机构就随着情报界的工作重点及目标而改变。几经变革，如今国家情报主任工作的开展依赖于国家情报主任组织（DNI Organization）。它由国家情报主任的全体职员以及情报界任务与支援活动（MSA）组成，前者主要负责情报界的政策、监督与准备国家情报预算计划；后者直接负责提供情报界范围的核心情报、反情报战略与战略分析、研究与发展，以及教育训练。

国家情报主任组织的概念是在 2009 年首次提出的。之所以要提出这样一个概念，而不是像以前一样仅仅将国家情报主任办公室分成各部门或中心，是近两年来整合与协作的要求使然。美国情报界提出未来的情报界应当是一个全面协调、信息共享的网络化、一体化情报企业，在文化转型的背景下，国家情报主任监管情报界的方式首先要转变，体现出国家情报主任办公室作为情报界的首脑，正在向全面协作的一体化情报机构转型。

国家情报主任办公室的成员除了国家情报主任以外，还有第一副主任、四个副主任、助理主任及其他职员，辅助国家情报主任的工作。主任和第一副主任由总统任命。其中，四个副主任分别是：负责政策、计划和需求（Policy，Plans & Requirements）的副主任（DDNI/PPR）；负责搜集的副主任（DDNI/C）；负责分析的副主任（DDNI/A）；负责未来能力（Future Capabilities）的副主任（DDNI/FC）。DDNI/PPR 的职责是通过协调情报界范围的政策、战略、计划和需求驱动重要的情报改革；使安全流程现代化；加强与联邦、州、当地、外国及私人部门的联系。DDNI/C 在国家情报主任授权下负责协调整个情报界的搜集工作。DDNI/A 负责加强为情报用户提供的分析支援，使分析更高质、及时、有效。DDNI/FC 是情报界技术革新、责任管理、最佳收益的促成者，实现其目标的途径主要是：领导先进技术研究，着眼技术飞跃，发展科技；作为国家情报主任的科技顾问，整合情报界的科技企业；通过开发和评估情报界范围的众多关于搜集的结构设计，促进革新和财政管理；建立并维护机动、透明的最佳实践环境，以推动情报界取得成绩。另外，属于国家情报主任职员的还有公民自由保护办公室、机会平等与多样办公室，以及三个任务管理者（Mission Managers），分别负责整合朝鲜、伊朗和古巴/委内瑞拉方向的情报工作。

情报界任务与支援活动的主要成员有 10 个，分别是：

1. 国家反恐中心（NCTC）：负责为政府整合、分析获得的涉及恐怖主义的所有情报，但不包括单纯的美国国土之内的恐怖主义。

2. 国家反情报总监（NCIX）：领导来自美国情报界和安全界的高级反情报及其他专家，其任务是发现和挫败危及美国利益的敌方情报活动；保护情报系统不受外来侵犯；为决策者提供全方位、敏锐、可行的情报；保护重要国家资产，以防遭到敌方情报活动破坏；发现并挫败敌方针对武装力量的情报活动。

3. 国家反扩散中心（NCPC）：协调美国情报界内的战略计划，加强情报支援，以防止大规模杀伤性武器及相关运载系统的扩散。

4. 特殊安全中心（SSC）：通过指导评估敏感隔离信息及其他情报信息的安全，保护和共享情报界、政府、外国合作者等的国家情报信息；控制、协调和建议重要的未经授权的涉密国家情报信息的公开与半公开；为支持政策形成提供反馈意见。

5. 国家情报大学（NIU）：通过跨情报门类的教育和联合训练，提高情报界成员的工作能力和水平，从而支援国家情报主任的目标和职能。它由现有的情报界学校、大学，以及国家情报大学校长办公室等组成。

6. 情报高级研究工程活动（IARPA）：专门投资高风险或高投入的研究活动，从而有可能使美国将来拥有对敌人压倒性的情报优势。

7. 安全评估中心（CSE）：任务是提高海外安全标准，在情报界各机构间进行周期性的检查，用基于风险但可行的安全措施大胆追求新型的安全技术，是为国家情报主任及国家领导人协调情报界突发事件应急准备活动的组织。

8. 国家情报委员会（NIC）：是情报界进行中期和长期战略谋划的中心，早在1979年就成立并由中央情报主任领导。它拥有政府内外相关领域最好的专家，为决策者评估当今复杂的国际问题，并提出解决方案和前景。国家情报委员会肩负宏观评估全球问题大趋势的职能，最重要的情报产品就是《国家情报评估》。主要职能是：支援国家情报主任工作；针对决策者提出的问题在情报界分配任务；与学术机构和私人部门的非政府编制内的专家联系合作；根据决策者不断变化的需求，合理分配情报资源；领导情报界生产国家情报评估（NIE）和其他情报产品。就范围和内容来看，国家情报委员会的工作又分为十三个方向，分别是非洲、东亚、欧洲、近东、俄罗斯和东欧、南亚、西半球、经济与全球问题、军事问题、科技、跨国威胁、预警、大规模杀伤与扩散武器。

9. 国家情报协调中心（NIC—C）：成立于 2007 年 10 月，是与国防部及一些美国国内情报机构协调的产物，目的是提供一种机制，以在整个美国政府内协调情报活动，它的职责是高效协调、协作、评估和发展国家情报搜集能力的总体配置。

10. 任务支援中心（MSC）：向所有的国家情报主任职员以及任务与支援活动成员提供支援服务。

四、影响

国家情报主任设立以来，情报界进行重新整合，也是情报界自成立以来改革幅度最大的时期。围绕设立国家情报主任的目的——协调与整合情报界，使情报界发挥出更大的合力，国家情报主任的工作都呈现出生机勃勃的气象，不仅在执行指令中详细规定了其工作职能及任务目标等内容，还创下了美国情报史上的多个“首次”。

第一，首次出台众多情报战略和战略性文件，包括《国家情报战略》（2005 年 10 月），《反情报战略》（2005 年 3 月、2007 年 6 月新版），《情报界人力资本五年战略规划》（2006 年 6 月），《情报界信息共享战略》（2008 年 2 月）等，以及《100 天计划》（2007 年 4 月），《五百天计划》 （2007 年 10 月）等有关情报改革实施的路线图，《2015 构想：网络化、一体化的情报企业》（2008 年 7 月）等反映整个情报界远景以及发展趋势的战略性文件。这些致力于整合与协调情报界的文件，是情报界改革的战略指导和总纲，确定了改革方向，明确了具体任务和目标，因而为情报界改革奠定了基础，证明美国情报界改革已经摆脱了以前杂乱无章的状态，正在步入系统化、正规化。尽管这些战略的实施结果目前仍无法检验，但正确的战略指导是成功改革的前提，因而情报战略是美国情报改革走出的正确的第一步。

第二，首次在短期内建立众多专职情报部门，包括内格·罗蓬特任期内成立的国家反恐中心、公开来源中心、国家隐蔽行动部、国家安全部、国家反扩散中心、国防联合情报行动中心、信息共享环境、情报高级研究工程活动，以及麦康奈尔任期内设立的国家反情报总监办公室、分析任务管理办公室、国家情报协调中心等。布莱尔上任后，与情报界整合有关的具体措施也已经陆续执行。情报部门是实施具体领域情报改革的主体，国家情报主任成立这些部门的宗旨是共同的，即改革与整合情报界，尤其是增进情报界的信息共享、协调合作，提高情报工作效率，并加强情报界在反恐、反扩散、科技发展等重要任务上的能力。

第三，首次制定、开发众多情报计划及项目，如恐怖主义监视计划、联合情报界科技与战略计划、科技迅速转型计划、联合职责计划、国家情报奖励计划、情报企业训练计划、国家情报成员薪金计划等。情报计划是情报改革的具体领域的战略指导，也是直接反映情报界改革具体措施的载体，体现了美国情报界改革的重点。无论是在美国情报史上还是在情报改革史上，集中制定如此多的情报计划还属首次。这表明国家情报主任在实现情报界整合与协作上已经深刻思考了改革的切入点，正在使用“各个击破”的方针，从具体领域开始着手情报界改革。

由此可见，国家情报主任上任后硕果累累，美国情报界的改革也正在轰轰烈烈地进行中。然而在美国，国家情报主任常被称呼为“情报沙皇”，事实上，情报权力过于集中于国家情报主任手中，也有可能引发一系列问题，如情报官僚化等等。

第三节 “中央”情报机构——中央情报局

在美国的情报系统中，中央情报局是美国唯一一个通过国会立法建立起来的情报机构。中央情报局成立于 1947 年，总部设在华盛顿特区与弗吉尼亚州交界处的兰利市。中央情报局局长由总统任命，担任总统和国会的高级情报顾问，通过国家情报主任与总统联系。他原先兼任中央情报主任，曾经是总统的首席情报顾问，参与政府决策的“三兄弟”之一（总统、国务卿、中央情报主任），根据 2004 年《情报改革与反恐法》，中央情报主任被国家情报主任取代。2013 年 3 月，美国总统奥巴马任命约翰·布伦南（John O. Brennan）为新任中情局局长。

一、中央情报局的历史沿革

中央情报局是根据 1947 年制定的《国家安全法》于当年 9 月 18 日成立的。此前，美国情报机关的组织较为分散，除专管国内情报的联邦调查局外，没有一个专门从事国外情报事务的统一机构。当时，境外情报主要来自驻外使领馆的外交官、武官及国务院的驻外代表。1941 年 12 月 7 日，日本偷袭珍珠港成功，美军死伤 3000 余人，其太平洋舰队损失惨重。通过总结珍珠港事件的教训，时任总统的罗斯福充分认识到，建立一个“中央集权式情报组织是多么重要”。于是，他在 1942 年 7 月签署命令，将当时零散的十几个情报单位合并，成立了“情报协调局”，并指派著名律师、后被称为“美国现代情报之父”的威廉·杜诺万为局长。随后又更名为“战略情报局”（OSS），仍由杜诺万领导，主要从事战争时期国外情报的搜集、分析和敌后战略情报的研究、心理战、准军事行动等特殊活动。

二战结束后，1945 年 9 月 20 日，杜鲁门总统发布行政命令宣布战略情报局于当年 10 月 1 日撤销，将其分支机构并入其他部门：X—2（反情报）和秘密情报分部更名为战略服务分队，划归陆军情报系统；研究和分析部划归国务院的情报与研究司。然而，战略情报局的撤销带来了美国情报工作的一度混乱，各部门上报的情报不仅是没有经过分析的原始材料，而且时常相互矛盾。

于是，在战略情报局解散仅 4 个月后，即 1946 年 1 月 22 日，杜鲁门总统就宣布成立了国家情报委员会，由国务卿、陆军部部长、海军部部长、总统军事顾问组成，负责规划、开展和协调所有的“联邦对外情报活动”。它的执行机构就是“中央情报小组”（CIG），其职责是接管原战略情报局的国外情报任务，负责情报评估、分发及各情报部门之间的联系。中央情报组由一名主任实施领导，即中央情报主任。从表面看，中央情报组既是协调机构，也负责情报搜集。但由于当时的陆军、海军、联邦调查局和国务院中的任何一家都不愿意失掉其在情报领域内的固有权力和影响，导致中央情报小组无法发挥“独立集中的权威性情报机构”的作用。它没有独立的预算，经费靠其他部门“施舍”；没有正式编制，人员从各个部门抽调；没有属于自己的情报搜集能力，原始的数据和资料都要靠国务院和军事情报机构提供。

1947 年 5 月 1 日，《国家安全法》正在国会中讨论行将通过之时，杜鲁门总统就宣布任命罗斯科·希伦科特海军少将为第三任中央情报主任和第一任中央情报局局长。同年 7 月 26 日，《国家安全法》开始生效，原来的国家情报委员会也由新组建的国家安全委员会取而代之，中央情报局正式成立，从而使美国历史上有了第一个中央集权的情报组织。这一举措被视为美国情报活动发展步入现代的“里程碑”。此后，中情局一直努力增强对决策者不断变化的情报需求的适应性，并通过加强人力情报，研发、运用高技术手段等，努力使中情局成为白宫分析安全议题的独立来源。同时，也根据总统和国家安全委员会的指示，在世界各地搞情报、渗透、颠覆、破坏、暗杀以及和平演变等秘密活动，其权力、职能、规模也不断扩大。它不仅是美国总统决策依据的提供者，还是其推行外交政策、维护国家安全不可或缺的重要力量。冷战结束后，中情局在提高整个情报系统的工作效率、加强情报部门内的交流，以及就一些专门的议题与相应的情报机构进行合作等问题上也起到了重要作用。

二、中央情报局的职能

中情局职能与任务确定的依据是《国家安全法》和历届总统的行政指令。依照1947年《国家安全法》的授权，中央情报局有以下五种职能：

1. 向国家安全委员会提供政府各部门和机构有关国家安全方面情报活动的情况；

2. 向国家安全委员会提供协调政府各部门和机构有关国家安全方面的情报活动的建议；

3. 联系和评价有关国家安全的情报，为政府内部适当传播情报，在适当的地点提供有用的机构和设施；

4. 为现存情报机构的利益，从事共同关心的辅助服务，以便更有效、更集中地执行国家安全委员会的决定；

5. 履行影响国家安全的有关情报的其他职能和义务，以便国家安全委员会能随时进行指导。

中央情报局既没有国内任务，也没有逮捕权。规定专门指出，中央情报局“无权进行监视、传讯，不行使执法权和国内安全职能”。

条例的条款可以作各种解释。因此，最后一项条款被引证为对秘密行动手段的批准。中情局已经成为美国从事情报秘密搜集和分析、隐蔽行动和反情报的重要政府机构。另外，根据里根总统1981

年 12333 号行政命令，中央情报局只要其工作不是针对美国公民和机构的国内活动，则可以在美国境内秘密搜集“重要”的外国情报。规定还授权中央情报局只要经过总统批准，在不影响美国的政治进程、公众舆论或宣传工具的前提下，则可以在美国境内进行“特别活动”或隐蔽行动。

冷战后，中情局一直紧随国家整体安全战略目标的转移和国际形势变化，不断调整自己的工作重点和主攻方向，以适应新挑战，更好地满足服务对象的新需求。2001 年“9·11”事件后，反恐情报一下子跃升为美国各情报机构重点目标的首位。另外，外国政治、经济、科技动向，国际间核扩散、有组织犯罪、毒品、环保、军控等非传统安全问题也成为情报机构关心的问题。

三、中央情报局的组织机构

中央情报局由局领导直属机构和四个相对独立的部构成，每个部都各由一名主管副局长领导。其机构构成如图 2—1 所示。

（一）局领导直属机构

主要包括总监察长室、总法律顾问室、国会事务室、总审计长室、平等就业机会办公室、行政秘书室、公共事务室、武器控制情报委员会、情报财源委员会、国家情报委员会、电讯中心和情报研究中心。上述机构人员总数约为 450 名。

1. 总监察长室

总监察长的职责是查处中情局违法乱纪事件，有权调查包括局长在内的所有雇员的不当行为，但调查局长前须通知总统和国会两院的情报委员会，他的任命须得到国会的认可，

2. 总法律顾问室

其责任有三：为局长提供有关法律事务方面的建议；从法律角

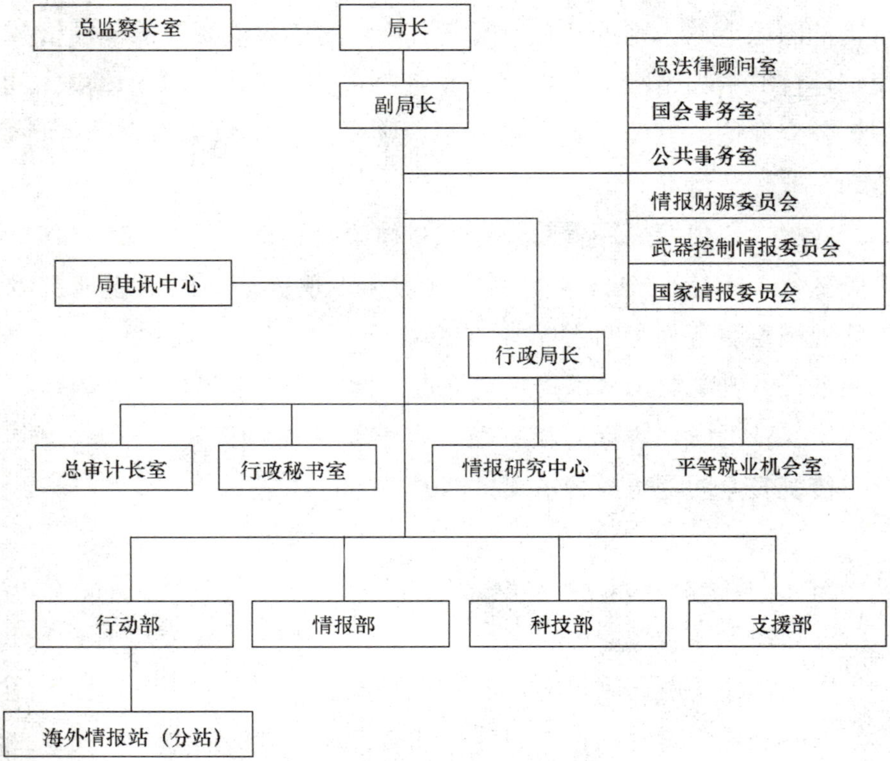

图 2—1　中央情报局组织机构图

度监督中情局的行动，保证符合美国法律；处理与中情局有关的法律纠纷。由于中情局的很多活动在根本上是触犯法律的，这一办公室的工作很棘手。

3. 国会事务办公室

负责与国会的联系，包括信件往来，安排局里的高级官员应召到国会作证，回答国会质询等。

4. 总审计长室

监督中情局整个机构的财务工作。

5. 公共事务室

负责中情局与新闻界、社会组织和公众之间的沟通、交流，它被很多部门，尤其是行动部视为异类，认为它与秘密的原则相抵触。

6. 国家情报委员会

该委员会是由十几名情报专家组成的“智囊团”，其任务是帮助局长审定情报搜集重点和隐蔽行动计划，组织、监督和协调供国家最高决策者参阅的情报战略“蓝皮书”或《国家情报评估》报告的编写。它是中情局最重要的部门之一，决定情报界工作的重点，以及可以与盟国分享的情报内容。该委员会内史组还负责邀请已经退休或即将退休的情报官员撰写回忆录，对拟公开发行的情报书籍和文章进行安全审查。

7. 电讯中心

负责总部与驻外情报站或分站的通讯联络工作。

8. 情报研究中心

负责保管中情局的历史资料，收集中情局退休人员的回忆录，并撰写保密的中情局历史。

（二）行动部（全称“国家秘密行动部”，The National Clandestine Service，NCS）

该部是中央情报局资格最老、最秘密的部门，1973 年前称为计划部。行动部不仅是中情局在境外进行秘密行动的中坚力量，也是美国整个情报系统对外情报活动的总协调者，主要负责以秘密手段或途径搜集情报、开展隐蔽行动。发展到今天，它已经拥有大约 6000 多名全职雇员，另有许多编制外的“签约情报员”和临时招募的“领薪情报提供者”。行动部的年度经费约占全局预算的 1/3，因而它在中情局的地位可想而知。

行动部雇员中的 2/3 是秘密行动官，其余人员为文秘、行政管理和后勤保障人员。通常情况下，秘密行动官常年驻守海外，以各种掩护身份匿身于美国驻外使领馆或其他机构，从事情报搜集、人员招募、反间谍等秘密活动，或策划、参与为实现某一特定目标的隐蔽行动和准军事行动，同时负责与驻在国同行联络或应邀向其提供支援，如人员训练、情报共享、器材和资金补给等。由于该部与几乎所有阴谋计划的策划、实施有关，常被称为“间谍的控制者”和“罪恶阴谋制造厂”，引发的争端和受到国会等部门调查的次数也是位居情报界各成员单位之首。不过，行动部确实能够获取并提供其他途径和部门无法得到的关键情报，为美国国家战略目标和重大决策的制定做出过他人无法取代的贡献，因此历来被政府视为实现其特定目标不可或缺的工具。

行动部由一名行动副局长和一名行动副局长助理领导，内设三个委员会、四个中心、九个处和一个办公室（见图2—2）。三个委员会是隐蔽行动委员会、外国情报委员会、行动与资源管理委员会。四个中心是国家人力情报需求中心、国家安置行动中心、反情报中心、反恐怖中心。九个处是秘密信息技术室（与科技部共管）、国内资源处、反扩散处、国际活动处，以及六个按地区划分的处，即非洲处、欧洲处、近东处、中欧处、拉美处、东亚处。

1. 隐蔽行动委员会

该委员会是地区处和参谋组的混合体，负责起草隐蔽行动或准军事行动计划，提供计划实施过程中所需的各类支持，如政治指导和咨询；发放境外间谍和“情报提供者”津贴；安排大额资金转移；向拟利用的境内外团体提供资金、技术设备和人员培训；为国内民间组织或媒体编发秘密宣传计划和材料；制定并指导旨在推翻或扶持某政权的准军事计划，审定针对特定人物的暗杀计划等。

2. 外国情报委员会

负责制定境外情报搜集计划、重点目标和具体要求，核实秘密渠道来源的情报和情报提供者的真实性、可靠性，决定秘密计划是否继续执行、改变或终止，审查地区处的行动计划、预算使用和交联等方面的事务。

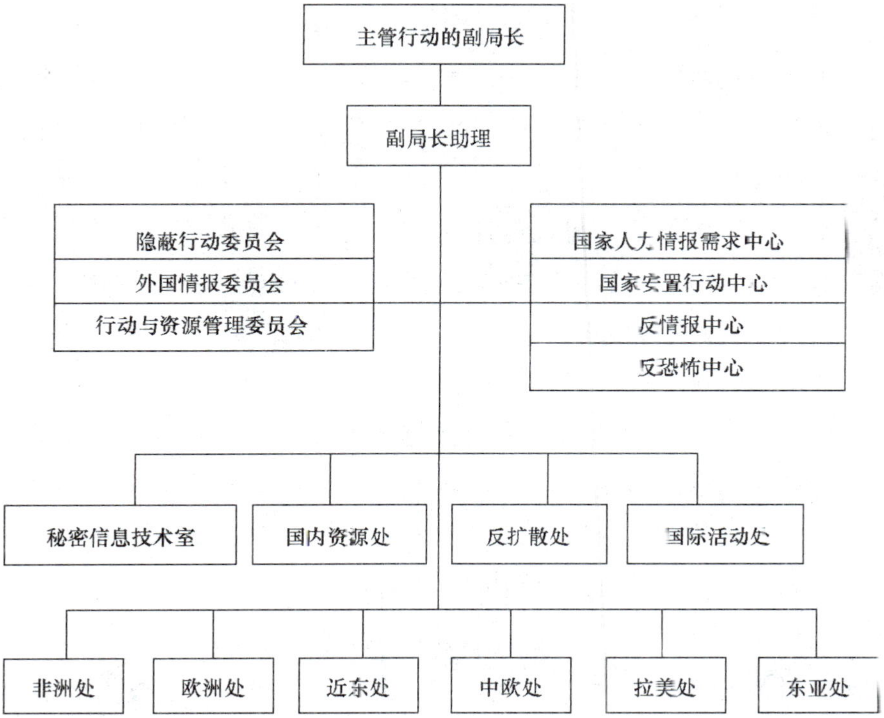

图 2—2　行动部组织图

3. 行动与资源管理委员会

负责核准各类行动的资金和人员投放量，定期审查其实际使用情况。并且有权开设或出资委托他人建立相关产业，以便为本局秘密行动官员和那些愿意为中情局效力而又无适当职业的局外人员提供掩护单位和身份。

4. 国家人力情报需求中心

它依照决策者和政府各部门主管提出的最新、最急迫需要，编制技术手段无法获取的情报项目，并通过中情局局长下达给部内各地方处、海外情报站及情报界其他机构的人力情报搜集部门落实。此外，它还负责指导国防部内的军事情报人力服务中心，协调其与中情局海外人员的行动。

5. 国家安置行动中心（原叛逃者安置中心）

其核心任务是：管理投靠中情局的别国官员，为其办理进入美国的各种手续，安排住所、工作和编制假身份，并通过对他们的定期回访获取更新资料或为某项新行动搜集背景资料。根据相关法律，中情局局长在报知司法部长后，可授予那些符合美国国家安全利益或对推进国家情报工作起关键作用的特定外国人及其亲属“永久居留权”，而无需顾及是否与移民法和其他法律相悖，每个财政年度的限额为100人。这些人均是该中心的主要工作对象。

6. 反情报中心

1988年成立，负责协调情报界打击外国情报组织在世界各地渗透和破坏美国情报机构的活动，防止局内人员泄密或背叛，调查安全隐患和潜在的“内奸”；编写其他国家情报机构的组织状况、历史沿革、主要人物、活动特点等内容的调研报告。自从1994年“埃姆斯间谍案”起，该中心主任一直由联邦调查局官员担任，目的是让侦察部门从一开始就介入中情局“安全隐患”的调查，该中心也派专人到联邦调查局的对等单位担任领导职务。

7. 反恐怖中心

成立于20世纪90年代初，其任务是搜集、分析与国际恐怖活动相关的情报，追踪恐怖组织和个人的行踪，为阻止恐怖事件发生和追捕恐怖分子提供情报支援。它是中央情报局第一个跨部门跨地区的综合单位，它有权最有效地集中各部的有关人员和资源，并与国内其他情报机构合作。联邦调查局、国家安全委员会和国防部也都有派驻人员。2001年“9·11”事件后，该中心得到空前重视，人数由300名左右猛增到近千人。反恐怖活动中心有一个世界知名的资料库，储存着世界上所有已知恐怖主义的资料，包括基地、主要成员、经费来源，以及与一些特殊国家和情报机构之间的关系。

8. 国内资源处

其活动区域在境内，又分国家信息收集科和外国资源科，前者的活动是公开的，主要搜集外国情报部门及其间谍在美国的活动情况；后者负责招募来访美国的外国人，说服他们为中央情报局工作，招募对象包括外交官、留学生、专家学者等，在美国各大城市都设有办事处，但不公开自己的身份，而是以商业公司作掩护。

9. 反扩散处

成立于20世纪90年代中期，主要任务是追踪大规模杀伤性武器，特别是核武器、生化武器等的研发进程和流向，搜集相关情报，以阻止其流入“无赖国家”和恐怖组织手中。

10. 国际活动处

负责编制和指导跨国秘密行动计划、与外国（主要是盟国）同行建立合作关系，制定与别国情报部门分享情报的原则，并监督实施。

11. 地区处

六个处分别负责各自辖内区域的情报搜集和秘密行动的指导工作。其具体职责为：为情报站、点下达搜集任务，接收各站、点报来的秘密资料，然后将其直接呈送主管局长，或将加工后的版本交情报部分析人员作进一步的综合研究；负责审批情报站、点的具体行动方案和人员招募计划，或直接派人赴一线布建间谍网；还拥有情报站、点的人事调配建议权。

12. 秘密信息技术室

成立于1996年，由行动部和科技部共同管理。其职责是研制可供一线行动人员使用、安全性高的微型便携式器械，以提高中情局秘密情报活动的效率。

除了这些主要部门，行动部的人还遍布中情局在全世界的130多个工作站中。他们负责物色和招募代理人，搜集所在国的政治经济情报，以及策划和执行秘密行动。他们由兰利总部统一领导，但在一些具体或紧急问题上，由本地站长直接负责。

（三）情报部（The Directorate of Intelligence, DI）

情报部的主要任务是综合有关国家安全问题的所有情报，整理分析，判断局势和走向，供总统和国家安全委员会等高层决策。由主管情报的副局长领导，是美国最主要的情报分析与研究机构、国家情报成果制作中心。情报部有 4000 多名雇员，1/3 是博士，许多是大学教授。其中 3/4 负责不同专业和领域的情报搜集、分析与处理，1/4 从事行管、服务与保障工作。前者中的一部分通过监听外国电台广播和查阅外国刊物搜集情报，一部分在“原始情报处理”部门整理基础资料和数据，编发情报刊物；但有一半人负责情报分析，将情报加工成“情报成品”后报送总统或相关部门首长。

情报部的“情报成品”分两类：一是反映当前重大事件的“动态性情报”及相应对策，如专供总统和国家安全委员会成员阅览的《总统每日简报》，供部级官员参阅的《国家情报日报》和供军事与外交部门参阅的《国家情报简报》；二是按周、月或季出版的涉及国家长远安全利益的专题研究报告。

情报部的机构设置如下（图 2—3）：

1. 情报需求与评估委员会

该委员会是情报部的“大脑”，负责汇总分析人员的信息需求并将其传达给情报搜集部门，同时对现行搜集系统进行评估，使分析人员掌握下达信息搜集任务的程序和搜集能力的局限性，因为分析人员经常提出一些不可能达到的要求，招来行动部门的抗议。

2. 总统情报分析支援组

这是直接为国家决策者服务的专门机构，负责编纂简报，按照总统和国家安全委员会临时提出的要求，组织编写相关背景资料、重大事件发展趋势预测以及一些重要问题的研究、分析报告。

3. 情报职业理事会

其职责是：确保情报部获得它所需要的专业人才，考察需要的

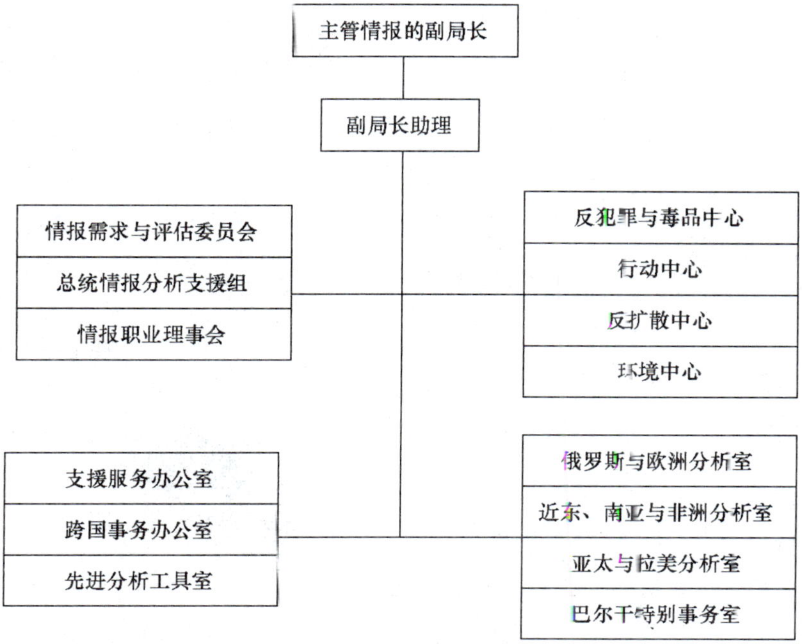

图 2—3 情报部组织图

人才类型，制定有针对性的招募计划，并对相关人员进行培训。

4. 反犯罪和毒品中心

中心成立于 1994 年，由中情局、联邦调查局、国防部、国务院及财政部的情报分析和案件调查人员共同组成。其任务是监视毒品走私和国际有组织犯罪现状，分析其特点和发展趋势，搜集有关毒品走私的信息，供执法机关用作逮捕和指控的根据。

5. 行动中心

其任务是审阅各情报源输送到中情局的原始数据、原始情报及成品；若报送来的情报预示着危机正在形成，则立即通过主管副局长通报给总统或相关行政当局，同时通知研究与分析部门密切注视某一地区形势的演变，必要时，也派员或委托行动部派专员赴实地查明具体情况。

6. 反扩散中心

1992年成立，其200余名分析员的主要职责是：对世界范围的核武器、生化武器、先进常规武器及武器系统的研制发展进行全面的监视和分析，并随时向白宫提供预警；编制应对武器扩散问题的战略计划，向情报搜集和执法部门提供与反武器扩散相关的技术支援和行动指导。中心内的转运网络组专门分析和辨识上述技术的国际供应商及秘密从事相关武器设备买卖与运输的承运者。

7. 环境中心

1997年由原分散于各处室的环保情报分析员汇集而成，下设三个科：环境事务科，负责就决策者关心的全球环保问题做出解释和对策建议；长期评估科，主要研究“环境变化对国家、地区和国际政治、经济、社会稳定造成的冲击”；民用科，主要研究情报系统如何在环保领域发挥作用。环境中心的职责是：协调情报界与环境问题有关的所有活动，并从政治、经济和科学的角度评估涉及美国利益的环境问题；向参与国际环保条约谈判的政府代表提供帮助等。

8. 支援服务办公室

它是由原信息资源室、现时情报生产与分析室合并而成，主要负责管理图书资料、应用推广、提供与自动化信息处理相关的训练、咨询和技术保障。

9. 跨国事务办公室

情报部最大的办公室，主持跨地区跨国界的情报分析，主要关注武器、科学技术、经济安全和社会冲突四方面的问题。主要职责是：分析外国武器和导弹运载系统的技术性能；监视、研究他国国防政策变化，并预测这些变化对其所在地区稳定的可能影响，进而提出美军军事力量如何配置和部署的建议；研究先进电讯技术应用和信息战应对策略和措施；跟踪国际能源、贸易、金融及难民流动、食品安全、边境局势紧张等重大事件；分析、研判洗钱、非法武器交易和人口走私特点与趋势，提出含有相应对策的报告。

10. 先进分析工具办公室

这是与科技部共管的技术开发部门，主要职责是：采购、开发、研制和评估各种先进的技术硬件和软件，保障信息分析的质量。它同时隶属于科技部和情报部。

11. 巴尔干特别事务室

这是20世纪90年代中期新设立的机构。它汇集了整个情报界从事该地区问题研究的专业人士，以集中力量把握巴尔干局势变化的脉搏。

12. 地区性分析办公室

三个地区性分析办公室：亚太与拉美分析办公室，近东、南亚与非洲分析办公室，俄罗斯与欧洲分析办公室。各自负责分析辖内地区的政治、经济、文化等方面的情况，撰写综合研究报告，并就重大变化向白宫和有关部门提出预警。

（四）科技部（The Directorate of Science and Technology, DST）

科技部的任务是提供情报设备和技术服务，负责研发间谍器材、工具和情报搜集技术；处理中情局大部分电子资料；研制情报搜集和处理系统；与国家侦察办公室合作，编制间谍卫星研制、发射计划，同时对各科学领域的先进技术与项目进行跟踪研究。目前，科技部共有雇员4500名左右，就人数而言，是中情局内最小的部门。机构设置如图2—4所示。

1. 系统分析委员会

主要负责分析情报搜集和处理系统的使用效果、存在的弊端，并就此与有关部门协商或独立提出改进方案，经主管副局长同意后指导相关单位落实。

2. 规划与资源委员会

主要负责编制情报界科研计划和预算，监督、指导已核准计划的落实，审查项目资金的使用情况，就在建项目的更改或放弃提出

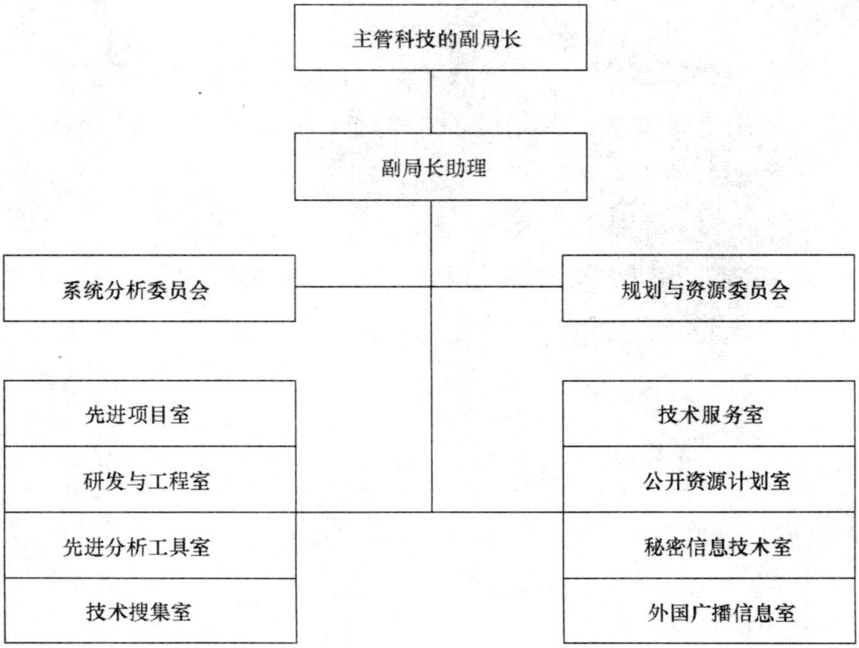

图 2—4　科技部组织图

建议。

3. 先进项目室

组建于 1996 年，负责收集新技术并将其引进到情报工作中来，进而使先进技术转化为可用的情报工具和手段。

4. 研发与工程室

科技部最重要的部门之一，由数个履行侦察使命和参与空中侦察行动的部门合并而成，负责研制各种大型复杂的设备，涉及通讯、卫星、人工智能、高效计算机等尖端领域。轰动一时的 U-2 飞机就是这个办公室的杰作。

5. 先进分析工具室

与情报部共管，详见情报部。

6. 技术搜集室

研制、操控、维护搜集和分析所依靠的复杂设备，与国家安全局合作，管理秘密监听站。

7. 技术服务室

为从事秘密行动的特工提供各种必需的间谍小设备，包括化妆用具、窃听工具、密码发射机、外形巧妙的手枪、摄像机、假证件等。它有好几百名各个领域内的专家，几乎什么样的小东西都能制造出来。它伪造的假文件和证件完全可以达到以假乱真的地步。

8. 公开资源计划室

该办公室是“情报界公开资源计划委员会”的办公场所，负责编制“客户”需求和公开资料搜集重点项目表，协调各成员单位公开资料处理行动，确保关键资料公开获取行动的资金及时到位和合理使用等。

9. 外国广播信息室

监听全世界所有的广播，包括近50个国家的电视节目，记录并翻译其内容。该办公室的资料来源主要是3500家国外电台和出版物，其雇员所熟谙的语言达80多种。

10. 秘密信息技术室

与行动部共管，详见行动部。

（五）支援部（The Directorate of Support, DS）

支援部原为“行政管理部”，该部是中情局内规模最大的部门，其人员占全局编制的近1/3。其主要职责是为行动部、情报部和科技部提供全方位的支援。

1. 局长安全评估中心

该中心定期评估全局安全状况，提出相应报告和防范措施；协助总监察长室调查有可能造成重大安全损失的行为；检查现行安全制度和规定实施的效果；评估重大间谍事件给国家安全造成的损失等。

2. 支援协调中心

主要负责海外重大行动后勤保障的计划制定和援助协调，并领

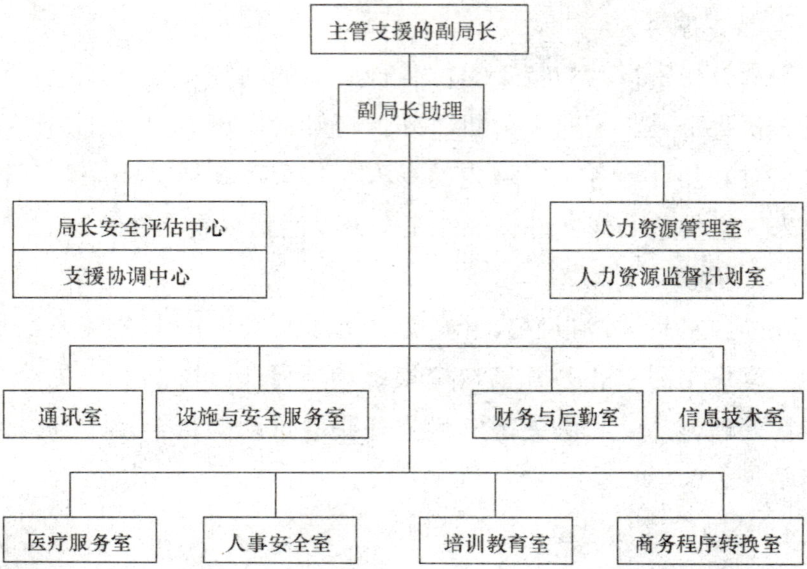

图2—5　支援部组织图

导中情局地下的“秘密印刷厂”（以外国语言印刷和出版在国外分发的“非法”书籍、宣传品，以及秘密行动所需的假文书和证件）。

3. 人力资源管理室

负责人员招聘，管理人事档案；与培训教育室共同管理中情局训练设施，如位于弗吉尼亚州佩雷营的训练场；筛选申请者；编制《人员配置计划》及全局统一的任职资格和考核标准。中情局每年招收1000个左右的全职、兼职或合同雇员。不过，由于经济不景气和中情局本身的吸引力，每年递交简历和申请的远超过15万人。

4. 人力资源监督计划室

负责执行与情报后备人员的储备和培训有关的计划，如物色有潜质的在校生并予以资助的计划；依照与特定大学交流的计划，安排中情局专家进入大学讲课等。

5. 通讯室

管理和维护总部与海外情报站点、中情局与情报界其他机构进行秘密联络的基础设施、设备；在国家侦察办公室的协助下，操控国家卫星通讯系统中的中情局专用频道，以及沟通中情局总部各部门的电讯与高速数据传输线路、设备的安装和保养。

6. 设施与安全服务室

制定安全标准，监督境内外设施中的技术系统和设备安装是否安全，并向这些设备及其使用人员提供安全保护。另外，该室还拥有一支由 200 余人组成的“窃听器侦测队”，每年定期或不定期地对全局和海外情报站点的办公设施进行防窃听检查：局长办公室每三个月一次；副局长、各业务部主管副局长办公室每半年一次；其他地方每年一次。

7. 财务与后勤室

管理中情局日常财务，发放薪水，给驻外工作站拨款，也通过假公司和特殊渠道转移经费，配合行动部的秘密行动。它有全美国最大的几家会计事务所公认最严密出色的财务管理制度，很少发生盗窃、挪用和作假的事情。管理中情局的一切后勤服务，包括中情局下属的以各种名义经营的产业，以及在世界各国购买武器和军火。

8. 信息技术室

管理和维护全局所有的电脑和传输网络，驻外工作站里的很多电脑都装有特殊装置，在紧急情况下，可以立即烧毁机器。

9. 医疗服务室

为中情局的雇员提供医疗服务，既有常规的检查、体检、免疫，也包括心理咨询和帮助，这对长期从事秘密行动的特工人员来说，是极其必要的。医疗办公室下面有一个特殊的小组，专门研究外国领导人的健康状况和个性特点。

10. 人事安全室

负责审查中情局的新雇员和合同雇员，包括对他们进行测谎试验，调查其家庭背景和可靠程度等。所有中情局的工作人员每 5 年都要接受一次测谎试验。它同时负责为在海外活动的特工提供伪造身份，包括假的雇主、薪金支付、银行信贷等配套档案，确保他们在官方记录上不出现任何与中情局有关的字样。

11. 培训教育室

负责安排对雇员的职业训练课程。培训教育室有最优秀的老师，仅语言就有25门课程，供去不同地区的特工学习，其他课程包括行动、情报分析、管理艺术、语言、信息科学和行政领导技巧等。

12. 商务程序转换室

主要任务是为科技开发和设备定制寻找合作者；将物品采购计划转变为商务合同，并监督合同的全面履行。

第四节 最大的反间谍机构——联邦调查局

美国情报机构中大名鼎鼎的机构除了中央情报局以外，就属联邦调查局了。联邦调查局隶属于司法部，它不仅是美国历史上最悠久的安全执法机构，也是美国反情报、打击国际恐怖主义与有组织犯罪活动和侦办国内重大犯罪案件的责任部门，一直被视为国家安全的重要支柱之一。

一、历史沿革

联邦调查局的前身为司法部调查局，推动调查局建立的是时任司法部部长的查尔斯·波拿巴特（Charles Bonaparte）与时任美国总统的西奥多·罗斯福。1908年，波拿巴特在司法部内组建起一支“特工队”，当时成员只有34人。1909年3月，西奥多·罗斯福总统结束了他的总统任期，在离任前，他与波拿巴特都提出一个建议：让这支“特工队”成为司法部的一个常设机构。1909年3月16日，接替波拿巴特职务的乔治·维克舍姆（George Wickersham）将“特工队”命名为调查局。1914年爆发的第一次世界大战对调查局的发展起到了重要的推动作用，调查局负责侦察敌方的间谍活动，逮捕逃避兵役制度的役龄男子，防止敌方间谍的破坏活动。1935年，根据美国国会通过的《联邦调查机构作用及职权法》，调查局更名为联邦调查局，首任局长由当时的调查局长埃德加·胡佛担任。

在联邦调查局的历史上，胡佛是一个传奇人物。他是公认的联邦调查局之父，联邦调查局总部大楼被命名为胡佛大楼，他制定的“忠诚、勇敢、诚实”成为联邦调查局的信条。胡佛自从22岁步入社会到77岁辞世的55年中，不仅从未离开过美国司法部，而且调查局及后来的联邦调查局是其效力过的唯一部门，担任局长长达38年！期间更换过8位总统（民主党、共和党各4位）与16位司法部部长。在自我标榜为“自由、民主”国家的美国，一个“执法官”能与如此之多来自不同党派的司法部部长成功“合作”，不能不说是个奇迹。1939年6月，总统下令由联邦调查局、陆军情报部、海军情报部的领导人组成部际情报委员会，全权负责美国一切与间谍、反间谍和破坏活动有关的案件，其他单位即使获得此类情报，也要交给联邦调查局办理。该训令确立了联邦调查局在美国情报界的龙头地位，然而，它并没有对外情报活动的权力。尽管在1939年，罗斯福总统曾将西半球情报搜集的任务交给联邦调查局，但1941年以威廉·杜诺万为局长的情报协调局成立，专职负责对外情报活动，此举遭到联邦调查局的极力反对。二战接近尾声时，胡佛为了挫败杜诺万将战略情报局永久化为中央情报机构的计划，不惜在报纸上泄露国家秘密，提前披露了杜诺万的计划，致使成立中央情报机构的计划胎死腹中。1947年中央情报局成立以后，联邦调查局仍然与其展开了多方面的竞争。

在二战与冷战期间，胡佛领导的联邦调查局都发挥了其他机构无法取代的作用。另外，他还充分利用自己的影响以及与总统、司法部部长们的特殊关系，不断扩大联邦调查局的规模与职权。胡佛之后的继任局长们也都不断开拓着胡佛留下的事业，1993—2001年在任的路易斯·弗利是继胡佛之后，任局长时间最长的一个，因此被誉为“胡佛第二”。在任期间，他将联邦调查局的年度经费整整翻了一番，由1993年的15亿美元增至约30亿美元。该局现有职员约2.8万人，其中约1.2万人是负责案件调查和追捕嫌疑犯的职业特工，1.6万人是情报及破案线索分析员、法医、文秘及其他保障人员。

二、职能

成立之初，调查局的唯一职责是打击集团犯罪活动。然而，随着时间推移、形势变化，联邦调查局的职能和任务都发生了很大的变化。中央情报局主管对外情报活动，而联邦调查局却是美国国内情报活动的“大管家”。1981年里根总统签发的12333号行政命令允许联邦调查局“在总统指定的情报官员要求的情况下，可以在美国进行搜集外国情报的活动，或对情报界其他机构的外国情报需求给予支持”。这些行动包括窃听和渗透等，以获取密码和其他外国情报。目前，它的主要任务包括：打击有组织犯罪、国际恐怖主义、贩毒和武器走私等活动；调查违反联邦法律的其他重大犯罪行为，如计算机诈骗、行贿受贿等。另外，作为美国最主要的反间谍部门，它还负责境内所有间谍案的调查和对间谍嫌疑人的缉捕、起诉等工作。

冷战结束后，联邦调查局的工作重点逐步调整为：打击国际恐怖主义、毒品和有组织犯罪；调查违反联邦法律的案件，如严重暴力犯罪和金融犯罪等；在国内从事外国情报的搜集活动，对情报界其他机构的外国情报需求给予支持；对外国使领馆和驻美机构进行渗透，窃取其外交密码和其他情报；负责协调国内反间谍任务，在特殊情况下并征得中央情报局同意后也可参与境外反情报作业。此外，它还负责对行将担任政府敏感职务人员进行背景调查；向国内外相关执法部门提供司法援助，如指纹比对和DNA鉴定；搜集、储存和分析犯罪数据与资料，定期编纂和分发《综合犯罪报告》；向外国同行提供有关跨国犯罪、涉及美国海外利益或别国在美利益案件的协查；代表美国出席多种形式的国家、地区或国际会议和组织。

“9·11”事件后美国实施情报界改革以来，联邦调查局转而以对抗恐怖主义威胁、反情报和网络犯罪为首要职能。在对抗恐怖主义威胁方面，该局的主要注意力集中在防止恐怖主义势力获得和使用大规模杀伤性武器上，包括关注恐怖分子的招募、财政、训练，以及使用新的爆炸性设施或生化武器等；在反情报方面，联邦调查局更加关注调查经济间谍、金融犯罪、违反出口管制的行为、网络入侵，以及美国战略人才的变节上；在网络犯罪方面，最重要的是防止恐怖主义和外国由国家支持的入侵者对美国国家信息基础设施造成危害，非法进入计算机系统并传播恶意代码，控制近年来日益增加的身份盗窃、网络犯罪和引诱儿童介入色情网站等行为也在联邦调查局职能之内。

三、组织机构

联邦调查局的机构设置分为三个层次：总部机关、地方及海外机构，如下图所示：

（一）总部机关组成

总体而言，总部机关由局长办事与指挥机构、业务指导及管理部门、综合服务与支援机构组成。

1. 局长办事与指挥机构

局长办事机构包括六个，即由办公室主任领导的局长办公室、

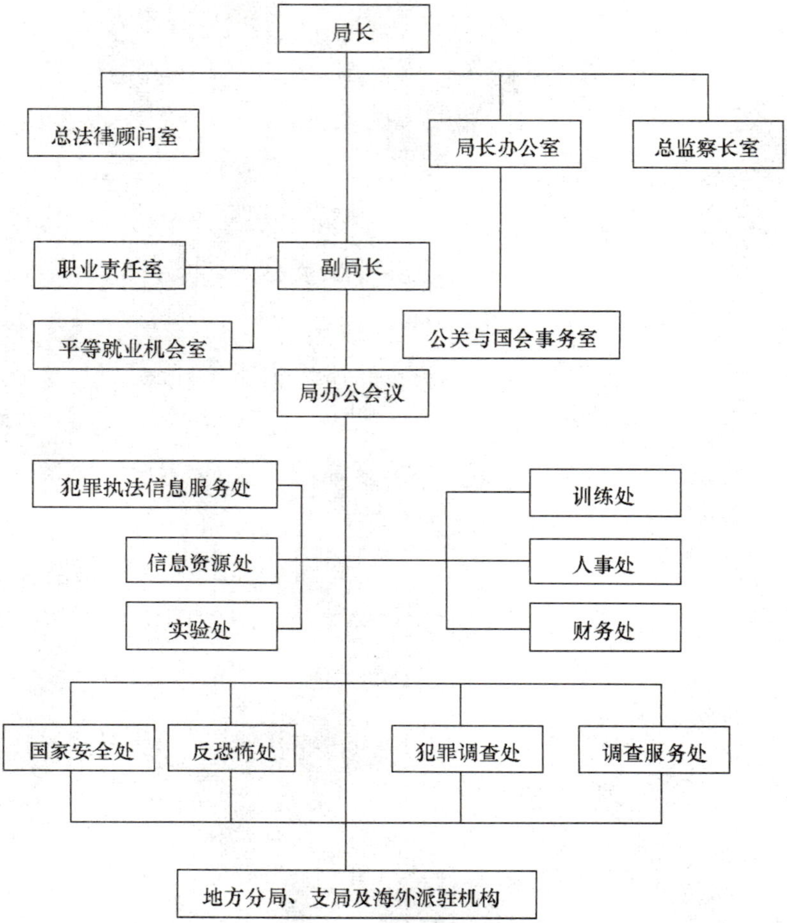

图 2—6 联邦调查局组织图

公关与国会事务室；由副局长指挥的平等就业机会室与专业责任室，以及由局长直接负责的总法律顾问室和总监察长室。

该部门中最具特色的是全局行动指挥、危机处理部门——“战略情报与行动中心”（SIOC）。它成立于 1998 年 12 月，设在联邦调查局总部大楼五层，出于保密和安全考虑，中心所有窗户没有一扇朝向街面。中心分为 35 个专业办公室，拥有同时处理 5 个互不相干重大危机事件的能力。其内部安装的 184 部功率超强且相互联网的计算机，瞬间就可以将秘密或绝密情报分门别类地通过光纤电缆发送到总部内各相关部门、国内各分局或境外机构及其他安全部门手中，致使联邦调查局危机处理和破案能力大为提高。该中心常设编制仅百人左右，由直接向局长负责的一名主任领导。他们的日常工作主要是信息处理、汇编和设备维护等。危机一旦发生，中心改由局长或副局长亲自管理，同时从各部门抽调不同领域和专业的专家一起工作。他们的任务是：过滤、筛选线索；分析相关情报；确定破案方向以及将研判结论及对策建议提供给政府决策层，指导其他机构和具体破案人员行动。2001 年“9·11”事件期间，那里曾有近 800 人同时工作；而坐镇指挥的穆勒局长则通过主控台，不断向局内各部门下达一道道命令，同时将最新情况和建议直接呈报总统。

2. 业务规划与指导机构

自成立之日起，联邦调查局内一直实行着由两大业务部——犯罪调查处和国家安全处各管十几个相对独立的业务室和敌方办事处的运作体制。在此体制下，相关案件的调查者与情报分析员不仅分属于不同的部门，而且相互之间不通气，致使多个部门同时调查一起案件或同一名嫌疑人的尴尬事件时有发生。更有甚者，他们有时为争功夺利，竟会故意向对方封锁信息，导致一些案件不能及时侦破。为消除这种弊端和不良竞争现象，联邦调查局在 1999 年 11 月 12 日决定组建“犯罪调查处”、“国家安全处”、“反恐怖处”和“调查服务处”，分别由一名局长助理领导，具体负责相关领域的行动筹划和业务指导工作。反恐怖处的核心任务是监视、跟踪国际恐怖组织动向，追捕恐怖分子，阻止各类危害国民和基础设施安全的恐怖行为；调查服务处的主要职责是开展与完成与使命相关的敌情、社情摸查，为全局提供情报、资料支援和研究成果；犯罪调查处的职责是侦办暴力犯罪、有组织犯罪集团、毒品走私、诈骗等，同时负责政府相关人员的安全背景调查；国家安全处主管与国家安全有关的侦察工作，包括从事旨在阻止、打击外国机构、组织、个人搜集和窃取美国科技、经济、军事情报等秘密的非法活动，负责编制和实施联邦调查局内部安全防范计划、间谍与反间谍预警计划。

3. 综合服务与保障部门

该部门主要由人事处、财务处、犯罪执法信息服务处、信息资源处、实验处、训练处组成。

（二）地方机构

联邦调查局的地方机构分为两个层次：分局和支局。分局的设立依照需要而定，美国的50个州并非每州都有类似机构，现有分局56个。没有设立分局的州，或设有分局但其所在地不是州首府的，或者一些重要城市和较大城镇，则一律根据需要设支局。目前联邦调查局支局约有400个左右。

（三）境外派驻机构

截至2000年年底，联邦调查局境外法务代表处的数量为44个，均设在美国驻当地的使领馆内，通常由2—5人组成（法务代表为领导，其余均为特工）。

第五节　军队的“中央”情报机构
——国防情报局

一、历史沿革

国防情报局成立于1961年，它的成立体现了始于艾森豪威尔执政时期盛行于肯尼迪执政时期的集权制。20世纪50年代末期，艾森豪威尔政府认为，有必要加强机构中的整体情报活动（如所有的非信号情报，非空中、非机构的情报活动)。一位分析家认为，这种思想是50年代末期导弹差距争论的副产品。面对各部队关于苏联导弹力量的不同估计，并将其转化为所谓的“自我服务”的国防武器预算要求，美国情报委员会于1957年成立了一个联合调查组，对各情报生产单位进行调查。1960年该调查组提出了各种建议，包括国防部门的情报机构应是情报委员会的执行者，而不是其成员，要求成立一个协调性国防情报局，它可以代表各军种作为美国情报委员会的成员。参谋长联席会议不同意这种形式，他们关心的是保持这些机构为军事战术情报要求工作的敏感性。因此，他们提出了一个隶属于他们的联合军事情报局，既保持了各军事分支机构的独立性，也保持了他们对上级机构需求的敏感性。肯尼迪政府的国防部长罗伯特·麦克纳马拉希望有一个更加巩固的联合体——它能更好地利用情报机构的人力物力来支持政策制定者和部队机构规划者，以及达到管理经济的目的。

国防情报局便是各种反对意见相互妥协的产物，它通过参谋长联席会议向国防部部长汇报工作。结果，当时国防部部长的一支小型情报队伍，即被称为“特别行动办公室”的联合参谋情报主任(J—2)办公室被取消。国防情报局根据1961年8月1日的国防部命令（国防部发5105.21号）成立。自成立以来，国防情报局经历了多次机构调整（1961—1970年间进行了四次)，遭到了许多评论家的非议。这些非议针对其情报成果的质量以及未能有效的监督，并遏制其情报分支机构的膨胀。经常有人建议取消国防情报局，就连派克（Pike）委员会也持此意见，但结果并未如愿，国防情报局仍是围绕国防部负责战略情报的主要机构。

二、职能

国防情报局是国防部、参谋长联席会议、联合与特种部队军事指挥部和其他国防机构主要的国外军事情报的臂膀，同时也为军事机构之外的部门提供服务。它负有以下职责：为国家级的外国情报“产品”提供军事情报；协调国防部辖内所有情报单位为满足军事情报的需要而采取的各种行动；控制并管理驻外武官系统、向参谋长联席会议提供国外情报与反情报活动情况；为海外情报与反情报行动提供人力支援。

国防情报局负责生产军事情报成品，它除了协助中央情报局编发国家级的战略情报外，还以各种形式定期或不定期地编制自己的情报刊物，同时协调军事部门编发更加具体、只涉及某一种兵种或某一地区司令官的情况报告。国防情报局编发有《国防情报评估》和《国防情报评估特刊》，这两种情报材料涉及的题目常常与中央情报局编发的《国家情报评估》和《国家情报评估特刊》相似，只是更侧重军事问题。

国防情报局的动态情报成品主要有《每周情报概要》、《国防情报评估》、《国防情报通报》及其特刊《定期情报摘要》等。《每周情报概要》内容包括外国国防部门人员的情况、军队将领的任免及个人的档案资料、军队的编制和布防，以及武器装备等方面较为详细的情况。概要内容的来源既包括秘密人员的情报，也有侦察飞机和间谍卫星拍照得到的照片。《国防情报评估》的编辑形式类似于新闻通讯，每天编发一期，内容涉及各类主题，所载文章较《每周情报概要》更具分析性，能较完整地体现作者本人的观点。《国防情报通报》的宗旨是：重点报道可能会影响美国未来行动和计划的某项发展、某一事件，解释其发生的原因和发展趋势，以及可能对美国产生的影响。其特刊的发行旨在将特别重要的事件向参谋长联席会议、联合特别司令部和各军种及指定的机关进行通报。《定期情报概要》是国防情报局向参谋长联席会议、陆海空三军及其驻扎在全球各地的军事指挥官提供定期情报的主要途径之一。

三、组织机构

从机构上来讲，除了部分小型办公室外，国防情报局由以下一些部门组成：综合国防情报计划部，五个独立的处和安全办公室。（如图 2—7 所示）

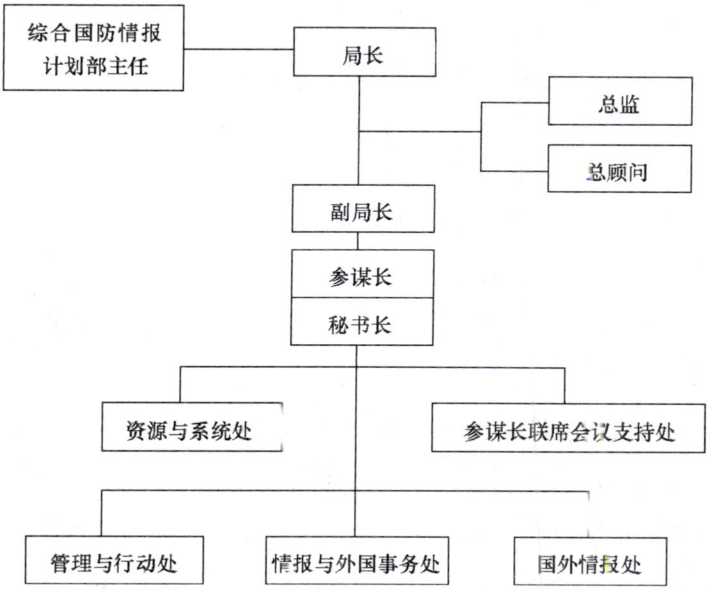

图 2—7 国防情报局组织图

1. 综合国防情报计划部

该部主任指挥本部，在军事部门和中央情报局的配合下起草综合国防情报计划的预算估计，此外，综合国防情报计划部还要求下属机构完成其下达的目标。

2. 五个独立处

（1）情报与外国事务处

该处分为五个科：处长参谋科、军事行动支持科、立法和公共事务科、国外联络科、国际谈判支持科（下分战略、地区、特别谈判小组）。它是国防情报局同外国情报计划办公室、情报界的其他机构以及包括谈判小组（限制战略武器谈判、战略武器裁减谈判和相互均衡裁军谈判）在内的情报界之外的国防情报顾客之间进行联络的纽带。它还处理诸如同澳大利亚联合情报组织和英国国防情报参谋部等一些外国防务情报机构之间的关系。

（2）资源和系统处

资源和系统处也分为五个科：国防情报系统科、技术服务与支持科、国防情报局系统科、人员资源科和通讯科。国防情报系统科管理并协调全国防部的情报系统计划同情报界以及国防部系统之间的关系。它还负责研究成果的传播、保存和恢复工作。包括将所有太空图像编成索引，保管国防部全部自动索引档案和存放在国防情报局中央国防部库房的全国性的图像。

（3）参谋长联席会议支持处

该处包括四个科：参谋长联席会议办公室情报支持科、现实情报科、显示与预警科、国家军事情报中心行动科。

参谋长联席会议办公室情报支持科主要负责参谋长联席会议及其办公室下达给国防情报局的一切行动任务（尽其所能），并保持与国家安全局和中央保密局的联系，以确保参加与联合参谋部有关的行动；它还为国家紧急空中指挥所提供人才。现实情报科负责提供全面的国防部所需情报、国家级现实显示和预警情报，并起草国防情报通告和每周情报摘要。显示和预警科有三个组：显示和报警行动组、发展与执行组、电子情报组。鉴于现实情报科集中力量从事与成品情报有关的显示与报警工作，显示与预警科则着重于初级显示和预警数据的制作方法。国家军事情报中心行动科负责国家军事指挥中心内国家军事情报中心这部分的管理工作。

（4）管理与行动处

该处分为三个科：搜集管理科、武官与训练科、计划与政策科。搜集管理科（由五个组组成：现实行动组、需求与评价组、人员资源组、图像组、信号情报与技术传感器组）对国防部所有情报搜集和加工要求加以管理、征集和评价，其中包括人员资源情报、图像、信号情报和技术传感器；它还对国防部的图像加工和开发活动加以管理和协调，并保持同联合侦察中心及其他侦察机构的联系；它还为国防情报局参与“国防部特种导弹和太空中心”提供支持。武官与训练科负责国防情报局的训练和教育项目（如国防情报学校），以及国防部武官系统的工作。国防部武官是经过任命的外交官，同时也是军官。他们分布在世界各地的美国大使馆内，其职责是同友好的东道国交换军事情况，在各自的驻在国进行公开的国际情报搜集活动。有时，武官也进行秘密的搜集活动。国防情报局官员在国会听证会上的几个例子暗示着这些活动的存在。有一次，国防情报局副局长明确地宣称：国防情报局从事秘密行动。据称，在美国驻伊朗大使馆被袭时遗失的文件中，有一份是写有“机密—RODCA”的计算机计算结果印件，其中列有国防情报局在伊朗的全部情报资源和特务的真实身份，以及“灰盘行动计划”的记录——这是一项中央情报局和国防情报局的联合计划，它旨在窃取 1978 年苏联卖给伊朗的苏制高射炮和装甲运兵车。此外，据一名美国外交官说，一名美国武官 1982 年初在法国被暗杀，因他受命进行了长期的情报活动，故被列为重点“清除目标”。无论过去情报如何，里根总统 1984 年 4 月 2 日批准了国家安全第 138 号命令，授权国防情报局雇用间谍搜集有关恐怖主义活动的情报。计划和政策科主要由计划与政策组同国家情报和战术情报计划两个办公室组成。

（5）国外情报处

该处是国防情报局的一个分支机构，负责成品情报的生产。下设评价科、科技情报科和研究科。国防情报官员就某些对国防部有重大意义的实质性问题与国家情报官员联络。国防情报官员分为东亚和太平洋情报官、拉丁美洲情报官、中东和南亚情报官、欧洲和苏联政治军事事务情报官、普通目的力量和相互均衡裁军情报官、非洲情报官、战略计划情报官和国防情报评价情报官。

3. 国家安全办公室

国家安全办公室负责为国防部长办公室和参谋长联席会议提供反情报和反恐怖主义的职员，开展反情报和恐怖主义威胁的研究，协调军事部门的反情报工作。国家安全办公室分为：反情报处、反恐怖主义威胁处、安全处、分离空间安全政策处。分离空间安全政策处（美国密码管理的最高国防情报机构之一）负责制定有关情报系统及其产品——特种情报等。

第六节　神秘的密码破译机构——国家安全局

国家安全局是美国情报界最保密的机构之一。著名记者哈里森·索尔兹伯里说："听说过它名字的人，在一万个美国人中还不到一个。"前中央情报局官员维克多·马凯蒂说，国家安全局是"美国情报界最秘密的机构"。丹尼尔·肖尔则称其为"最令人莫测高深的机构之一"。国家安全局的"守口如瓶"的确令人信服，否则也不会有人将其英文名（Natural Security Agency）戏称为"无此机构"（No Such Agency）和"从不说任何事"（Never Say Anything）。该局总部设在马里兰州乔治·米德堡郡茂密的森林之中，主楼有九层，另有三层高的建筑环绕其四周。整个建筑群周围密布带刺电网，各个角落均有卫兵把守，可谓戒备森严。不仅如此，该局的门禁制度十分严格。其出入证件分红、黄、绿三种颜色，目的是区别持证者身份和他们被允许进入的区域。持红色证件者不得进入主楼，只能在指定地点停留，以会见国家安全局雇员，他们大多是未被赋予正式秘密使命但与该局有某种关系的局外人；持黄色证件者通常只可以进入主楼底层，但在得到特许和该局有关人员陪伴下可到楼内其他相关办公室，他们大多是国防部或中情局前来协商情报事务的官员；持绿色证件者是该局内部工作人员，他们可进入各自办公区。每张出入证都是经过特殊处理的，内含持有者个人的详细资料，包括指纹、照片、姓名等。一旦卫兵对持证者发生怀疑，只要将证件放在身旁的计算机荧光屏上，即可辨出证件的真伪。

国家安全局在美国情报工作中的作用是不可或缺的。据统计，它每天接收和处理的文件和其他资料、信息载体的总重量达四吨，美国情报界产生的成品情报中80%源自该局以电子手段拦截到的原始素材。因此，它是个名副其实的电子信号拦截和加工中心。

该局成立于1952年。根据总统指令，国家安全局“既隶属于国防部，但又不是它的组成部分”。局长必须是三星级的将军，并轮流由陆、海、空三军将领出任。除指导总部机关和海外机构行动外，国家安全局局长还负责监督政府各部门密码机构的活动。在行政管理方面，国家安全局直接受国防部部长的全面领导，但并不是联合武装部队的一个部分。

一、历史沿革

第一次世界大战后期，美国在陆军情报部建立了一个小小的信号情报组织，代号为军情局八处（MI-8），处长是密码破译专家休伯特·雅德利。战后，雅德利的破译机构被保留了下来，这就是由陆军部和国务院共同经营的“黑屋”。由于经费短缺，再加上国务卿史汀生说“君子不偷看他人信件”，“黑屋”于1929年10月31日寿终正寝。

但“偷看他人信件”这种不“君子”的行为并没有终止，曾担负“黑屋”60%经费的陆军部又新创建了一个信号情报局，接下了“黑屋”的业务，著名的密码破译专家弗里德曼成了该局局长。他聘用了大批数学家和语言学家从事密码工作。1940年9月，信号情报局破译了日本的外交电码“紫密”。在二战期间，美国的信号情报工作发挥过十分重要的作用。美国在太平洋战场取得胜利，信号情报功不可没。

除了陆军的信号情报局外，当时从事信号情报工作的还有美国海军通信处和联邦调查局。为了协调各机构的破译工作，美国于1946年6月成立了信号情报委员会。1949年5月20日，国防部部长约翰逊下达绝密指令，成立武装部队安全局（AFSA），由参谋长联席会议控制，其职能是“统一进行国家军事机构内除陆、海、空军各部单独进行的通信情报和通信保密活动以外的这些活动”。

朝鲜战争爆发后，杜鲁门总统决定整顿信号情报工作，国防部部长洛维特和国务卿艾奇逊对信号情报工作进行了调查，建议更多地进行协调和国家级的指导。1952年10月24日，杜鲁门总统签署了一份绝密备忘录《通信情报活动》（现已部分解密），撤销了武装部队安全局，成立了国家安全局。

二、主要职能

国家安全局的职责是掌管全国的通讯和密码工作。国家安全局章程为1972年2月17日通过的国家安全委员会情报指令6号。它在其有效的形式“信号情报”中规定，国家安全局“根据中央情报主任和美国情报委员会制定的目标、要求和重点，来搜集、筛选及对原始资料进行初加工，并提供初级情报产品”。该指令还授权国家安全局局长“在有必要进行指导和分配任务时，对从事信号情报活动的任何业务单位发布命令”。局长在该条例权力范围内发布的一切指示，均具有强制性。该指令还规定了信号情报活动的工作范围和内容。信号情报活动由通讯情报和电子情报两部分组成：“通讯情报活动是指对由广播、电信及其他电磁手段传出的外国通讯进行侦听和加工，但除下面所讲的具体情况外，应是对外国传出的加密通讯进行加工。侦听包括：范围估计、发报员特征、信号分析、电信分析、释密、破密、普通电文研究、综合以上程序并作出结果报告。上述所讲的通讯情报及其活动并不包括：对未加密的书面通讯、报刊和宣传广播的任何侦听加工；保密检查。电子情报活动是指为了今后的情报目的，对从国外非通讯、非原子弹爆炸或放射性导致的电磁辐射的信息进行搜集（观察和记录）和加工。电子情报是电子情报活动所产生的科技和情报信息。”

国家安全局的另一项任务是保护美国的通讯安全。它负责建立、审查并批准各种通讯程序和包括国务院、国防部、中央情报局和联邦调查局在内的18个主要政府部门的密码；它还负责发展与国防卫星通讯系统和卫星数据系统有联系的安全数据和传音线路。同时，联邦调查局人员为高度机密通讯使用的特殊保密电话也需经国家安全局提供每天更换的密码。国家安全局的通讯职责还包括负责制定总统在批准核攻击时能亲自辨认的密码。

国家安全局提供的信号情报涉及方方面面，远远超过了它破译密码的传统范围。它还负责搜集国外军事、政治和经济情报。这些情报不仅涉及敌对国家，还包括盟国。该局负责的信号窃听包括外交通讯、军事人员之间和军政领导人之间的谈话，以及商业通讯。

根据历届总统颁布的有关国家安全行政指令及国家安全委员会关于情报活动指令的条款规定，国家安全局的任务可以总结为：

1. 根据中央情报主任制定的整体情报工作目标、要求和重点，开展以电子信号拦截为主要手段和途径的情报搜集、筛选和初加工活动；

2. 破译别国政府、军队和工商机构所使用的值得破译的密码，同时保护己方加密通讯的安全，保持美国密码技术永远处于世界领先地位，是国家安全局最基本和核心的任务；

3. 全面拦截各国通讯信号，内容包括军界与政界领导人的谈话、外交及商业通讯等，并依此生产初级情报成果，供情报分析和反间谍侦察部门使用；

4. 协调与指导其他信号情报部门的工作，并向其下达信号情报搜集任务书；

5. 编制和落实国家统一的通讯安全计划书，如1977年的《国家固定设备和战略通讯安全计划》等；

6. 审批各部门提交的通讯安全保障程序，为政府部门编制专用密码，如联邦调查局用于机密通讯的密码编译和解码器、专用通话及每天更换的通讯密码，以保护政府部门的通讯安全；

7. 保证战略武器系统的通讯安全，以防止“敌人”擅自闯入、干预和干扰；

8. 与外国同行合作开发信号情报系统，全面搜集共同目标的情报，并分享所获得的情报成果。如“梯队”电子信号拦截网，这一著名的合作项目就是由美国与英国、加拿大、澳大利亚和新西兰合作建立和管理的。

三、组织机构

该局总部机关的雇员约2万～2.5万，分别工作在五大部门（见图2—6）。国家安全局中最为重要的机构是：行动处、信息系统安全处、技术与系统处。

（一）行动处

行动处由一名负责行动的副局长主管。包括两个行动分析组（M组和W组）和国家信号情报行动中心三个部门。M组的任务是拦截和存储涉及安全的情报，评估技术系统和基础设施（如通讯网络等）易受攻击之处及其面临的潜在威胁，及时发出警告。W组主管与跨国威胁问题相关的信号情报工作，包括拦截和处理外国太空飞行器和运载工具发出的所有信号，下设两个重要部门，即“国防特别导弹与太空航行中心”和“国家遥测处理中心”。前者肩负拦截全球信号，对重大事件做初期评估，向政府部门、军事指挥机关和前线指挥官提供支援，管理传感平台和工作站，接收有关俄罗斯、中国及其他国家导弹发射的数据，向数据采集单位发出某国“导弹发射在即”的预警等。后者负责处理别国导弹在飞行试验中发回地面的无线电信号。国家信号情报行动中心的主要任务是监督和指导对重大危机事件的信号情报拦截和搜集行动。该中心不仅昼夜运转，而且随时与遍布世界各地的国家安全局地面站保持不间断联系。由于信息战越来越受到重视，该中心获得了“国家安全行动中心”的别称，在 1997 年后又新增了“信息保护室”和“防御信息行动室”两个业务部门。

（二）信息系统安全处

该处职责是使分门别类的机密信息储存和传递不受渗透，负责涉及电讯、信号和数据库等领域的安全事务，如外交通讯、加密电话线路、数据传送及处理系统的安全等。

（三）技术与系统处

负责开发窃听行动、密码破译及保护美国密码安全所需要的技术和设备。

（四）支援服务处

保障全局通讯网、国防特别安全通讯系统数据网的正常运行，总部和海外情报设施的建设，相关器材、设备的购置，秘密“垃圾”的处理，以及计算机换代产品的采购，此外，还负责人事、训练和安保工作。

（五）规划、政策与计划处

负责管理和分配信号情报资源，制定“联合密码计划”并确保其真正落实。

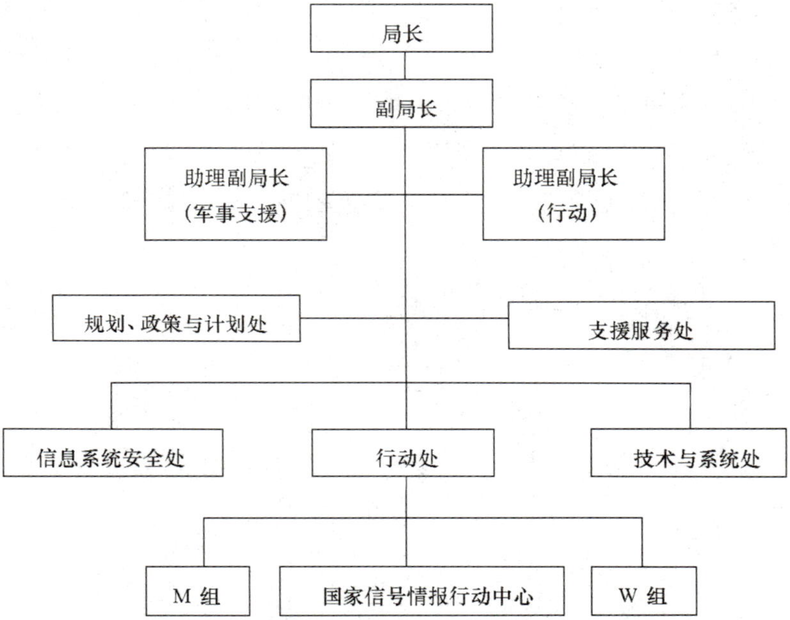

图 2—8　国家安全局组织图

第七节　国务院的政策咨询机构——情报与研究局

国务院情报与研究局（INR）是国务院获取关于全球发展状况有关情报信息和分析报告的主要来源。它成立于 1957 年，向国务卿和其他高层决策者提供及时、客观的形势分析，使其获得决策优势。

该局现有工作人员约400名，其中外事或情报分析人员200多名，其余为文书、行政和后勤人员，年经费为2000万美元。其分析人员一部分是固定的文职官员，另一部分是外交官员，他们在国外工作一段时间后，要回到局里工作2—3年，然后再到国外工作。

该局除了正常外交渠道和公开来源搜集的情报以外，并不从事搜集活动。它既为国务卿及国务院其他部门领导服务，也为国会成员及其职员提供信息，做到对于影响美国外交政策和国家安全利益的重大事件事前有预警、事后有深入分析。其情报分析的产品内容囊括了包括政治军事发展状况、恐怖主义、毒品、贸易等全球范围内的对外关系问题，他们的分析报告无需经别的部门认同，也不与情报委员会的其他成员进行协调，因此，其分析往往有独到之处。

情报与研究局有以下几项核心任务：

1. 全源分析。就生产任务而言，情报与研究局面临两个方面的任务：一方面对外，即部门之间的情报生产工作；另一方面是对内，面向国务院的内部机构。该局的情报分析专家由经验丰富的对外事务官与对内事务资深专家组成，他们致力于全源情报、外交报告、民众观点调查报告，以及与国内外学者交流合作。

2. 情报政策协调。该局为国务院制定情报政策，并协调海外所有机构的情报活动，确保海外情报活动符合美国政策规定，确保搜集资源与优先次序都与美国外交利益与需求一致。

3. 作为国家情报主任办公室近年新成立的拓展行政代理（Executive Agent for Outreach），调配情报界资源，使用学术界专家、思想库、研究委员会、非政府组织、私人部门等，以拓展可用的知识空间，从而更好地为政府及情报界服务。

4. 该局的人道主义者单元（Humanitarian Information Unit，HIU）是与复杂危机相关的信息解密中心，并提供在美国政府、联合国、非政府组织和外国政府间数据共享的协作机制。

5. 监管“八号拨款计划”（Title VIII Grant Program），该计划

由国会提供资金，进行在俄罗斯、欧亚和中欧方向的高水平学术研究。

6. 支援美国外交的其他活动。如该局每年要组织约300次会议，以便于外部专家和政府官员间进行专业技能和思想的交流，国会成员常被邀请参与其中。

除此以外，情报与研究局也分析地理和边界方面的问题。

情报研究局每天都从来自美国驻外机构和中央情报局、国防情报局、联邦调查局等机构的秘密情报和公开的学术材料、新闻稿中，筛选对制定对外政策有用的重要情报、编写一些专题分析研究报告，供国务院高级决策官员和各有关业务司参考。该局每年做出1万页以上关于社会、政治、经济和人物传记方面的分析。根据他们自己的估计，这些所依据的原始材料有40％—60％来自美国驻外使馆的外交报告。该局的主要情报产品有《早晨要闻》、《每日简报》、《时事分析》、《估计与研究》和《政策估计》等研究报告。

国务院情报与研究局局长相当于助理国务卿，他可以直接向国务卿报告，定期参加国务卿和副国务卿主持的主要班子定期会议，参加国家对外情报委员会工作，是国务卿的首席情报事务顾问。国务院设有四名帮助局长工作的助理国务卿，其中三名分管动态分析处、情报评估研究处与情报协调处，一名主管执行主任办公室和情报后勤办公室。

第八节　反恐的应景之作——国土安全部

2001年9月11日，这一天既是美国人民的灾难日，也从此成为美国安全与情报历史上一块难以抹去的伤疤。美国人一直自信地认为，他们所居住的国土拥有大西洋、太平洋双重屏障的保护，凭借超级大国的实力，他们的利益范围永远都只会是在海外。然而，随着双子塔的轰然倒下，他们开始意识到，21世纪的威胁已经发生了变化，以前被一贯忽视的本土安全应当作为国防与安全的首要利益所在。因此，美国采取了一系列措施防止历史重写。可以说，“9·11”事件对于美国这一国家及其人民是不幸的，然而对于情报界来说却成就了一个契机。美国情报界在此后的几年里开始了大刀阔斧的改革，措施包括对情报界进行结构重组，成立各种新的安全情报机构等，国土安全部就是因“9·11”事件而产生的保卫美国本土安全的新机构。它成立于2003年1月1日，从成立之日起就成了美国情报界的重量级成员之一。

在国土安全部官方网站的首页，一句鲜明的标语显示了国土安全部的职责与任务：“一个团队，一项任务，保卫我们的国土。”正如布什在2002年6月的《国土安全部》战略计划文件中所指出的那样，国土安全部是用联邦、各州、地方政府的资源，将众多机构及项目转型协调而成立的一个独立的、一体化的机构，专门负责保卫美国人民及其国土的机构。在美国，超过87000个不同的政府机构都负有国土安全保卫的职责，而成立国土安全部的目的就是融合各个层次的政府的相关工作，使得国土安全防卫形成一个系统，且机构间任务不重叠。因为，从“9·11”事件发生的那一刻起，美国人就充分意识到，国土安全确实是一项“国家级任务”。

国土安全部的职责是领导美国所有部门的力量以保卫美国，防止恐怖主义袭击，并迅速对危机和威胁做出反应。根据分管任务的不同，国土安全部主要由负责四大任务的组织构成：边境与运输安全，危机准备与回应，化、生、放射性及核武器反制，信息分析与设施保护。具体而言，国土安全部又下设以下机构：国家保卫和计划处、科学技术处、管理处、政策办公室、健康事务办公室、情报与分析办公室、行动协调办公室、联邦执法训练中心、国内核探测办公室、运输安全署、海关和边境保卫处、公民和移民署、移民和海关执行处、美国海岸警卫队、联邦危机管理局、秘密署、部长办公室、隐私办公室、公民权利与公民自由办公室、监察长办公室、国籍和移民事务巡视官、法律事务办公室、公开事务办公室、反毒执行办公室、行政秘书长办公室、军事顾问办公室、国土安全咨询委员会、国家基础设施咨询委员会、国土安全科学技术咨询委员会、重要基础设施合作咨询委员会、机构间协调委员会、任务部队等。其中，海岸警卫队在2005年已经成为美国的五大独立军种之一，但在行政关系上仍属于国土安全部管辖。

国土安全部的情报机构主要由两部分组成：一是情报与分析办公室；二是国土安全部行动部门之内的情报办公室。为了整合国土安全部的情报，美国成立了国土安全情报委员会，由该部行动分部的情报事务负责人组成。国土安全情报委员会制定了通用的标准，从而解决了该部在诸如情报官的招募和训练、情报生产和信息共享等方面标准不统一的问题；同时，它也负责制定国土安全部的情报计划目标，进行情报资源的配置。

情报与分析办公室（I&A，The Office of Intelligence and Analysis）是国土安全部的情报总部，由负责情报与分析的副部长负责，并接受国土安全委员会以及国土安全情报委员会的指导。情报与分析办公室主要向国家以及国土安全部决策者提供支援，为此，该办公室与州、当地、部落以及私人部门展开密切合作，共享关于威胁的信息和评估。它提供的主要是与边境安全（包括海、陆、空安全）有关的情报，包括生化武器、炸药、传染病、放射性以及核问题等，重要基础设施的安全保卫，防止本土的激进分子以及进入国境的旅行者对美国利益构成威胁。

为保卫美国边境安全，情报与分析办公室同海关与边境保卫处（CBP，Customs and Border Protection），以及移民与海关执行处（ICE，Immigration and Customs Enforcement）通力协作，以确保能够充分利用现有情报能力在美国边境搜集到更多的情报。截至

2008年年末，情报与分析办公室已设立了38个分支机构或中心，在洛杉矶、纽约、亚特兰大、巴尔的摩等地都派驻有情报官。除了与国土安全部主要部门密切合作以外，情报与分析办公室下设的国土基础设施与威胁减少评估中心还与美国17个私人部门展开合作，从而更好地理解恐怖主义威胁及其能力，发现每个部门的弱点。

第九节　效力于各军种的情报机构

一、陆军情报局

陆军情报局（Army MI，Army Military Intelligence）是美国军事情报局中最早建立的机构，建立于1882年。陆军情报局包括负责情报的助理参谋长办公厅、陆军情报与安全指挥部、情报补给活动局、导弹情报局、武装部队医疗情报中心和国外科技中心。其主要职能是负责为各种联合军事行动中的各级指挥官提供及时、准确、同步的情报和电子战所需情报，支持陆军以应付各种突发性的行动。陆军军事情报的工作要与陆军战斗计划充分整合，目前其主要任务集中在六个方面：

1. 增强陆军军事情报的能力及高级技能准备工作；
2. 增强陆军人力情报能力；
3. 在部队范围内使用分散通用基础系统的陆军部分；
4. 增强陆军网络空间行动能力；
5. 扩充持续性监视和探索能力；
6. 改变文化。

负责情报的副参谋长（DCS G－2）办公厅是陆军情报局的中枢，负责总体规划陆军情报活动。负责情报的副参谋长代表陆军参加国家对外情报委员会。陆军情报与安全指挥部总部设在米德堡，它是1976年由陆军情报指挥部和陆军安全局合并而成，向海外各信号基地派驻人员，并直接从事利用间谍搜集情报和情报分析工作。情报补给活动局是搜集秘密情报和隐蔽行动的单位，据说是为了完成被伊朗扣留的美国人质和其他营救任务而创立的。导弹情报局设在亚拉巴马州亨特威尔，任务是制作与陆军有关的所有外国导弹系统情报（包括战术地对地、空对地、舰对空及战略导弹等）。武装部队医疗情报中心是负责提供美军在外国可能遇到的有关医疗问题的情报，特别是环境及疾病状况与美国截然不同的国家的医疗情报。设在弗吉尼亚州查洛斯维尔的国外科技中心的任务是生产科技情报、帮助陆军的研发项目、分析外国武器缺陷，以便美国制定对策等。

此外，陆军还设立了针对各级作战部队的情报架构。在军一级上，由司令官高级情报顾问和陆军情报旅提供情报支持。后者负责提供各种情报和反间谍方面的情报支持。在师一级上，设军事情报营，负责向师长和旅长提供情报支持。在旅和营这一级上，情报架构就显得比较小而简单，设两个情报小组负责向旅长和营长及时提供战时情报支持。总之，从上层的陆军情报与安全指挥部到下层的机动部队的情报支持小组，整个陆军情报系统组织严密，其工作人员都是训练有素，装备精良，随时准备应付各种突发情况，并提供情报支援。

近年来，陆军情报局提出了转型军事情报能力的构想，目的是更好地辅助面临持续型冲突、复杂战场环境和不对称挑战的陆军和联合指挥官的决定性的行动；将高级联合与“发现、确定、完成、开发、分析和分发”能力整合到战斗指挥流程中；使陆军装备、训练、共享信息、领导培养和理性技能有所提高，与整体上可行动的、尽可能低层次的情报相适应。

陆军的战役层次情报组织是位于弗吉尼亚州的美国陆军情报与安全指挥部（INSCOM）。主要负责情报训练的组织是位于亚利桑那州的美国陆军情报中心（USAIC），该中心向美国陆军训练与条令指挥部报告。另外还有负责监督陆军储备情报活动的陆军军事情报准备指挥部（MIRC），与陆军情报与安全指挥部位于同一个城市。基础情报中心（NGIC）负责向陆军提供军事、科学与技术情报，也向陆军情报与安全指挥部报告。

二、海军情报局

海军情报局（Naval Intelligence）是为海军作战部队提供情报支持和服务的情报机构。它也是美国历史上延续下来的最早建立的情报机构，最早可以追溯到1882年3月23日，美国海军在航海局设立的情报科。1889年，情报科改为海军情报处。第二次世界大战结束后，又扩大并更名为海军情报局。

海军情报局的职责是：

1. 搜集世界海军、港口设备及外国舰队的情报；

2. 综合整理海军情报单位的情报，统筹海军各情报系统的活动；

3. 监督海军的保密工作；

4. 训练、派驻和领导驻国外的海军武官，搜集外国海军情报。

海军情报局长由海军作战部部长助理担任，办公地点设在五角大楼内。局长负责所有海军组织和活动的监管、计划、规划、战略和政策制定等工作。海军情报局是美国海上情报的主要生产中心，外国海军的能力、发展趋势、行动、战术，以及全球范围海事行动的分析和评估中心，内设国外情报部、技术情报部、特别行动部，另设许多独立的组。海军情报局有近2万人，年度预算经费约为12亿美元，是发展较快的情报机构。它不仅负责海军系统的情报任务，还担负着美国国家安全局的电子监听任务。海军情报局拥有现代化的传感器、雷达，以及其他监听设备。

海军的情报领导机构是海军情报办公室（ONI），地点设在马里兰州的国家海军情报中心（NMIC）内。1991年，海军情报局将其他五个独立的海军情报机构合并，成立了国家海事情报中心，总部位于马里兰州的苏里兰，成为全国海军情报的生产基地，负责搜集与分析与海军相关的专业技术，内容包括分析外国战船的外形、设计、传感系统、侦控系统、操作平台、水下武器发射系统的信号信息，同时也分析海上的空军作战，定位和分析导弹信号等，成为海上空战方面的权威情报来源。海事情报中心也是关于海上全球商务活动的主要情报来源，并负责处理一些非传统的海上事务，如反走私、反毒、制止在海洋倾倒放射性废料、反技术转移及反武器扩散等；为国家级情报系统提供支持，如有关国外发射平台和武器系统的特点和技术参数；通过获取外国一些技术，为海军机构、实验室等提供参考，从而开发出新的武器系统和制定一些有效措施。冷战后，海军情报局的任务转为为地区冲突预警和联合作战提供情报保障，服务对象也扩大到国会和政府有关部门。

三、空军情报监视侦察局

空军情报监视侦察局（AF ISR Agency），简称空军反间谍局，总部设在得克萨斯州的拉卡兰德空军基地，从2007年6月8日开始作为空军情报中心机构而运作。此前，空军情报局和空军情报监视侦察局都仅仅是战场行动机构联合工作。该局局长由负责情报、监视、侦察（ISR）的空军副参谋长担任，负责监管空军情报部门并提供政策和指导。

该局的主要职能是确保军队无论是在和平时期的行动，还是在危机或是战争状态，都具备优先搜集、控制、获取一些情报信息的能力，并具备防范对手采取类似行动的能力。为实现这个职能，空军反间谍局乐于与其他军事机构、国家级情报机构合作，各取所需，分享情报。但随着全球安全环境变化日益剧烈，一些新问题、新威胁不断产生，因而它的职能变得越来越具有挑战性。与其他军事机构类似，空军反间谍局为满足美国国家安全的需要，必须发挥多重作用。为适应情报搜集新的要求，空军反间谍局在全球各地派出大量的侦察机，如 U-2 高空间谍侦察机，RC-135 间谍机，以及无人驾驶飞机等。

作为参谋长联席会议成员之一，空军反间谍局坚持接受统一领导和分工协作。为支持日常的空军行动，空军反间谍局采取统一的分析和处理系统，以保证各部门之间相互交流的畅通。空军反间谍局的组织结构强调各司其职，做到大到整个国家、小到一架飞机都能得到相应的情报支持。1997 年空军反间谍局进行了机构重组，行动和情报合二为一。空军反间谍局局长负责总体事务，是美国空军情报方面的总管，同时负责监督空军情报处、空军地面行动机构、空军情报政策的执行机构。空军情报处还下设一个国家空军情报中心和空军信息作战中心。

该局现有人员约 14500 人，分布在全球 70 多个据点上，包括马里兰州的第七十情报空军联队（70th Intelligence Wing）和俄亥俄州的国家空天情报中心（NASIC）。空军情报监视侦察局的指挥官也作为 NSA 下属的服务密码部门，监管空军的信号情报活动。

四、海军陆战队情报主任

海军陆战队情报机构的职能与其他军事情报机构一样，与参谋长联席会议保持有效的合作，并接受其统一的命令，负责为海军司令以及海军总部提供情报支持和服务。对窃取等特别行动做出预算、计划和程序，并对特别行动事先做好培训和部署。海军陆战队情报主任（DIRINT）是海军陆战队的首席情报参谋官，负责管理该局的情报、反情报和密码工作。海军陆战队情报机构的专家编制在从营或舰队到海军远征部队的所有指挥梯队的行动部队之列。

位于弗吉尼亚州的海军陆战队情报行动处（MCIA），是海军陆战队的业务生产中心，向海军陆战队提供情报计划、训练、行动、系统开发和演习，还可以向美国武装部队在任何国家、战区的战场指挥官提供远程的情报支援。其分析和生产的情报不仅为海军陆战队服务，而且还为国家决策者、战区指挥官，以及战术单兵提供情报支援。

五、海岸警卫队情报和犯罪调查程序

美国海岸警卫队（Coast Guard）是美国的五大军种之一，归国土安全部管辖，主要负责美国的海事安全、稳定、保护自然资源、海事机动和国家防卫等五项任务。只要是危及美国这五个方面的利益的海域，无论是国际海域，还是美国的海岸、港口、内海航道，海岸警卫队都可以在此执行任务。为完成这些复杂多样的任务，海岸警卫队领导层和行动指挥官必须依赖于海岸警卫队情报和犯罪调查程序（Coast Guard Intelligence and Criminal Investigations Program）的支持。

由于海岸警卫队的工作地域广泛而复杂，包括国内港口、海岸水域、离岸海域，甚至外国港口等，而政府的其他情报机构很可能覆盖不到这些地域，因此海岸警卫队除了提供有关海岸警卫的情报支援外，还可以向其他国家安全目标提供搜集到的情报。

海岸警卫队情报和犯罪调查程序包括国家情报分队、犯罪调查处、反情报处、情报协调中心（海岸警卫队的情报生产中心）和密码处等，任务是指导、协调和监管情报和调查行动、活动，通过向战略决策者、战役和战术指挥官提供可行动的（及时、准确和相关的）情报，支援所有的海岸警卫任务。海岸警卫队情报和犯罪调查企业同时也向国家本土安全战略以及部分相应的国家安全目标提供支援。

第十节 其他情报机构

除了以上介绍的情报机构之外，美国情报界还有一些机构也在美国国家安全与情报工作中扮演着举足轻重的角色，如国家侦察办公室、国家地理空间情报局、司法部毒品管制局的国家安全情报办公室、能源部情报与反情报办公室、财政部情报与分析办公室等。本节将简要介绍这五个机构的情况：

一、国家侦察办公室

国家侦察办公室为整个美国情报界安排卫星侦察计划，通过卫星进行图像和信号情报的搜集。它是美国情报系统的所有成员中经费最多也是保密程度最高的部门，虽然设在国防部内，却是为整个国家服务的情报机构。

国家侦察办公室成立于 1960 年 8 月 25 日，导致它成立的直接诱因是 1960 年 5 月 1 日美国 U-2 高空侦察飞机在苏联上空被击落的事件。此前，国防部、空军和中情局等，已经就设立统一机构统筹国家卫星计划及行动等进行过数月的辩论，而这一事件迫使美国有关部门加紧修订所有执行中的太空侦察计划。由当时的国防部部长盖茨委任的三人小组①最终做出了一份 8 月 25 日简报，即《卫星侦察预警计划（修正案）》，国家安全局和总统便打消了原来的疑虑，

---

① 1960 年 6 月 10 日，时任总统艾森豪威尔责成国防部部长小盖茨重新评价这一计划，盖茨于是委任了一个三人小组，成员分别是：空军副部长约瑟夫·查理克博士，国防研究与工程局副局长约翰·H. 鲁贝尔，总统科学与技术特别顾问乔治·B. 基斯塔科夫斯基博士。

决定成立国家侦察办公室。自成立至1973年的13年时间里，外人几乎不知道国家侦察办公室的存在。1973年，由于参议院委员会在介绍情报机构预算报告中的编辑错误，该办公室第一次被公诸于世。几个月后，《华盛顿邮报》发表了一篇论述国家侦察办公室职责、预算的文章，以及1974年中情局前雇员马凯蒂和马克斯二人共同编写的《中央情报局与情报崇拜》一书出版，才使人们逐渐认识了国家侦察办公室。

国家侦察办公室的总部设在五角大楼，公开名称是“太空系统办公室”，局长一般由空军副部长兼任。国家侦察办公室负责管理整个卫星侦察工作，包括：为美国情报系统编制卫星侦察计划，安排间谍卫星的发射和管理；制定间谍卫星研发计划和技术指标，组织相关科研项目招标和设备的采购工作；对特殊地域或国家进行信号和图像情报搜集；用所得情报支援美军的作战行动等。其管理的卫星主要有空军的锁眼-8型和锁眼-9型图像侦察卫星，中情局的锁眼-11型图像卫星，“流纹岩”型系列信号卫星以及多功能的“漩涡”、“长曲棍球”和“大酒瓶”侦察卫星，以及太空计划署的“白云”号海洋监测卫星等。国家侦察办公室虽然占用情报界经费数额最大，但人员却相对较少，编制内的仅有不到3000人。

二、国家地理空间情报局

该局是美国情报界最年轻的成员，成立于2004年。根据《2004财年国防授权法案》，成立于1996年的国家图像与绘图局（NIMA，National Imagery and Mapping Agency）正式更名为国家地理空间情报局，这也意味着该局从此成为情报界的重要成员之一，美国的军事测绘工作进入了一个新的阶段。该局的历史要追溯到1992年，时任中央情报主任兼中央情报局局长的罗伯特·盖茨强烈建议成立“国家图像情报局”，合并中情局的国家图像情报分析中心和五角大楼的国防绘图局，于是6月6日中央图像办公室成立。此后经过一系列的努力，尽管遇到了重重阻挠，美国历史上第一个综合图像情报机构——国家图像与绘图局最终还是在1996年10月1日成立了，原有的众多图像机构合而为一，国家图像与测绘局隶属于国防部。

成立之初，美国赋予国家图像与绘图局的主要任务是制定国家图像情报目标和计划，统一管理国家情报资源，为各相关部门下达具体任务并监督其有效落实；国防部则希望其在及时准确地向军事决策者和行动部门提供战略、战术图像情报支援的同时，满足决策层及其他非军事部门对国家图像情报的要求。而如今的国家地理空间情报局对自己的定位则是“认知地球，指引道路”，因而被美国人称为“地球的眼睛”。地理空间情报（GEOINT）就是加工与分析图像和地理空间信息，从而描述、评估并识别出地球上的一些实体特征以及与地理相关的活动。

目前，该局包括参谋、直接领导和授权执行单位等三大机构管辖的19个部门，在编员工约7000人，总部位于马里兰州的贝塞斯达，在圣路易那、密苏里和华盛顿特区等地设有办事机构，而在全球各地都有其保障分队。

国家地理空间情报局既是美国情报界的一员，又是国防部的战斗支援机构，其主要任务是研究美国通过间谍卫星或其他途径得到的航空照片及各种图像、绘图资料，绘制出相应的图像。近年来，该局通过各种手段收集到了全球各地主要地区或战略要地的详细地貌的最新版本的地图总数达到2000种以上，仅两千地区的地图就多达14箱，20种以上。[①]

---

① 牛宝成：《揭开美国“国家地理空间情报局”的神秘面纱》，2005年6月23日，http：//www.defence.org.cn/Article－1－51914.html。

三、司法部毒品管制局的国家安全情报办公室

毒品管制局（DEA，The Drug Enforcement Administration）总部位于美国弗吉尼亚州的阿林顿，是负责管制美国国内外毒品活动的机构。它是美国最大的海外执法力量之一，在全国有 21 个分支机构，并拥有遍布全球 60 多个国家的 80 多个办公室，更重要的是，它已经拥有 33 年的国外执法行动经验。

从 2006 年起，毒品管制局的主要情报部门——国家安全情报办公室（NN）成为了美国情报界的成员，任务即是搜集、分析和分发与毒品活动有关的情报。之所以要将其吸收进情报界，美国主要的考虑是用以应对 21 世纪越来越复杂多样的非传统威胁，毒品威胁便是其一。国家安全情报办公室的特点之一就是能够与其他情报界成员以及负责国土安全的部门进行充分、适当的情报协调与信息共享，运用毒品管制局的全球毒品管制的情报资产解决与国家安全有关的问题。它的目标是加强保卫美国国家安全的努力，打击全球恐怖主义，以及为毒品管制局的执法行动提供情报支持。国家安全情报办公室的人事任职主要由分析、联络员、中心任务管理等职能构成。

四、能源部情报与反情报办公室

美国能源部的主要职责是通过提供科学理论、技术、政策与措施，使美国得以更充分、更多样化地使用能源，进而使经济更具活力和竞争力，提高环境质量，维护美国的国家利益。能源部情报机构于 1947 年 7 月就成为了美国国家情报委员会成员，当时的名称为对外情报系统，现用名为情报与反情报办公室（IN）。能源部同国务院共同进行有关外国能源问题的公开情报搜集活动，生产和分发能源部工作需要的外国情报，参与情报搜集需求与计划制定。在冷战

期间，能源部对苏联军事和民用核能活动进行了大量分析，包括武器试验能力和效果的分析等。能源部的情报计划溯源于曼哈顿工程期间，当时被创立并用于提供关于苏联发展中的核武器项目的专业的情报分析。从那时起，能源部的情报就一直与不断变化的国家政策需求以及该部门独特的科技力量基础紧密联系在一起。从20世纪70年代能源危机导致的在国际能源供需问题上对情报技能的持续性需求，到90年代核扩散的形势转变，再到如今核恐怖主义作为一种新兴的潜在威胁方式的出现，能源部需要为此付出不懈的努力。

能源部情报与反情报办公室是情报界的首要技术情报来源，主要提供四个核心领域的技术：核武器与不扩散，能源安全，科学与技术，以及核能源、安全与核废料。为此，它主要有三部分任务：

1. 向能源部与其他政府部门的决策者，以及情报界提供及时、准确、高质量的外国情报分析。

2. 确保能源部的技术、分析和研究的能力可用于情报、执法以及特殊行动部门中。

3. 以能源部的技术实力为基础，向情报、执法以及特殊行动部门提供周期短、专业性强的技能运用和行动支援。

五、财政部情报与分析办公室

情报与分析办公室（OIA）是根据2004财年的情报授权法案建立并成为情报界成员的，其前身是成立于1977年的情报支持办公室。法案规定该办公室负责接收、分析、整理和分发与财政部的责任、行动相关的外国情报和反情报信息，还专门成立了负责情报和分析的助理部长，统管该办公室的工作，同时将该办公室划归财政部恐怖主义与金融情报办公室之内。

情报与分析办公室的战略目标主要有：

1. 通过提供金融、恐怖分子等国家安全威胁方面的专业分析和情报生产，辅助政策制定和财政授权。

2. 为财政部提供关于经济、政治和安全等问题的及时、准确和确定的情报支援。

3. 将财政部全面整合成情报界的成员。

4. 协调和监督财政部的所有情报工作。

5. 对人员和信息技术展开必要的调查。

第三章

独特的情报决策机制

第一节　复杂的情报预算机制

情报预算常常成为人们最关心的话题，预算的数目可以成为一国投入力度、建设重点的风向标，而预算的机制则既可以体现该国情报界管理上的风格和理念，又可以映射出其在实际预算方面的进退得失。美国的情报预算机制受到21世纪改革浪潮的影响，从20世纪90年代以错综复杂的预算权斗争为核心的机制，转而迈向了自成体系的企业化预算机制。

一、美国情报预算的组成

美国的情报预算主要通过情报计划来体现。情报计划是有关美国所有情报、反情报、侦察活动以及情报界管理结构的总体描述，主要通过计划、功能和经费管理来实现目标。其中，计划管理规定情报工作的方向和目标；功能管理按照情报生产、搜集和基础设施三大类进行经费投入；经费管理则具体调节各项情报任务的方向和重点。情报计划的重点就是预算问题，情报任务的计划、情报功能的实现都必须以充足的资金为前提。如果说明确的分工为情报职能的实现提供了体制保证，那么合理的预算则可以从资源上确保体制分工的最终实现。

自从 1995 年起，美国采用了不同于以往的预算机制，将情报预算分为三个组成部分：国家外国情报计划（NFIP）、联合军事情报计划（JMIP）以及战术情报与相关活动（TIARA）计划。其中，国家外国情报计划包括由总统制定或由国家情报主任和美国政府部门或机构的领导人共同制定的情报界所有计划、项目和活动，主要由两部分组成：一是国防部的国家级情报计划，二是联邦政府其他部门的国家级情报计划，但所负责的都是与国家级情报需求（而非单一部门或机构的需求）相关的计划。联合军事情报计划和战术情报与相关活动计划则是为了更有效地利用与控制军事情报资源而专门制定的军事情报计划，它们的区别在于，联合军事情报计划主要负责的是与国防范围内（总体而非单个军种）的情报需求，而战术情报与相关活动计划则对由单个军种管控的战术军事情报项目负责。

值得注意的是，这三个组成部分的划分并没有严格的组织划分的界限，仅仅在功能上各有差别。比如，国家外国情报计划和联合军事情报计划都为国家安全局的密码破译活动提供资金，尽管大部分资金来源于国家外国情报计划，但一些与军队利益相关的军事项目可能就由联合军事情报计划提供资金。从组织方面讲，国家外国情报计划中的情报活动预算内容，既包括国防部内机构的活动，也包括国防部外机构的活动；而联合军事情报计划和战术情报与相关活动计划则只负责国防部的活动。由国家外国情报计划提供资金的非国防机构或活动包括：中央情报局、联邦调查局反情报和情报活动、国务院情报与研究局、能源部情报办公室，以及财政部情报支援办公室。同时，国防部内也有情报机构至少从国家外国情报计划中得到部分资金：负责卫星活动的国家侦察办公室、负责信号情报的国家安全局、负责图像情报的国家地理空间情报局，以及负责国防范围情报的国防情报局。

2005 年 9 月，美国政府又将“国家外国情报计划”改称为“国家情报计划”（NIP），将“联合军事情报计划”和“战术情报和相关活动”计划合并为“军事情报计划”（MIP）。虽然改名后的各个情报计划的内容和范围并没有实质性的变化，但情报预算的整个机制进行了相应的调整。

二、美国情报预算的规模和分配

冷战后，美国情报界的经费预算一直稳定在 260 亿～300 亿美元的水平上。据不完全统计，1993 年美国情报预算为 290 亿美元，1994 年为 280 亿，1995 年为 285 亿，1996 年为 290 亿，1997 年为 266 亿，1998 年为 267 亿，1999 年为 280 亿，2000 年和 2001 年均为 290 亿。“9・11”事件以后，美国着手进行情报改革，使得情报预算的数字得到了一个质的飞跃。截至 2004 年，美国的情报预算已经上升至 400 亿。2008 年，美国公布国家情报计划的预算高达 475 亿美元，这还不包括军事情报计划，如果算上，至少应该还要加上 100 亿。

2008 年情报预算的公开在历史上来说是第四次。第一次公开在 1997 年，当时的情报预算（包括国家情报、联合军事情报和战术情报）总计 266 亿。美国首次将情报预算公开，要归匢于由美国科学家联盟（FAS）起诉的“信息自由法案”诉讼案件。1998 年的再度公开却是自愿的，当时公开的数目是 267 亿。但此时公开的数目并非情报预算的真实数目，要么就是官方不愿意披露预算总数，要么就是没有将各机构或活动的预算细目包括在内。2007 年，国家情报计划的预算公布，经国会授权，基于“9・11 委员会”的建议，已达 435 亿。2008 年又比上一年增加了 40 亿。“9・11 委员会”曾建议将情报界成员的预算也都一并公开，但建议没有被采纳，至今，情报界各机构的预算仍是保密的，公布的只有情报预算总额。对于美国情报界偶尔公开以及不完全公开情报预算的做法，有人评论说，“情报预算是一个晴雨表，它透露出官方保密政策的不连贯性”。

1996 年，美国临时组成的一个情报能力委员会在一份报告中指出了情报预算的分配结构。国家外国情报计划占预算的 2/3，其中大部分预算都是属于中央情报局和国防部的，国防部项目就占了国家外国情报计划的约 3/4 份额。根据估计，如果预算总额为 400 亿，那么国家外国情报计划约为 200 亿～270 亿，联合军事情报计划约为 50 亿～70 亿，战术情报与相关活动计划约 120 亿～150 亿。

三、2005 年以前的情报预算机制

国家外国情报计划由中央情报主任及其下属的情报界管理参谋、国家情报委员会进行管理，后两者还负责对计划预算资金的使用情况进行全程监控并在必要时增拨或调配预算资金。联合军事情报计划和战术情报与相关活动计划由负责情报事务的副国防部长进行总体协调和指导。但是，联合军事情报计划和战术情报与相关活动计划的预算资金并未包含在国家外国情报计划资金之内，而是列在国防预算之内，由国防部部长进行总体调度和支配。

（一）预算的正式授权

2005 年以前，中央情报主任有关于国家情报计划预算的制定和实施权，但这一权力需要与国防部部长及其他相关部门领导分享。实际上，在美国历史上，中央情报主任的预算权几乎很少落到实处，预算的天平往往向国防部部长倾斜。在 1947 年的《国家安全法》中，并没有正式授予中央情报主任和国防部部长关于情报预算的权利。后来的几年中，政府规定了各情报机构的相对预算权。在 1992 年和 1997 年，国会通过了《国家安全法》修改法，从而得以更加明

确地规定预算权。

根据修改法，中央情报主任负责制订国家外国情报计划的年度预算并向总统提交，并参与国防部部长对联合军事情报计划和战术情报与相关活动计划的年度预算制订。同时，中央情报主任有权对情报界各机构年度预算准备提供指导，各单位的预算计划只有得到中央情报主任的批准后才能纳入国家外国情报计划。中央情报主任还有权转移国家外国情报计划的资金，国防部部长需要转移联合军事情报计划和战术情报与相关活动计划的资金时，也必须和中央情报主任协商。另外，法律还规定中央情报主任具有在国家外国情报计划范围内调拨资金和人事的权力，但联邦调查局除外，多数情况下它必须得到国防部部长的同意后方可调拨资金和人员。

修改法也赋予了国防部部长特定的职权，规定国防部部长必须确保国防情报机构及其活动能够满足国防部的需求和国家的需求，同时也包括中央情报主任提出的需求。由此可见，《国家安全法》修改法只使得中央情报主任具有了国家外国情报计划的相对预算权，而却给予了国防部部长对主要国防情报机构的行动控制权。因此，从实际角度来看，归根结底还是国防部部长拥有主要预算权。

（二）预算流程

尽管《国家安全法》规定中央情报主任有职责准备国家外国情报计划的预算，但国防机构的年度预算实际上都是通过国防部的计划、规划和预算系统完成的。在流程开始的时候，中央情报主任向国家外国情报计划下的各机构提供预算指导，然后各机构的领导人负责准备详尽的预算计划。对于国防部的情报机构而言，它们的预算计划被认为是国防部规划和预算流程中的一部分，由副国防部长领导的国防资源委员会负责监督。

这一流程需要与国防部在主要获取项目上的决策流程对应，尽管获取流程无论在形式上还是实际上都与规划和预算流程有很大的区别。中央情报主任在获取流程中的作用和角色并没有通过法律体现出来，他对国防情报机构制订预算的指导，也许仅指在开发新系统时的某些国家需求方面对机构领导层提供指导。而且，在开发新的国防部情报、监视与侦察系统的需求上，本应由国防部投入的，却改为整个情报界共同投入资金建设军事项目。1998 年，中央情报主任在情报界建立了任务需求委员会，目的是发现情报机构（包括国防部机构）在获取新系统方面的技术问题。

（三）资金的转移和重新规划

能够体现预算控制权的关键环节，在于预算执行过程，即在拨款后将资金从一处转移到另一处的“转移”或“重新规划”权力。拨款法明确规定各机构在特定条件下，有权转移资金，并根据年度预算总数进行调整；也可以在一定的限定条件下“重新规划”拨款账目中的资金。尽管“转移”和“重新规划”有技术上的区别，国防部还是统一使用“重新规划”这个词。国防部的“重新规划”活动，包括所有包含了账目间转移的行动，都需要得到国会的国防委员会的预先审批。

根据当时的法律，中央情报主任有重新规划资金的权力，但需要得到管理和预算办公室的批准，同时还要得到相关拨款部门领导人的批准方可执行，例如，对于国防情报项目而言，中央情报主任就需要征求国防部部长的同意。法律同时也允许国防部部长转移或重新规划资金，但任何转移都必须得到中央情报主任的同意，或在他所规定的程序下实施；联合军事情报项目的资金转移也需要与中央情报主任商议。

四、2005 年以后的新机制

2004 年《情报改革与恐怖主义防止法》出台后，美国情报界重新规划了情报预算的职权和流程，建立国家情报主任一职，并且赋予他前所未有的情报预算大权。2005 年，情报计划的内容也发生了变更，原来的三项改为两项：国家情报计划（NIP）和军事情报计划（MIP），更有利于职权和范围的划分，也使美国的预算体系显得更为精简明了。其中，国家情报计划由负责管理的国家情报副主任辅助主任进行预算流程的制定和实施，军事情报计划预算也改为由国防部部长和国家情报主任共同制定，首席金融官作为负责管理的国家情报副主任的特派员辅助国家情报主任对军事情报计划的参与和监督。

（一）战略与业绩计划

与此前的情报预算机制不同，如今的美国情报预算在《国家情报战略》的战略框架下确定了它的机制。《国家情报战略》是预算决策制定的基础性文件，主要内容是通过一系列的战略计划将情报界整合成一个联合的情报企业。战略计划、年度业绩计划和预算，以及年度业绩报告构成了一个报告、计划和执行的循环过程。国家情报主任办公室将根据该战略评估情报界各机构和办公室的预算目标，并根据其是否有助于达成战略中的目标和支援用户需求来判断其是否能够通过。

国家情报主任还将制定出整个情报界的年度业绩计划来定义业绩的目标层级，情报界各成员还应使本单位的业绩计划与国家情报战略保持一致。如今的美国情报界致力于实施“业绩性预算”，即把目前的业绩计划与预算紧密结合，基于过去的或已经做出的成绩证明所需资源和活动。

负责管理的国家情报副主任将指导进行每季的业绩回顾，根据国家情报战略评估流程。所有的国家情报计划负责人都需要准备年度业绩计划和报告，以供国家情报主任办公室制定出整个情报界范围内的业绩计划。

美国情报界将战略、业绩与预算相结合的做法适应了其向企业转型的实际情况，这样不仅可以宏观地规划和明确情报界的目标和任务，而且有助于情报机构的工作积极性，提高业绩水平和工作效率，在一定程度上可以避免官僚体制中的弊端。

（二）国家情报计划的预算准备

美国新的情报预算机制要求所有的国家情报计划管理者都应该制定和提交预算建议和可行的预算，并在需要时与其他管理者、四个国家情报副主任、国家反恐中心、国家反扩散中心、国家反情报总监、国家情报主任科技助理、总信息官，以及其他任务管理者协商。

（三）预算管理

在管理和预算办公室（OMB）主任通过的情况下，国家情报主任可以通过向情报界各机构或组织的领导人以及中情局局长下达指令，将资金分配到各部门和中央情报局。指令充分传达后，未经书面的资金重新规划和转移程序，在实施过程中不得改变。

负责管理的国家情报副主任还要指导对国家情报计划和军事情报计划预算执行情况的阶段性回顾，并与相关机构或部门展开协作，确保情报资源的支出合理而有效，从而总结经验和不足，以便做出调整。

（四）重新规划和转移

重新规划和转移环节基本延续了以前的程序，但与以往不同的是，首席金融官作为国家情报主任的代理人，负责与国防部就重新规划军事情报计划资金的计划展开协商，且协商必须根据联合制定的程序来实现。

（五）协调

新预算机制依据美国情报界的战略规划，越来越呈现出一体化、协作、共享的特征。尤其在协调方面，要求国家情报计划管理者必须做到：满足国家情报主任的信息请求，辅助其制定国家情报计划预算，并管理计划的实施和执行，支援国家情报主任对任何情报界项目、工程或活动的评估；向国家情报主任办公室提交所有与国家情报计划相关的材料，以便在向管理与预算办公室、国会委员会、国会成员或媒体提交之前总结经验教训并提前清除修补；全面、及时地告知国家情报主任的法律事务办公室所有国会感兴趣的项目；制定支援计划、政策和程序，服从国家情报主任的指导。

第二节 争斗不止的情报监管体制

情报的监督和管理，在美国又称为“情报控制”，是整个政府控制的内容之一。与其他政府职能一样，情报监管需要建立有关的监管规则和相应的实施与监督机构。美国情报监管的发展历史既是一部制定与完善法律法规、行政命令、规章制度等有关规则的历史，也是一部建立健全相应的实施机构和监督机构的历史，同时还是一部各实施与监督机构相互争夺、相互妥协的历史。

情报机构是政府行政部门的一部分，监管责任由行政、立法和司法机构共同实施：作为情报机构的管理者和情报产品的主要消费者，以总统为首的行政机构所关注的主要是情报机构的效力问题，即情报机构能否高效运转并完成指定任务；作为法律制定者、监督者以及情报产品的消费者之一，国会所关注的主要是情报活动的效率和适当性问题，即情报机构及其活动是否存在违法与失当之处；

作为法律实施的监督者，法院所关注的重点与国会基本相同，但其监管控制手段则有所不同。一般来讲，行政、立法与司法部门的情报监管属于正式的法定机制，其主要作用是保证情报机构及其活动遵守相关的政策和程序、得到适当的授权和拨款、接受相应的审计和审查。除正式的法定机制之外，还存在两种非正式机制：一是公众监督，即媒体、非政府组织、思想库、社会大众等对情报机构及其活动的正当性与合法性的关注与调查；二是内部竞争，不同情报机构之间的相互竞争也是情报监管的有效实现途径之一。

一、行政监管

美国行政当局设计了一套颇为有效的情报监管机制：建立规模庞大的“情报界”，并为情报界的各个成员赋予明确而不同的任务，既充分保证了决策者的情报需求能够获得满足，又避免某一情报机构的权力过于集中，出现独大专权的现象；设计不同级别、不同范围的情报计划，利用计划、功能和经费管理手段控制情报活动的规模和重点；建立总统情报顾问委员会、情报监督委员会，并在情报机构内部设立监察长、法律总顾问等职位，加强对情报机构的外部与内部监督。

情报界是美国行政部门中执行情报活动的组织和机构的总称。为了保证庞大的美国情报界能够真正发挥应有的作用，美国政府采取了“集中领导、分散实施”的监管体制：国家情报主任在总统和国家安全委员会的领导下负责整个情报界的协调与管理；中央情报局等国家情报机构、国防情报局等国防部情报机构和其他各部门的情报机构，各司其职，因此各成员情报活动得以顺利开展。美国行政当局建立了总统情报顾问委员会、情报监督委员会等机构，并在情报机构内部设立了监察长、法律总顾问等职位，加强对情报机构的外部和内部监督。

总统和国家安全委员会是美国政府管理情报工作的最高权力机构，他们主要通过发布有关总统令（Presidential Directive）、行政命令（Executive Order）和国家安全委员会情报指令（NSC Intelligence Directive）的形式对情报机构及其活动进行指导和管理，并建立相应的计划、报告、审批和审查程序，避免情报机构在制定和执行任务时逾越法令规范。国家安全委员会还可以根据总统的决策，制定相应的情报工作方针，对所有对外情报和反情报活动进行监督、指导和管理。国家安全委员会下设的情报事务委员会或情报政策审查委员会，负责审查情报搜集、分析活动的政策规定，讨论与批准隐蔽行动和反情报活动，促进机构间协作并实现情报系统的"制衡"，确定情报需求及其优先顺序并做出年度报告。

总统情报顾问委员会及其常设机构——情报监督委员会，以及行政管理与预算局下属的国家安全事务办公室，是专门负责对情报机构及其活动进行监督和管理的外部机构。总统情报顾问委员会隶属于总统行政办公室，由艾森豪威尔总统于1956年建立，其16名成员都是"从政府外值得信任的杰出公民"中挑选出来的，并由该委员会的4名成员组成一个常设的无党派组织——情报监督委员会，就情报工作及其他情报活动直接向总统提供建议，不断总结、评估，并提供与情报和反情报政策的执行情况、情报机构的管理、人员和组织情况有关的信息，定期审查情报机构及其活动的合法性和正当性，并向国家情报主任、中央情报局及其他情报机构提供恰当的咨询意见，向司法部长汇报情报活动中存在的违法行为并在必要时对情报机构及其活动进行调查。行政管理与预算局是总统办事机构内的重要一员，其前身是1921年建立并于1939年从财政部划归总统办事机构的"预算局"。行政管理与预算局在情报监管方面的主要职责包括协助总统编制年度情报预算、向国会递交情报立法草案等，其下属的国家安全事务办公室主要负责对中央情报局和其他情报机构的预算执行情况进行审查和评估。

除上述机构和组织之外，各情报机构还设有专门负责情报审查、调查与审计事务的监察长。国家安全局、联邦调查局等大型情报机构设有自己的专职监察长；能源部、财政部等政府部门的情报机构由其各自上级部门的监察长进行监管；中央情报局不仅设有自己的专职监察长，而且还必须由总统任命并经参议院批准，同时还需要直接向国会情报委员会报告工作；国防部各军事情报机构除了设有自己的专职监察长之外，还要接受国防部监察长的监督。

二、国会监管

国会两院的主要职责是制定法律并监督行政部门正确地执行法律。制定与情报机构及其活动有关的法律法规、审查并监督情报机构的工作计划和工作重点及其预算执行情况、任命或否决总统提名的情报机构负责人选、听取并质询情报机构负责人的工作汇报是国会实施情报监管的主要手段。同时，国会也可以通过举行特别听证会、准备并公布关于情报机构绩效或政策的调查报告、在国会发表批评性演说、与情报机构负责人私下接触等途径实现自己的情报监管权。这些手段按照性质不同分为立法监管、财政与人事监管、调查监管等。

立法是国会实施情报监管的主要手段。从第二次世界大战结束并进入现代情报时期以来的半个多世纪里，美国国会先后制定了《国家安全法（1947）》、《中央情报局法（1949）》、《国家安全局法（1959）》、《对外援助法（1974）》修正案（即“休斯—瑞安修正案”）、《外国情报侦察法（1978）》、《情报监督法（1980）》、《保密信息程序法（1982）》、《情报人员身份保护法（1982）》、《监察长法（1989）》、《情报监督法（1991）》等数十部与情报工作直接有关的法律，详细规定了各情报机构的战略目标、组织结构、责任范围、工作重点、报告机制、奖惩制度等所有重大事项。20 世纪 70 年代后期开始，美国国会还每年审查批准当年的《情报授权法》，对各情报机构在本财政年度内的工作重点和具体任务做出详细规定。同时，国会两院还多次对《美国法典》进行修订，将情报与情报控制的相关内容加入其中，并在《信息自由法（1966）》、《隐私权法（1974）》、《国家安全教育法（1991）》、《电子信息自由法（1996）》等其他相关法律中加入与情报活动有关的条款，使国会对情报机构及其活动的监管趋于完备。

财政与人事控制是国会实施情报监督的重要手段，也是确保情报机构正确执行法律的有效手段之一。行政部门制定国家情报计划和军事情报计划、确定各个情报机构的预算规模和任务分工之后，必须报经国会批准才能付诸实施；同时，参议院还对国家情报主任、副主任、中情局局长及其监察长、联邦调查局长等重要情报人选的任命拥有人事同意权。

对“有问题的情报活动”和情报失误进行调查是国会实施情报控制的常用手段，也是最为人们熟悉的情报控制手段之一。每当情报界出现重大情报失误或其“有问题的情报活动”引起社会关注时，国会两院就会单独或联合成立专门的委员会对事件起因进行全面检查，评估事件的可能后果并提出相应的改进措施。第二次世界大战以来，美国参众两院先后设立或参与过“珍珠港事件”调查委员会、丘奇委员会、派克委员会、阿斯平—布朗委员会、“9·11”事件调查委员会、基恩委员会、西波曼—罗伯委员会等多个委员会的调查工作，并分别于1976年和1977年设立了各自的专职情报委员会：参议院情报特别委员会和众议院常设情报特别委员会。上述各个委员会所进行的情报调查往往成为行政部门改进情报监管措施的助推剂和国会加强情报立法的前奏。国会在“珍珠港事件”和“9·11”事件后所进行的调查甚至直接导致了美国历史上最重大的两次情报重组，分别开创了美国情报史的新纪元。

三、司法监管

与行政和立法部门相比，作为美国三权分立体系中另一方的联邦法院在情报监管问题上发挥的作用相对较小。国会与政府是法律的制定者和实施者，它们所关注的主要是情报机构的宏观控制、微观管理等日常性、政策性事务，而司法机关是法律实施的监督者，只有当情报机构出现违法行为并导致诉讼案件时才能参与情报控制。另一方面，1947 年《国家安全法》也规定，情报机构无权进行治安、传讯，不得行使执法权和国内安全职能，这种规定使情报机构“无法对公民造成紧迫而直接的影响，联邦法院也几乎遇不到情报活动引起的诉讼案例”。

但是，联邦法院在情报监管问题上也不是无所作为。随着情报机构越来越多地卷入反恐、反毒品、防扩散等执法活动以及情报机构数量的日益增多，加之国会情报立法力度的不断加大，情报机构滥用权力、侵犯公民权利的案件逐渐增多。从 20 世纪 70 年代中期起，联邦法院逐渐受理了一些与情报机构及其活动相关的诉讼案件，并利用所掌握的判例权和法律解释权积极介入情报控制问题，逐渐形成了一套监控情报机构及其活动的司法体系。

通过对“欧姆斯蒂德案”、“美国诉雷沃德案”、“五角大楼文件案”、“无名氏诉盖茨案”等案件的审理，以及对重要相关法律的司法解释，联邦法院申明了情报机构及其活动必须遵守宪法和法律、尊重公民的隐私权以及言论与出版自由等合法权利，在“美国法律体系的开放世界和情报行动的秘密世界之间达成了妥协”，尤其是在保护美国公民的人身自由免受无理搜查与监视方面，联邦法院加强了保护措施。

四、公众监管

在西方国家，公民社会组织被称为社会的第三部门，他们或者独自承担社会的某些管理职能，或者与政府机构合作，共同行使某些社会管理职能。由于情报部门所具有的独特的保密性和技术限制，公民社会组织另一方面又难以对情报部门及其活动施加影响。同时，情报监管也是公民社会组织最为关注的问题之一，因为在他们眼里，情报部门最有可能侵犯公民的自由和权利。

首先，美国科学家联盟、前情报官员协会、国家安全研究中心、兰德公司等情报研究团体，以及某些人权、宗教和种族组织不仅积极参与情报立法听证、情报项目审计、司法审判旁听等实践活动，而且通过科学研究在理论和哲学层面上解释情报与民主、保密、国家安全的关系，引导和教育民众关注情报监管问题，进而影响或改变政府的情报决策。

其次，电视、广播、电影、报纸、杂志等大众传媒在很大程度上引导着美国的社会舆论和政治进程。这些媒体在情报监管问题上发挥着“监督者”和“急先锋”的作用，并形成了以揭露性、调查性报道为主的传统，美国历史上的许多重大情报事件都是由新闻媒体首先披露出来之后，才引起公众舆论的高度关注，进而促使政府采取行动的。20世纪70年代中期，《纽约时报》、《华盛顿邮报》等媒体对中央情报局“家庭珍宝”的跟踪报道引发了美国历史上迄今为止范围最广泛的情报调查，直接导致了国会和政府情报监管机制的建立和完善。2005年11月，《华盛顿邮报》对中情局在海外设立秘密监狱、对“基地”组织“高价值目标”进行酷刑审讯的披露，更是在美国政坛甚至国际社会投下了一枚重磅炸弹，引起世界各国对美国非法情报活动的严重关切，促使布什政府收敛情报机构在国内外的活动，并重新检讨“9·11”事件后所采取的各项情报措施。

五、内部竞争

如果说上述四种监管机制可以称为美国情报机构及其活动的外部制约机制的话，那么各情报机构之间的相互竞争则可以被称作影响情报控制的“内部机制”。《情报与美国政治系统》一文的作者斯坦福·T. 托马斯曾说过：“美国政府的多元化也尽可能多地应用到了情报机构之中，它们必须为获得资金和任务而互相竞争。情报机构之间的官僚竞争已经成为影响情报控制的重要因素。”

早在第二次世界大战后情报界刚刚着手建立之时，各机构就开始围绕情报领导权以及资金与任务的分配问题展开了激烈的争夺。1947 年通过的《国家安全法》使得中央情报局成为了美国情报界的“龙头老大”，但国防部、国务院、司法部等部门的情报机构并不甘心接受中情局的领导，使中情局的集中领导与协调工作举步维艰。同时，它们还抓住并极力夸大中情局在情报评估、隐蔽行动等问题上的失误，努力为本部门赢得更多的资源、任务和更大的发言权。国家安全局（1952）、国务院情报与研究局（1957）、国防情报局（1961）、国防部测绘局（1972）等机构的成立在很大程度上就是这种斗争的结果。越南战争之后，随着国会、公众等积极介入情报监管工作，各情报机构之间相互竞争的作用和重要性相对降低，但它们之间相互竞争的程度仍在或明或暗地发展着。从一定意义上讲，国家图像与测绘局（1996）、国家反情报总监（2000）、主管情报事务的副国防部长（2002）、国家地理空间情报局（2003）、国家情报主任（2005）、国家反恐中心（2005）等机构或职位的设立，都是这种斗争的集中表现。

第三节　“精益求精”的情报评估机制

情报分析与预测是情报工作的核心。作为情报分析工作的一个重要组成部分，情报评估有着不可替代的作用。兼有推测和鉴定性的战略情报是情报加工过程中非常重要和困难的部分，它的任务是预测将来并且给予政府负责官员充分的警告，这部分情报被称为评估性情报。美国评估性情报的主要表现形式为《国家情报评估》(NIE)。它的产生和发展与美国国家安全紧密相连。1941 年 12 月“珍珠港事件”的惨痛教训，使美国认识到需要以评估的方式对国际安全环境及趋向进行预测，为国家政策的制定提供参考，从而防止灾难重演。情报评估，不仅仅是一份份评估报告，也是一个知识平台，评估机制体现的是情报机构运作的核心过程。本节将以《国家情报评估》为例，阐述情报评估的生产过程和运作机制。

《美国国家战略情报法》对《国家情报评估》下了一个定义，即“在任何情况下，对国家安全情报提供的事实、可能性或概率进行认真的权衡，并对这种可能性、概率和事实做出结论，这一过程的最终产品为《国家情报评估》”。中央情报局认为：“《国家情报评估》是由中情局制作的、与国家安全事务有关的、最具权威的书面判断。与描述目前状况的‘现实情报’生产不同，大部分《国家情报评估》用来预测未来发展趋势并解释其中隐含的深层意义。《国家情报评估》涉及从军事到科技、从经济到政治的广泛领域。《国家情报评估》面对的是决策的最高层，即总统及其助手。它们通常是为了应对总统就某一个特殊的问题提出的质询。评估不仅仅是提供一个信息源，同时也是帮助决策者们进行思考。它是由中情局与情报界的其他机构共同准备并协商完成的。”

一、《国家情报评估》的制作流程

《国家情报评估》的形成是一个逐层筛选的过程，它将大量的情报材料进行整理、研究和审核，并最终定稿为一份评估报告。《国家情报评估》体系犹如一个金字塔式的几何模型，金字塔的垂直轴是报告的制作流程。塔的底端是我们能够掌握的全部材料，我们通过一定的研究方法使它得到筛选和利用，并采用评估及协商等多种方式使它逐层堆积，最终形成想要得到的答案。金字塔每上升一层进行一个流程，每一层都有相应的组织机构来实施这一层次上需要完成的任务。组织机构与制作流程保持并行关系，并最终搭建起整个金字塔的内部框架。具体而言，《国家情报评估》的制作流程如下：

1. 拟定计划表。计划表是针对未来一段时期内可能制作的《国家情报评估》项目做出的规划。这一步骤是在设立了国家情报办公室（ONE）后，由沃尔特·史密斯将军与情报顾问委员会官员举行正式会议时提出的。具体而言，计划表即根据国家安全需要的先后次序列出的一份国家情报评估的计划单。这项任务一直由国家情报办公室负责，并与情报顾问委员会协调。其内容包括三方面：评估选题、评估数量和评估周期。评估的选题主要来自决策层的引导，以及国务院和国防部的评估需求。评估的数量必须与质量成正比，因此必须控制在可承受的范围之内，评估人员如果可以完成太多评估，美国情报委员会的官员们将会没有时间加以整理和消化。一般而言，《国家情报评估》基本保持一星期一份，一年 50 份正式评估的速度。遇到危机时，一年可完成大约 70 份评估，其中包含一些通过紧急程序赶制出来的简短报告。关于评估周期，通过一段时期的尝试和探索，国家评估委员会逐渐达成共识，再重要的时期也不能改变评估规划的最基本原则：即对《国家情报评估》的规划前景不能超出可行范围，因而周期一直处于灵活状态中。

2. 制定“授权调查范围”书。政策界提出评估项目，经美国情报委员会批准以后，国家评估办公室就开始准备“授权调查范围”的文件了，它是在确定评估项目以后所做的更加详细的规划，目的有三：一是对某一特定评估的主体、范围与事件安排做进一步的规划；二是通过评估人员的分析判断，将评估的重点尽量集中到决策者关心的问题上；三是提出一系列与主旨有关的问题，从而帮助研究与分析人员思考这些核心问题。

3. 各机构呈送报告。授权调查范围书完成后将下发给各情报部门，他们根据授权调查范围的要求向国家评估办公室提交报告。报告必须是美国情报委员会评估项目的一部分，或是针对授权调查范围提交的书面材料，或是非正式的口头交流。不过如果某一个情报机构没能按时完成报告，不会影响中央情报局进行评估的总体进程。

4. 制定草案。国家评估办公室在收到各机构提供的报告后，将根据手中已有的材料准备一稿的撰写。在此期间，各情报部门的人员可以在现行联络体制和各机构的需求之下与国家评估办公室的分析人员进行协商。

5. 各机构代表协商草案。国家评估委员会经中央情报主任同意后将一稿提交给美国情报委员会的代表，代表们通读草案后带着意见和建议进入工作级协商阶段。这一阶段国家评估委员会将与各代表共同制定一份新的草案，尽可能做到没有遮掩、欺骗、捏造和模棱两可的成分，以期提供一致而最佳的判断。如果这一目标实现，文本将进入美国情报委员会的高级协商阶段并获批准。期间代表们可以提出不同意见，如果意见没有得到采纳，代表可以保留意见，由上一级代表在高级协商会议上做最后协调。高级协商会议由国家评估办公室的官员与美国情报委员会各情报机构的代表进行面对面的交流。

6. 美国情报委员会的最后审核。该步骤负责将评估连同不同意见、补充意见及修改意见进行最后协调，对于不可调和的意见以附录形式注出，它是对《国家情报评估》的最后协商。

7. 分发评估产品。《国家情报评估》的分发权力掌握在中央情报主任（现为国家情报主任）手中，一般由他决定分发数量。除中央情报主任以外，美国情报委员会有权对《国家情报评估》的分发数量进行限制，它建议：除中情局内部分发的《国家情报评估》以外，其总数应不超过 100 份；国家评估委员会也有权向美国情报委员会建议限制具有特殊意义的《国家情报评估》的数量。

情报评估的正规制作流程一般就是以上程序，但还有一些后续的程序作为补充：

1. 对评估人员及材料的事后剖析。这一程序包括《国家情报评估》的撰写者进行事后自我分析，以及分析人员对国家评估办公室所掌握的材料进行再调查。研究人员通过对制作过程的回顾找出自身存在的问题，并对材料进行研究，找出知识上的欠缺。但实际上，在规定了每份《国家情报评估》都要做“剖析”的制度以后，起初产生了很大效应，后来“剖析”的质量就开始大幅下降，因此在落实中有一定难度。

2. 特别情报评估的制作。一般情况下，《国家情报评估》的制作需要 6 到 8 周的时间，对于一些大型文件，如涉及苏联军事力量整体评估的文件一般需要 6 到 8 个月。但当遇到突发事件时，通常不允许有充足的时间进行预测，因此需要启动紧急程序。此时，《国家情报评估》的程序可缩减为只需“书面形式”，并在美国情报委员会的指导下进行。紧急程序下制作的评估系列有《特别评估》、《特别情报评估》和《国家情报评估特刊》三种。《特别评估》的产生是为了防止《国家情报评估》出现序列号中断，但到了后期，由于种种原因，如与国家政策之间的密切关系，涉及极其敏感的问题，技术含量很高，或是只完成了一半的文件等，都可以因此制作出《特别评估》。国家评估办公室存在期间共编发了 54 份这样的文件。《特别情报评估》是过渡产品，存在期间一共生产了 4 份这样的情报，它主要是根据通信情报材料编写的，多为代码情报，参与制作的人受到严格控制，不久便改为通信情报或是编写成高度机密的《国家情报评估》或《国家情报评估特刊》了。《特别评估》到后期因为序列号编排混乱而被取消，取而代之的是《国家情报评估特刊》，其序列号纳入《国家情报评估》的编排之中。

二、《国家情报评估》的主体结构

《国家情报评估》的体系建构大致可分为三个阶段。虽然其制作是多个机构与组织共同协作的结果，但总有一个贯穿始终的机构。

（一）国家评估办公室（1950—1973）

国家评估办公室成立于1950年11月13日，负责人为鼎鼎大名的威廉·兰格和谢尔曼·肯特，1973年11月1日解散。它一直作为中央情报主任下属的执行机构负责《国家情报评估》的制定与分发。它主要由三部分组成：国家评估委员会、专业技术人员及辅助人员。

国家评估委员会由5—12名没有行政职务的高级官员组成，他们来自不同的专业领域，分成掌管不同领域的几个小组。委员会学院式的风格为最终完成高质量的情报评估打下了基础。专业技术人员来自报告与评估办公室，人数稳定在25—30人，大部分是从历史系和社会科学系毕业，在战略情报局或战时的军事情报机构工作过。辅助人员也来自报告与评估办公室，人数与技术人员相当，由经验丰富的女性担当。她们负责分发国家评估办公室每天接收到的大量情报材料，管理国家评估办公室的资料室，为委员会成员及技术人员提供相关服务等。

（二）国家情报官（1973—1980）

国家情报官的最初倡导者是中情局局长詹姆斯·施莱辛格。当时他被尼克松派往中情局，整顿不肯配合掩饰“水门事件”的中央情报局。施莱辛格深知决策层对《国家情报评估》的不满，决定建立一种新的体制对《国家情报评估》进行全面改革。1973 年，施莱辛格的继任者威廉·科尔比撤销了国家评估办公室。他们认为，《国家情报评估》最需要解决的问题是缩短制作人员与决策层之间的距离，同时也需要高效的流程、专业的研究和敏锐的意见，使《国家情报评估》的负责人更加灵活自如地处理和解决上述问题。因此，1973 年，科尔比颁布了新的国家情报官制度，改为由单人负责编写一份特定的形势评估报告。国家情报官主要从中情局抽人，有时也会有国防部和各军种抽调的精英加入。他们都是某一特殊领域或地区的专家，人数时有变动，由 13 人到 8 人，又到 17 人。

《国家情报评估》的主体结构也引发了制作流程上的调整。在国家评估办公室时期，每份评估的负责人并不确定，此时却根据地区及功能划分，由某一国家情报官担任主席，全权负责一系列事务。因此，《国家情报评估》不再是学院风格的集体工作产物，很大程度上由国家情报官独自承担。同时，国家评估办公室一解散，技术人员与辅助人员也随之撤销，因而草案撰写人员的配备及日常工作受到了一定影响。国家评估办公室的顾问团体通常在某一时期内召开全体或专门小组会议，国家情报官时期则不再采取这种方式，而是由国家情报官单独咨询专家。另外，在新制度下还成立了一个“高级评估专案研究小组”，有效协助了评估的审核工作，因而在成立了国家情报委员会后仍被沿用。

（三）国家情报委员会（1980 至今）

国家情报官时期的《国家情报评估》是历史上成功率最低，又经历磨难最多的一个时期。此时的中情局在国会的大调查下四面楚歌，同时评估成果屡次不尽如人意，再加上国家情报官制度本身就存在许多问题，从而使《国家情报评估》在情报界及决策界的影响力急剧下降。因此，特纳继任中央情报主任后进行了第三次全面改革，这次改革带来了情报评估的又一个春天。此次改革成立了情报评估的新机构——国家情报委员会，它由 5 名高层官员、12 名国家情报官、一个分析小组和一个辅助小组构成。中央情报主任直接领导国家情报委员会，并对其任务、规模及组成负责。

在新机制中，国家情报官作为主体被保留，同时进行了一些改革：国家情报委员会直接由中央情报主任领导，从而促进了两者之间的互动与沟通；国家情报委员会的主席比国家情报官时期的主席拥有更多权力；现行国家情报官制度克服了责任过于集中的缺点，配备助理官员、分析小组和辅助小组，为优质的评估提供了基础；在评估程序中，工作级协调会议由国家情报委员会负责召开，主席由该项《国家情报评估》的国家情报官担当；工作人员的招募范围更加广泛，标准更高；同时在制定《国家情报评估》时有意识地加强了学院风格的培养。按照《国家情报评估》的制作流程，可将辅助机构分为授权机构、制作机构、协商机构、分发机构及顾问机构几个部分。

第四章

影响情报机构的重要人物

第一节　“中央情报局之父”威廉·杜诺万

他是第一次世界大战的英雄、律师、政治家、将军、大使、情报首脑、间谍头目，集众多看似不相干的头衔于一身。他就是威廉·约瑟夫·杜诺万，虽然从未担任过中央情报局局长，但却以他的精神和视野塑造了中央情报局，被誉为美国“中央情报局之父”。

杜诺万 1883 年 1 月 1 日出生于美国纽约州西部的布法罗，从小就在“书本堆里长大”，少年时就博览群书，涉猎极广。1914 年第一次世界大战爆发后，身材矮小而强壮、生性勇敢、爱冒险的杜诺万立即投入了戎马倥偬的生活，先后担任过连长、营长和团长，作战骁勇、指挥有方、身先士卒，战友们都称他为“野人比尔”，他也一直以这个绰号为豪。他一共获得了 4 枚国家最高级勋章，与道格拉斯·麦克阿瑟将军一起成为美国历史上获得最高级勋章最多的两名军官。杜诺万从小就有写日记的好习惯，他喜欢旅行，总会记录下个人经历以及各国各地政治、社会和历史背景等情况。他把日期、数字和情况来源等记录得十分详细，而且总是把个人的看法与见到的事实分别记录清楚。所到之处，他都会充分利用时间与当地显要人士会见和谈话，他不停地阅读报告材料、向专家提问题、观察情况、学习当地语言，收集到了大量丰富的信息。他以报告的形式记载了欧洲十多个国家的商业、政治等情况，这些经历和习惯为他的情报生涯打下了坚实的基础。

尽管杜诺万从未当过中央情报主任，但他被尊为美国中央情报机构的创始人。在中央情报局网站公布的历届中央情报局局长的名录中，杜诺万赫然列于首位。中央情报局兰利总部旧办公楼大厅里还竖立着他的全身塑像。因为中央情报局的建立，最初是得益于杜诺万关于建立中央情报机构的设想。他敢想敢干，富于冒险精神，对中情局的几代人都产生了直接影响。他被公认为是“现代美国情报之父”，每逢中情局有重大活动的时候，会场里都会挂上他的画像。

一、杜诺万的历史性建议

杜诺万是一个精力充沛，锐意进取，集浪漫主义、机智头脑和敏锐思维于一身的情报指挥天才。他善于培养人际关系，甚至与好几届总统的私交都不错，在政府和国会中有着良好的人脉关系。他与美国第 31 届总统赫伯特·胡佛是好朋友，曾担任胡佛的政治顾问和讲稿撰写人，并在胡佛参加总统竞选时做过其竞选班子总管。1932 年，富兰克林·罗斯福担任美国总统，杜诺万与新总统是哥伦比亚大学法学院的同班同学，尽管杜诺万强烈反对罗斯福推行的新政，但这并不影响他和罗斯福的私人关系。他们俩有很多相似之处：都在纽约州出生并长大；都生性乐观，精力充沛，相信勇气能创造奇迹；都崇尚美国的民主和自由信念，并希望把这一信念传播到全世界。从 1936 年起，杜诺万多次赴欧洲考察，实际上担负着罗斯福赋予的情报搜集任务。在访问英国时，杜诺万受到了丘吉尔首相和乔治六世国王的接见，丘吉尔反复向他强调情报工作的重要性，希望与美国保持情报合作，并建议美国建立一个协调统一的情报机构。回国后，杜诺万向罗斯福递交了备忘录，指出美国面临着危险的国际形势，急需战略情报，即关于各国能力和意图的情报。他认为，搜集到的材料需要由军官和学者对其加以分析和解释，并提出要利用电台来进行心理战。他建议仿效英国的做法，建立一个负责国外情报工作、搜集敌情并为总统提供分析意见的专门机构。

1941 年 5 月 31 日，杜诺万正式提交了成立新情报机构的建议报告，题目是《关于建立战略情报协调局的计划要点》。报告有几个重点：一是战略与情报有着密切的联系，没有情报作依据的战略是无用的战略，没有战略作指导的情报则是无用的情报。二是情报工作必须同“整个战争”联系起来，要“动员国家的全部精神力量与物质力量”，并特别强调现代战争要依靠“经济基础”。三是美国海军和陆军都有下属情报单位，但没有一个能够“有效开展制定长远战略规划所需的全面而深入的情报工作的机构”。他得出的结论是，必须建立一个掌握敌国情报的中央机构，在国内外直接搜集，以及通过政府现有各部门情报机构搜集有关敌国资源与意向的情报。

1941 年 7 月，罗斯福做出决定，成立由总统办公厅直属的情报协调局，任命 58 岁的杜诺万为局长，授权他主管所有对外情报工作，协调陆、海军所有驻外参赞及其他有关人员的情报活动，对与国家安全有关的信息进行研究，直接为总统作情报分析，确保总统切实得到这些情报。由此，美国迈出了建立中央情报机构的第一步。

二、杜诺万与情报协调局

杜诺万既为情报协调局局长，同时也被总统任命为总统情报协调官。杜诺万的机构初创时仅有 45 万美元不必报批的经费，办公地点就在白宫附近大楼的几间破旧房间内。杜诺万是个筹集资金的高手，半年不到，他就筹到了至少 170 万美元的追加拨款。“珍珠港事件”前的三个月，他又拿到了1200万美元。源源不断的经费使情报协调局迅速发展起来，仅仅一年，他的雇员就达到了1800多人。

杜诺万设想的情报协调局主要从事公开和隐蔽两方面的工作：公开活动主要是由学者们对各种渠道的信息进行专门的分析和研究，从中综合出情报；隐蔽工作主要是派特工到前线，进行谍报、反谍报、破坏、颠覆、准军事和心理战活动。情报协调局下辖5个专业机构：负责提供综合情报的研究分析处，从事破坏与颠覆活动的特别行动处，以外交身份为掩护从事间谍活动的特别情报处，收听、制造和传播黑色宣传的外国新闻处，训练打入敌占区的游击分队的作训处。

情报协调局的工作卓有成效，杜诺万给罗斯福源源不断地提供了各种情报报告。而且，杜诺万喜欢扮演一个在政府正常渠道之外的心腹密友和特殊情报提供者的角色，总是亲自给总统送情报。不过，尽管对杜诺万的工作十分满意，罗斯福多疑的性格决定了他不会绝对相信任何一个机构或个人提供的情报。当时，美国至少有十个情报渠道在运转，同时为总统决策提供情报支持。陆军、海军情报部和联邦调查局开始担心，情报协调局的发展壮大将危及其他情报部门的利益，因此对它十分排斥，拒绝把自己搞到的一些秘密情报提供给情报协调局。事实上，美国十多个情报部门各自为政的混乱局面并没有随着情报协调局的成立而发生明显改变，从而最终导致了一场历史性的悲剧——珍珠港事件。

三、战略情报局的兴与盛

1941年12月7日发生的“珍珠港事件”被看作是美国情报工作的奇耻大辱。资料表明，珍珠港的悲剧原本是可以避免的。从1941年开始，美国的军方情报机构曾通过不同的渠道，多次获得关于日军可能袭击珍珠港的情报，但是这些情报或者因为某种原因被搁置，或者被认为不重要而被忽视。军方情报机构中，没有人专门研究日本外交情报，没有人专门整理互相抵触的秘密情报，更没有一个精干的中央机构对大量原始情报进行分析，从全局高度做出战略预测。

1942年6月13日，在参谋长联席会议和杜诺万的联合建议下，罗斯福下令将情报协调局与军方的情报力量结合，成立美国战略情报局，并任命杜诺万担任局长，美国第一个统一的中央情报机构、中央情报局的前身诞生了。它的正式使命是：为参联会收集分析战略性信息；根据参联会要求，策划与指导包括破坏、间谍、反间谍在内的特别行动。战略情报局接受参联会的领导，不再直接对总统负责。下设特别行动处、心理作战处、特别情报处、研究分析处、反间谍处和外国情报处。

战略情报局成立后，杜诺万着手改善与军方的关系，进行机构改革，重新确定工作重点。他将战略情报局的基本章程上报参谋长联席会议批准，依据章程制定行动手册；建立从陆军和海军招募人员的制度，推进机构准军事化。到1943年底，军人已在战略情报局占主导地位。参联会向战略情报局派出联络官，协调解决军队和战略情报局之间的问题。杜诺万的努力卓有成效，从1943年5月起，战略情报局在某一国家的行动计划无需再经参联会的批准。一旦参谋长同意战略情报局提出的某个战区行动计划，战略情报局只要跟那个战区的指挥官具体商量即可，大大简化了工作程序。

第二次世界大战中，战略情报局发挥了重要作用，为盟军在北非开辟战场的“火炬”行动提供了情报支援；成立了101分遣队，对日本在缅甸的行动进行了攻击；执行“纸夹”行动，搜寻德国科学家并带回美国；对诺曼底登陆提供了精确情报，并通过出色伪装迷惑了德军；在德国境内建立了由多达1.6万人组成的敌后间谍网等。杜诺万不断赋予战略情报局一个坚定的信念：“我们能干别人不敢干的事，我们敢于尝试一切。”这个信念后来被中央情报局奉为圭臬。

四、杜诺万挽救战略情报局的努力

杜诺万的思想深处一直在思索着一个长远目标，就是建立一个永久性的情报机构。1944 年 11 月，他写信给罗斯福总统，全面阐述了自己的想法："在我们的敌人被打败以后，我们同样迫切需要展开情报工作，从而便利我们解决和平时期的各种问题。这需要做好两件事：第一，情报管理工作应重新置于总统指导之下（战时的战略情报局由参联会指导）；第二，应建立一个直接向总统报告的权威性中央情报机构，责任是规划情报目标，为国家行政部门搜集并综合执行国家政策和战略所需要的各种情报材料。"杜诺万建议这个机构应向总统负责，协调政府所有情报机构；通过自己招募、训练和管理的间谍和间谍网来搜集情报；评价、综合和分发有关国家安全政策所需的情报；进行"国外颠覆活动"；拥有自己独立的预算；执行总统随时可能指示的有关情报工作的其他职能、任务。这个机构在国内外不应该具备任何执法职能，只负责涉及外国情报事务的情报工作。杜诺万还提到，战略情报局所拥有的许多受过训练的专门人才，不应该在战后就此失去。其言外之意，就是应该在战略情报局的基础上组建一个权威的中央情报机构。杜诺万的建议在当时是颇具战略眼光的，也正中美国需求，然而今天看来，他的高明建议也埋下了导致"9·11"事件悲剧的祸根，即美国情报界从建立之初就存在国内与国外情报界限分明，职能相互割裂，无法统一协调的弊病。然而当时军方、国务院和联邦调查局的极力反对并不是因为这种"后见之明"，他们不愿听命于杜诺万，不愿放弃各自领域的情报大权，极力维护自己机构的利益。

1945 年 4 月 12 日，罗斯福总统逝世，也带走了杜诺万的梦想。当天，副总统哈里·杜鲁门接任总统，这个新总统一直不信任杜诺万和他的战略情报局，加之其他情报机构的毁谤和媒体的抨击，杜诺万只得四处奔走，试图为挽救战略情报局做出最后的努力。

1945 年 5 月，杜诺万给白宫递上两份备忘录，委婉地提出战后情报工作计划问题，然而白宫不予理睬，于是杜诺万也没有追问结果，他把精力放在了战略情报局的内部事务和出国视察上。杜鲁门总统将裁撤战时机构的任务交给了国家预算局，并对当时的局长哈罗德·史密斯表示，他对战后情报机构的设想与杜诺万完全不同，要把秘密机构砍到越少越好。杜诺万陆续给总统送去了一系列的备忘录，介绍外国情报机构对美国国家利益可能造成的危险。在听说国家预算局已经起草解散战略情报局的命令，而且总统表示同意签发后，杜诺万大发雷霆，强烈抗议把他的情报机构拆散。他给杜鲁门呈上一份简短的备忘录，措辞强烈，要求"从国家的利益和您个人作为元首的利益出发"，不要把战略情报局的资产瓜分移交不同的机构，而应该继续保持为一个整体。同时，他还悄悄筹划开展了一场公开宣传运动，借宣扬战略情报局的光荣业绩来推进他所设想的情报机构的建立，但这种自吹自擂的宣传也没能收到杜诺万预想的效果。

事实上，杜诺万一直没有意识到，美国情报史上这种"战时建、平时撤"的情报观仍然延续着，他只是一味地强调战后美国的防务和安全体制中需要建立一个集中统一的秘密情报机构，而忽略了强调另一重作用，即情报机构将为民众提供武装部队所无法起到的安全保障作用。同时，杜诺万的失败也与他过于张扬和自以为是的态度有关，他不擅长通过行政渠道办事，他所领导的战略情报局始终未能与其他情报机构建立起伙伴关系，在参联会和国会中也没有自己的发言人和说客。因此，在他设法努力挽救战略情报局时，总是处于孤军奋战的境地，政府或国会里没有任何人向他伸出援助之手。

1945 年 9 月 20 日，杜鲁门断然下令解散战略情报局。他以政治家的口吻，对杜诺万长期的杰出表现表示赞赏和感谢，但是在和平时期，"这种才能已经不再需要"。9 月 28 日，杜诺万在战略情报局总部向他的下属们宣布解散的消息。他以无比悲壮的心情，感谢他们在战争时期的优秀工作，赞扬他们的勇敢与献身精神，肯定了这一工作对美国的将来还有重要的历史意义。他说道："你们在离开的时候可以确信，你们已经开了一个头——使美国人民了解，唯有根据精确的情报来制定国家政策，才能得到持久的和平。"最后，他再次把留恋的目光投向这栋熟悉的大楼，独自离去。自此，杜诺万离开了美国情报界。

尽管杜诺万没能亲自组建中央情报局，但是他所创建的战略情报局已经为中央情报局培养了大批专业情报人才，积累了宝贵的经验，留下了丰富的情报技术，确立了指导方针和传统作风。两年后，美国成立了中央情报局，杜诺万的构想终于成为现实，体现了他的历史视角和战略眼光。

第二节　热衷谍报的局长艾伦·杜勒斯

艾伦·威尔士·杜勒斯是美国情报史上的著名人物。他于 1942 年加入美国战略情报局，在第二次世界大战时期被战略情报局局长派往瑞士，担任战略情报局瑞士分部的头领，成为当时最杰出的间谍。1953 年艾森豪威尔入主白宫后，年届六旬的杜勒斯被任命为中央情报局成立以来的首位文职局长，并在任 8 年之久，成为美国历史上任职时间最长、影响最大的中情局局长。他引用圣经的名句"你们必须知道真理，而真理必将使你们获得自由"，这句话已经成为中情局的行动箴言，被镌刻在弗吉尼亚州兰利市中情局总部大厅的大理石墙上。

杜勒斯为人随和，注重礼貌，赢得了下属们的忠诚和爱戴，甚至在他离开中情局 20 年后依然如此。曾在中情局工作了 20 多年的理查德·比尔斯说过："他是我所知道的最有头脑、最和蔼的人之一。我想不出情报局里会有哪个人不喜欢艾伦。每个人都喜欢他，敬慕他。"

一、瑞士分部行动首领

1941年7月，48岁的杜勒斯加入了新组建的美国战略情报局，这个机构负责为罗斯福总统提供战时情报。第二年，他以"美国驻瑞士大使特别助理"的身份被派到中立国瑞士，代号110，从此开始了其特工生涯。

对德国渗透是战略情报局在瑞士设立工作站的主要目的。到瑞士之前，战略情报局局长杜诺万就详细交代，德国内部存在着一股反对希特勒的地下势力，应伺机与他们建立联系。1943年，弗里茨·科尔比突然出现在杜勒斯面前，给其带来了186份绝密文件，有德国外交部长里宾特洛甫谈话的备忘录，德国潜艇与日本潜艇会合的地点，德军谍报局设在葡萄牙某港口的谍报网情况（这个谍报网专门监视盟军运输船队的动向）。科尔比在德国外交部供职，每天将所有文件过目，然后编出摘要，确定要呈递给里宾特洛甫的文件。因为痛恨纳粹主义，他自愿定期向美国政府提供所需情报。然而，尽管科尔比向美国提供了许多绝密情报，英国和美国的情报部门始终对神通广大的科尔比抱有半信半疑的态度。杜勒斯相信直觉，始终相信科尔比是真诚的，并开始在战术层次上使用科尔比提供的情报，得到了很多价值极高的关于德国、日本的战术情报。杜勒斯在这一事件的过程中负责与科尔比联络，以及向科尔比传递情报需求，当上司怀疑情报来源时，杜勒斯多次致电时任中情局局长的杜诺万，为科尔比担保。

德国纳粹的暴行日益失去人心，在他们的阵营里，像科尔比这样的主动投诚者不止一个。事实上，德国很多将军都希望看到希特勒早日垮台，他们甚至还组织了一个密谋推翻希特勒的地下组织——“黑色乐队”。杜勒斯从德国驻伯尔尼领事馆副领事汉斯·吉斯维乌斯那里得到了这份名单，并与这个德军高层中的反希特勒组织取得了联系。“黑色乐队”谋划了多次刺杀希特勒的行动，其中一次是 1943 年 3 月 13 日在希特勒的飞机上放置了一颗炸弹，但由于炸弹设计的问题而没能成功引爆。7 月初，德军谍报局的信使来到瑞士，带来了“黑色乐队”暗杀希特勒的全部计划，但最终仍以失败告终。然而，对于杜勒斯而言，7 月 20 日的事件无疑是他在情报工作上的一个胜利，因为此前英国人始终不肯承认德国存在着一个反对希特勒的地下组织，杜勒斯的工作证明：英国人错了。

1945 年初，战局已经十分明朗，党卫军意大利战线负责人卡尔·沃尔夫将军向杜勒斯表示，要与杜勒斯就投降问题直接进行谈判。杜勒斯接待了沃尔夫，沃尔夫主动提出愿意做几件事情，以向盟国证明自己的诚意：一是停止针对意大利各党派的敌对行动；二是将关押在意大利北部的最后一批犹太人释放；三是对关押在意大利蒙塔的 350 名盟军战俘的安全负责。杜勒斯的报告传到战略情报局总部时，得到了老板杜诺万的高度赞赏，并迅速将这一情报通知给英国和苏联。随后，盟军地中海战区的总司令亚历山大元帅派出了两个接收员来到伯尔尼，准备接受德国人的投降。亚历山大元帅还为这次行动命名了一个代号，叫“日出行动”。然而沃尔夫的行动方案及投降行动迟迟不得付诸实践，新总统杜鲁门上台后立即命令战略情报局停止“日出行动”。可是命令下达的第二天，杜勒斯得到消息，沃尔夫将军已经带人在前往瑞士的路上，准备立即与盟军磋商投降问题。杜勒斯立即向卡塞塔盟军最高司令部请示，亚历山大将军上报后，杜鲁门总统却不想改变指令。于是杜勒斯另找了瑞士情报处的韦贝尔作代表与德国人周旋。4 月 26 日，杜鲁门对“日出行动”有了新的认识，终于让亚历山大元帅派人把德国使节接到卡塞塔，签署投降文件。5 月 6 日，杜勒斯被召到艾森豪威尔设在法国的前线指挥部，出席了德军的投降仪式。对于杜勒斯来说，持续 65 天的“日出行动”成就了他生命中的一项创举。第二次世界大战结束后，杜鲁门总统解散了战略情报局。1945 年底，杜勒斯回到纽约，不久被选任美国对外关系委员会主任。

二、出任中情局局长

1947 年 2 月 26 日，杜鲁门总统向国会提出 1947 年《国家安全法》法案，其中包含了设立国防部，组建国家安全委员会，在国家安全委员会下设中央情报局等内容。

1947 年 4 月 25 日，杜勒斯作为美国对外关系委员会主任，就“国家安全法”问题向参议院军事委员会提交了一份备忘录，明确对成立中央情报机构表示赞成，并提出其活动不能过于隐蔽。过去人们通常过分重视通过秘密手段搜集情报，实际上在和平年代，大部分情报可以通过公开手段获取。备忘录认为，通过外交官、驻外武官、驻外记者和收听广播搜集外国的信息，再加以分析，可以得到 80％以上的情报。1947 年 6 月 27 日，负责情报事务的众议院拨款委员会举行听证会，杜勒斯在发言中把矛头直接指向军事情报机构通过职业间谍搜集情报的做法，从而使得对情报工作一窍不通的议员们明白了其中的奥秘，并就建立强大的中央情报机构一事达成了共识。

1947 年 7 月 25 日，国会正式通过了 1947 年《国家安全法》，翌日经杜鲁门总统签字生效，美国中央情报局就此成立。杜勒斯本人有意出任中情局局长，可杜鲁门看中的却是海军少将希伦科特。1950 年 6 月 25 日，朝鲜战争突然爆发，新闻界大肆炒作“情报失误”，责问中情局为什么没能提前 24 小时做出预报。杜鲁门开始对希伦科特彻底失望，对于继任人选，国务卿艾奇逊提出了杜勒斯，然而杜勒斯是共和党人，杜鲁门是民主党人，最终还是选了没有情报工作经验的史密斯继任局长，任命杜勒斯作他的顾问。一个半月后，他让杜勒斯出任负责秘密行动事务的副局长，主管秘密情报搜集和隐蔽行动事务。1953年1月20日，艾森豪威尔出任总统，提名杜勒斯担任中情局局长。从1953年到1961年，杜勒斯经历了艾森豪威尔两届政府，接着又被肯尼迪政府留用。如果再加上他在杜鲁门政府时期的副局长生涯，他在中情局领导职位上任职长达10年之久。

在主持工作期间，杜勒斯凭借着自己从第一次世界大战前就开始积累起来的情报工作经验，使中情局的秘密活动达到了顶点。中情局在这段时间里大大扩大了其活动的范围，成为美国这个“世界宪兵”的万能政策工具，以“斗篷加匕首”的形式在世界各地从事情报工作，实施了大量的颠覆、破坏、暗杀活动。杜勒斯就职中情局局长的8年，通常被认为是中情局历史上的黄金时代。他是最有权势的中情局局长。他的权力基础除了在于自己在第二次世界大战期间主持欧洲情报工作而建立的声誉，还在于他和哥哥国务卿约翰·福斯特·杜勒斯的密切关系，他几乎每周能见到总统两次，深得总统信任。

艾森豪威尔和他的幕僚们相信，随着斯大林的逝世，苏联威胁的性质发生了变化，大规模军事干涉的可能性减少了，苏联人可能会更多地依赖于对外国政府的渗透或颠覆来实现其全球目标。艾森豪威尔政府时期的中央情报局越来越多地被要求卷入秘密行动和准军事行动，而这正符合杜勒斯的心意。他在两次世界大战中的经历使他对惊心动魄的秘密活动一往情深，对平平淡淡的分析、评估工作兴趣索然。他感兴趣的是策划秘密行动，特别热心与下属讨论行动细节，如不合作的外国政府有什么弱点，如何招募克格勃官员，如何从友好国家的情报机构获取情报等。他的绝大部分时间和精力都花在策划阴谋诡计上。在他的任期间取得了一系列“成就”：颠覆伊朗和危地马拉政府，挖掘“柏林隧道”以及成功研制U—2侦察机等。而最让他得意的，则是及时弄到了赫鲁晓夫在1962年2月25日苏联共产党第二十次全国代表大会上所作的秘密报告的副本。

三、杜勒斯的行事风格

（一）恪守情报工作原则

在政策问题上，杜勒斯把严守中立视为神圣的信条，十分注意与决策过程保持距离。他恪守的工作原则是，中央情报局只为政策制定者提供事实依据，不参与政策制定，只是执行政策。所以，在国家安全委员会的会议上，每当开始研究对某个问题的具体方针时，杜勒斯总是竭力回避。他会板起面孔声明："这事与我毫不相关，这是国务卿份内的事。"中央情报局长对政策问题不表态的做法是有其理论依据的。这一理论基于这样一个事实：制定政策跟打仗一样，最易受伤害的是事实本身。当领导人召开会议，就国家命运进行决断的时候，他们中间应当有个以尊重事实为最高宗旨的人。1947年《国家安全法》指定由中央情报主任（兼任中情局局长）来担当这一角色。杜勒斯则坚持严格遵守着这一原则。

（二）不愿行使管辖情报界的职权

杜勒斯被誉为一个出色的间谍大师，但他其实并不擅长管理，他只是一个"伟大而走运的间谍头目"。《国家安全法》授予中央情报主任管辖美国情报界的职责，杜勒斯担任中央情报主任8年多，却始终没有认真行使这个权力。究其原因，首先是立法不明。法律对中央情报主任的权限没有明确界定，因而不能名正言顺地过问其他情报机构的预算、资源和情报任务。其次是权力之争，理论上，中央情报主任可以管辖国务院和军方的所有情报机构，但实际上国务卿和国防部长并不想让别人插手自己的下属单位。第三是利益之争，中央情报局将拥有情报来源、扩大组织机构和任务职能作为工作重点，很快就发展成为一个集情报搜集、分析研究和隐蔽行动于一身的机构，使其他情报机构与其有了利益之争，兼任中情局局长的中央情报主任在履行职责时无法做到不偏不倚。第四是并非不能，实为不想。杜勒斯自己并不想行使中央情报主任的权力。一方面，他想维护与军方的和睦关系；另一方面，他对管理情报预算之类的事情毫不在意，他感兴趣的是隐蔽行动。艾森豪威尔在 1956 年 1 月成立了总统对外情报活动顾问委员会，其 10 名成员都是由杜勒斯推荐的。该委员会常常提出各项措施，以敦促杜勒斯关心他的主要职责，如让他在白宫办公，让他把中情局的管理工作交给一名特设副局长从而腾出精力抓好情报协调等。但杜勒斯一项也没有采纳。艾森豪威尔为他没能发挥好管理情报界的作用感到遗憾，但他说："我是不可能换掉艾伦的。我有两种选择：或者是把他撤掉，另外任命一个将行使更大权力的人；或者是保留他这个有局限的人。比起我所了解的任何人来，我宁愿让艾伦这个有局限的人当我的情报主官。"

（三）坚定捍卫部门利益

杜勒斯是中情局利益的坚定捍卫者，一旦他看到涉及本局利益之争时，总是竭尽全力去争取胜利。他在任时，成功地争取到充足的经费，建起一座占地 258 英亩，实际建筑面积 140 万平方英尺（约 13 万平方米）的中情局总部办公大楼，该楼的设计者是联合国总部的建筑设计——纽约哈里森·亚伯拉莫维兹公司，体现了杜勒斯的设计理念，即为中情局官员们创造一个具有校园氛围的隐蔽、保密工作环境。1961 年，国务院情报与研究局想拥有审议中央情报局隐蔽行动计划的权力，然而杜勒斯千方百计地阻止了这一企图，成功地把国务院对中情局隐蔽行动的审议权留在副国务卿办公室内。

四、引咎辞职

20世纪50年代至60年代，杜勒斯领导下的中央情报局在诸如苏联原子弹、空间技术研究开发情况的搜集，朝鲜战争的情报保障，以及对古巴的情报工作等一系列问题上做出了错误判断，招致美国对外政策的被动。1959年，卡斯特罗领导古巴人民推翻了美国扶植的巴蒂斯塔政府，成立了古巴共和国，美古关系迅速恶化。杜勒斯受命策划颠覆古巴新政权的军事干涉行动。在美国政府支持下，中情局策划实施了一项代号为“猫鼬行动”的计划。1961年4月17日，由约1400名中情局秘密发展的流亡者组成的“古巴旅”从美国迈阿密的中情局秘密训练基地出发，来到古巴南端的沼泽地猪湾，实施了登陆行动。但杜勒斯低估了卡斯特罗政权的能力，古巴情报部门早就得到了有关这次行动的情报，并报告给卡斯特罗。因此，当“古巴旅”抵达时，卡斯特罗的军队早已严阵以待，突然袭击反而成了自投罗网，原定的空中支援也没有按计划出现。经过72小时的激战，“古巴旅”全军覆没。“猪湾事件”成了杜勒斯情报生涯的滑铁卢，中情局在白宫和军方的声誉一落千丈。

1961年9月，杜勒斯被迫引咎辞职，肯尼迪总统指定专门委员会对中情局进行调查，使得中情局遭受了成立以来的第一次严重打击。尽管如此，杜勒斯还是以自己的间谍生涯为自豪。他通过演讲、写文章、接受采访等，不懈地为中情局宣传和辩护。他喜欢阅读间谍小说，经常主动向间谍小说作者提供故事情节，目的是帮助不便宣扬自己的中情局得到公众的理解和支持。杜勒斯还是电视台脱口秀节目的常客，他对观众提出的问题一一作答，赢得了观众对他个人的赞誉和国民对情报工作重要性的理解，树立起情报工作是国家安全第一道防线的公众意识。

1961年11月28日，肯尼迪总统授予艾伦·杜勒斯国家安全奖章。1968 年，当时的中情局局长理查德·赫尔姆斯在中情局兰利总部大楼的前厅北墙为杜勒斯镶嵌了一座大理石浮雕像。74 岁的杜勒斯出席了揭幕仪式并亲自为浮雕揭幕，这是中情局首次为活着的前首脑塑像，可见杜勒斯对中情局和国家安全做出的巨大贡献并不会因为一次失误而磨灭，他永远是中情局成员眼中兢兢业业的强者。

第三节　威廉·弗里德曼与信号情报

威廉·弗里德曼是第二次世界大战期间美国信号情报工作方面最重要的人物之一。他领导信号情报局破译了日本的外交密码，为美国的信号情报工作做出了巨大贡献。

弗里德曼于 1912 年毕业于美国康奈尔大学，先在美国一家陆军部队从事密码研究工作。1921 年加入美国陆军通讯部密码组，1929 年任通讯谍报部长，1935 年任密码解译主任。第一次世界大战期间在编制和破译密码方面，他曾有过骄人的成绩。第二次世界大战之前，弗里德曼任战争部属下的绝密的“信号情报局”局长，从此创造了他与美国信号情报共荣辱的工作生涯。

一、美国二战前后信号情报历史简介

谈到弗里德曼，就不能不提美国的信号情报在历史上的兴衰沉浮。早在美国独立战争时期，由富兰克林在 1775 年 11 月牵头组成的“秘密通信委员会”就开始担负编制密码，建立通信和宣传系统的任务。南北战争中美国的信号通讯得到了长足发展，南方战争部于 1862 年创设了负责信号情报工作的秘密情报局，编制密码、截收对方通讯，并建立了一个正式的通信网。美西战争中美国海军和陆

军分别成立了海军情报局和军事情报局，都涉及到信号情报工作，海军情报部还致力于编制密码，创立了美国的整个密码体系。然而至此美国的信号情报工作还没有常态化，没有负责信号情报工作的正式机构存在，也没有形成正式的体系。

美国现代信号情报工作开始于第一次世界大战时期，当时美军总参谋部军情局（代号G—2）局长拉尔夫·范迪曼成立了密码编制和破译部门MI-8，在保障通讯秘密和破获敌方间谍方面发挥了巨大作用。两次世界大战期间是美国情报界没落的年代，这一时期仍然生存下来并得到发展的只有休伯特·雅德利领导的密码工作部门，1919年10月1日，这个机构成为美国有名的“黑屋”。1929年胡佛总统上台后，国务卿史汀生以“君子不偷看他人信件”为由，在10月31日撤消了“黑屋”。然而信号情报的星火生生不息，不久，曾负担黑屋60%经费的军情局又新创建了一个“信号情报处”接下了黑屋的业务。第二次世界大战前的1935年，信号情报处更名为“信号情报局”，并升格为直属于战争部的通讯情报机构，局长就是威廉·弗里德曼。

二、弗里德曼与美国信号情报局

信号情报局源于“黑屋”，但第二次世界大战前后的工作要比那时候复杂困难得多。由于科技的发展，情报通讯几年间已经经历了一场革命，新型的电子仪器使得破译密码变得非常不容易。在弗里德曼主政时期，他聘用了大批数学家和语言学家从事密码工作，这也是情报科学化的一个标志。弗里德曼在第二次世界大战期间事业的巅峰要归因于他领导的“魔术”与日本“紫密”的较量。

在战争前的一段时期内，日本的外交密码是最复杂的。第二次世界大战期间，日本的密码已经不像大正时期那样落后，但也还有破译的可能。太平洋战争爆发之前，日本海军使用的是一种为绝对保密而研制的代号为“九七式打字机”的密码机。这种密码机就是历史上著名的“紫密机”，它于1937年研制成功。因为这一年是日本神武天皇即位的纪元年二五九七年，所以取名为“九七式”。“九七式”密码机的密码本是按ABC的顺序编排的。把这种密码文字加入打字机后，就会按照注入的电子信号自动排列并发出密码信号，机械地传递出去。显然，这是一种秘密程度很高的密码机。然而，就像凡事有矛就有盾一样，有高级的矛出现，就有高级的盾出现。日本的高级密码能被美国情报机关破译，这要归功于美国一位被人称为译解密码的奇才——威廉·弗里德曼。

1938年，美国陆军部决定全力以赴译解日本密码。弗里德曼指挥他的19名部属，开始忙于这项最困难的工作。经过18个月的呕心沥血，终于在1940年秋采用仿制日本“九七式”密码打字机的方法，首次解译出了日本的密码。当时，美国海军情报部长安德森将军提议，将弗里德曼解译密码的全过程称之为“魔术”。所以，此后美国所获的所有情报都称为“魔术”情报。

弗里德曼等人费尽心机地破译了日本密码，如果一旦泄密就将前功尽弃，因此，当时的美军总参谋长马歇尔便严格限制了能够接触这类情报的人数，只有总统、国务卿、陆军和海军部长能够享受到这一待遇。由于严格的保密制度，日本人一直不知道他们引以为傲的密码已经不再是密码了。

仿制日本“九七式”密码打字机之后，美国又获得了日本的密码本。这中间有一段传奇式的插曲。1941年初春的一天，一艘装载石油的日本船“日新丸”号，取道旧金山的萨克拉门托河开往德国。美国官员如同往常一样，登船进行检查，主要是检查船内是否有可卡因之类的禁运品。仔细检查的结果，“日新丸”号上根本没有什么毒品。按理说，这事也就完了。可美国搜查官员并不放手，说是要打开船长室的保险柜检查检查。日本船长不加怀疑地答应了这个要求。美国官员在保险柜中见到了一套日本《船舶密码本》，便不顾日本船长的死命阻拦，在光天化日之下抢下了船。原来，这是美方特工机构的预谋行动。他们以检查禁品为借口，早早设下了这个圈套。抢走密码本的正是美国情报机关的特工人员。日本《船舶密码本》的被抢非同小可。日本商船是海上兵力的重要组成部分，而《船舶密码本》又是日本海军准备的。不言而喻，这种密码本的丢失，等于日本海军的重要密码失密。事件发生后，那位船长吓得脸色苍白，赶紧向日本驻旧金山总领事馆报告，总领事馆又赶紧向驻美大使馆报告，虽然日方驻美使节向美方提出强烈抗议，这事还是无可奈何，只得不了了之。

美国获得日本密码本和仿制日本密码机成功后，凡所获得的日本密码信息，便源源不断地被破译了。这就像美国官方和军方长了一副透视眼，把日本官方和军方的五脏六腑看得清清楚楚。

至1941年，“魔术”已能截获并破译出绝大多数日本人用“九七式”打字机发出的“紫密”外交电报。1941年底，他们破译的秘密外交电报平均每周多达200页。这其中包括许多有关珍珠港的情报：1941年9月24日，日本海军通过外务省致电檀香山总领事馆，要求了解美军太平洋舰队军舰在珍珠港的停泊位置；11月15日，日本外务省要求驻檀香山总领事馆每周至少报告两次珍珠港美军军舰的动向；11月18日，日本驻檀香山总领事馆向外务省汇报了美军军舰进珍珠港后航向变化角度和从港口到达停泊点的时间；11月28日，日本外务省要求檀香山总领事馆销毁密码和密码机；12月2日，日本驻檀香山总领事馆用低级密码继续报告美军的一举一动……

既然如此，人们更加疑惑，美国信号情报局已经掌握了日本关于袭击珍珠港的重要情报，并获得了日本的密码本，为什么“珍珠港事件”还会发生呢？一种解释是，“魔术”将最重要的情报由特别信使及时递交给总统、陆军部和海军部的部长、作战部长、情报局长、国务卿等军政首脑，而其他人极少能接触到这些情报。但华盛顿并没有将上述与珍珠港密切相关的情报通知太平洋舰队司令金梅尔海军上将和夏威夷基地司令肖特陆军中将。金梅尔将军后来在接受调查时直言不讳："海军部扣下了珍珠港将可能遭受袭击的有关情报，太平洋舰队被剥夺了一次战斗机会，导致1941年12月7日的灾难性局面。"对于这种反常的行为，斯塔克解释道："我不希望通知金梅尔司令，因为这样会泄密。"有人将"珍珠港事件"的发生解释为美国政府急于加入第二次世界大战而故意造成的"丢卒保车"的"阴谋论"，但更常见的解释是，弗里德曼的信号情报部门搜集到的情报没有经过系统而深入的综合分析，而他们通过解密、破密搜集到的情报数量又浩如烟海，从而使得这些真知灼见被淹没在浩繁的情报海洋里，因此美国人才会得出美国需要一个中央情报机构的教训。

但无论如何，弗里德曼在第二次世界大战期间所做出的贡献是毋庸置疑的，他的信号情报局也因此受到了一致的好评。第二次世界大战期间，信号情报为决策者的战略决策提供了可靠的依据，同时也有力地支持了美军的作战行动。

三、重新出山，为国家安全局效力

战后美国开始着手组建常设的信号情报机构。1946年6月，为协调信号情报工作，美国成立了信号情报委员会。1949年5月20日，美国成立武装部队安全局，由参谋长联席会议领导，其职能是"统一进行国家军事机构内除陆、海、空军各部单独进行的通信情报和通信保密活动以外的这些活动"，但三军信号情报机构仍各自指挥窃听和密码破译活动，安全局局长也无法向第一线单位下达任务。朝鲜战争期间，罗伯特·洛维特和迪安·艾奇逊等人对信号情报工作进行了调查，认为武装部队安全局是一个倒退的产物，应该成立一个强大的、集中管理的新机构。1952 年 10 月 24 日，杜鲁门总统签署《通信情报活动》绝密备忘录，解散武装部队安全局，成立国家安全局。尽管威廉·弗里德曼情报生涯的顶峰已经随着第二次世界大战结束而辉煌不再，但他在国家安全局成立之后仍然致力于为美国的信号情报事业贡献自己的力量。

1956 年下半年发生了苏伊士运河危机，由于美国公开反对英国、法国、以色列的入侵活动，并迫使他们停火，英美之间早在第二次世界大战期间建立的通信情报合作似乎岌岌可危，而且英法等北约盟友还察觉到美国已经破译了他们的密码，准备采用更高级的密码设备。此时，当时的国家安全局局长桑福德只得向威廉·弗里德曼求救，请他出访英国和欧洲大陆，执行高度秘密的使命。弗里德曼到了英国，通过会晤自己的老朋友，英国通信总部的埃里克·琼斯，巩固了英美之间在通信情报上的密切合作。在欧洲大陆，他造访了欧洲最大的编密设备制造商 A. G. 密码公司，并通过与公司老板鲍里斯·哈格林的私交，达成了某种交易。据推测，这个交易的具体内容可能是弗里德曼要求哈格林向国家安全局提供该公司卖给其他国家政府（特别是北约成员国政府）的密码机上的各种改进和改装的细节。这将大大缩短美国破译这些国家的密码系统所需的时间。因而，在消除苏伊士运河危机对国家安全局的影响方面，弗里德曼发挥了很大作用。

总之，威廉·弗里德曼对美国的信号情报工作做出了巨大贡献，在他的努力下，美国信号情报工作蒸蒸日上，不仅在破译日本外交密码方面功勋卓著，而且弗里德曼开创了聘用数学家和语言学家到信号情报部门工作的先例，在领导美国情报走向科学化方面也同样功不可没。

第四节　博士局长雷·克莱因

提起克莱因这个名字，人们往往都会自然联想到鼎鼎大名的“克莱因国力方程”。然而，他的本职既不是经济学家或者政治学家，也不是大学教授，他就是曾经担任中央情报局副局长和国务院情报与研究局局长的雷·克莱因。

克莱因最早为战略情报局服务。1947 年中央情报局正式成立后，局内绝大多数的高级职位都由战略情报局时期的老特工把持着，克莱因与威斯纳、安格尔顿、赫尔姆斯等一道名列其中。

一、克莱因与赫鲁晓夫的秘密报告

第二次世界大战后，克莱因担任中央情报局机要情报室的负责人。1956 年 2 月，赫鲁晓夫在苏共二十大会议上作了批判斯大林的秘密报告。美国方面认为这个报告极其重要。首先，它说明在斯大林死后的苏联集体领导体制中，赫鲁晓夫的个人权力已经上升；其次，它说明苏联社会正处在一个关键的转折时期，苏联人要摒弃斯大林主义，这是“解冻”的开始。3 月，赫鲁晓夫长达两万字的秘密报告中的零星内容已经在社会上流传，但白宫给中央情报局施加压力，要求把报告全文弄到手。美国中央情报局以几十万美元的巨款从“摩萨德”特工手中换回一份赫鲁晓夫报告的全文。这份报告是从一个加入苏联共产党的犹太人手中购得的。高价买回的情报到底是真是假？当时任中央情报局机要情报室负责人的雷·克莱因为这份报告做了权威性鉴定。他和专家们做了长时间的仔细分析和鉴定，一周后，克莱因在一次秘密会议上公布了鉴定结果。他以充分的证据，作了令人信服的分析。其中他谈到："我们现在手上的这份报告，都是采用平铺直叙的方式来表达的，这正是赫鲁晓夫平时讲话的特有色彩……。"克莱因的最后结论是："我们已经有了赫鲁晓夫在苏共二十大讲话的全部内容。"这个消息顿时使得在场的每一个人都异常兴奋。

报告得手后，关于如何处理这份报告又成了一个问题。克莱因竭力主张将报告的全文公布于众。他振振有词地说："我们应该把它发表在报刊上，这为有兴趣了解苏联问题的学者和年轻学生们提供了非常宝贵的史料，让他们看清斯大林统治下的苏联的真面目。我们多年来一直在谴责苏联的独裁统治，现在苏联政治局的头目自己出来讲这种话了，这正是千载难逢的机遇，让全世界的人们都来观赏一个极权国家的领导阶层自我谴责的精彩镜头吧！"他的观点得到了当时的局长杜勒斯的赞同。当1956年6月4日的《纽约时报》以醒目的标题全文刊登了赫鲁晓夫在苏共二十大的秘密报告后，由中情局资助的"自由欧洲电台"和"自由之声"电台也一连3天向东欧和苏联广播发布了秘密报告的全文，顿时在欧洲大陆引起一片骚动。到10月份，整个东欧集团国内普遍发生了政治危机。克莱因的主张使得中央情报局和美国政府都收获了满意的结果。

二、克莱因与古巴导弹危机

中情局在帮助肯尼迪政府处理古巴导弹危机的过程中起了十分重要的作用。U－2飞机拍摄到的照片和各种情报源源不断地送到华盛顿，使刚接替情报处处长职务的克莱因忙得不亦乐乎。他协调着各方面的情报收集和分析工作，以掌握苏联在古巴的确切情况，及时将情报送到白宫处理古巴导弹危机的决策中心——临时成立的国家安全委员会执行委员会。委员会成员根据克莱因的情报，为总统出谋划策。这时，肯尼迪开始对时任中情局局长的麦康和中情局情报处处长的克莱因刮目相看。处理导弹危机的执行委员会详细听取了克莱因领导下的情报分析人员的意见，对赫鲁晓夫面临的政治形势、苏联目前的军事力量和军事计划以及克里姆林宫领导层的心理状态进行了全面的分析衡量后，最终提出了解决古巴导弹危机的方案，不仅没有影响美国的核威慑能力，而且在世界舆论面前有助于树立美国的“和平”形象，取得宣传上的主动。

克莱因的工作得到了总统的信任和赞赏。肯尼迪任总统每天要办的第一件事，就是阅读中情局送来的情报简报（这是中情局特地为总统编撰的《总统情报简要》）。肯尼迪看完后，常常在上面写些批注，有时还亲自打电话给克莱因详细询问简报上的有关内容。有时报刊上登载的消息在简报上没有提及，肯尼迪也会提出疑问。

三、转任国务院情报与研究局局长

1965年初，当美国约翰逊政府决定对越南进行轰炸和进攻的时候，国防部长麦克纳马拉和总统顾问邦迪在征得约翰逊总统的同意后，曾请情报部长克莱因对在越南进行“滚雷”式轰炸战术提出分析意见。后来，克莱因写出的分析报告对该战术行动的前景持悲观态度。麦康局长根据克莱因的观点在国家安全委员会的会议上大声疾呼：“轰炸决不可能改变北越人的政策，反而会使他们的态度更加强硬。即使美国的轰炸继续进行，军事行动再升级，也无济于事，到头来只能使美国公众转向对立面，反对这场战争。”麦康还说：“美国人不应该采取一种不可能赢得战争的军事行动，使自己陷入丛林战斗的泥坑而不能自拔。”这种与白宫政策相悖的观点是约翰逊总统所不容的。不久，麦康带着遗憾的心情离开了中情局。

麦康的继任者雷伯恩上任后招致了克莱因等老牌专家的反对，他看不惯雷伯恩在白宫政治家那里唯唯诺诺，在中央情报局内动横行霸道、不懂装懂的作风，雷伯恩的行径招致了中情局内的普遍反对。从 1965 年底开始，以副局长雷·克莱因为首的一些高级官员便想方设法将雷伯恩从中情局赶走。他们在自己的小圈子里举行的聚餐会上，模仿雷伯恩的举止言行，极尽嘲弄挖苦之能事，有时还将他在局内的形象介绍给白宫的知己。雷伯恩心中明白，克莱因等人在背后和他过不去。1966 年，克莱因被贬职，从情报部部长的位置上跌下来，去西德担任法兰克福站站长。不久，克莱因脱离中情局，到国务院主持情报工作。

第四次中东战争之前，美国情报界曾围绕战争是否会打响进行过一场辩论。中情局局长施莱辛格在给即将担任国务卿的总统国家事务助理的基辛格呈递的报告中表明，中央情报局不相信预定在仲夏举行的联合国对中东问题的辩论前，中东会发生敌对行动。5 月中旬，中情局在送来的一份报告中还声称，即使联合国的辩论毫无结果，也不意味着敌对行动是不可避免发生的事情。就在施莱辛格与基辛格谈话后的第 10 天，施莱辛格又重申："埃及的军事实力有限，它最多只能对以色列发动突然的空袭。如果埃及军队真的跨越运河，即使让他们占领一小块土地，他们也守不住一星期。"中情局情报专家的意见是：埃及由于技术和装备上不如以色列，无论如何不敢首先发动进攻；萨达特现在只是发动政治攻势，目的是想加速中东问题的政治解决。已担任国务院情报研究局局长的雷·克莱因不同意中情局方面所作结论的后半部分。克莱因说："如果萨达特的外交努力落了空，他非冒诉诸武力的危险不可。今年秋季，中东将再次发生敌对冲突决不只是我们的猜测而已。""斋月战争"爆发的消息传到白宫，从总统尼克松到中情局局长科尔比都大吃一惊。事实证明，克莱因领导的国务院情报与研究局的情报分析是正确的。

四、著名的克莱因国力方程

1975年，美国前中央情报局副局长和国务院情报与研究局局长雷·克莱因出版《世界实力评估》一书。应该说，克莱因是在越南战争和美苏军备竞赛的背景下，从各国在战争中表现出能力的角度来研究国家的实力，克莱因谈到的国力已经是更加综合性的国力。克莱因认为：国家实力是由国家的基本有形实体（人口加领土）、经济能力、军事能力、战略意图、国家意志五大因素构成，克莱因国力方程是从军事角度出发的综合性国力研究。其公式如下：综合国力的估量：Pp＝（C＋E＋M）×（S＋W）。Pp：可以被估算的国力；C：国家的有形实体，由人口和领土面积构成；E：经济实力，由GDP、能源、关键性非燃料矿物、工业生产能力构成；M：军事实力，用战略核力量和常规力量之和表示；S：国家战略，是指在国际环境中要达到的政治目的、生产和对外贸易等6大类指标构成；W：贯彻国家战略的意志，是指一个国家动员其国民支持政府的国防和外交政策的能力。国力方程等式右边的各项指标取值均按评分法来确定。在克莱因国力方程中，克莱因把决定综合国力的因素分为物质要素和精神要素两部分。左边部分是其对其国力中物质要素的评估，其中经济能力和军事能力并列，各为200分，人口和领土各为50分，右面的部分为克莱因认为的精神要素，国力计算结果取决于物质要素和精神要素的乘积，克莱因认为物质要素和精神要素这两者缺一不可。

克莱因国力方程的巨大进步是在于其提出了重要的精神要素的定量计算。这是因为克莱因发现美国在越南的失败不是败在硬实力上，美国在经济、军事、人口、领土等方面是个“大块头”，克莱因认为美国在越南是败在了精神要素上，美国在国家战略方面尤其失误，同时大量国内的反战行为导致了美国在贯彻国家战略的意志能力上显得苍白。后来的种种综合国力计算方法基本上都是在克莱因方程的基础上发展而来的。

近来某些专家将资源、经济、科技、军事为主的国家有形的物质实力称为硬实力；同时将国家发展战略、民族凝聚力、国家动员能力、政治社会体系、教育、外交影响力等称为软实力。专家们认为软实力决定了硬实力的有效发挥程度，而这个至今被大家肯定的结论尽管之前曾有学者提起，但无疑是克莱因使之真正深入人心。

第五节　路易斯·托德拉的超级计算机与密码破译

路易斯·托德拉是一名数学家，他从未担任过美国国家安全局的局长，却始终作为副局长辅佐多届局长开展工作，尤其是在领导建设国家安全局的“大脑”——计算机方面，托德拉博士兢兢业业一干就是 16 年。

国家安全局被称为最守口如瓶的部门。在它成立很久之后，大部分美国人都不知道美国情报界还有这么一个负责信号情报和密码破译的情报单位，甚至国家安全局的缩写 NSA 曾被译成“No Such Agency”，意思是没有这个机构。在国家安全局这个神秘城内，有一座以路易斯·托德拉博士命名的超型计算机设施楼。国家安全局的官员认为，命名大楼的做法是赋予这座神秘城的居民一种历史责任感的新方式的一部分。国家安全局过度的保密性可能会造成其成员缺乏对国家安全局历史的认识。仅有的一点历史也用多种的代码进行了严格保密，几乎没有人能够接近。《密码学季刊》上曾发表过一篇文章，指出：“无论国家安全局有多大，也无论它有多么成功，它自身历史感（所有一切组织和职业文化的一个重要部分）的薄弱是如此令人吃惊。对安全局过去的线索并不是完全的缺乏，而是在某些情况下严重的误导。”因此作者建议：“我们需要以我们的英雄来命名我们的大楼；我们需要在走廊和大楼中放置他们的照片和牌匾来纪念他们的努力……我们需要做得更好来向人民灌输密码术工作的历史和传统。”这座大楼是美国国家安全局中第一座以人名命名的大楼。路易斯·托德拉作为对国家安全局、密码破译界的泰斗永远载入国家安全局的史册，时时鞭策着该局成员不断前进。

一、屡经历练，入主国家安全局

1941 年，第二次世界大战已经渐渐逼近，30 岁的托德拉当时还是芝加哥洛约拉大学的一名数学助教。一天，他走过附近的美国第五军总部毛遂自荐。然而当他解释说他拥有博士头衔，爱好密码分析学，持有无线电执照，愿意服役之后，负责的少校竟然对此无动于衷。或许他觉得这位新兵更适合于进入学术界，而不适合战场。托德拉被委婉地拒绝了。虽然受到了陆军的冷遇，托德拉却很快为海军所青睐。尤其是被誉为海军电码编译之父的劳伦斯·桑福德非常热情地欢迎托德拉的加入，后来到 1956 年桑福德成为了国家安全局局长，与当时的副局长托德拉成为在秘密战线并肩作战的最佳拍档。1942 年 4 月，托德拉作为海军上尉被派往华盛顿的一个海军密码组织工作。

不久，托德拉娴熟地运用所掌握的数学知识，分析一串串数字以破解谜一般的德国密码体系。1942 年 7 月，托德拉被派往华盛顿州的本布里奇岛，那是一个窃听日本电讯往来的重要拦截站。但他一直渴望能够离前线更近一点，以检验他的技能。1944 年，他在纽约城的贝尔实验室学习了 12 周有关专为译解日本密码而设计的新设备的课程。后来，他又被派到新建的海军拦截试验基地当负责长官，这个基地建在旧金山附近斯卡格斯孤岛的一片潮湿、蚊蝇肆虐的地方，条件十分艰苦。1946 年 10 月，托德拉被调离，但他并没有对破译密码失去兴趣。他没有回到芝加哥的课堂，而是以一个民间数学家的身份和海军破译密码组织签订了工作合同，那个时候，该机构被称为通讯附加活动组织，后来名为海军安全组。

1952 年国家安全局成立后，托德拉被调任，并成为了国家安全局负责高级密码破译工作的首脑。他就像一颗正在冉冉升起的新星，1958 年 8 月被任命为国家安全局副局长。

托德拉与美国中央情报局保持着业务上的密切联系。当理查德·赫尔姆斯还是中央情报局行动部门首脑的时候，托德拉就和他保持着密切的工作关系，因此，他受命处理中央情报局偶尔造成的一些问题。例如，当中央情报局通过发布信号情报报告强行挤入国家安全局的工作领域时，就会造成一个非常困难的局面。此时，托德拉就负责解决这些问题。用当时的局长戈登·布莱克的话说："他和迪克·赫尔姆斯关系铁着呢!"后来赫尔姆斯成为了中情局局长，因为这层关系，中情局和国家安全局很长时期以来一直相安无事。

二、计算机与密码破译的桥梁建筑师

当代密码破译的历史和计算机的历史在很大程度上是相互关联的。但由于"匿名政策"，国家安全局的角色几乎被掩盖起来。纪念计算机协会成立 25 周年时，国家安全局根本没去参加。同样，计算机的开拓者们聚在一起参加电气和电子工程师学会的计算机协会成立 25 周年大会时，国家安全局像先前一样采取了回避态度。但国家安全局在计算机发展过程中所起的作用曾经是、也将继续是巨大的。这项始终笼罩着一种神秘气氛的工作的主要负责人是路易斯·托德拉博士，他掌握着国家安全局的超级机密。

到第二次世界大战爆发时，用机器辅助破译密码的重要性已为人所知，但其用途很有限。当时信号情报局仅有 15 台机器和 21 名操作员。可是到 1945 年春天，信号情报局已有 1275 名操作员和管理人员，还有 407 台键盘穿孔机。除了现成的制表机，信号情报局里还有特制的密码破译机，即快速分析机，是利用电子管、继电器、高速电路及光电原理制成的，它们就是现代计算机的前身，但其造价太高且过于专门化。许多机器都是用来处理某一专门代码或密码的，所以如果某一密码系统改变了或弃之不用了，这台机器也就具有很少价值了。因此，一方面，海军与伊斯曼·柯达公司、全国现金出纳机公司还有许多其他公司签订合约，设计并制造快速分析机，另一方面陆军的信号安全局也与贝尔实验室紧密合作。战时的另一个主要合作者是国际商用机器公司，它负责制表机生产专门配件，将标准穿孔卡系统的功能大大提高了好几级。

信号情报局所拥有的两台密码破译机体形巨大，每台耗资 100 万美元，这在当时算是一笔惊人的费用。这种机器进行的操作如果在过去的“黑屋”中靠人工来做的话，需要 20 多万人才能完成。到 1945 年底，另一台庞大的机器就要制造完成，其能量相当于 500 万名密码专家。

托德拉希望外部承包商研制新的尖端的密码设备的工作能够继续下去。但由于不打仗，他发现这些承包商很不愿意承担这项研究。再加上严格的安全许可制度，让人难以忍受的人身安全检查以及设备在市场上的有限性，都足以使许多公司退避三舍。鉴于此，一些熟悉密码破译术和信号情报的原海军官员联合起来建立了工程研究协会，协会承担了海军安全局一些最复杂的任务。

几乎与此同时，宾夕法尼亚大学穆尔电机工程学院的一群工程师和数学家制造了一台名为“埃尼阿克”的计算机，它开创了计算机的新纪元。这台计算机外形既难看又笨拙，其“身体”比“大脑”要大得多。它的总存储量仅为 20 个数字，然而它的 18000 个电子管却几乎占据了一间宽 30 英尺，长 50 英尺的房间。尽管如此，这部机器却具有惊人的计算速度。“埃尼阿克”计算机的研制引发了一系列有关计算机理论的讲座，由海军研究局和陆军军械部共同主办。托德拉在海军安全局的同事海军少校吉姆斯·彭德格拉斯曾参加过其中一场，其任务就是评估计算机能否应用于密码破译和信号情报。

彭德格拉斯听完讲座后异常兴奋，他认为计算机看起来能弥补快速分析机所缺乏的灵活性问题，许多快速分析机设计时只用来解决某一特殊问题，比如破译一种外国密码系统，而计算机可以处理这一领域的所有问题。他说，“我认为，现在还处在设计阶段的多功能数学计算机就是‘多功能密码机’”，“计算机可以做 4 号大楼中任何一台分析机所做的事情，而且处理速度要快得多。”

不久，彭德格拉斯提交了报告，报告受到赞许。海军安全局和工程研究协会开始协商，由协会负责设计制造信号情报界的第一台计算机。托德拉和同事给这台计算机取名为“阿特拉斯”，取自连环画《巴纳比》中精神巨人的名字。1950 年 12 月它被送到海军安全局时，其容量为 16384 个单词，这是美国第一台装有磁鼓储存器的并行电子计算机。1953 年 3 月，一台一模一样的计算机被送到了国家安全局。这种机器的主要组成部分是电子管。前国家安全局研究室主任奥瓦尔·坎佩恩说：“我们拥有当时世界上最大的电子管电路系统，我们比任何人都了解电子管的寿命，了解用过的各种各样电子管的性能，也比任何人都知道如何保养它们。”他形容电子管就像电灯泡那么大，“然而你要是把许许多多像电灯泡一样的电子管放在一起，你就必须用空调设备来冷却它们，所以每台机器还要配备 15 吨重的空调设备”。

最终，陆军安全局制造出了自己的密码破译计算机，名为“阿布纳”。国家安全局的计算机资深专家斯奈德说：“我们是根据连环画人物李·阿布纳·尤克姆选的名字，这是一个高大冷酷但不聪明的人物。因为我们认为计算机体积大，要用很大动力来驱动，但并非绝顶聪明；它们只能按照简单的指令行事而不能独立思考。”最初只给“阿布纳”计算机设计了15个简单程序或“指令”（后来翻了一番增加到30个）。尽管如此，1952年4月该机秘密制成时，它仍是当时最先进的计算机。输入或提取信息时不仅要用标准键盘穿孔卡，还要用穿孔带、磁带、平行打印机、打字机和操纵平台。

三、研发“收获”的“闪电计划”

托德拉担任国家安全局负责高级密码破译工作的首脑。他和一些迫切希望提高计算机水平的人一起，在1954年使计算机又上了一个新台阶。吉姆斯·基利安是哈佛的教授，他研究美国突袭预警的问题。他得出结论，90%的战争预警通常来自信号情报。但是他指出，由于核武器袭击会在几分钟之内发生，因此，必须提高窃听和密码破译的速度。“从那时起，”一位前国家安全局人员说，“信号情报行动的焦点就是提高速度。”

几年后，也就是1956年7月，国家安全局一项投资浩大，具有深远意义的研究计划产生了。因为大家认为，国家安全局首要问题就是密码破译人员之间的竞争，因为数据越来越多，工程师们就要不断设计和制造出更大更快的计算机来满足这种要求，不管新的设备功率有多大，工程师们似乎总也赶不上需要。这样，托德拉开始推动第二代计算机技术的研究。

当时，国家安全局正在研制的第二代计算机被命名为“收获”，它是一种新型电子计算机，估计它要比当时最好的计算机运行速度还要快百倍以上。但这种计算机的完成还要等到几年以后。当时的局长拉尔夫·朱利安·卡奈因对这种情形非常恼火，要求部下一定要胜过计算机公司，造出一台一千兆周的计算机，并认为应该仿效“曼哈顿计划”那样去做，所以，他把这项计划叫做“闪电计划”。

在局长和托德拉的亲自带领下，“闪电计划”的相关研究于1957年7月开始实施，预算2500万美元，目标是在5年内研制出“一千兆周的电子装置”。截至当时，这项计划是美国历史上由政府支持的最大的一项电子计算机研究计划，承包单位包括斯佩里—兰德公司、美国无线电公司、国际商用机器公司、通用电气公司、麻省理工学院等。虽然此项计划的主要目的是使电路性能提高 10 倍，但其实际效果更大，使电子计算机科学的水平得到了始料未及的提高。

“闪电计划”所带来的另一个积极影响是，它对国家安全局巨大的“收获”计算机的开发起了推动作用，该计算机曾被设计为国家安全局最大的通用计算机。多年来，计算机设计出来就是用来对付一些专门的密译机。国家安全局希望能用“收获”对付许多国家各种各样的密码机和密码系统。“收获”系统效果极佳，不仅运算速度快，而且存储量也极大。应用这一特殊系统，可以每秒钟存储和检索近 1000 万字的资料。因此国家安全局在此后 14 年中一直使用它，直到 1976 年才改用另一种更先进的系统。

四、缩短“重要信息”的传输时间

1957 年苏联“人造地球卫星”的突然发射在情报界内部引起很大震动。当时，一条重要的情报到达白宫平均要花 8 小时 35 分钟，艾森豪威尔总统要求把输送时间缩短到几分钟。1958 年 8 月 27 日，艾森豪威尔参加国家安全委员会召开的会议，中央情报局局长艾伦·杜勒斯认为：“除非我们能确保情报很快送到华盛顿，否则获取海外的重要情报已无太大意义。”

一个月后，艾森豪威尔在白宫召开会议，托德拉提出建立一个名为“重要信息”的系统。托德拉简要说明了计划所需开支和好处后，艾森豪威尔欣然同意了他的计划。6 个月后，国家安全局把传送时间从 8 小时缩短到 52 分钟。又过了 6 个月，安全局可以使一份“重要信息”系统情报，不论从什么地方发出，在短短 13 分钟之内就到达艾森豪威尔的办公桌上。最后这一时间缩短至 3 到 5 分钟。

最终，一个代号为“黑麦”的系统实现了对“收获”的远程接入，这样就可以使全局的系统分析专家通过许多远程终端接入主机。据当时一份密报说：“‘黑麦’使安全局找到了更多可打开的密码系统，过去许多信息靠人工识别要花费数小时甚至几天才能完成，这还得是在确实能够处理的情况下，现在用机器几分钟内就能破译密码……破译另一已被解开系统的大批信息通常也要由这一系统来完成。”

虽然此后又有比托德拉时期的计算机更先进的设备被设计出来并应用到信号情报和密码破译中，但托德拉作为开风气之先的人物，在美国信号情报史上的作用是不可磨灭的。在激烈的美苏对抗之中，正因为有托德拉等人的努力，美国在计算机方面的实力远远超过了苏联。1959 年，一个绝密的专门小组对美国与俄国间的计算机竞赛进行了调查。调查结果令人鼓舞：当时，美国政府大约有 3000 台计算机，其中的 300 台每台价值超过 100 万美元且性能优良。而俄国只有不到 400 台计算机，其中大型计算机仅 50 台左右。虽然两国计算机的运行速度在一个时期不相上下，但随着晶体管的研制开发，美国使俄国的计算机专家望尘莫及，报告中称苏联并没有进行类似于“闪电计划”的研究。而正因为像托德拉这样的先辈对计算机研制和应用有着强烈的渴望和热情，美国的现代科技技术才能达到今天这种远远领先于世界的水平。

路易斯·托德拉于 1974 年 4 月退休。他在美国国家安全局副局长位置上一干就是 16 年，是该局历史上在位时间最久的领导人。以他的名字命名的超型计算机设施楼将和他建立的卓著功绩一同名垂青史。

第六节 小布什与美国国家情报转型战略

自从情报界成立以来，美国的情报改革呼声几乎没有停息过，大大小小的调查与改革措施充斥着美国情报史的几乎整个空间。尤其是每一次情报失误过后，必定会引发情报改革。然而，最近的这次则不同于以往，美国情报界称之为“情报转型”。如果说情报失误或危机是一场“火灾”的话，那么此前每次的情报改革只能说是“救火”行为，而这次的情报转型则是“火警”，通过对情报界进行全面变革，最大限度地减少以后“火灾”发生的几率，达到以情报界更雄厚的实力和更合理的规划预止失误的目的。简言之，情报转型是一种能力牵引型的主动式变革，它已经与危机推动型的被动式改革有了质的不同，转型涉及到情报界的方方面面，这次情报界变革的深度和广度是前所未有的。然而，最终定下决心转型的还是美国最高领导人——前总统乔治·W·布什。这一因发动伊拉克战争而饱受争议的“麻烦总统”，在情报转型方面确实起到了重要的推动作用。在布什和他的行政班子的领导下，美国情报界才得以将这场情报界的“巨变”轰轰烈烈地开展下去。

一、“9·11”事件与对伊评估失误的接连警醒

2001年9月11日，恐怖分子高度协调、组织严密的劫机撞倒双子塔事件，彻底打破了美国本土安全的神话，几乎所有美国人都把愤怒的矛头指向了情报部门。这一事件的发生，使布什政府很快做出判断：在今后相当长的时间里，“反恐”将是美国安全战略的首要任务。因此，小布什决定发动“反恐战争”。从此，恐怖主义成为情

报的首要目标，也成了情报战略和报告中的主要内容。2003 年，美国以“有情报显示伊拉克拥有大规模杀伤性武器”为由，不顾国际社会的强烈反对，纠集英国、加拿大、澳大利亚、菲律宾等国悍然发动了伊拉克战争。战争结束后，美国却始终未能找到伊拉克拥有大规模杀伤性武器的确凿证据，美英等国政府利用情报机构提供虚假情报、为战争寻找借口的做法遭到了国际社会的强烈谴责，并使美英政府陷入了严重的信任危机，而情报界则又一次成为了众矢之的。

根据统计，在 1974 到 2005 年间，平均每隔 7.5 年都有一次较严重的情报失误。两次失误之间间隔最长的长达整整 13 年，就是 1974 年国内间谍案和 1987 年的伊朗门事件；而最短的间隔就是从 2001 到 2003 年，“9·11”事件情报失误后，对伊拉克 WMD 的错误评估接踵而至。短短两年内发生了两起严重失误，使得美国情报界和领导人都开始思考情报界的机制和方法。此时，小布什果断决策，第一时间采取了一连串强有力的措施，将情报界领入一场波涛汹涌的转型洪流之中。

二、小布什拍案而起，决心转型

（一）一天之内颁布四个行政命令

面对情报界连续的情报失误，小布什开始思考情报界存在的问题和未来的发展方向。2004 年后，他颁布了一系列关于情报界转型的行政命令和总统指令，甚至创下了一天之内颁布四个行政命令的记录。2004 年 8 月 27 日，小布什在一天之内颁布了 EO13353、EO13354、EO13355、EO13356，其意图主要在于：临时赋予中央情报主任以国家情报主任的职责，从而加强情报界的管理；建立国家反恐中心；增强反恐信息的共享；建立保卫美国公民自由的总统委员会。其中 13355 号行政命令“情报界增强的管理”，给予了中央情报主任更多的权力，它通过更新 1981 年 12 月里根总统颁布的 12333 号行政命令，回顾了《国家安全法》的一系列变更，并通过强调中央情报主任的责任来最大限度地在法律范围内增强他的权力。该行政命令还强调了中央情报主任向美国提供有关所有威胁的情报的职责（无论是国内还是国外的情报来源），以确保情报界活动的整合，并创建了“国家中心”负责国家高度优先的情报目标。中央情报主任被赋予了掌控国防部在战术情报上的消费预算权，以及对其他情报机构首脑的任命和使用的协调权。小布什颁布的行政命令，至少可以体现白宫单方面加强中央情报主任管理情报界的权力的努力。事实上，小布什总统将这些行政命令描述成一个向真正的国家情报长官过渡的临时步骤，小布什急切期待的是真正的情报转型。

（二）敦促各种调查和改革方案

这两次情报失误造成的结果可以与 1976 年的情报大调查相媲美。除了国会的参众两院对情报界进行了调查，在小布什的授权下，还成立了“9·11”事件独立调查委员会（又名遭受恐怖主义袭击委员会或基恩委员会）和 WMD 委员会（全名为大规模杀伤性武器委员会，又称罗伯—希尔伯曼委员会）。

2002 年 12 月 10 日，参众两院情报委员会公布了联合调查报告，这是“9·11”事件后的首份调查报告，其中不乏很多有价值的建议，如加强“联合旅行”（即轮值）的制度来使情报机构内的官员开阔眼界等。但由于种种原因，该份报告并没有得到充分重视。在两院情报委员会之后成立的“9·11”事件独立调查委员会，对情报工作存在的主要问题进行了长达三年的详细调查，其成员由小布什和国会指定，因而调查报告尽管与上一份报告有很大重复，但却得到了充分重视。2004 年 7 月 23 日，“9·11”事件委员会公布了长达 567 页的最终调查报告，报告中对改革美国情报机构提出了 41 条整改意见。小布什政府采纳了其中的 36 条，并提出了情报改革议案。

伊拉克战争后，公众的焦点转移到了政府对伊拉克大规模杀伤性武器（WMD）明显错误的评估上。与对“9·11”事件情报失误的调查一样，参议院情报委员会对此展开了调查，并于2004年7月7日出台了调查报告，但影响力并不高。2005年3月21日，由小布什总统授权专门负责调查这一事件的大规模杀伤性武器委员会（正式名称为罗伯—希尔伯曼委员会）公布了一份调查报告，这次得到了真正的重视。（“9·11”事件独立调查委员会报告和WMD委员会报告的具体内容参见第一章第七节）

可以说，由小布什授权成立的两个委员会最终出台的报告都成了情报界转型与改革的蓝本，其中提出的改革方案大部分都得到了政府和情报界的采纳。美国情报界转型能够以其现实中的不足为依据，这与对情报界大范围的详细调查是密不可分的，而小布什则在其中起到了催化剂的作用。正因为他重视情报对政策起到的作用，重视情报界这次的转型，转型才得以付诸实际。

（三）出台新法律

2004年12月7日，美国众议院以336票赞成、75票反对通过了《情报改革与恐怖主义防止法》；12月8日，参议院也以89票赞成、2票反对通过了该法案。12月17日，经小布什总统签署，该法案正式生效。这是美国最重要的法律之一，自从《国家安全法》颁布之后，它在美国情报史上的影响名列首位。其主要内容是：成立国家情报主任，统管美国的情报机构，加速协调整合；设立国家反恐中心，负责规划情报使命和反恐行动；设立国家反扩散中心，对付大规模杀伤性武器扩散；加强本土防御，严格边境管理等。小布什签署这一法律的时候，对情报界抱有深深的期望，他曾说期待“我们庞大的情报企业可以更加联合、更加协调、更加有效”。《情报改革与恐怖主义防止法》从法律层面为情报转型与改革的方向做了清晰的定位，将情报转型上升到法律高度，足以见得小布什政府对情报界的重视程度，以及对情报转型的迫切需求。

三、推动情报界转型的一揽子措施

（一）成立国家情报主任办公室

对于美国情报界的结构而言，在情报转型中最突出的变化就是新增了国家情报主任办公室这一成员，负责协调、整合情报界，领导情报界其他所有成员。根据《情报改革与恐怖主义防止法》的规定，新设立的国家情报主任由总统提名，需要经过参议院批准，直接对总统负责，但要出席国会听证会；同时，也是总统的首席情报顾问，可以参加国家安全委员会、国土安全委员会的相关会议，但不是内阁成员。国家情报主任的选择和任命的权力大部分都掌握在总统手中，在很大程度上，总统选定的人选的特点也可以反映总统对未来工作的取向和特色。小布什之所以选择内格罗蓬特为第一任国家情报主任，原因是他一直是美国对伊拉克动武的积极鼓吹者，小布什十分青睐他在伊拉克问题上的强硬态度。小布什曾在招待会上说，内格罗蓬特将为这个职务带来一些特色。他说，内格罗蓬特目睹了伊拉克打击暴力活动的斗争，因此有和致命敌人近距离接触的亲身经历。这表明小布什希望国家情报主任在情报工作方面使用强硬手段。

（二）出台《国家情报战略》，规定情报转型方向

2005 年 10 月 26 日，美国在国家情报主任办公室网站上公布了美国《国家情报战略》，这是美国情报史上首个国家情报战略，也是美国政府有史以来首次将情报工作的具体政策目标公之于世。报告指出，美国未来的情报工作有三大重心，即在世界各地加强民主政治，击败恐怖主义，以及防止大规模杀伤性武器扩散。该战略还制定了美国情报界的五大任务目标和十大行动目标。五大任务目标

包括：

1. 铲除国内外恐怖分子，彻底瓦解其行动能力，促进自由、民主发展，从敌方抢占先机；

2. 防止和限制大规模杀伤性武器扩散；

3. 支持民主政治的发展，维护民主国家的和平；

4. 针对最艰难的目标，发展创新的解决办法来深入情报分析；

5. 从战略利益的角度预测态势，为决策者发现机遇和弱点。

十大行动目标包括：

1. 在符合美国法律、保护公民隐私和人身自由的前提下，针对本土面临的威胁，培养综合情报能力；

2. 加强分析技术、方法和实践能力，尽可能利用专家技术，探究不同的分析观点；

3. 重组、整合、优化情报搜集能力，重点解决关键议题，以此适应目前和未来的服务对象；

4. 吸引并招募一个统一、创新、注重实效的情报工作团队；

5. 确保情报工作人员和服务对象能够及时获得他们需要的信息；

6. 拓展新的国外情报关系，巩固既有的关系网，帮助应对全球安全挑战；

7. 创建清晰、统一的安全行动和守则，从而使整个团队相互合作，保护国家机密，展开迅猛的反间谍行动；

8. 开发突破性的科研方法，从而维持并拓展情报工作的优势，应对潜在威胁；

9. 从成功中吸取经验，从失败中吸取教训，为将来新的挑战做好准备；

10. 精简机构，削减价值不高的项目，将节余的人力物力投入现有或未来的重点国家安全问题上。

美国《国家情报战略》强调，美国情报机构必须以积极行动，阻止“流氓国家”与恐怖组织获得大规模杀伤性武器，这一工作重点与小布什总统强调的美国情报未来的工作目标是一致的。在这一指导思想下，美国情报界力图进行全面整改。首任国家情报主任内格罗蓬特说：“我认为这个新战略的重点，就是全面整合我们的情报工作。从这一角度来讲，这个新战略代表我们在情报工作中的路线图。”

除了《国家情报战略》这一统领整个情报界转型的战略以外，美国近年来还出台了多份关于具体情报领域的战略，如《国防情报战略》（2008 年 10 月）、《国家信息共享战略》（2007 年 10 月）、《国家反情报战略》（2005 年 3 月和 2007 年 6 月颁布了两份文件）等，而后两份战略都是以美国政府名义颁布的适用于整个国家的情报战略，体现了小布什政府对于情报界反情报的发展和信息共享这一关键转型要求的充分重视。

（三）从《百日计划》、《五百日计划》着手转型

为了实现情报界所设想的更加一体化和协作的远景目标，美国情报界启动了一个经过深思熟虑的计划程序，并规定了一系列完成期限。深化整合与协作的《百日计划》和《五百日计划》就是这一计划程序的起点，尽管这两份计划中提出的目标无法完全实现，但科学地规划了转型起步阶段需要循序渐进地完成的步骤，是落实情报战略和具体实施情报转型的两块重要的铺路石。

《百日计划》旨在“通过一些特定目标为转型打基础，加速国家情报战略的实现”，它规定了近阶段情报界整合和转型主要关注的六个领域：

1. 创建协作文化；
2. 促进情报搜集和分析转型；
3. 树立精良装备采购和技术的领先地位；
4. 实现运作管理现代化；

5. 加速信息共享；

6. 厘定国家情报主任的职权。

《五百日计划》关注的六个领域与《百日计划》几乎相同，只是在先后顺序上将“加速信息共享”提到了第二位。除此以外，《五百日计划》在所关注的六个重点领域中又详细区分了“核心”目标和“赋能”目标，所有目标的基础都是《百日计划》所涵盖的内容，目的是进一步深化情报界在人员、机制和技术方面的整合。“核心”目标使高层领导者的注意力集中于最为关键的转型工作上，之所以单独提出，是因为它们是转型的重要内容，对推动情报界的转型至关重要；“赋能”目标则进一步阐述了《国家情报战略》所提出的业界目标，是实现一体化情报企业远景目标的关键。

第五章

美国主要的情报思想

第一节　谢尔曼·肯特的战略情报评估思想

谢尔曼·肯特是美国历史上兼具行政和研究领导职务的著名情报分析专家。他不仅在美国中央情报局担任要职，而且在情报分析理论领域作出了开创性的贡献。他所撰写的《服务于美国世界政策的战略情报》一书，是美国系统研究战略情报分析及其相关理论的开山之作，奠定了美国战后以及当今战略情报理论的基石。谢尔曼·肯特也因此赢得了美国“情报分析之父”的美誉。

一、谢尔曼·肯特生平及其著述

谢尔曼·肯特（Sherman Kent，1903－1986）是美国中央情报局历史上一位带有传奇色彩的人物。1926 年和 1933 年，他先后获得美国耶鲁大学文学学士和历史学博士学位。1941 年，他出任情报协调局研究分析处亚洲科科长，后又担任过战略情报局（OSS）研究分析处欧洲和非洲科科长、国务院情报与研究司代理主任，在将科学研究方法与情报分析相结合方面表现出了特殊天赋。

1946 年，肯特在美国著名的国家战争学院任教，次年回到耶鲁大学任历史学教授，1949 年出版了情报学专著《服务于美国世界政策的战略情报》（*Strategic Intelligence for American World Policy*）。这是美国第一部系统研究战略情报有关理论的著作，引起了当时新成立的中央情报局官员，包括局长沃尔特·史密斯（Walter Smith）将军的注意，史密斯随即“命令”肯特返回情报部门工作。1952—1967 年肯特任美国中情局“国家评估委员会”主席，对美国中情局和情报界撰写国家情报评估的方式产生了重要影响。

1967 年退休后，肯特为中情局局长办公室历史处撰写了一些情报专题文章，大部分在中央情报局的内部机密刊物《情报研究》（*Studies in Intelligence*）上发表，近年来大多已经解密，并在中情局情报研究中心（CIA，The Center for the Study of Intelligence）的网站上公布。1997 年，在中央情报局成立 50 周年时肯特被授予“先驱奖”，该奖共授予 50 位曾经塑造中央情报局历史的重要官员。2000 年，中情局成立了以他名字命名的“谢尔曼·肯特情报分析学校”（Sherman Kent School for Intelligence Analysis），以纪念他为中情局所做的贡献。

肯特在其 20 多年的情报生涯中，不仅担任过中情局要职，而且著述颇丰。除了《服务于美国世界政策的战略情报》一书，他还撰写了自传《追忆往事》（*Reminiscences of a Varied Life*）和多篇情报研究专题文章。这些文章大体可分为两大类：情报理论与情报实践。前者涉及情报搜集、情报分析和国家情报评估等，后者侧重情报评估的表达与用词等。

在他的著述中，《服务于美国世界政策的战略情报》最具特色，不仅自成体系，而且具有鲜明的实践指向。另外，《评估与影响》（*Estimates and Influence*）一文也具有较重要的地位，体现了其战略情报评估理论的核心思想。肯特在上述著述中对战略情报及相关问题进行了深入论述与阐释，形成了独树一帜的战略情报理论体系，他本人也因此被中情局称为“战略情报之父”。

二、谢尔曼·肯特代表性的战略情报评估理论

谢尔曼·肯特的战略情报理论与实践对美国中情局和情报界撰写国家情报评估的方式产生了重要影响，其中比较著名的有情报“分析金字塔”理论（Analytic Pyramid）、情报分析九原则、情报工作方法六阶段。

（一）情报“分析金字塔”思想

肯特主张采用历史上的“科学”研究方法来分析复杂的当前情报和评估未来可能会发生的事件。他认为，严谨和没有偏见的分析可以通过信息缺口和不确定性得到一些可能性的解释，同样，批判性看待问题的大脑也可以通过尚未发生的事件预测最有可能发生的情况。由此，肯特形成了“分析金字塔”的概念，并在《评估与影响》一文中对其进行了详细阐述，认为“分析金字塔”底部是数量庞大的事实，周围由符合逻辑的假设组成，最终指向对未来进行预测的顶点。（见图5—1）

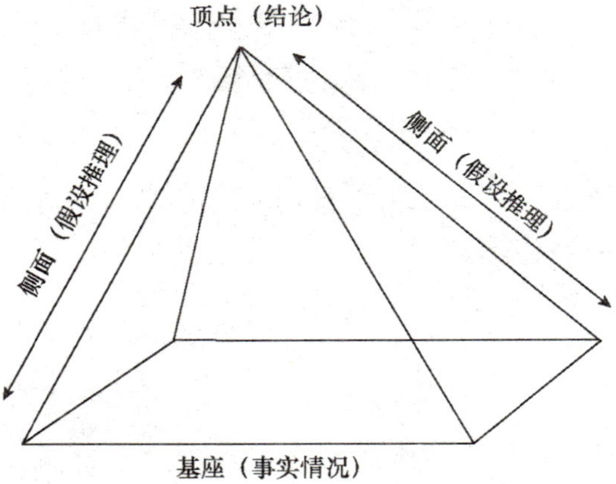

图5—1 “分析金字塔”

1. “基座”——大量的事实情况

肯特将完美的评估过程比喻为一座完整的“分析金字塔”。其中，塔的基座由大量无可争议的事实构成，这些事实在水平方向上延伸，构成体积庞大的基座，在垂直方向上则不断向上堆积，形成金字塔的侧面。

肯特认为，当对金字塔基座的本质有了较深的认识后，分析人员便具备了足够的信息，从而可以对以前不能确定的情况进行判断。比如可以确定一张拍摄模糊的照片中是一架飞机而不是一座奶牛场，甚至可以确定是一架轰炸机而非运输机。至于其他方面，如该轰炸机的性能和特点，现在虽然还不敢肯定，但完全可以以此为基础进行推测。

2. “侧面”——假设推理

如果分析人员知道金字塔侧面向顶点会聚的空中轨迹，他们便会知道大部分想要知道的东西。假设顶点正是要得出的结论，确切知道顶点的位置便会达到设定的目标。还以前文提到的轰炸机为例，构建顶点就是推测它的性能：其飞行距离、高度、速度以及携带炸弹的类型。在构建金字塔基座时采用的是经典归纳推理法，现在同样可以运用经典演绎推理法构建顶点。

构成金字塔基座的事实材料大部分是情报部门自己搜集来的，因此情报分析人员要比决策者更加了解这些情况。但在上面这种情况下，分析人员便没有这种优势了。事实上，在严密的演绎推理能力方面，分析人员与任何受过教育和具有学术研究能力的人没有什么差别。另外，分析人员在材料上所占有的优势可以而且经常由于他们将其散发给非情报机构而丧失。这样有心的决策者可以达到分析人员对材料的掌握程度，甚至超过他们。只要决策者愿意花时间，便可以自己对问题进行评估。

肯特指出，并不是所有情报分析金字塔都是按照上述原则构建的。从已知到未知，再到新的假设形成，直至检验和被否定的过程仅仅是最常见的方式，有时也会采用相反的方式。采用相反方式的分析人员首先需要考虑的是他想得到什么样的答案。一旦考虑清楚，他便知道了这座金字塔顶点的确切位置，其他则尚不清楚。这个顶点飘浮在那里，还是一个需要证明的论断，推理则是从上往下进行。这个过程最为困难的阶段就是最后必须与事实基座平滑自然地衔接，这需要高超的技巧，尤其是在事实基座极为庞大的时候。如果不能巧妙衔接，整个结构便如空中楼阁。

3．“顶点”——结论

情报评估人员在构建金字塔顶点的过程中，要采用以下三种方式之一：

第一种是顺着推理的惯性得到一个最终而直接的推断，结果就是树立起一个尖锐的塔尖，效果是告诉别人他非常确切地认识到了事实的真相。对上述轰炸机这个例子而言，就意味着：“因此我们得出结论：这架轰炸机几乎可以肯定是一架超音速中程飞机。附表是我们对其性能和特点所做的评估。”

第二种是不做最终推断，而是将塔顶削去一截，结果是告诉情报用户，已经将可能性缩小到几个。削去得越多，可能性的范围就越大。这通常相当于发布一条新闻，让用户暂时不要下结论，以等待新的证据出现。比如最后的分析报告会是这样：“因此，我们此时无法知道这架轰炸机的性能和特点，其很可能是一架新型超音速中程飞机。”

第三种即所谓的“先看再下结论”或“窥视”。这种方式情报专业人员用得较少，决策者自己进行评估时用得较多。其做法是在最终推断阶段反复思考，权衡如果这样推断那将会得出什么结果，以及自己是否真的会同意这样的结论。

如果在“窥视”时发现前面的结论不符合自己的口味，分析人员可能会采取第二种做法，干脆不得出任何结论；或者可能会放弃自己的论点，然后寻找另外一个有利的起点，从而重新构建自己的论点。这时，他也许会采用先前认为是无关的事实，也许会对一个类推给予更多的重视，诸如此类。这样通过一些修补，分析人员便会创建一座不同的“概念金字塔”，其基础没有变，但顶点却位于对他没有太大危险的区域，或者更符合他的政策预想。

由上述分析可以看出，肯特将情报评估看成是一个情报搜集——假设推理——得出结论的过程。其中，分析人员可以通过采用常规方法，从下而上构建符合自己意愿的“分析金字塔”，最终升高至“顶点”，即得出最后结论；也可以反其道而行之，先虚拟一个“塔尖”，即假设的结论，通过层层向下推理，最后与事实“基座”平滑自然地衔接。可见，情报评估方法灵活多样，随机应变，其模式并不是一成不变的。

（二）情报评估九原则

肯特曾写过一些具有启发性的机密文章，退休后还为耶鲁大学留下了一些阐明其分析理念的讲稿。肯特认为，情报分析的任务是为决策者与执行者提供信息与灵感，因此分析手法与侧重点也要随官员需要的变化而变化。尽管如此，其内在的情报分析原则却大体相同。虽然肯特曾公开谈论过情报分析的重要性，但对其原则与实践却只字未提。后来美国谢尔曼·肯特情报分析学校的首任校长，曾任中央情报局大学校长的弗兰斯·巴克斯（Fraser Bacchus）对肯特的情报分析原则进行了简要的归纳。

1. 重点放在决策者关心的问题上

情报分析之所以必要，是因为决策人员面临的一些挑战，分析人员可以通过了解背景情况、评估、组织各方面材料以及专业知识来帮助其解决。分析人员可以通过留心还未引起决策者注意的问题，提出与决策同步的评估报告来满足决策者的需要，包括为决策者提供可以帮助解除威胁和抓住决策时机的情报。

2. 为决策层提供多种选择

分析人员为决策者提供的情报评估应该能够消除决策者之间的意见分歧，但要避免成为被决策者中的一派用作强制另一派接受的工具。进行评估性分析时，要注意那些可能性不大的问题；进行行动性分析时，要提出和评估多种选择，以便让决策者从中进行选择。

3. 具有学术严谨性

情报分析方法要合乎逻辑推理，这是为决策过程服务的关键。肯特反对唐纳德·丹尼尔（Donald Daniel）和凯瑟琳·赫伯格（Katherine Herbig）提出的情报欺骗论，主张对情报的真实性和是否有助于判断进行严格评估。评估性情报的基础是评估和组织过的材料、广博的专业知识及合理且没有偏见的假设。情报中的不确定性和空白要明确指出，并在预测时加以说明。

4. 特别注意避免主观偏见

政策或政治偏见是不能原谅的，但在处理复杂和多变问题的思维过程中，分析或认识偏见是不可避免的，因此需要进行不断地努力来减小这方面的危害。作为一名历史学教授，肯特曾告诫分析人员，要努力避免在信息中寻找自己所希望看到的东西，并提醒大家，当所有分析人员都同意对昨天发生事件的解释或对明天的预测时，就要特别小心。他认为，解决认识偏见的一个方法就是明确地提出初步假设，并对其进行严格验证。

5. 愿意参考他人的观点

肯特不仅鼓励提出自己的观点，而且提倡有不同意见的存在，只要提出的不同意见具有明确依据就行，比如可以以其他假设或对信息的不同解读为依据。在肯特任职期间，经常是二三十个持不同观点的分析人员聚集在一起，对一份评估草案进行讨论，有时是逐段逐段地进行分析，这种做法一直保留至今。通过这种方式，有经验的分析人员可以知道自己评估中的弱点和强点，从而写出最好的评估报告。

6. 有组织地利用外界专家

在解决复杂问题时，应该考虑一下外界的观点，作为对分析偏见和失误的检验。当然，分析人员应该时刻注意决策者的公开和机密言论，其观点不必完全同意，但要寻求其中与众不同的信息，并对隐含的假设进行评估。为此应该查看新闻媒体以及一般和专业期刊，同时还应该直接与教育、研究和商业部门中从事分析的外界人士建立工作关系。

7. 对得出的判断集体负责

肯特从自身实践出发，认为分析人员应该为中情局局长、中情局以及情报界相互协调留出时间，以便让其检验和修正自己搜集的材料与得出的判断，同时便于集体负责。在面对情报用户时，分析人员应该代表并捍卫正确的集体观点。如果情况需要个人作出判断，分析人员则应明确指出处理该问题的依据。

8. 决策与情报之间信息和判断的有效交流

对于事务繁忙的决策者来说，报告文章越短越好，重点最好一目了然。但是，明确作出判断也是非常重要的。肯特意识到不确定性在复杂和多变的情报评估中是不可避免的。然而，这种巨大的不确定性与分析人员本身所具有的思维紊乱加在一起，会造成重大的失误，尤其是要避免那种无法证明其错误的判断。比如，肯特认为"某事'也许'或'可能'发生"这种判断没有任何意义，因其可能性介于0与100%之间。因此，有必要采取折中方案，在其中加入一些经过认真权衡的细节。

9. 坦白承认错误

分析人员必须努力掌握情报分析方法，但没有一种分析方法或理论能够保证在解决棘手问题时取得成功，或者能够消除所谓的评估风险。肯特认为，分析人员应该系统地检查分析结果，以便提高分析水平并研究失误之处。错误不可避免，但分析人员可以从对失误的批判性分析中获得至关重要的经验教训，尤其是当这种检查暴露出重复发生的错误，即情况发生变化而假设仍然不变时更是如此。承认并解释分析中的失误很可能会增加而非减少决策者对分析人员的信任度。

从情报分析重点到情报与决策关系、从对待失误的态度到避免主观偏见，肯特等提出的情报分析 9 原则可以说覆盖了情报分析中的方方面面。这 9 个原则不仅适用于战略情报分析，而且也适用于战役和战术情报分析，其可操作性较强，体现了理论与实践的紧密结合。

三、对谢尔曼·肯特战略情报评估理论的评价

（一）肯特战略情报评估理论的贡献

1949 年，谢尔曼·肯特在《服务于美国世界政策的战略情报》一书中，首次提出了“战略情报”概念和关于战略情报的完整理论体系。他开创了美国战略情报理论的研究工作，并主导了美国战后情报分析的工作实践，对美国以及世界的情报发展产生了深远影响。在其著作出版后的几十年中，战略情报理论又有了一系列新的发展。1991 年，美国学者布鲁司·伯尔考威茨（Bruce Berkowitz）和阿兰·古德曼（Allan Goodman）专门撰写了一部类似姊妹篇的著作《服务于美国国家安全的战略情报》（*Strategic Intelligence for American National Security*），对当代美国的战略情报研究进行了探讨，并对肯特的理论予以了充分肯定。1993 年，美国学者 T. N. 杜普伊（T. N. Dupuy）主编的《国际军事与防务百科全书》一书将“战略情报”定义为“是旨在用于制定战略性政策、计划和决定以及发展战略性能力的情报”，这是对战略情报概念的深化与发展；并指出战略情报的目的是帮助决策者做出决策，“来源全面”是它的一个重要特点，这则是对肯特战略情报理论的补充与完善。

纵观肯特《服务于美国世界政策的战略情报》一书及其后来撰

写的情报专题研究著述就会发现，其理论体系不仅完备，而且具有极强的实践指导性。其著作中并没有枯燥乏味的理论论述，而是充满了丰富的例证与实践经验，可操作性和指导性较强，既是一本战略情报教科书，也是一本战略情报工作手册。

（二）肯特战略情报评估理论的缺陷

谢尔曼·肯特虽然对美国的战略情报理论与实践做出了重大贡献，但他的理论也并非完美无缺。就连他自己也承认，一些问题只能采取折中的办法，要想从根本上解决情报工作中的所有问题，需要在实际工作中不断探索与总结经验。

根据美国最新解密的多份国家情报评估文件来看，其中不乏有错误的评估。如关于越战形势错误的估计，认为中国不会冒和美国公开对抗的风险支持北越。另一份 1966 年的“评估”则认为：“在目前美军的强大存在下，我们相信中国不会投入陆、空军进入持久的反美战役。”而关于中苏关系问题，美国情报机构对中苏之间的分歧和最终关系破裂的反应则很迟钝，甚至到 1966 年，中苏关系进入低谷并导致边境冲突的前三年，美国情报界仍认为中苏关系不可能破裂。美国情报专家和学者苏丁格（Suettinger）认为，这些情报工作最主要的缺陷之一就是“过高估计了中苏向心力”。由于肯特在 1952—1967 年间任中情局国家评估委员会主席，这些误判肯特是难辞其咎的。这同时也说明肯特在战略情报评估与预测方面的理论与实践存在着一定的局限性。肯特的战略情报理论主要有两方面的缺陷：

1. 关于战略情报的定义

肯特认为，战略情报是“主动获取的关于外国的高层次情报”，是“有用知识的延伸”。他随后又对“主动获取”、“关于外国”、“高层次”三个关键词逐一进行了阐释。

西方理论界对战略情报的定义也是众说纷纭。美国最高军事指挥机构——参谋长联席会议将战略情报定义为：制定国家军事计划或政策所需要的知识。这一定义军事色彩较为浓厚。40年多后，美国学者布鲁司·伯尔考威茨和阿兰·古德曼在其著作《服务于美国国家安全的战略情报》中指出，战略情报是一种任务、技能、国家能力和公开政策，具有广泛的基础和广阔的对象，包括经济、政治、社会学和科学技术等多项研究。从本质上来看，伯尔考威茨和古德曼的这个观点可以说是对肯特定义的延伸与发展，范围不仅仅局限于军事领域，而是扩大到了整个国家的各个方面。

战略情报通常是指对解决全局或某一特定领域中一些带有方向性和政策性问题所需要的情报，具有全局性、方向性和预测性的特点。肯特的定义虽然具有一定的适用性，但并未全面体现出战略情报的本质，同时也未能指出战略情报与战役情报、战术情报之间的密切关系。由于战略情报与战役情报、战术情报之间互相补充、紧密联系，在一定条件下还可以互相转化。因此，正确认识三者之间的关系，对我们深入研究军事情报的共性与特殊性至关重要。

2. 情报评估理论过于科学化，忽视了情报工作的艺术性

肯特在战略情报评估理论中提出了著名的“分析金字塔”理论，对情报评估的过程进行了形象性描述；同时，他的情报分析九原则也清楚地描绘出情报分析中应该注意的问题，具有一定的实践意义。但是，他的理论过于强调科学方法的重要性，将情报评估的过程与科学思维方法完全等同起来，却忽视了情报工作中的一项重要原则——艺术性。

作为一位学术造诣深厚的学者，肯特致力于创建能够解决战略情报理论与实践问题的完美理论体系，力求将科学研究方法与情报分析相结合，以达到准确评估的目的，因此带有一定的理想主义倾向。但事实上，情报评估与预测是一项带有不确定性和艺术性的工作。

克劳塞维茨在《战争论》中对情报的重要作用给予了充分肯定，同时也指出了其“不可靠性和多变性”，认为“战争是充满不确定性的领域。战争中行动所依据的情况有 3/4 好像隐藏在云雾里一样，是或多或少不确实的”，并说“战争中得到的情报，很大一部分是互相矛盾的，更多的是假的，部分是相当不确实的”，对作战层面的情报价值给予了否定。克氏的观点虽然从某种程度上说有些过于悲观，具有时代局限性，但他却指出了情报的不确定性这一重要属性。即使以先进的科学方法为指导，完全客观和正确的情报，包括情报评估与预测，在战争实践中也是很难实现的，所谓的情报准确性也只能是相对而言。

情报分析是一个非常微妙和复杂的思维推理过程。情报分析人员不仅要具备广博的知识、敏捷的思维和正确的分析判断能力，还要具有坚强的意志、沉着果断的决断力。纯粹依赖某些原则，却不能随机应变，是无法高质量完成情报评估任务的。同时，如果情报与决策以及情报管理方面存在着各种漏洞，最终情报产品的质量也会直接受到影响，而不仅仅是掌握了科学分析方法就能以不变应万变的。

第二节 安吉洛·科迪维拉的国家情报观

安吉洛·科迪维拉是美国著名情报学专家。他从国家政策的角度对情报概念进行了诠释，将对情报的研究提升到了国家情报的高度，而情报的决策属性、情报的国家政策服务原则、情报政策与国家政策协调统一以及将国家利益作为评估情报价值标准等诸多方面构成了其国家情报观的基本理论框架。

一、科迪维拉情报理论的实践来源和理论基础

在美国学术界，安吉洛·科迪维拉（Angelo Codevilla）被公认为一位思想独特的专家，有人甚至形容他的理论观点如同一枚枚思想的炸弹，一旦提出总能引起不小的波澜。事实上理论观点不可能凭空而来，必须有一定的实践基础作为理论的来源和根据，因此，我们研究科迪维拉的情报理论，就必须首先了解其理论的实践来源。

在军界和情报界多年的任职经历是科迪维拉情报理论的主要实践来源。他早年曾在军中服役，起先是为美国空军本迪克斯空间系统局（Bendix Aerospace System Division）工作，负责研究苏联空军的战术（1966－1969 年）；后在海军的基层单位任职（1969－1971 年），成为一名舰上工作人员，负责情报的上传与下达，并担任过海军舰队情报中心的值班军官；此后他又曾为美国国务院下辖的情报与研究司服务（1976－1978 年），参与欧洲方向的情报分析；里根总统在任期间，科迪维拉作为情报专家加入参议院情报委员会（1978－1985 年），负责对中央情报局的预算进行审查——尤其是侦察卫星和海外活动的开支预算，并且他还一度与国家安全委员会的高层关系甚密，常常为政府决策提供咨询，属于里根政府的智囊之一。分别在军界、情报界基层和领导层任职的经历使科迪维拉对具体的情报工作有着切身的体会，用他本人的话说："在基层情报部门的经历给我提供了一个仰视情报工作系统的视角（worm's-eye view），而在参议院特别情报委员会的经历则让我有'鸟瞰'（bird's-eye view）整个情报流程的机会，我对情报工作的深层次思考正是由此而来。"

然而，实践并不是形成理论的充分条件，因为理论的形成还必须有丰富的相关学科背景知识作为理论基础。对科迪维拉而言，政

治学、国际关系等学科的教育背景和学术积淀则是他情报理论的理论基础。他是美国著名的克莱门特研究所（Claremont Graduate School）国际政治专业的博士，毕业后历任格罗夫城大学（Grove City College）、北达科他州州立大学（North Dakota State College）、约克顿大学（Yorktown University）和乔治敦大学（Georgetown University）教授，并应邀担任了多所大学的客座教授，主要从事政治学、政治哲学、国际关系、情报等方向的教学和研究。1985 至 1995 年，他在斯坦福大学胡佛研究所（The Hoover Institute at Stanford University）任高级研究员，主要从事国家安全和国家战略方向的研究，1995 年至今，担任波士顿大学（Boston University）国际关系学教授，授课内容包括国际关系引论、美国国家政策的情报基础研究、军队在外交事务中角色研究等。可以说，这些学科相互关联的知识体系作为理论基石支撑起了科迪维拉的情报理论，也正是凭借由这些跨学科领域综合知识构建起来的坚实基础，他才能成为美国情报革新派的重要代表。

二、科迪维拉国家情报观的基本理论构架

对情报、国家政策与政治三者关系的探讨是贯穿科迪维拉整个情报理论的主线，也是他进行情报研究的基本切入点。科迪维拉从国家政策的角度出发对情报概念进行了诠释，将对情报的研究提升到了国家情报（national intelligence）的高度，并根据国家情报的特点总结了适用于各层次情报的原则和规律。虽然他没有系统地阐述该观念，但通过对他情报著述的仔细阅读和综合把握，我们依然可以清晰地发现这一连贯的思维脉络。因此，我们完全可以从中提取合理内核，重新构建基本的理论构架，从而还原出较为完整的国家情报观念。

（一）本体：情报的决策属性

就情报理论研究而言，对情报概念的不同诠释不仅体现了研究者对情报本质属性理解的差异，而且还表现了研究者进行情报研究的基本出发点和研究视角的区别。美国情报理论家迈克尔·汉德尔（Michael Handel）在其编著的《情报与军事行动》（Intelligence and Military Operations）一书中将情报定义为“专家们对所获的大量原材料进行加工提炼而得到的与敌方相关的最新信息；为使情报的搜集和分析能支持军事行动，（进行情报分析和研究的）专家们必须对己方部队的最新行动和计划了然于心”。汉德尔的情报概念强调了情报在军事行动中的功用，体现的是情报的知识属性；美国另外一位著名情报专家谢尔曼·肯特（Sherman Kent）则将情报界定为“一种知识（knowledge）”、“一种组织（organization）”和“一种行动（activity）”。很显然，他是将情报作为三位一体的整体进行思考的，而他对情报的诠释体现的则是情报基本概念中扩大了的外延。作为美国激进派情报理论家的代表，科迪维拉在他《明晓治国方略——新世纪情报》一书中用下面这段文字表达了他对情报的理解：“在冲突中，对敌人和朋友的认识、了解程度如何可能具有决定意义，在治国方略中，这种认识就被称作‘情报’。”他认为，情报的内涵是一种“决策的信息”，决策性是情报的本质属性；而情报的外延则扩大到一切可能为决策服务的信息，具体包括了“语言、数字、图像、建议、评估和刺激”，也含有“那些能指明真相的事实和误导对方的虚假内容”；在研究方法上，“情报是一门艺术（art），可以从具体事例中提炼出情报（工作）的基本原则”；而在实际效用上，情报则体现为“斗争中的一种工具”，能够直接在各种冲突事务中发挥作用。

与其他情报专家的定义比较，我们不难发现科迪维拉所理解的情报的特点。首先，科迪维拉将情报范围界定在与治国方略，也就是与国家政策有关的信息上，突出了情报的决策属性——当然这并不意味着不能直接为国家政策服务的信息就不是情报。科迪维拉在此要突出体现的是他情报研究的基本出发点，即国家情报或者是所谓的大情报。其次，科迪维拉对情报的基本认识是建立在情报功用性的基础之上的，他所研究的情报是一种“决定性的认识”，也就是说他研究的是对国家政策有价值的信息。很明显，他的研究切入角是情报与国家政策的关系，即情报如何为国家政策服务。最后，科迪维拉定义的情报内涵突破了传统情报概念仅包含敌情的局限，将“我情”也涵盖在了情报内容中，不仅满足了对情报与国家政策关系进行研究的内在必然要求，也使其研究内容更符合情报工作实际，有助于情报理论指导下的具体实践。

（二）主体：情报的国家政策服务原则

情报概念和属性的界定既体现了情报研究的基本出发点和切入角，同时在一定程度上也能反映出研究者对情报目的的理解。科迪维拉从国家政策的角度出发对情报概念进行了诠释，将对情报的研究提升到了国家情报的高度。他认为，“国家情报是指专门为决策服务的情报”，相对于一般意义的战略情报（strategic intelligence），国家情报则处于更高的国家战略（national strategy）层次。在科迪维拉看来，虽然不可能所有的情报都达到国家情报的高度，但为国家政策服务这一根本原则却是任何普遍意义上的情报都必须遵守的。因此他指出，情报的最终目的必须是为国家政策服务、满足国家政治目标需求，而决非仅仅是为了情报本身。

情报必须以为国家政策服务为第一要求。情报机构作为国家权力机器的一部分，无论规模的大小以及地位的高低，都不是情报产品的最终用户。情报机构需要对上级的国家决策机构负责，真正的情报用户也正是国家的决策层和决策者，因为只有决策才需要情报信息作为依据，而情报的价值也只有在国家政策中才能得到体现。因此，情报的最终目的是服务于国家政策，满足政治需求，而绝非单纯获得秘密。如果情报工作仅仅为了情报秘密本身而不能与决策联系，那情报就毫无意义，甚至都不能算作是情报，只能被看作是一种普通的信息流而已。科迪维拉认为，正是由于这个原因，中情局虽然在冷战期间拥有巨大的人力物力和信息资源优势，但在对苏联局势的分析和预测方面却远远落在了哈佛大学苏联研究所后面。

为了说明这一原则对各层次情报的普遍适用性，科迪维拉列举了美国战术情报工作的案例。他认为，美国的战略情报工作历来谈不上成功，但同样是在战略情报匮乏的条件下，战术情报在冷战中美苏对峙时所发挥的作用较之在 1991 年海湾战争中的作用却是大相径庭。冷战中，由于两大阵营的对立，加之苏联高层对重要信息的封锁和垄断，美国无法获得与苏联相关的重要战略情报。但以天基、陆基和海上情报搜集系统为主的技术侦察和以分布在东欧与苏联内部的各类谍报人员为主的人力情报搜集系统，通过种种渠道搜集到了浩如烟海的低层次（战役）战术情报和其他经济、文化情报。不过由于缺少明确的政治服务目的，这些情报与国家政策需求严重脱节，其中的绝大部分都未能发挥应有的作用。而在 1991 年的海湾战争中，以中情局为首的情报机构始终将国家政治目标放在首位，不断根据决策需求调整情报搜集方向，有针对性地设置情报搜集重点，优化配置侦察平台。结果他们获得了大量有价值的（战役）战术情报，而这些情报则为最高决策层提供了可靠的信息依据，在战争中起到了关键作用。

综上所述，为国家政策服务是科迪维拉对情报提出的根本要求，也是其情报理论中的核心原则，因为根据他对情报概念和属性的界定，情报是无法脱离国家政策而单独存在的。

（三）方法论：情报政策与国家政策协调统一

在确定了情报本质属性和根本目的的基础上，科迪维拉通过分析进一步指出，国家政策并不能直接影响情报，在情报与国家政策之间起协调作用的是情报政策，而究竟情报是否能发挥应有的作用，关键则在于情报政策与国家政策两者之间的关系。因此，只有处理好情报政策与国家政策之间的关系，才可能达到情报为国家政策服务的目的。

科迪维拉的基本看法是：情报政策必须以国家政策为先导，并能够与国家政策契合。情报工作并非是由情报机构向决策层提供信息的单向过程，事实上这个过程是互动的，因为决定着情报工作目标和方向的情报政策最终仍然是根据决策层对情报使用的反馈并结合现实客观形势所制定的。决策层依据原先的情报信息做出判断并制定国家政策后，会根据形势的需要随时修改宏观政策并对情报机构下达新的任务、提出新的要求。在此阶段，情报的高级管理层就必须根据决策层的需要和指令制定新的情报政策，以明确下一步情报工作的重点和方向。参照这个机制看来，似乎制定的情报政策与国家政策协调统一是毋庸置疑的。但事实并非如此，科迪维拉特别指出，国家政策的正确并不能保证情报政策的同样合理，而且这样的失误比比皆是。冷战期间，不管是艾森豪威尔提出的“大规模报复战略”，还是肯尼迪、约翰逊时期的“灵活反应战略”，或者是冷战末期卡特政府的“抵消战略”，客观地说都是符合当时客观形势的可行的国家战略，但美国领导人从二战中继承下来的战争思维却使战后的情报工作一度延续了战争中的特点。决策者过于重视欧洲东西两大阵营交界地区的情报，将该方向的战役和战术情报置于情报政策中的优先地位。无论是高空电子侦察飞机，还是太空成像卫星，或者是遍布全球各地的电子侦听站，情报搜集的主要对象都是低层次的战役或者战斗目标，加之忽视提高情报分析人员从零散情报中提取重大战略情报的能力，因此虽然美国获得的情报浩如烟海，但对国家政策却没有什么实际意义。情报政策的失误导致战略情报的匮乏，美国情报界甚至对苏联解体这样的重大事件也未能事先作出预判，而情报工作的失败则进一步导致国家总体战略的被动。

情报政策失误的具体原因可能有很多，但究其根本无非是由于与国家政策背离而造成的。因此在这里需要强调的是，情报工作不能单独存在，无论情报政策制定者处于何种立场和地位，都必须将情报置于对国家政策的成熟思考和理解的基础之上，使情报政策密切围绕国家政策。如果情报政策制定者不能给具体情报工作提供正确的规划和指导，那无论情报工作本身多么优异，事实上对制定和执行国家政策而言没有任何价值。因此，合理恰当的情报政策才是最大限度获得情报价值的前提条件。

（四）价值观：以是否获得国家利益作为评估情报价值的标准

既然情报不可能脱离国家政治而单独存在，情报政策也必须与国家政策做到协调统一，对于情报价值的评估自然就不能脱离国家政策而孤立存在。科迪维拉认为，如果割裂情报与政治目的的关系，在国家政策范畴之外单独对情报价值进行评估，那评估的标准和依据只能是情报工作本身。这种将情报剥离外界背景因素进行评估的方式不但不准确，甚至可以说没有什么实际意义，因为这种评估结果并不能反映现实中情报所体现的作用。

1973 年阿以赎罪日战争前，以方的情报人员搜集了大量关于阿方最新动向的情报，其中包括了阿拉伯国家的政治目的、军事实力、兵力部署和舆论动向，等等，他们甚至连阿方决策者性格特点以及阿拉伯国家内部的一些矛盾和龃龉也一清二楚。如果单纯从情报本身的角度考察，可以说他们向决策层提供的情报具有很高的价值，因为他们的情报内容全面、准确翔实，而且具有很强的时效性。但事实却是以方情报人员仅仅是提供了这些情报信息本身，他们没有将情报置于政治大背景下作出正确的评估和预测，只是简单地认为按照军事实力对比阿方不可能率先发动战争，结果险些使以色列整个国家被逼入绝境。因此很明显，对于这样的情报是无法肯定其价值的。从这个案例不难看出，虽然情报机构提供的情报符合基本要求，但由于未能给国家政治目标提供有益的帮助，最终其情报价值就无从体现。

科迪维拉对情报价值评估提出了以下原则：首先，评估的客观要求是情报在国家政策中发挥了应有的作用并取得成效。评估情报价值不能囿于情报本身，应该取决于情报的实际功用效果，而这种效果则体现在国家政策的实现过程中，如果情报无助于国家政策的实现，那进行价值评估也就毫无意义；其次，评估的客观标准是国家政策实现过程中对情报利用的反馈情况。如果情报能为国家政策提供信息支持，那么无论是决策还是政策的具体落实都将更加符合客观实际，更易推动国家利益的获得。在此过程中，情报发挥的效用、情报的使用情况都将通过反馈机制返回到情报机构，而反馈的情况就决定了情报价值的最终评估结果。

（五）国家情报观的核心思想

通过对上述四个要素的单独论述我们不难发现，它们之间存在着紧密的逻辑关系，相辅相成地构成了科迪维拉情报思想中的核心部分，完全能够对其总体的国家情报观念提供充分的理论支撑。借助于基本理论框架的构建，我们可以对科迪维拉国家情报观的主要思想归纳如下：情报作为国家决策过程中关于敌情和我情的决策基础，其目的在于服务于国家政策，并推动获得国家政治利益；在此基础上情报政策需要根据国家政策制定并与之协调统一，而情报价值则通过具体情报工作在国家政策的实现过程中得到体现。表 5－1 更为直观地反映了国家情报观的基本内容：

表 5-1：国家情报观的基本体系结构

国家情报观的基本体系结构	
本体	情报的决策属性
主体	情报的国家政策服务原则
方法论	情报政策与国家政策协调统一
价值观	以是否获得国家利益作为评估情报价值的标准
核心思想	情报作为国家决策过程中关于敌情和我情的决策基础，其目的在于服务于国家政策，并推动获得国家政治利益，在此基础上情报政策需要根据国家政策制定并与之协调统一，而情报价值则通过具体情报工作在国家政策的实现过程中得到体现。

三、对科迪维拉国家情报观的评价

（一）国家情报观的优点：诠释情报决策属性，突出政治服务要求

通过对科迪维拉一系列情报专著和论文的研究可以发现，他的国家情报观来源于对美苏冷战时期的现实情报工作的思考。但超越一般情报专家的是，他的研究并不局限于单纯为美国的冷战战略服务，其国家情报观念体现了情报工作的普遍原则，最鲜明的优点就在于对情报决策属性的诠释，并由此强调情报为政治服务的根本目的。

科迪维拉首先从情报的定义和目的出发，将情报界定为有助于制定国家政策的重要信息，指出情报的目的就是为决策服务，在国家情报观的基本构成中体现了情报的决策属性；而在对具体情报工作的理论指导方面，能否体现对决策的信息支持作用则成为衡量情报工作是否合理的前提，无论是情报搜集、分析还是反情报等环节，都必须在符合自身工作规律的基础上自觉体现情报产品的决策属性。从总体上看，决策性不仅在科迪维拉的国家情报观理论上得到体现，

在具体的工作指导中也得到了落实。

决策的目的则是要为政治服务，因此政治目标才是情报的终极服务对象。科迪维拉在他的国家情报观中正是通过理论上情报对决策的支持，形成了最终为政治目的服务的理论构架。一方面，政治利益作为衡量情报价值的最终标准，在国家情报观整个框架内起到一个理论与实践相契合的枢纽作用，无论是情报工作流程，还是工作机构设置，都必须在理论上满足政治利益的要求；另一方面，政治目标同时也是理论研究的终点和起点，情报经过决策环节服务于政治目标，同时又根据新的政治目标继续新的情报工作，这样就形成了一个完整的理论和实践的环状流程。因此，科迪维拉通过逻辑上的构建，诠释了情报、政治与国家政策之间的互动关系，强调了情报的决策属性，凸显了情报为政治服务的客观要求。

（二）国家情报观的缺陷：缺乏完整的理论体系

笔者之所以将科迪维拉的情报思想核心界定为国家情报观而不是国家情报理论，是因为科迪维拉并没有明确提出有关国家情报的基础理论（theory），在他的研究成果中体现出的仅仅是一种观念（viewpoint）。因此尽管有基本的理论构架，但由于缺乏核心理论的支撑，科迪维拉最终无法形成其完整的理论体系。

在研究过程中，科迪维拉通过对大量战争史实案例的分析研究，从中总结出情报与政治、情报与国家政策之间密不可分的联系。但他的研究成果仅仅是作为对情报失误的修正或对某一情报工作环节的工作指导，并没有将对情报案例考察的成果提高到系统理论层次。这就使得他的思考成果过于零散琐碎，故无法在理论价值上达到像谢尔曼·肯特《服务于美国世界政策的战略情报》（Strategic Intelligence for American World Policy）那样的高度。

理论体系的缺失也必然会给现实操作造成影响。科迪维拉对具体情报工作和决策的研究针对的是具体情报工作人员和决策者，似乎他的研究成果更适合作为一线情报工作人员的工作指南或者是提供给决策者使用的情报手册。然而在具体实践中，情报工作人员和决策者之间却存在着无法忽略的情报管理层，因此他的情报理念在具体落实的过程中势必会遇到一些难以逾越的障碍。可能正是由于科迪维拉主要的政治生涯都是在情报管理高层度过的，作为一线情报工作人员和作为决策层总统智囊团的时间相对较短，所以站在他所处的职位和立场，往往难以看到自身这个层面所存在的问题和加以改善的方法，这就最终造成了他在理论研究中不可避免的缺失。科迪维拉这种试图在理论上直接将情报与最高决策挂钩，并试图越过实际工作中情报与决策之间情报管理过程的这种研究方式虽然有其一定的合理性，但在现实中却无法得到具体落实，因此必然缺乏可操作性。反过来我们也可以看出，正是由于现实中缺少借鉴性和可操作性，科迪维拉对情报的研究停留在国家情报观念的层次，而无法提升到国家情报理论的高度。因为按照他的观念，难以构成由现实体例结构进行支撑的完善情报理论。

当然，我们也无法彻底否定科迪维拉的国家情报观，因为其国家情报观的内核与许多细节客观上都由先进且合理的理念构成。我们只是认为他的这种观念在某些部分仍不够完善，无法形成一个完整的体系，仍有需要改进之处。这也在一定程度上解释了为何外界对科迪维拉情报观点的评价一直是毁誉参半：思想上的先进性使其观点在革新派学者圈子里备受好评；但缺乏理论体系却造成了可操作性低下，因此难以为情报界官方和政界所接受和采纳。

第三节　罗伯特·斯蒂尔的公开来源情报理论

罗伯特·斯蒂尔是美国公开来源情报理论研究界的知名专家。

斯蒂尔的公开来源情报理论范畴广泛，不仅界定了公开来源情报的内涵，对公开来源情报的获取渠道进行了归类，还探讨了公开来源情报的4D工作流程，提出了公开来源情报工作的菱形模式。斯蒂尔的公开来源情报理论为信息时代的美国情报奠定了基础，但不可否认的是，其理论也存在一定的缺陷。

一、罗伯特·斯蒂尔生平及其著述

罗伯特·斯蒂尔（Robert Steele），1952年生于纽约，1974年毕业于宾西法尼亚州默兰伯格学院的政治学专业。1976年他在利哈伊大学国际政治专业以《预测革命》为题获得了硕士学位，1987年他又在俄克拉荷马州立大学获得了公共管理专业硕士学位，硕士论文是关于国家安全中的战略和战术信息管理的。随后他进入海军军事学院的国防研究专业进行了三年的在职学习，并以优异成绩毕业。

1976年11月罗伯特·斯蒂尔加入美国海军陆战队预备队并担任情报官员。1979年萨尔瓦多内战爆发，斯蒂尔被调入中央情报局，并被派往该地执行秘密任务。回国后，他留在了中央情报局工作，直到1988年6月从中央情报局退役。罗伯特·斯蒂尔后又加入海军陆战队担任高级文官，主要负责建立海军陆战队情报中心。在此期间他曾代表海军陆战队参加"国外情报能力和优先委员会"（Foreign Intelligence Capabilities and Priorities Committee）以及其他国防情报组织。斯蒂尔是20世纪80年代第一个负责确定恐怖目标的情报官员，也是第一个计划将先进的信息技术手段应用于秘密行动以及美国全球行动中的人，他还在决定美国未来情报搜集需求和提高搜集能力的工作中发挥了重要作用。为了表彰其近20年在情报部门的突出业绩和杰出贡献，1993年中央情报局为其颁发了"特别贡献奖"，国防部为其颁发了"卓越成就奖"。1993年4月，斯蒂尔从海军陆战队退役，随后创办了公开来源情报咨询网站（oss. net）。这家网站于2003年发展成为一家全球情报股份公司。该公司擅长进行合法的情报搜集、处理和分析，斯蒂尔则亲自担任该公司的首席执行官。

理论来源于实践，正是由于在情报部门多年的工作经历，使得斯蒂尔对情报的工作流程和工作机制有着深入的了解，同时对美国现行情报体制中的弊端也有着深刻的认识。因此，他积极倡导对现行的情报机构进行改革，改变目前情报机构过度依赖秘密情报的现状，主张将公开来源情报（下文简称公开情报）与秘密情报有机结合起来，从而使情报发挥更大的作用。他一直在为加强公开情报工作进行游说。在过去的10年中，他主持召开了15次以上有关公开情报方面的国际会议，前后共有5000多名世界各国的公开情报研究专家参加会议，会议上收录了大量有关公开情报方面的文章，极大地促进了公开情报问题在世界范围内的探讨和研究。

罗伯特·斯蒂尔作为在公开情报领域领导世界潮流的专家之一，分别于2001年和2002年与他人合作，为北约编写了《新北约公开情报手册》和《北约公开情报读物》，为北约在新形势下开展公开情报工作提供了理论指导。除了与他人合著外，他自己也撰写了大量有关公开情报方面的理论著作。例如《论情报：开放世界中的间谍与秘密》、《新情报术：个人、公众与政治》和《维和情报：未来的概念》等。特别是在2001年“9·11”事件后，其代表作《论情报：开放世界中的间谍与秘密》再次出版并销售一空。该书吸收了情报界内许多专家的思想，借鉴了他们对情报系统进行改革的建议，并对公开情报理论进行了系统的阐述，提出情报界应改变现在的秘密文化，加强与情报界外私人机构的合作，提高公开情报的利用率，使公开情报真正成为情报工作的基础。情报界内的许多专家将这本书中所蕴含的理论称为“新情报”、“后冷战时代的新情报模式”，斯蒂尔也因此被称为“超级情报专家”。另外，斯蒂尔还在《国际情报与反情报杂志》（*International Journal of Intelligence and Counter-*

intelligence)、《美国情报杂志》(*American Intelligence Journal*)、《时代周刊》(*Times*)等许多种刊物上发表了大量文章，其中涵盖了信息战、非对称作战、情报等多项内容。

二、罗伯特·斯蒂尔公开来源情报理论的基本内容

(一) 公开来源情报的定义

虽然公开情报作为情报的一个重要来源很早就存在了，但无论是学术界还是情报界，对公开情报的定义至今仍不统一。为了更好地理解公开情报的内涵，斯蒂尔认为首先应该认清数据(data)、信息(information)和情报(intelligence)三者的区别。

1. 数据、信息和情报

数据通常与计算机和通信技术联系在一起，一些人认为数据的含义太明显了，以至于根本不需要对它进行解释，也不必将它单独分为一类。而实际上许多误解也正是由于对这些基本概念的含义缺乏思考而产生的。澳大利亚国家大学的罗杰·克拉克(Roger Clarke)教授从学术的角度为数据下了一个简单的定义："数据是能被人或机器直接获取的任何一种符号、标记或度量标准。"从军事的角度来说，美国国防部对数据做了如下定义："数据代表了事实、概念或者指令，例如特征或数量。数据常常以物质实体形式存在，适于人工和自动化的交流、截获和处理。"因此，数据常被理解为一些不连续的事实和事件，诸如文本、数字、信号等。斯蒂尔认为，数据就是搜集到的未经处理的印刷出版物、信号和图像等，如果脱离了适当的背景，未将其进一步转化为信息，数据就其本身来讲没有任何意义。

斯蒂尔认为"信息"也必须有一个明确的定义。他认为，信息

应该被理解为包含某种意义的消息，它是经过比较、分类整理过的数据，这是信息与数据的最大区别。发送者与接收者所理解的信息的含义并非总是相同的，实际上，是接收者的认识才使数据成为信息。

情报则是经过修整过的信息，它由特定的人在特定时间处理以支援特定的决策。斯蒂尔认为从国家安全的角度来讲，情报可以被理解为：

一种工作流程：搜集、处理和分析所需要的信息，并将最终的情报传送给用户的过程。换句话说，情报是将原始资料转换为情报产品以满足用户需求的过程。

一种产品：代表着情报处理过程的成果。

一个组织或机构：履行情报的全部或部分职能。

2. 公开情报

斯蒂尔首先援引了美国国防部和中央情报局对公开来源情报的定义。美国国防部将公开情报定义为："广大公众都可以获得的具有潜在情报价值的信息。"中央情报局的定义为："公开情报是指从外国媒体（广播）、出版物和商业数据库中搜集公开信息，并对这些信息进行处理分析后所获取的情报。"这两个定义代表了美国官方对公开情报的认识。斯蒂尔认为，美国国防部对公开情报的定义失之过宽，将公开情报等同于信息，模糊了二者之间的区别。而中央情报局的定义又过分狭窄，排除了公开来源情报的许多重要来源，例如灰色文献，卫星图像等，对来源的诸多限制妨碍了公开情报的获取，进而也妨碍了公开来源情报的应用。

斯蒂尔从情报是决策的基础这一前提出发，揭示了公开情报的内涵。他认为，公开情报是指为特定用户解决某一问题而从报纸、书籍、学术和技术刊物、政府公报、广播、电视和因特网等公开渠道以合法手段获取的信息，并对这些信息加工处理后所获取的情报。尽管公开情报的来源是信息，但就其特性来说，无论公开情报最初以什么形式出现，作为最终产品的公开情报报告都不能包含以下信息：来源上是秘密的信息，属于私人所有的信息，通过秘密方式获取的信息。

（二）公开来源情报的获取渠道

公开情报主要来源于报纸、杂志、书籍、报告等公开出版物，广播和电视、在线和离线信息、因特网等电子资源，以及公开讲演，包括讲话、听证会、记者招待会和座谈会等，与专家、学者和事件参与者的会谈等。斯蒂尔对这些来源按照其媒介、在线或离线获取、价值等进行了如下分类：

1. 传统媒体来源。其中包括国内外的印刷出版物、广播、电视以及电子产品。媒体来源仍然是公开来源情报的核心，美国的对外广播新闻署（FBIS）和英国广播公司（BBC）是其中的代表。

2. 因特网。因特网通常用来浏览网页和传送电子邮件，但是它也可以提供以下服务：网络会议和新闻组。也可以直接利用各种专业资料。实际上，因特网已经成为商业领域的通信中枢。

3. 电子商务来源。主要指那些民间商业组织的信息库。这些组织向利用其网上信息的组织或个人收取一定的订阅费或使用费。许多这类来源代表了某一项目的多年研究成果，它们可提供可行的信息、索引和摘录。信息中介或者专业图书管理员也可以提供类似的服务。诸如 LEXIS－NEXIS、FACTIVA 和 DIALOG 等，是这类电子商务公司的代表。

4. 其他商业来源。这其中包括一些专业机构，它们通过因特网或直接向这些机构订阅硬拷贝（hardcopy）和光盘形式的出版物。许多这类机构直接定位于军事领域。例如，大英图书馆就搜集国际出版物和会议的记录，内容涉及包括军事在内的许多主题；战斗序列公司可提供世界上 188 个国家的战斗序列。

5. 灰色文献。灰色文献是尚未公开出版发行的、只能为特定范围内的人群所使用。其中包括学术研讨论文、技术报告、蓝图、预行本，等等。灰色文献介于在线信息和专家知识之间，是一种非常重要的公开来源。

6. 商业图像。空中图像不再仅仅局限于军事领域，现在许多商业公司也获得了诸如高空光电成像技术的能力，利用这种技术所获得的高精度图像在多国联合行动中非常有用。例如，斯伯特（Spot）图像公司可以提供不同的产品，从数字化地理资料到空中图像，从雷达图像到自然灾害预测评估，再到 3D 地形图，其都可以提供。

7. 各类专家和观察员。现在大部分电子和印刷出版物分散在许多不同的国家，而专家和观察员有直接的经验，他们常常是最根本的公开来源。首先，内部的主题事件专家分散在情报界的各个机构，他们可以提供所需的信息；其次，根据其成就和著作，可以很容易地确定所需的外部专家；最后，“局部知识”专家，例如旅行家、当地居民和事件参与者，他们常常对特定的情况有深刻的洞察。

（三）公开来源情报的工作流程及模式

1. 公开情报的工作流程（OSINT process）

如果想要利用公开来源资料、信息或情报的话，需要采取一种行之有效的情报工作流程，情报工作流程如果得当，就会产生很大的价值。斯蒂尔认为，公开来源情报工作流程包括四个主要成分：发现（discovery）、鉴别（discrimination）、浓缩（distillation）和分发（dissemination），也就是所谓的 4D（见表 5－2）。只有对公开情报工作流程有很好的理解，才能以比秘密技术搜集和人力搜集更低的成本来利用公开情报。冷战结束后，由于客观环境的变化，常常要求决策者在尽可能短的时间内做出有效的决策。而一个切实有效的公开情报工作流程则能够将“足够及时”的公开情报提供给决策者，以满足决策者的情报需求。

表 5—2：公开情报工作流程

公开情报工作流程		
发现（Discovery）	——	知道谁知道（Know Who Knows） 确定搜集目标和来源
鉴别（Discrimination）	——	知道什么是什么（Know What is What） 鉴别来源的真伪正误
浓缩（Distillation）	——	知道什么是重点（Know what's Hot）
分发（Dissemination）	——	知道谁是谁（Know Who's Who） 明确情报用户

（1）发现

“知道谁知道”和“知道到哪里去寻找”，确定搜集来源是公开情报工作流程的关键部分。冷战结束后，公开来源增多，但对生产公开情报有用的信息80％以上并不能在线获取，也不是英语的，而且也不能在美国国内获取。通过这一步骤，可以更加合理地利用众多分散的来源。

（2）鉴别

冷战结束后，公开来源的增多，并不意味着公开情报搜集变得更加容易。因特网作为信息时代公开情报的一个重要获取途径，其中就充斥着大量虚假或错误的信息。因此，斯蒂尔认为，对来源进行仔细的鉴别，区分好的和不好的来源、及时的和过时的来源、相关的和不相关的来源以及有成本效益和无成本效益的来源，是公开情报周期的一个重要的组成部分。

（3）浓缩

浓缩是公开情报工作流程中最有价值的步骤，正是这一过程赋予了信息以情报价值。它使公开来源信息成其为公开情报，并使最终的公开情报报告浓缩成为一段话或一页纸，从而能够向决策者传达与其决策相关的最重要的信息，为决策者提供决策支援。

（4）分发

斯蒂尔认为，通常时效、长度和格式可以决定一份情报报告的效用。即使再好的情报，如果没有以恰当的格式及时送到决策者手中，那么这份情报报告就是无用的。前美国国家安全顾问福兰克·卡鲁奇（Franck Carlucci）曾对中央情报局的中级情报分析人员说过，对里根总统来说，一份理想的情报简报应该是“在会议5分钟以前送到的5分钟的视频报告”。这段话是对决策者所需要的情报报告的最好说明，还有待美国情报界的进一步认识。

2. 公开情报的工作模式

斯蒂尔指出，传统的情报工作模式更多呈现为“线性”而非网络型。它从需求、搜集、加工、分析、生产直线发展，最终再进行循环。这种从情报用户——搜集人员——分析人员——情报来源，然后再进行循环的“线性”模式已经过时，因为它过分依赖于秘密来源且太过迟缓。斯蒂尔提出了一个新的情报工作模式，即“菱形模式”图5—2。

图5—2：情报工作模式的比较

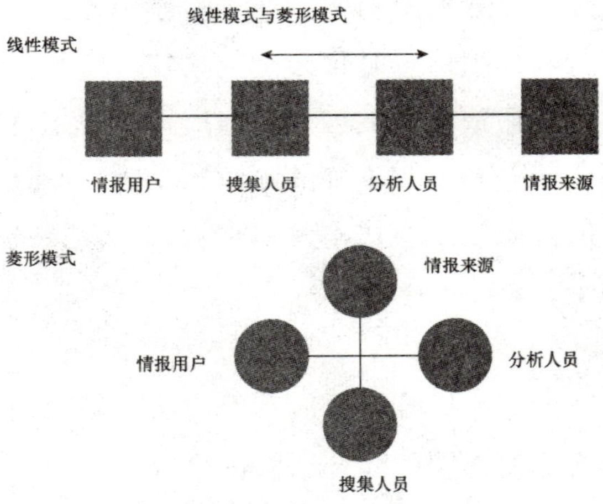

在“菱形模式”中，未来分析人员最重要的技能将是“知道谁掌握情况”，并且能够及时为提出重要问题的情报用户提供专业的情报来源。据此，来源能够生产合乎要求的新知识——由分析人员进行质量控制。“菱形模式”呈网络状，摒弃了以前的线性配置，它能够近实时地、最大限度地利用外部专家和非传统情报来源。这一模式满足了情报用户——搜集人员——分析人员——情报来源充分交流的需要，而不是将它们限制在缓慢的、线性的单边控制模式中。

三、斯蒂尔公开来源情报理论的贡献和影响

斯蒂尔的公开情报理论对美国的情报工作理论和实践做出了很大的贡献，其中蕴含着情报工作新模式——“菱形模式”的理论、构建虚拟情报界的设想、国家信息战略以及建立专门的公开情报机构的建议。这些理论构想是建立在其近 20 年的情报工作经历以及敏锐地把握情报工作未来发展趋势的基础之上的。其公开情报理论适应了冷战后美国情报界所面临的现实情况，为重塑美国情报界提出了具体的建议，指明了改革的方向。他的这些理论集中体现在 2000 年出版的《论情报：开放世界中的间谍和秘密》一书中。这本书可以说是斯蒂尔的代表作，在此书中斯蒂尔首次明确了“公开情报”的概念和关于公开情报的完整理论体系，对未来美国以及世界的情报发展产生了深远影响。此书一经出版，可以说是好评如潮。前克格勃少将奥列格·卡鲁金说：“所有的情报机构、非政府组织以及非国家行为体都可从仔细研读这本书中获益。罗伯特·斯蒂尔的观点远远超过了所有前任中央情报局局长的观点，为情报专业指明了一个光明的未来。”前中情局副局长理查德·科尔（Richard Kohl）说：“罗伯特·斯蒂尔深入探讨了情报问题的核心。这本书中所包含的观点是与众不同的，无论同意与否，都不能忽视。这本书是一本非常重要的情报著作。”

斯蒂尔将情报置于一个从未有人探讨过的框架中进行尝试，正如《为未来而战：美国是否会胜利?》（*Fighting for the Future*：*Will America Triumph*?）一书的作者雷夫·彼得斯（Ralph Peters）说："罗伯特·斯蒂尔非常富有想象力，他也常常是正确的。他的情报观点是适应未来的、超前的。"斯蒂尔的公开情报理论为美国情报界重新认识公开情报以及情报改革提供了一个全新的视角，他的理论观点也为其他理论专家所借鉴，如布鲁司·伯尔考威茨（Bruce Berkovitz）和阿兰·古德曼（Allan Goodman）在《服务于美国国家安全的战略情报》（*Strategic Intelligence for American National Security*）和《绝对真实：信息时代的情报工作》（*Best Truth*：*Intelligence in the Information Age*）中对斯蒂尔的理论观点进行了全面的吸收借鉴。他们和其他情报专家共同促进了公开情报理论的发展和完善。

综观斯蒂尔的《论情报：开放世界中的间谍和秘密》一书及其他情报研究著述，不仅理论体系完备，而且具有极强的实践指导性。其著作中并没有枯燥乏味的理论论述，而是充满了丰富的例证、大量翔实的数据和实践经验，可操作性和指导性较强，为美国情报界适应信息时代情报工作的特点提供了理论指导。

四、斯蒂尔公开来源情报理论的缺陷

（一）对公开来源情报的作用有一定程度的夸大

斯蒂尔敏锐地把握了冷战结束和信息技术的发展给情报工作带来的冲击，尤其是信息技术的发展，产生了大量的情报信息，其中大部分不是秘密情报，而是公开情报。斯蒂尔在其著作和文章中对公开情报在冷战后的作用给予了充分的肯定，对秘密情报的弊端进行了尖锐的批评，同时他也强调公开情报与秘密情报的结合。但这种结合是以公开情报为基础的。从这里我们不难看出，斯蒂尔对公开情报在新时期的作用是非常自信的。然而在这种自信的背后也暴露出了他对公开情报的作用有一定程度的夸大，对其所面临的挑战估计不够充分。

其中一个最大的挑战就是公开情报的数量过多，超过了情报人员的分析处理能力。信息化是一把双刃剑，它既增加了人们可获取的信息的数量，但同时，它也给信息的处理带来了一定的难度。斯蒂尔也注意到了这一问题，但他认为通过发展取样和关键词等相关技术可以解决这一问题。虽然他在其著作和文章中对美国情报界过多依赖于技术持批评的态度，但在解决信息过量的问题时仍不可避免地诉诸于技术手段。然而他忽略了一个关键的问题，那就是情报分析人员是"信息吸毒者"（infojunkies），他们总是希望获取尽可能多的信息以解决他们所面临的疑难或疑惑性问题，他们认为，任何限制他们所能获取的信息数量的技术都会使关键信息漏掉。因此，情报分析人员认为公开情报的数量增多对他们来说是一件幸事而不是灾难。他们所希望的是加快信息处理的速度而不是限制其数量。

（二）公开来源情报理论有些理想化，实践上存在一定的难度

斯蒂尔在公开情报理论中提出了"虚拟情报界"的概念，强调公开情报与秘密情报的结合，情报界与私人机构的合作，为未来的情报工作创造了一种新的模式。这可以说具有一定的现实意义和指导作用，但是他的理论有些理想化，脱离了美国自我标榜为民主自由国家的这一背景，忽视了情报合作的另一方——私人机构对美国情报界的认识和态度。

美国是一个标榜民主自由的国家，以其新闻界为例。他们认为，新闻独立对其民主政治至关重要，新闻界应当与情报界分清界限，而避免受其影响。许多新闻记者、学者、企业家和其他一些人常常会有这样的担心，那就是一旦被揭发为"不知情的消息提供者"，则会丧失信誉。正是出于这种担心，他们常常会对情报界敬而远之，深怕与

它有牵扯或受到它的影响，更不用说与其合作开发利用公开情报了。

从情报界方面来说，情报界也担心与新闻界、学术界、企业界和其他私人机构的联系过分紧密，会泄露秘密。因此，对于与界外机构的合作，情报界做出了许多规定和限制，如在斯坦斯菲尔德·特纳（Stansfield Turner）担任中央情报局局长期间就禁止中情局人员在驻外期间同新闻界发生非官方联系。同时，迫于外界的压力，中央情报局也禁止利用新闻界人士作情报提供者。曾任中央情报局局长的乔治·布什（George Bush）就曾做过口头保证："中央情报局决不同任何美国新闻社、报纸、期刊、广播电台或电视网络的全日工作或半日工作的新闻记者发生金钱和合同关系。"

第四节　迈克尔·汉德尔的"三重噪音"理论

源于敌方、我方及国际环境的"噪音"妨碍了目标方的情报预警工作，使得突然袭击难以避免。迈克尔·汉德尔的"三重噪音"理论继承和发展了罗伯特·沃尔斯泰特的"信号"与"噪音"理论，对国际情报理论界关于突袭预警的进一步研究产生了积极的影响，为人们理解战略突袭、因应战略突袭这一战争现象做出了"极有价值的贡献"，具有重要的理论价值和现实应用意义。

一、迈克尔·汉德尔与突袭理论研究

（一）迈克尔·汉德尔的身份背景

迈克尔·汉德尔（Michael I. Handel）是享誉世界的情报理论家。其1942年出生于当时的英属巴勒斯坦，2001年在美国去世。汉德尔具有渊博的学识、丰富的经历，以及亦军亦民、亦官方亦民间

的多重身份背景：他先后毕业于世界著名学府以色列的希伯莱大学和美国哈佛大学，在哈佛大学和麻省理工学院的国际问题研究中心做过学术研究，在美国陆军和海军战争学院任过军事教官，有机会接触美国军方和情报界的重要官员，还曾亲身参与过海湾战争中联合国军欺骗计划的制定。

（二）迈克尔·汉德尔的主要学术研究领域

汉德尔在学术上既致力于情报学，又精通战略学与国际关系学等相关学科，能力与素质上高度专业化与高度复合化的统一使其在研究过程中能够取长补短、融会贯通，在国际关系、战略理论、情报理论方面取得了丰硕的成果。在国际关系问题上，汉德尔就情报如何影响一国的外交政策、进而影响国际关系的问题进行过较为深入地探讨；在战略问题上，汉德尔对具有不同文化背景和军事传统的大战略家，如孙子、克劳塞维茨等人的战略思想进行过比较研究；在情报理论研究领域，汉德尔就情报的含义、情报与战略、情报与军事欺骗、情报预警与突然袭击、情报政治化及其影响等相关问题，发表了很多在学术界极有影响且广受好评的论文。因此，汉德尔在当代美国乃至世界军事情报理论研究界具有重要的地位。

（三）突袭理论研究及“三重噪音”理论的提出

突袭，无论是作为一种思想，还是作为一种实践，古已有之。然而，对突袭及其预警这一课题的深入理论研究则由于条件的限制，一直未能取得应有的进展。第二次世界大战后，随着科学技术的发展，相关资料可获取性的增强，社会科学研究方法和手段的日益丰富，这种理论与实践发展的不一致在 1962 年第一次发生了改变：罗伯塔·沃尔斯泰特（Roberta Wohlstetter）发表了她的重要著作《珍珠港：预警与决策》（*Pearl Harbor: Warning and Decision*）。这部著作的问世在美国军界和学术界引起了轰动，在情报理论研究思想史上具有划时代的意义：一方面，罗伯塔·沃尔斯泰特在情报预警理论研究中引入了在法学、经济学和医学领域已经得到广泛应用的成熟研究方法——案例研究方法（Case Study Methodology）；另一方面，她开创性地将原本属于通信领域的“信号”（signal）与“噪音”（noise）概念引入情报分析工作之中，提出了著名的“信号”与“噪音”理论，为解释突然袭击提供了一种全新的视角。1973 年，巴顿·惠利（Barton Whaley）沿着沃尔斯泰特开创的道路又前进了一步：他从战略欺骗的角度入手，深入分析了“巴巴罗萨”行动，修正了罗伯塔·沃尔斯泰特的“噪音”理论。经过修正的“噪音”理论日益为学术界所接受，而刚刚爆发的赎罪日战争，则让学术界对突袭及预警研究的热忱更加高涨。《国际研究季刊》（*International Studies Quarterly*）更是在 1977 年集中推出了一组有关突袭理论研究的文章，将这方面的研究推向高潮。

作为引人注目的弄潮儿之一，汉德尔从以色列情报失误的角度出发，在《赎罪日战争和突袭的不可避免》（*The Yom Kippur War and the Inevitability of Surprise*）一文中正式提出了“三重噪音”理论。汉德尔指出，正确区分“信号”与“噪音”极为困难，在情报预警实践中必须对搜集到的所有情报资料一视同仁，把所有“信号”都当作“噪音”来处理。源于敌方、我方及国际环境的“三重噪音”影响，使得情报预警难以完全实现，从而突然性难以避免。这一理论批判继承和进一步发展了沃尔斯泰特的“信号”与“噪音”理论，成为汉德尔情报预警思想的核心内容，是其军事情报思想不可或缺的重要组成部分。

二、“三重噪音”理论的主要内容

（一）第一重“噪音”：敌方因素的影响

汉德尔称敌方因素的影响为情报预警工作实践中的第一重“噪

音”。汉德尔指出，在战争中我们经常无法及时获得有关敌方情况的“信号”，主要在于现实中这种“信号”很少存在，或者说即使有一定的“信号”存在，情报人员也很难及时、准确地将其从一系列的背景“噪音”中分离出来。

首先，敌方明确的“信号”在一定情况下会变成“噪音”。汉德尔指出，任何一国的军队，在长期的发展和建设中都会形成自己特定的军事指导思想（这样的指导思想可以将其认为是“信号”），一般而言，这种指导思想会保持相对稳定。但是，战争是一个充满不确定性的王国，这种军事教条绝对不是固定不变的，而是随着形势、环境甚至人事的变动而不断变化的（这些变化就是干扰情报人员做出正确判断的“噪音”）。这种变化常常是突然的，很多时候是不能以常理揣度的。这种情况下，敌方明确的“信号”就会突然变得模糊，就会演变成“噪音”，情报预警工作也因此会顾此失彼，无法做出正确的判断，达到预期的效果，从而导致突然袭击的发生。

其次，敌方无意识的“噪音”——目标选择的不确定性。汉德尔指出，在敌方有能力也有意图同时威胁己方两个或两个以上具有战略利益的目标，并且犹豫不决直到最后一刻才定下决心的情况下，只有“噪音”，根本就没有“信号”可言。情报搜集活动、情报预警工作本身是一种“被动的”行为，情报部门总是处于一种“结构性劣势”地位：只有在敌方决定了要做什么以后，我方情报人员才能采取行动去获取有关其决策的情报。这样一来，我方情报工作就不可能时刻跟上敌方变化的节奏，从而产生了情报预警的“时滞”现象——对敌方意图、能力方面的判断存在着时间差。

最后，敌方刻意释放出的“噪音”——军事欺骗。汉德尔指出，对欺骗保持警惕也许能使情报人员更加谨慎地对待情报资料，避免吞下敌方的“诱饵”，但也会使情报人员疑神疑鬼，走向另一个极端，即对所有的“信号”都抱怀疑态度。战争中无所不在的欺骗使得最简单的事实真相都有值得怀疑之处：如此轻易得来的敌方秘密，是否是敌方故意布下的陷阱？这样一来，正确反映敌方意图的精确“信号”常常会不知不觉地自发转变成为“噪音”。

事实上，敌方因素给我方情报预警制造的障碍，无论是汉德尔所说的敌方作战指导思想和对我方打击目标选择的变化，还是蓄意的军事欺骗，主要在于我方对敌方意图的判断是否成功。孙子曰：“故为兵之事，在于顺详敌之意，并敌一向，千里杀将，此谓巧事。”敌方决策者的思维究竟停留在反复之反复的哪一个阶段，会做出什么样的选择，我方情报人员要见微知著，从表露出来的蛛丝马迹中排除“噪音”、获取“信号”，以做出正确判断，这显然是极为困难的。

（二）第二重“噪音”：国际环境

汉德尔提出情报预警工作遭遇的第二重“噪音障碍”是指国际环境的影响。汉德尔指出，紧张的国际局势可能分散情报机构的注意力；非常缓和的国际局势也可能蒙蔽情报机构的眼睛，钝化其嗅觉。两者都会影响情报工作人员对相关“信号”的获取和评估，从而使情报预警工作无法有效地达到阻止突然袭击的目的。

相互冲突或者可能发生冲突的国家处在相同的国际大背景之下，突袭发起国的一切准备工作、目标国的一切情报预警工作都受着国际环境的影响，同时其也有可能在某些方面对国际大环境造成一定的影响。国际局势如果十分紧张，例如在全球很多地方冲突不断，情报机构的注意力就会分散，就难以判断主要的、最紧迫的威胁来自何处，特别是对于那些具有全球性利益的大国而言，处处都有利益，处处都有威胁，遭受突然袭击的概率就会大大增加。另一方面，如果国际局势较为缓和，则会在很大程度上使情报人员滋生一种天下无事、无需自扰的心态，即汉德尔所说的嗅觉钝化，因而对平静河水之下的暗流难以察觉。由此可见，无论国际环境是紧张还是缓和，都可以成为掩盖战争准备的背景“噪音”，大大增加突然袭击成功的可能性。

（三）第三重“噪音”：己方因素

第三重障碍源于己方。汉德尔主要从两个角度对影响情报预警工作取得成效的己方因素进行了分析：情报分析过程中的先入之见和将能力与意图一起评估的困难所在。

汉德尔认为，情报分析过程中的先入之见大致可以从相互联系的两个方面表现出来：一是习惯凭第一印象或第一感觉做出结论，即使这种结论被后来许多与之相悖的情报资料证明是错误的，也很难扭转认识上已形成的偏差；二是仅以自己的心理预期和思维范式来看待所搜集到的情报资料。这样一来，情报人员就面临着两个困境：一方面，如果缺乏对敌人能力和意图的预先假设判断，大量的情报资料就会因没有任何参照系而无法利用，即所有的“信号”都会淹没在“噪音”当中；另一方面，由于人的思维具有一种固有的惰性，观念（这里指对敌人能力和意图的假设判断）一经形成，就极易成为教条而很难与时俱进以适应形势的变化。僵化与灵活的平衡难以把握。汉德尔认为，也许解决该问题的一个较好的办法就是建立起竞争性的情报机构：它们彼此具有不同的概念思维模式而又经常在业务上相互沟通、彼此交流。然而，多个情报机构的存在，虽然可以为决策者提供更多参考意见，但是这样一来就很容易导致最终的情报成品成为各个情报机构相互妥协的产物，而不是基于客观事实对事物的发展所做出的客观判断，情报预警的作用仍然难以发挥。

对情报人员来说，对敌方能力、意图之间关系的评估是最困难的。实现一定的意图，需要一定的能力；有了一定的能力，可能会产生某种意图。但是能力与意图之间并没有直接的必然相关性。汉德尔指出，在一定的条件下，战争中越困难的事情取得成功的机会反而越大。要做的事情风险越大，尝试的可能性就越少，于是真正去做的人面临的风险反而不大（因为人们容易把它看成是没人愿意去尝试完成它而对其不加防备）。这样一来，“‘某事不可能发生’的想法常常成了敌方发动突袭的重要帮手之一……如果下定决心，不怕牺牲，那么绝大多数军事难题都是可以克服的。”情报机构和决策者常犯的一个错误是将自己的军事指导思想推己及人地应用于敌方，这是极为危险的。情报预警工作取得成功的关键不是在于正确判断出了实际上什么事情可能或者不可能，而是在于正确判断出了敌方相信什么事情可能或者不可能，并能对敌方的这种认识加以利用。在评估敌方能力时，一定要首先掌握敌方的军事指导思想，对敌方采取行动的特点及其冒险性有明确的了解，尽可能地站在敌方的角度思考，要充分考虑敌方的各种因素。

三、对“三重噪音”理论的评价

（一）承前启后的重要情报预警理论

继承和创新是理论研究的两大前提，继承是为了更好地创新，没有继承，便没有真正意义上的创新；没有创新，继承便会失去其应有的意义。汉德尔对前人尤其是沃尔斯泰特的思想既有继承，又有创新，在继承其合理内核的基础上又对其加以修改、补充和完善，提出了新的见解。汉德尔“三重噪音”理论中最重要的概念“噪音”及其对“噪音”的基本归类就借鉴了沃尔斯泰特的思想，并在此基础上对其进行了积极的扬弃，拓宽了研究者的视野。因此，“三重噪音”理论在突袭预警研究领域具有承前启后的重要地位。

沃尔斯泰特在1962年以专著形式出版的《珍珠港：预警与决策》一书中，开创性地将原本属于通信领域的“信号”与“噪音”概念引入情报分析工作之中，提出了著名的“信号”与“噪音”理论。沃尔斯泰特的“信号”与“噪音”理论主要包含两层意思：一是信号总是模糊的，不确定的。沃尔斯泰特指出，事后分辨哪些是有用的信号很容易，但在当时来看，所有信号都是含糊的，它们可能显示了正确的信息，但并非明确无疑，而是需要准确理解和把握。然而人们往往倾向于关注那些与自己预期相一致的信息，或按自己的预想错误地解读信号。二是在信号中还混杂着大量阻碍人们正确理解真正有用信号的相互矛盾的信息，即噪音。这些噪音干扰着人们对本就不十分明确的信号的识别，将人们引入歧途。汉德尔在情报预警研究中完全借用了沃尔斯泰特的“信号”与“噪音”概念。他将情报预警工作中的“信息流”也称之为“信号”与“噪音”，并指出理论上可以清楚地区分出来“信号”与“噪音”，在实际工作中却难以区分：信息流中既有“信号”，也有“噪音”，而且明确的“信号”也会在客观环境的变化中演变成“噪音”，实践中必须把“信号”与“噪音”不加区分地一起处置，这是情报预警过程中的两难困境之一。

另一方面，汉德尔的“三重噪音”理论发展了沃尔斯泰特的“信号”与“噪音”理论。沃尔斯泰特的“信号”与“噪音”概念及相关理论的最大贡献就在于它的原创性，但同时其最大的劣势也在于它的初创性质。其在具体阐述“噪音”这一概念时，分类标准就不够明确，给人略有混乱和重复之感。例如，沃尔斯泰特认为：“真正的信号总是被噪音或是不相干的错误信号所淹没。这些噪音一部分是我们的敌人故意施放的，一些是偶然产生的，还有一些是我们自己制造的。”汉德尔“三重噪音”理论进一步辨析了“信号”与“噪音”的关系，重新分类和补充了情报预警中的“噪音”，将情报机构在工作实践中面临的干扰信息按其来源划分为三类：来自敌方、我方及第三方（国际环境）。这一分类将“噪音”进一步具体细化，在分类的方法和具体内容的阐述上，使情报分析中的“噪音”理论愈加完善，成为美国乃至世界情报分析理论成果中不可或缺的重要组成部分。

沃尔斯泰特认为，情报单位通过各种手段所得到的情报资料基本上可分为两大类：正确的和非正确的，用情报术语来说，即所谓“信号”与“噪音”。“信号”指那些预示某种危险或敌人某种行动和意图的线索、征兆或证据。“噪音”则指那些指向错误方向并总是影响真实信号的不相关或相互矛盾的信号和征兆。汉德尔基本接受了这一理论，认为在理论研究中这种二分法是完全可行的。但他在此基础上进一步阐明，这种二分法在实际工作中毫无意义。实际上在情报预警实践中正确区分“信号”与“噪音”极为困难，情报机构所获悉的情报资料很少是以纯粹“信号”或“噪音”形式呈现，“信号”不仅隐没于“噪音”中，而且后者的数量之多也往往使人望而却步。我们只有在对事件进行回顾的时候才能大致上对“信号”与“噪音”加以区分，因而在情报预警实践中必须对搜集到的所有情报资料一视同仁，把所有“信号”都当作“噪音”来处理，亦即一切信息都是“噪音”，而不是“信号”。这些“噪音”就其产生的根源而言可以划分为敌方因素、己方因素、第三方因素（国际环境），它们的共同作用导致了突然袭击的不可避免。汉德尔对沃尔斯泰特思想的扬弃进一步拓宽了后来者对这一领域研究的视野，他的论断与后来的情报理论家在这个问题上的主张有着持续的关联性。例如，布鲁金斯学会对外政策研究所高级研究员理查德·贝茨（Richard Betts）就提出，“信号”与“噪音”难以区分，情报分析就是努力“从不确定性中提取确定性，在不连续的环境下得出连续的结论”。

（二）基础理论与应用理论的有机结合

社会科学研究的理论成果一般可以区分为基础理论和应用理论。基础理论主要侧重于认识世界，解释事物为什么会这样或者那样发生，其目的在于理解和把握现象和事实的基本原理和规律，而不以任何特定的实际应用为目的；与此相对，应用理论则是在基础理论的基础上更进了一步，侧重于提出预测和指导未来的方法，具有极强的实践导向性。二者之分，对命题来说是绝对的，非此即彼，非彼即此，而对理论体系来说，则具有相对性。基础理论中会包含若干应用性命题，应用理论中则必定含有基础性部分，而且有的理论带有中间过渡的性质，既是基础理论，又是应用理论。汉德尔的“三重噪音”理论就不仅从正面揭示了情报预警过程中遇到的困难，也从侧面提出了如何因应突袭的对策，是基础理论与应用理论的有机结合。汉德尔站在以色列的角度，总结了赎罪日战争的经验教训，将其上升到理论高度。他以此为基础详细地论证了情报预警工作中会遭遇来自敌方、我方及第三方（国际环境）的三重障碍，这些障碍或单独或共同作用，导致目标方的情报人员无法正确地发出预警，从而使现实中的突然袭击不可避免。尽管在现今看来，古人留下的智慧并不比时下的“共识和简单的推理”多，但就汉德尔所处的时代而言，其论述已达到了相当的理论深度和高度。

另一方面，情报预警理论研究从本质上说主要是一种现实针对性强的应用性理论研究，其研究的主要目的在于见微知著、鉴往察来，对事情的发展趋势做出预测，“使我们避免未来的悲伤”。汉德尔在对“三重噪音”进行仔细分析研究之后断言，现实中突然袭击是不可避免的（突袭预警研究领域的很多学者，如阿里尔·列维特（Ariel Levite）、理查德·贝茨等也持有类似悲观论调），但他并未就此陷入不可知论的泥沼，而得出突袭预警理论研究对现实工作无所作为的结论。相反，他从对策论的角度为减少突袭发生的可能性和降低突袭发生时对己方的影响程度提出了自己的建议，为现实工作提供了指导。

在情报评估时，必须防止推己及人式的错误，必须设身处地地站在敌方的角度思考问题；情报机构中上情下达和下情上传的渠道必须保持畅通，尤其是战场和总部之间的情报渠道必须彼此互通；应将更多的注意力放在对敌方意图而不是能力的评估上面，通过各种方式鼓励对敌方意图进行竞争性评估（Devil's Advocates），形成竞争与讨论以减少不确定性，诸如建立多个情报机构，同一情报机构中允许多元情报观点的存在等。在情报的使用上，必须更好地整合军事情报与政治情报，因为军事形势不可能在政治真空中得到正确的评估，反之亦然；对突袭可能性存在怀疑的时候，即使代价巨大，也最好做好战争动员和其他准备。其间必须特别注意两点：一是不要由于经常性的动员而放松警惕和注意力；二是精心设定区分真假预警的标准。

由于突袭的可能性总是存在的，所以部队必须做好在被突袭的情况下遂行战争的准备。“无恃其不来，恃吾有以待也；无恃其不攻，恃吾有所不可攻也。”必须事先制定大量应急的辅助计划，同时军事计划、部署和动员体系的制定必须基于没有任何预警时间的基础之上。适当的心理准备、经常性的军事演习和模拟军棋推演（simulated war game）等有助于己方对突袭做出及时的反应，有助于减轻突袭对己方的影响。

汉德尔从情报与决策互动的角度提出的这些观点，具有极强的现实针对性，大多数为20世纪90年代主张促进情报与决策互动的“机会分析”理论（Opportunity Analysis）所接受，并在实际的情报分析实践中得到了一定程度的应用。

四、结　论

情报预警中面临着敌方、我方及第三方（国际环境）的三重“噪音障碍”，正是这些障碍导致了情报预警工作无法取得预期的效果，从而导致突然袭击的不可避免。汉德尔的“三重噪音”理论继承和发展了沃尔斯泰特的“信号”与“噪音”理论，尽管在理论的原创性上稍显不足，单一个案研究的方法本身也具有与生俱来的缺陷。但是，汉德尔的“三重噪音”理论还是为解释战略突袭提出了一些“令人很感兴趣的且很有创造性的”见解，为人们理解战略突袭并因应战略突袭这一战争现象做出了“极有价值的贡献”，对美国情报理论界关于突袭预警的进一步研究产生了积极的影响，为此后的情报分析理论研究开拓了空间和视野，是承前启后的重要的情报预警理论之一，具有重要的理论价值和现实应用意义。

第五节　罗伯塔·沃尔斯泰特的“信号与噪音”理论

罗伯塔·沃尔斯泰特是美国著名思想库——兰德公司的高级智囊，也是在美国素享盛誉的历史学家和情报分析专家。她在突袭预警和情报分析等领域都颇有建树，是美国突袭预警理论研究的先行者，也是“信号与噪音”理论的创始人。因此，发掘和梳理沃尔斯泰特的情报思想及相关理论，对于在实践中更加高效地开展情报工作，特别是情报分析工作具有相当重要的借鉴和指导意义。

一、罗伯塔·沃尔斯泰特生平及著述简介

罗伯塔·沃尔斯泰特（Roberta Wohlstetter）出生于美国。她先后就读于斯坦福大学，海德堡大学和索邦学院等几所美国著名学府，最后于1933年在瓦萨尔学院（Vassar College）获得了文学学士学位。随后，她进入美国哥伦比亚大学和雷德克利夫学院（Radcliffe College）继续深造，获得了心理学和比较文学的硕士学位。毕业后，沃尔斯泰特曾一度作为全职讲师任教于哈佛大学、巴纳德学院（Barnard College）和芝加哥大学。20世纪40年代末，她正式加入了美国著名思想库——兰德公司，从此一直在该公司担任资深顾问和分析专家。

罗伯塔·沃尔斯泰特关注的方向包括当代政治、军事历史和外

交政策，尤其是危机相关问题及情报在预测突袭和决策制定中的用途与局限。加入兰德公司后，沃尔斯泰特的研究重点集中到突袭预警问题上。她花了大量时间来调查 1941 年美国的情报工作究竟为何没能预见到日本对珍珠港的突袭。该课题于 1957 年完成，尽管完全基于公开材料，但一开始仍被划入了保密范围。后来，在一位任职于肯尼迪政府的前兰德同事的帮助下，沃尔斯泰特终于在 1962 年将该课题的解密版本以专著的形式正式出版，名为：《珍珠港：预警与决策》（*Pearl Harbor*：*Warning and Decision*）。在该著作中，她独辟蹊径地从情报分析的角度提出了自己的观点，指出，在突袭预警上的失败反映出的不仅仅是单纯的失误或情报缺乏，更不是所谓的"阴谋"，而是有用的情报"信号"和无用的甚至是故意施放的"噪音"混杂在一起给情报人员和决策者带来的困扰。《珍珠港：预警与决策》一经出版就引起了极大的反响，不仅荣获了多个奖项，还被作为情报分析理论的经典之作翻译为法、德、日语版本。沃尔斯泰特在这部书中提出的"信号与噪音"理论被一致认为是在这一领域里指导其他调查研究的最主要的理论假设。

此后，在对情报预警问题的进一步研究中，沃尔斯泰特又继续运用"信号与噪音"理论对历史上一些著名的突袭案例和危机事件进行了分析，如朝鲜战争、苏伊士运河危机、纳粹德国对苏联的入侵、古巴导弹危机以及苏联入侵阿富汗等。在《古巴与珍珠港：后见与先见之明》（*Cuba and Pearl Harbor*：*Hindsight and Foresight*）、《自欺欺人的乐趣》（*The Pleasures of Self-Deception*）、《预警与不反应》（*Warning and No Response*）、《突袭也有先兆》（*Surprised by the Obvious*）等一系列作品中，继续完善了这一理论。

罗伯塔·沃尔斯泰特在她的研究生涯中获得过许多著名的奖项。1962 年她的珍珠港研究被授予了历史学界最负盛名的著作奖——班克洛夫特奖（Bancroft Prize）。1963 年，她又获得《洛杉矶时报》

年度女性奖。1985 年 11 月，她与丈夫阿尔伯特·沃尔斯泰特一起在白宫接受了里根总统亲自为他们颁发的总统自由勋章（Medal of Freedom），这一奖项是美国政府授予公民的最高奖励。

二、支撑罗伯塔·沃尔斯泰特情报思想的两大核心理论

（一）情报预警理论

从 20 世纪 50 年代起，罗伯塔·沃尔斯泰特就开始关注与突袭相关的一些问题，她在这一时期所做的工作为此后开展的一系列突袭研究打下了坚实的基础。在沃尔斯泰特的研究中，战略突袭预警问题始终是她关注的重点。

沃尔斯泰特认为，情报预警存在着两个固有的局限，这使得突袭往往能够获得成功。第一个局限是“噪音”的存在。沃尔斯泰特指出，在突袭发生之前，尽管防御方的预警系统会收到大量显示敌人真实袭击意图的情报信息，即“信号”，但是这些“信号”往往被更多的指向错误方向的“噪音”所抵消或削弱，导致预警无法正确和及时地发出。这种将情报人员引入歧途的“噪音”总是与显示突袭意图真相的“信号”相生相伴，并且很难剔除。二者间的区别在事后回顾时好像很容易识别，但在事前却往往难分彼此。因此，情报分析和预警工作永远面临着一个如何在大量混乱的情报信息中区别“信号”与“噪音”的难题，而对于这一难题并不存在“标准答案”。情报预警的第二个局限可以归结为“预警什么”的问题，也就是说，有效的预警究竟应该包括哪些内容。沃尔斯泰特在查阅了大量反映“珍珠港事件”的材料后认为，对于 1941 年的美国决策者和情报人员来说，“珍珠港事件”的突然性很大程度上并不在于日本发动了袭击，而在于目标选择了珍珠港。其实，美国在“珍珠港事件”

前的情报工作并不是完全失败的，甚至在很多方面都可圈可点，例如对于日本高级外交密码——“紫密”（PURPLE）的破译。通过破译“紫密”获取的情报“魔术”（MAGIC），为预测日本可能的袭击行动提供了十分重要的依据。但是，对日本袭击目标的分析失误，却最终导致美国预警工作的全盘皆输。那么，在情报用户看来，究竟怎样的预警才算是成功的呢？沃尔斯泰特的研究显示：决策者总是想要知道袭击是否会发生，以及在什么时候、以怎样的方式发生。他们认为最理想的情况是，能够得到一个简单而明确的预测，以便采取最佳的防御行动。但不幸的是，即便最好的预警系统也无法给出这种可靠的预测。她指出，情报的不确定性和变化性等本质特征决定了情报预警根本不可能面面俱到，更不可能百分之百准确。所以，尽管“美国情报分析人员的工作大部分是成功、深入、灵活的，有时甚至可以称得上睿智，但是也难以避免出错。很不幸，任何判断都有可能出现局部的、但却是十分致命的错误。即便是再充足的信息也绝不足以避免这种情况”。所以，建立一个理想预警系统的第一步，可能就是认识到预警的局限性在哪里。

正是由于情报信息自身具有的不确定性以及预警系统对于反应系统的依赖，决定了情报预警必然具有一定的局限性，而这种局限性又使得情报预警总是面临着一种十分尴尬的两难境地。沃尔斯泰特认为，这种两难困境可以分为两大类。一类是因为能力、意图和预测几个因素间存在的不稳定关系而引发的“狼来了”现象（“cry-wolf” phenomenon）。错误判断敌人意图或敌人意图临时改变都会使原先发出的预警成为“假警报”。如果这种错误预警连续发生，人们就会对预警失去信心，并且在下次预警发出时不再采取任何实际的应对行动。这时，如果突袭真的发动，必然更容易获得成功。另外一类则是“依可能性而定的困境”（dependent-probability paradox）。沃尔斯泰特在研究中发现，进攻方的行动往往取决于其进攻目标（即防御方）的防备情况。进攻方只有在其战争动员行动没有引起防御方注意和防备的情况下才会下决心发动袭击，而一旦发现对方已经有所防备，获胜的机会较小，就会推迟甚至取消行动。这样一来，问题就出现了：如果防御方的情报机构正确地预测到袭击将要来临，防御工作也做好了，而进攻方在发现对方做好准备后取消了袭击行动，那么人们就会认为情报预警是错误的，是假警报；但是如果情报没有提供预警，防御方没有做好相应准备，那么进攻方就必然会实施行动，对防御方来说又成为了突袭。这一困境显然更难解决。

尽管沃尔斯泰特在研究中发现，情报预警受到许多因素的制约，还常常处于两难窘境，但她却并未因此而消极地看待情报预警的作用，而是积极地认为情报预警手段是可以改进的。沃尔斯泰特指出，发展更先进的情报技术（如U—2间谍飞机的照相侦察技术）可以减少“信号”的模糊性，使得预警更为准确和及时。同时还应对预警的级别和程度作以区分，建立不同情况下的分级预警机制，从而最大限度地避免出现“狼来了”现象。

（二）“信号与噪音”理论

沃尔斯泰特之所以在突袭研究领域里占据着十分重要的地位，很大程度上得益于其在分析情报预警的局限因素时，开创性地提出了一套全新的情报分析理论——“信号与噪音”理论。这一理论在此后开展的一系列突袭研究中成为了被引用次数最多的理论。

“信号”与“噪音”原是通信学领域内的一对概念。所谓信号，是带有信息的某种物理量，如电信号、光信号、声音信号等。因此，信号是信息的表现形式，而信息则是信号的具体内容。噪音也称噪声，指一个系统由其内部或外部固有过程所产生的随机的、不可预测的未载有信息的信号。当这样的随机变化叠加在载有信息的信号上时，信息可能部分地或完全地被破坏。沃尔斯泰特在将这对概念引入情报领域时指出，虽然是受到原义的启发并且与其原义基本一致，但是它们新的意义已经是非技术性的。在情报分析中，“信号”

指那些预示某种危险或敌人的某种行动和意图的线索、征兆或证据。“噪音”则指那些指向错误方向并总是影响真实信号的、不相关或相互矛盾的信号和征兆。沃尔斯泰特的“信号与噪音”理论主要包含两层意思：一是信号总是模糊的、不确定的。沃尔斯泰特指出，事后分辨哪些是有用的信号很容易，但在当时来看，所有信号都是含糊的，它们可能显示了正确的信息，但并非明确无疑，而是需要准确理解和把握。然而人们往往倾向于关注那些与自己预期相一致的信息，或按自己的预想错误地解读信号。二是在信号中还混杂着大量阻碍人们正确理解真正有用信号的相互矛盾的信息，即噪音。这些噪音干扰着人们对本就不十分明确的信号的识别，将人们引入歧途。

通过个案研究的方法来对情报工作进行具体考察是沃尔斯泰特在情报研究上的一大特色。因此，她的“信号与噪音”理论并不是纯粹的理论性阐述。沃尔斯泰特应用“信号与噪音”理论分析的最主要的也是最著名的案例就是“珍珠港事件”。在对国会调查委员会的听证会报告（the Report of the Congressional Joint Committee）等大量翔实历史资料进行调查后，她发现“珍珠港事件”前，美国情报机构的信息来源是十分丰富的，而且其中一些来源的可信度很高。这表明，美国情报机构在日本发动袭击前是有可能搜集到那些蕴含着真实信息的信号的（事实上，美国也确实搜集到了许多有价值的信号）。但其研究也同样显示，当时没有任何人或是机构在某一特定的时刻得到了信息网中的全部信号。大量的信号散落在不同的情报机构和人员手中。由于单个信号自身具有的不确定性，当时的情况是：尽管信号很多，但是“从没有一个独立的确定的信号说：‘准备好，就绪，开始’。有的只是一系列只有放在一起看时才能将原来的猜疑变得明确的信号”。因此，在这里对袭击发生前美国获取的信号进行全面的回顾是十分必要的，因为只有这些信号合在一起，才能构成一个清晰的“情报全景”（intelligence picture）。

根据“信号与噪音”理论，沃尔斯泰特指出：除了“信号”本身的模糊性之外，另一个干扰情报人员分析、导致他们做出错误判断的因素，就是“噪音”。在“珍珠港事件”前，所有的“噪音”可大致分为三类：

一是偶然产生的噪音，也可以称为随机噪音。这类噪音与通信领域内的噪音概念较为接近，主要是在信号传输过程中由一些随机变化所引发的，如通信线路的问题、信息接收和发送方工作标准不一致等。在“珍珠港事件”前，美军情报机构遭遇的偶然产生的噪音主要包括时滞（time lag）噪音和语言噪音。

二是来自敌方的噪音。这类噪音主要是敌方实施的情报欺骗所致。在“珍珠港事件”前，日本对美国实施的情报欺骗主要包括两个部分：一是对自身行动采取严格保密措施，即“隐真”；二是释放虚假的情报信息，即“示假”。

三是己方自身产生的噪音。己方噪音主要是由自身在心理及思维方式上存在的一定习惯和认知倾向导致的。此外，自身体制上的一些桎梏也会令噪音的比例增大。

另外，过度严格的保密体制也是使噪音加大的另一制约因素。沃尔斯泰特认为，对情报来源、己方的下一步计划等情况在一定程度上保密是应该的，但是过度死板的保密规定则会带来许多麻烦，影响情报人员和指挥官对“信号”的识别和对警告的理解。“珍珠港事件”前，由于生怕失去“魔术”这个绝密的情报来源，美国陆军情报部和海军情报部于1941年1月23日联合决定：“魔术”情报只发给陆军部长、陆军参谋长、作战部长、总统陆军助理和海军部长、海军作战部正、副部长。战区司令官不在“魔术”情报分发范围之内，为了保密，有时甚至不向他们透露有关内容。对“魔术”情报的过度保密导致了两种结果：一是很少有人能够看到全部的魔术情报，即便是看到它的人也只能仓促地一扫而过，来不及对它们进行分析和推导；二是由于对情况一知半解，许多人对“魔术”情报过度自信，甚至认为美国已经破译了日本海军的密码，可以高枕无忧了，因而忽略了许多其它途径提供的重要情报。此外，因为日方的行动往往是根据美国的情况制定的，所以对己方情况不明就无法对日本的下一步行动做出准确判断。但是过于严格的保密使得情报人员对己方情况的了解有时还不如对敌情了解得多。在这种不了解自己军事上弱点的情况下，情报人员根本无法正确地判断日本的意图和评估风险。

尽管“信号与噪音”理论是沃尔斯泰特在突袭研究中提出的，但“信号”和“噪音”现象并不只是存在于突袭预警这类短期预测中。在对某一问题或现象的长期预测中（例如印度核力量的发展情况等），也存在因“噪音”影响而出现的判断失误。沃尔斯泰特将这类失误称为“慢性珍珠港”（Slow Pearl Harbors）。由此可见，“噪音”对“信号”的影响确实是情报分析中一个普遍存在的问题。

三、对罗伯塔·沃尔斯泰特情报思想的整体评价

（一）沃尔斯泰特情报思想的贡献

1. 理论的借鉴与创新

沃尔斯泰特在长达数十年的突袭研究中，对情报预警问题提出了许多十分深入和独到的见解，但最后形成完整理论的只有一个，即“信号与噪音”理论。然而，这一理论在情报预警及分析领域里却有着里程碑的意义。它的最大贡献就在于将通信学领域内的“信号”与“噪音”概念引入了情报领域，为解释和理解这一领域内的相关现象提供了一种全新的理论范式。沃尔斯泰特所提出的这种情报分析及预警的全新理论范式虽然并非完美无缺，但它却给后人留下了继续深化发展的余地，也为尔后的情报研究拓展出一个崭新的平台。

2. 历史学的研究方法

沃尔斯泰特运用史料、以历史学的考证法对突袭个案进行研究，并从中考察情报工作的方法也是富有启发意义的。沃尔斯泰特的历史学背景使她对历史参考数据的系统性和权威性十分看重，从她著作中的大量注释可以看出，她所用作参考的历史数据不仅十分全面，而且都是被证实的史实。当然，沃尔斯泰特引用史实，并不是要对某一特定历史事件进行详细的追踪，而是要通过大量的史料数据发现其中一些规律性的东西，这种通过历史分析所得出的经验往往具有较强的适用性。对历史史料和历史学研究方法的娴熟运用不仅使沃尔斯泰特的研究更为深入和客观，也为此后的突袭个案研究和情报学研究提供了一种值得借鉴的方法。

3. 对现实情报预警和分析工作的影响

尽管沃尔斯泰特的情报思想提出于 20 世纪 50 年代，但它们并没有随着冷战的结束而丧失生命力。对于今天的情报预警和分析工作来说，它们仍然具有十分重要的参考价值和指导意义。“9·11”事件后，美国国内又掀起了新一轮对罗伯塔·沃尔斯泰特经典著作《珍珠港：预警与决策》进行讨论和研究的高潮。人们纷纷将 1941 年的 12 月 7 日同 2001 年的 9 月 11 日美国所面临的局面进行对比，认为两者间存在着惊人的相似之处，即美国在两次袭击发生前都得到了许多“信号”，但却毫不例外地都被敌人的突袭打了个措手不及。由此可见，尽管时过境迁，但在一个混乱的情报全景中分辨“信号”与“噪音”仍然是今天的情报预警和分析工作面临的重要问题。

（二）沃尔斯泰特情报思想的缺陷

像所有的研究成果一样，沃尔斯泰特对于情报预警的认识也存在着一定的局限性。尤其是她的“信号与噪音”理论，因为是在情报分析理论上的首次全新的尝试，所以难免有许多不尽完善之处。

1. “信号”与“噪音”的概念借用过于简单

沃尔斯泰特的“信号与噪音”理论主要借鉴了通信学领域中的“信号”与“噪音（声）”的概念。不过，她的这种理论借鉴同情报领域的其他借鉴成果（如情报分析心理学对认知心理学的理论借鉴）相比，显得略欠成熟。一般来说，对其他领域的一些重要理论和概念的借鉴不应仅仅停留在简单的术语借用的程度，而应是一种建立在其原有内涵基础上的类比。但是沃尔斯泰特在借鉴通信理论中的“信号”与“噪音”概念时并没有系统地参考通信领域里关于确定信号与噪音的方法，以及克服噪音的编码方法等内容。虽然，按她自己的说法，这只是“没有了这对概念在通信领域里所具有的技术性”，但是，这些概念里原有的一些精髓也随之流失了。对此，美国海军研究生院国防技术教授威廉·里斯在其论文《通信理论框架内的欺骗》中提出：“比较好的方法应该是仍然以通信领域的噪音概念为基础，在采用通信模型的同时，适当保留信号与噪音的类比。例如，噪音包括干扰来源与目标之间通信的杂乱信号。典型的噪音信号有：编码噪音（例如文件中的印刷错误），渠道噪音（例如间谍收到的假情报）和译码噪音（例如图片判读员未发现图片提供的重要线索）。如果这样理解噪音，就可以像在通信理论中那样使用噪音概念。通信理论的某些内容也可以用来解决欺骗与反欺骗的某些问题。例如，可以用统计错误率的方法检查渠道，如果错误率突然变化，就说明渠道可能被敌人控制（文件中的印刷错误率突然变化，可以猜想在文件的印刷过程中发生了某种变故）。”

2. 理论研究的对策性不强

沃尔斯泰特在她的研究中，将重点置于对情报预警局限性的分析，即“提出问题”上，但对究竟如何“解决问题”则只是提出了概略性的原则。例如，沃尔斯泰特在提出“信号与噪音”理论时，对“噪音”如何影响“信号”的识别进行了大量描述，也分析了“噪音”产生的一些根源，却较少论及应如何尽可能地减少“噪音”。

她在论述中，还提到了“信噪比”（Signal Noise Ratio）的概念，指出如果“噪音”的比重超过“信号”，就会让情报分析人员被“噪音”所吸引，做出误判。因此，只有提高“信噪比”才能使情报分析和预警工作更为有效。而对于提高“信噪比”的具体措施，沃尔斯泰特仍然是一带而过。也许，正如她自己所指出的那样：“在事件发生之后区分有关的与无关的信号更加容易。在事后，信号常常是显而易见的。就如同看侦探小说的人首先将书翻到了最后一页，所有的线索和征兆都变得清晰起来。但是事前它们却是模糊含混的，并且蕴涵着各种相互冲突的含义。”不过，这一不足也为此后的情报研究者提供了一个深入分析和继续探讨的空间。

3. 情报思想及理论缺乏系统性

如上所述，沃尔斯泰特阐发其情报思想的方法主要是通过对突袭个案的具体考察。所以她往往是在摆出大量事实数据后，才画龙点睛地进行一两句理论评述。这一特点决定了她的研究事实较为充分，但理论思辨性较差。沃尔斯泰特的情报思想可以说是十分丰富的，但是却并没有集中地形成一个完整的理论体系，而是散落在其大量的文章和报告之中。这正如克劳塞维茨在《战争论》作者自序中所说的那样，是“纯金属的小颗粒”，而不是“一整块没有杂质的纯金属铸块”。这为人们全面把握她的情报思想的全貌和发展脉络带来了一定困难。至于她的情报思想中有关“信号”与“噪音”的内容，虽然已经形成了理论，但是也在一定程度上存在着系统性不强的问题。例如，沃尔斯泰特曾在《古巴与珍珠港：后见与先见之明》中指出，噪音产生的三种途径是：偶然产生、敌人施放和自己造成。但是在具体论述中，对于各类噪音的分析却是混杂在一起的，并没有明确的区分，所以难免会让人感到她对某些问题的阐述有些模糊和重复。

然而，正如沃尔斯泰特在《珍珠港：预警与决策》一书的结语中所说，她的这项研究并不是一个关于“具体做法”的情报操作手册，而是要从中提炼出重要的实用经验。所以，尽管她的情报预警思想可能不够具体和系统，其“信号与噪音”理论也略显粗糙，甚至在一些细节上还存在着较明显的漏洞，但是，沃尔斯泰特的研究毕竟为情报学领域引入了一种全新的理论范式和研究方法，她那具有开创性的思想和观点以及带给后人的思考和启迪是无论如何也不可忽视的。

第六节　理查德·贝茨的情报预警理论

理查德·贝茨是美国当代知名军事情报研究专家。他对战略突袭与情报预警理论的研究为学术界所瞩目。贝茨的战略突袭与情报预警理论主要包含三个命题，即突袭发生的原因，突袭可否避免以及突袭的主要责任者。面对突袭，情报预警失利除了作战和政治原因外，还存在一些困境。贝茨的战略突袭与情报预警理论借鉴了系统论的方法，对预警——决策过程进行了整体研究；该理论在贝茨情报思想中居于核心地位。

一、理查德·贝茨生平及在军事情报领域的著述

理查德·贝茨（Richard Betts）是当代美国知名学者，在国家安全、军事战略以及军事情报理论研究等领域多有建树。贝茨1947年出生，在哈佛大学获得文学硕士、哲学博士学位。1971年贝茨以中尉身份从美国陆军退役，此后一度任职于参议院情报特别委员会（1975—1976年），以及国家安全委员会（1977年）。20世纪80年代初，贝茨进入布鲁金斯协会担任高级研究员，主要从事国家安全问题的研究。1999年贝茨再度出任公职，担任美国国家反恐委员会委

员。贝茨目前是哥伦比亚大学战争与和平研究所主任、国际政治学教授。除了已出版的多部专著外，贝茨还在《外交季刊》（Foreign Affairs）等杂志上发表了大量的文章。他的研究涉及面很广，主要集中于国际政治及军事情报等领域。

贝茨在军事情报领域的研究涵盖了三个方面：情报预警、情报与决策以及情报改革。其中，对战略突袭预警理论的研究是贝茨情报思想的核心，他对情报预警困境的分析在深度和广度上都超越了同时代的许多学者。贝茨的研究在这一领域有着较大的影响，是处于主流地位的学术观点。1982 年《突然袭击：防御计划的教训》（*Surprise Attack：Lessons for Defense Planning*）一书出版，标志着贝茨的情报预警思想达到了一个较为全面和成熟的阶段。该书探讨了面对苏联可能发动的突然袭击，美国政府在政治及决策层面存在的一些障碍，以及如何克服这些障碍，防止突袭。贝茨在书中对情报预警的两难之境做了系统而全面的分析，被誉为“关于预警情报的最有价值及最具权威性的作品”。除了撰写专著外，贝茨还在《外交季刊》等杂志发表了多篇广受好评的论文，包括早期的《分析、战争与决策：为什么情报失误不可避免》（Analysis，War and Decision：Why Intelligence Failures Are Inevitable）、《战略情报评估：让它们变得有用》（Strategic Intelligence Estimates：Let's Make Them Useful）、《预警情况下的突袭：为什么突然袭击会成功》（Surprise Despite Warning：Why Sudden Attacks Succeed）以及《预警困境：常规理论与非常规理论》（Warning Dilemma：Normal Theory vs. Exceptional Theory），等等。

此外，贝茨对情报与决策以及情报改革等问题的研究也取得了丰富的成果。2003 年贝茨在纪念汉德尔的论文集中发表了《情报政治化：付出与收益》（Politicization of Intelligence：Costs and Benefits）一文，文中贝茨为情报“政治化”这一广受批评的现象正名，指出情报政治化具有一定的合理性。这是贝茨对情报与决策之关系的研究中最有价值的一篇作品。此外，贝茨还就“9·11”事件后情报机构的改革问题发表了多篇文章，较有影响的如载于《外交季刊》的《重塑情报》(Reshaping Intelligence) 一文以及《情报的新政策：改革这次能生效吗?》(The New Policy for Intelligence: Will the Reform Takes Effect?) 一文。

贝茨作为美国军事情报领域的知名专家，其个人特色还是很鲜明的：其一，贝茨是担任过官方职务的学者。其二，他既从事情报理论的研究，也积极参与政府决策。其三，他是具有复合知识背景的学者，在研究情报问题的同时又是国际政治领域专家。贝茨的官员兼学者的双重经历使他在研究情报问题时更为注重理论的实践性与对策性，他的多重知识背景使他能够更好地借鉴其他学科的研究成果，兼收并蓄，融会贯通。

二、贝茨论战略突袭与情报预警

(一) 突然袭击的几个命题

贝茨对突然袭击的研究有一个前提，即他是站在防御方的角度看待这一问题的，这应该与贝茨所处的时代背景以及他的研究所具有的明确的指向性有关。贝茨的突袭预警思想形成时，美苏之间的对峙正处于苏攻美守的阶段，如何防止“敌对国家”对美国发动突然袭击是当时美国学者研究这一问题的普遍动力。正如贝茨在《突然袭击：防御计划的教训》一书中所写的：“今天，随着东西方两大军事联盟的实力和备战状态都已达到和平时期史无前例的程度，突然袭击必然成为战争初期决定胜负的重要因素——并且由于核战争升级的可能性始终存在，战争的初始阶段将变得比以往任何时候都关键。”因此，“本项研究主要着眼于从引发战争的突袭中汲取教训，为（美国）当前的防御计划服务。”站在防御方的立场，贝茨关注的是突袭“为什么会发生”，“是否可以避免”，并由此牵引出“谁应该为突袭的发生负主要责任”以及“如何挫败突袭”的命题。

1. 突然袭击发生的原因

“突然袭击在心理和政治层面上的原因大于组织上的原因。”突然袭击的发生主要不是由于缺乏有效的情报预警，而是由于决策者对情报的接受和使用出现了问题。贝茨对第二次世界大战以来的十几个突袭案例进行了分析后指出，在绝大多数战例中，受害国的领导人事先都得到了预警，敌人正准备发动袭击，但他们并未像人们事后认识到的那样及时做出反应。贝茨认为，预防突袭是威胁感知——情报预警——危机评估——行动决定（反应）的一系列过程，任何一个环节的失误都可能导致突袭的发生。情报预警只是其中的一个环节，是防止突袭的必要但不充分条件。预警是对危险的感知能力，而反应则是行动能力。没有对威胁做出的快速反应，预警将成为无效，二者的中间环节是对危机的评估与判断。即使情报部门已经发出了预警，但决策层解读错误，或者评估时间过长，没有充足的时间进行军事动员，都会导致突袭的发生，“这种情况最难防范，而又是最为关键的”。

2. 突然袭击能否避免

贝茨认为突袭在所难免，对此他做出了两种解释。一种是根据定义得来的，即“突然袭击的准备如果被探测到、意识到并做出反应，突袭就不存在了”。另一种解释是由于防止突袭所需面对的各种困境难以解决，因此突袭不可避免。贝茨的第一种解释，其实意义不大，这种“能够被避免的突袭不是突袭，因此突袭不可避免”的说法更像是一种文字游戏。对于第二种解释，这是贝茨在文章中着墨最多，论述最为精辟，思想也最为丰富之处。总的来说，贝茨认为，情报固有的不确定性，情报分析面临的两难困境以及敌方的欺骗等因素共同作用导致了突袭难以防止。实际上，贝茨之所以强调突袭不能避免，还有其现实的考虑。贝茨认为，美国政府将注意力集中在威慑能力的建设上，过分强调事前的防御，而忽略了突袭发生后的应对措施，这是危险的，这种考虑有其合理性。

3. 突然袭击的主要责任者

贝茨指出，多数情况下“导致突袭发生的主要原因不是由于情报的失误，而是由于政治领导层不愿相信情报或是不能对情报做出足够迅速的反应”。“自相矛盾的是，有些突袭之所以成功，原因恰恰在于有充分的预警。尽管意识到了战争爆发的可能性，并且获悉了敌人的进攻准备，领导人往往不会授权己方做出回应。在作战层面，他们错估了敌人进攻的时间或地点；或者在政治层面，他们对敌人的军事行动做出了非威胁性的解释，认为威慑还能够维系一段时间；或者他们相信，可以通过外交手段或确保己方不会采取行动的方法化解危机。总之，战略突袭发生的最主要的原因不是由于情报预警失误，而是政治上的不信任。”因此，将突袭发生的原因归结为情报失误，由情报部门承担主要责任的做法是“不公平”的。

（二）突袭发生的原因与战略预警困境

贝茨对突袭原因的分析非常全面，涉及到诸多因素，按照贝茨在《突然袭击：防御计划的教训》一书中的论述顺序，将其分为作战原因和政治原因。贝茨认为作战原因是突袭发生的直接原因，而政治原因则是突袭发生的根本原因。如果我们换一种角度，可以看出贝茨的这种划分方法与情报工作流程有着内在的一致性。所谓作战原因指的是在情报的生产阶段发生的预警失误，包括情报的搜集、传递、评估以及分发预警信号。政治原因指的是在情报的吸收与转化阶段发生的情报使用上的失误，包括决策者对战略威胁的认识和判断。因此，贝茨是从预警到决策再到反应的整个过程来解读突袭发生的原因的。

1. 作战原因

错误判断了敌人于何时、何地、如何发动进攻是导致敌人突袭成功的最直接的原因，即作战方面的原因。贝茨认为，突袭在作战层面会取得成功主要出于两个原因：一是进攻方在发起突袭的时间、地点及手段方面掌握着主动权，具有先天的优势；二是防御方的政治与军事体制的复杂性阻碍了对突袭预警做出及时的反应和决策。

第一，妨碍预警的体制因素。

首先，情报在传递过程中可能受到各种因素的阻碍。情报部门探测到了威胁信号并不意味着成功的预警，它只是预警的前提。为达成预警，这些信息必须穿越重重阻碍，先由低级的情报人员对情报素材进行筛选并形成初步的判断，而后由中层情报人员将其与其它来源的情报进行比较，最后由决策者判断现有的证据是否值得行动。在这个过程中，预警信息常常是不连续的，分散在各个机构。部分预警征候在初筛的时候就被当作虚假或无意义的情报被底层的情报人员忽略了，以至于没有达到决策层的机会。另有部分情报由于比较分散以及不连续致使情报分析人员难以对其加以整合，从而无法引起决策层足够的重视。

其次，情报在传递过程中也可能被歪曲原有的含义。情报人员无意识地对情报信息加以断章取义的理解，原本并不相关的事实被人为地加上某些虚假的联系，较长的信息被加工成短的，等等。

再次，"保密"制度在某种程度上妨碍着情报的共享。侦察监视技术的发展造成了情报资源的泛滥，从海量信息中提取有用的情报、探测威胁征候需要依靠优秀的专业人员，而不是决策者。但情报分级制度使处于底层的分析人员无法获知所有已掌握的威胁征候。情报分析人员的级别越低，受到的保密限制就越多；级别越高，接触到的情报越多，但评估所剩的时间就越少。贝茨认为，第二次世界大战后美国情报体制的改革已经部分地解决了通信与协调的问题，但保密的需要仍然限制着情报的横向流动。

第二，情报分析的局限性与预警困境。

贝茨指出："成功的情报预警与失败的预警难以区分。如果防御方认识到了威胁并及时做出了反应（做好防御准备），进攻方可能会取消行动，情报预警就变成了错误的预警。如果以色列在 1973 年 9 月底也像在 5 月份时那样进行军事动员，萨达特和阿萨德可能会推迟‘巴尔德行动’(Operation Badr)。受害方的情报受进攻方计划的改变所支配。”贝茨认为“成功的预警与失败的预警难以区分”是预警面临的最基本的困境。除此之外，情报预警还面临着诸多困境，譬如“狼来了”效应、情报本身具有的不确定性等。就后者而言，不确定性既可能是由情报搜集的不充分引起，也可能是由防御方所处的结构性劣势地位导致，即防御方的情报机构总是在敌方采取了某些行动之后才会有所察觉。敌人在下定最后的决心之前，往往有一段意向不明朗的时期，对于诸种方案的可能性犹豫不决，这种犹豫反映在情报上就是情报信息的矛盾与含糊。情报的作用就是从不确定性中提取确定性，在不连续的环境下做出连续的决定，从模糊中提取证据。分析人员要么会把情况过分简化，这有可能导致情报用户对模糊中潜在的危险性不敏感；要么保留不确定性，情报用户会认为分析人员没有完成自己的工作。

第三，技术和作战方式的变革与预警困境。

贝茨认为，没有一个国家的防御计划是无懈可击的，事先设想的防御计划会被意料之外的袭击方式所打破。技术和作战方式上的突破使进攻方有能力完成目标国认为“不可能”完成的任务，从而达成突袭。

首先，技术手段的变革可能引发突袭。贝茨指出，技术手段上的革命往往是引发突袭的重要原因。在现代战争中，随着通信和侦察技术的发展，为达成突袭，武器系统的变革必须与正确的战略战术相结合，并且在防御方意识到技术性突袭的可能性之前在战斗中投入使用。例如，“珍珠港事件”前，美国海军认为由于珍珠港水深不够，日军无法在此使用鱼雷。这一看法直到战前一个月还是正确的，但就在开战前最后一周，日本改进了鱼雷的设计，使其在更浅的水中也可以投入使用，而美军并未意识到这一点，导致突袭发生时措手不及。另一方面，最关键的技术性突破往往发生在传统意义上的武器系统以外。例如，情报侦察技术的发展曾经极大地增强了部队的作战能力。第二次世界大战初期“恩尼格玛”密码的破译使盟国对德军的行动了如指掌。六日战争爆发时，以色列利用先进的空中照相侦察技术在首轮空袭中对埃及空军的飞机造成了毁灭性的打击。贝茨指出，重要的技术突破很难是绝对的。绝大多数的技术革新总是会被目标方的某些科技人员或决策者觉察到。问题在于，这种意识要么没能在科学界形成足够的共识，要么不足以让军方为此主动调整防御计划和战略战术，要么无法使决策层制定新的战略部署，这种反应上的延迟性会导致突袭的发生。

其次，作战方式的变革会导致突袭的发生。贝茨认为，单纯的技术性突袭往往起源于目标方忽略了短期内敌方情况的变化，而作战方式的变革所引发的突袭则是由于长期的判断失误。以第二次世界大战中德国对法国实施的“闪击战”为例，战前法国政府对坦克的技术性能已经非常熟悉，但对于坦克革命性的作战潜能和战术战法却知之甚少。此前，无论从德国人所鼓吹的军事思想，还是从德国入侵波兰的战役中，法国政府对“闪击战”这一作战方式都有所觉察。问题在于，决策层没有足够的时间形成清晰的判断，并将这种认识贯彻到本国军队的组织和训练中。相对于技术革新，作战方式上的变革更加难以预测。

2. 政治原因

对敌人何时、何地发起进攻判断失误是引发突袭的直接原因，对敌人“是否”会发动进攻的判断失误则是突袭发生的根本原因，亦即政治上的原因。贝茨认为，决策者对敌人是否会发动突袭产生误判往往源于错误地解读了敌人的进攻意图，在战争的利益得失上与敌方的评估不一致。这是由于决策者思维方式的局限、心理及政治预期等一系列原因造成的。具有讽刺意味的是，由于防御方往往将进攻者视为理性的行为体，并为其行动找出合理的解释，一旦进攻方自己出现了判断错误，鲁莽地发动了战争，必将导致防御方的措手不及。

第一，错误知觉。

根据认知相符理论，在决策过程中，如果决策者接收到的信息与自己原有的认识不一致，他们就可能对新的信息或是视而不见，或是曲解误断，使其能够与自己原有的认识一致起来。这是导致决策者发生错误知觉的重要原因之一。贝茨指出，类比是战略评估和决策中常用的思维方法，运用类比法可以从历史中吸取经验和教训，但它并不是完美的思维方法。决策者乐于使用他们的经验，因此常倾向于使用类比分析。问题在于，类比法在使用上的复杂性和系统性导致了决策者在决策分析时常常出现各种无意识的错误。例如，“机械”类比（过于重视比较双方的相同之处）、“双重标准”类比，以及“镜像”思维。贝茨发现，防御方往往认为敌方对冲突条件下的选择有着与己方相同的认知。然而，事实上，双方对情况的判断可能截然不同。例如：风险过大，不能发动袭击（己方）——风险很大，但没有其它选择（敌方）；此时展开军事行动在政治上并不明智（己方）——战争不可避免，应尽快发起进攻，否则将失去优势（敌方），等等。防御方可能认为敌方对军事平衡与政治现状有着与自己相同的判断，而敌方往往对前者更为乐观，对后者的认识则更为悲观。

第二，冒险与合理性。

贝茨认为，保持威慑还涉及到对敌方意图的判断。某些条件下，进攻方对突袭成功机率的判断可能会高于实际情况，或者敌方认为突袭的收益很高，并且没有更好的选择，即便存在失败的可能性，也应冒险一试。在这种情况下，即便非常稳固的威慑也可能会失败。

贝茨指出，被认为过于冒险的突袭行动可能是合理的，所谓合理并非意味着是“最好的”，而是指手段与目的有着逻辑上的一致性。在风险评估中，防御方认为风险太高的行动对于进攻方来说却有着合理性，即冒险存在着内在的逻辑性。首先，就防御方来说，一方面，目标国考虑的往往是敌方发动战争将获得的收益，这使防御方的关注点集中于己方的报复行为将使敌方付出什么代价，认为如果敌方为此付出的代价过高，则威慑十分稳定；另一方面，目标国很容易对自身的弱点缺乏清醒的认识。其次，就进攻方来说，发起突袭的原因往往是对军事行动面临的困难认识不足。保密与欺骗对于弱小的国家来说是增强威慑的有效手段，但对于强大的国家来说则会削弱威慑的力度。冒险行为也可能由于情报不充分而引起。

第三，防御性突袭。

贝茨认为，并非所有的突袭发起方都是出于侵略性的目的。其中，有部分国家是出于自我防卫的动机，认为自身安全受到了威胁，因此先发制人。决策者最重要的是了解敌方的动机，对抱有侵略性目的的敌人和害怕被袭击、过度紧张的敌对者加以区别对待。如果是后者，防御方在军事上的过度反应可能会加速危机的恶化。

（三）层次分析

就分析层次来说，贝茨对于战略突袭的研究更多地借鉴了系统论的方法。他对情报预警理论的考察并没有限定为某一个层面，而是将预警——决策过程作为一个复杂的整体模型加以研究，认为突袭的发生是由于个人的认知局限、集团思维（group think）、机构障碍以及官僚政治等因素共同作用的结果。事实上，在他的论述中，我们既可以找到宏观层面的分析，也可以找到最微观层面上的考察。

贝茨在宏观层面上的分析是国家间关系，即以国家作为研究主体，以进攻方和防御方之间的关系为研究对象，对突袭及战略预警进行研究。例如，将突袭的对象定义为敌对的双方，认为防御方对进攻方的能力和意图的误判会导致突袭；从预警——反应的角度探讨进攻方和防御方之间的攻守互动，认为防御方及时的预警和反应可能促使敌方取消行动，造成发错警报的假象；从进攻方的侵略性动机和自我防卫性动机两个角度考察敌方的意图，认为对于不同的动机应采取不同的应对措施，等等。

在组织机构层面，贝茨着重考察了阻碍情报预警的体制因素，指出情报机构及情报工作流程上的缺陷会阻碍预警信息在指挥系统中的分发与传递。例如，情报资料通常被大量分散于各个部门，难以整合；情报机构设置重叠、各部门协调不力等。

微观层面的分析是针对决策者个人心理的分析，这也是贝茨最为重视的部分。在《分析、战争与决策：为什么情报失误不可避免》一文中，贝茨写道："情报分析失误在政治和心理上的原因大于组织上的原因。"情报失误的"最终根源在于愿望思维、对职业分析的轻视，总之，是由于决策者的假设与偏见"。

在对突袭的原因进行了全面的考察后，贝茨的结论是，导致突袭的原因多种多样，这些因素单一或共同作用，阻碍了及时、准确的情报预警，突袭因而发生。其中，最重要的因素是决策者个人的思维模式与心理趋势对决策的影响。实际上，贝茨在文章中并未有意识地将处于不同层面的单个行为体区分开来加以考察，但他的探讨却触及了各个层面，构建了一套探讨情报战略突袭的系统分析模型。

三、战略突袭与情报预警理论在贝茨情报思想体系中的地位

如前所述，贝茨对情报领域的研究广有涉猎，大体上可分为三个部分：情报预警理论、情报与决策以及情报改革。这三个领域有着各自的研究对象、目的及结论，看似互不相扰、相互独立，其实不然。贝茨的研究始终围绕着情报分析这条主线展开，而又以情报预警为核心，向情报与决策、情报改革等领域渗透。

贝茨对突袭进行研究，一个强烈的动机是为了解释“突袭为什么会发生”，这种课题预设使贝茨将情报失误作为突袭研究的出发点，试图从情报失误的角度解释突袭。贝茨对情报失误的考察是从横向和纵向两个层面展开的，这两个层面分别对应着导致情报失误的内在因素与外在因素。横向上，导致情报失误的因素被分解为情报获取手段的不完善、情报体制上的障碍、情报分析与预测失误，等等。贝茨的结论是“情报失误在心理和政治上的原因大于组织上的原因”，将情报分析失误归结为突然袭击的根本原因，也是内部原因。纵向上，对情报失误的研究指向的是情报工作流程，探讨情报工作的哪个环节出现了问题，包括情报的生产阶段（搜集、传递、评估及分发预警信号）以及情报的吸收与转化阶段（决策者对威胁的认知与判断）。它所对应的是“谁应该为突袭的发生负主要责任”的问题，是导致突袭的外部因素。贝茨认为，情报失误主要发生在情报的吸收与转化阶段，领导者的决策失误是突袭发生的直接原因，因此决策者应该肩负起主要责任。突袭的发生主要应由决策者负责，但情报机构却往往成为“替罪羊”，这个现象引发了贝茨对情报与决策之间矛盾关系的探讨。贝茨指出，情报机构与决策者在权利与责任的分工上存在不明确性，造成了情报失误与决策失误难以区分。二者在人员上可以分开，但功能却难以区分，这使得决策者在事故发生时往往将责任推卸给情报部门。为减少决策者的判断失误，情报机构应肩负起更大的责任，更积极地参与到决策过程中，建立更合理的情报分析机制，提高情报分析能力，帮助决策者完成正确的决策过程。在对情报失误的原因及情报与决策的关系进行了探讨之后，最重要的问题是“如何防止情报失误”。对此，贝茨指出，为防止突袭，单纯对情报机构和情报流程进行改革意义不大，提高情报分析能力才是根本解决之道，但情报分析所面临的一些困境难以突破，人们只能寄希望于渐进式的改革。

第七节　理查兹·休尔的情报分析理论

理查兹·休尔是美国著名的情报分析理论家，而他的独特经历是其情报分析理论成形的重要影响因素之一。休尔在断定情报搜集作用有限的同时，肯定了情报分析在情报生产流程中的关键性作用，进而提出了认知心理是影响情报分析质量的精辟论断；为了克服分析人员固有的认知偏见，休尔建议在情报分析领域推广和使用科学方法。总的来说，理查兹·休尔的情报分析理论借鉴了心理学研究中的实验方法，从分析人员角度入手，形成了一套完整的有机整体，而且有很强的实践指导性。

一、休尔的主要经历

理查兹·休尔（Richards Heuer）的经历对他情报思想及其情报分析理论的形成有着重要的影响。因此，我们对于休尔情报思想和理论的研究还应先从他的经历开始。从休尔情报分析理论形成所受到的影响来看，他的经历主要可以分为三个时期。

第一个时期是读大学期间（1946—1950 年）。休尔于 1946 年至 1950 年在威廉姆斯学院学习，1950 年毕业，获哲学学士学位。大学期间，休尔担任学院报纸编辑一职。这一经历培养了他勤于思考、长于分析的性格特点。

第二个时期是在美国中央情报局行动处工作期间（1951—1975 年）。大学毕业后，休尔于 1951 年考入加利福尼亚大学伯克莱学院攻读研究生。但是因为一个偶然的机遇，他成为了美国中央情报局的一员。当时，朝鲜战争激战正酣，为了满足战争对情报的需要，中央情报局面向社会招聘专业人才。当时负责招聘的是理查德·赫尔姆斯（Richard Helms）。赫尔姆斯也毕业于威廉姆斯学院，他想在自己的母校寻找一位应届毕业生加入中央情报局。更为巧合的是，赫尔姆斯 15 年前在大学期间也曾担任学院报纸编辑一职。因此，休尔几乎是顺理成章地进入了中央情报局，并跟随赫尔姆斯加入了行动处，一干就是 24 年。休尔加入中央情报局，正式开始接触情报工作，这为他以后成为著名的情报分析专家奠定了基础。

第三个时期是在中央情报局情报处工作期间（1975—1979 年）。1975 年，休尔调入情报处，这是他情报生涯的一个转折点。进入情报处后，休尔经历了两件事情：一件事就是他参与了颇具争议的苏联克格勃叛徒尤里·诺森科（Yuriy Nosenko）一案的审查，这重新点燃了他对认识论的兴趣；另一件事就是休尔在情报处工作期间，曾在南加州大学攻读国际关系专业硕士学位，学习了新的社会科学的研究方法，这为休尔进行情报分析方法的研究打下了坚实的基础。从 1978 年开始，休尔就陆续发表文章，阐述他的情报分析思想。1979 年退休后，休尔仍然笔耕不辍。截至 1986 年，休尔已发表文章数篇，并形成了一套完整的情报分析理论。

概括言之，休尔的经历使得他成为一名长于分析的人。而休尔培养起来的对于认识论与方法论的兴趣，则对其分析理论的形成有着至关重要的影响。

二、休尔情报分析理论的基本内容

休尔对情报理论的贡献集中体现在情报分析心理学的提出和运用方面，而该理论是建构在充分肯定情报分析在情报生产流程中起着关键性作用这一基础之上的。以此为前提，休尔极力倡导在情报分析领域推广和使用科学方法。

（一）情报搜集的作用有限

搜集与分析是情报周期的两个重要的环节，但两者在情报生产过程中的地位与作用是不一样的。搜集是基础，分析才是关键。休尔认为，情报搜集的作用有限，若想提高情报产品的质量，必须从改善情报分析入手。

1. 情报分析的“马赛克理论”

人们一般认为，情报搜集就是运用各种手段，采取各种方法对搜集对象的所有情况进行全面的搜集、汇总。情报搜集力求做到全面，搜集的情报宁可失之过多，也不能失之过少。因为人们有这样一种倾向，认为搜集到的情报越多越全面，对之进行分析才能得到越精确的判断结论。这种观点可以用情报分析的“马赛克理论”进行解释。休尔认为，“根据情报分析的马赛克理论，搜集到的小的情报碎片，当把它们放在一起时就像马赛克或拼图游戏，最终使分析人员感知到关于事实的一个清晰的画面。这种类比表明准确的判断主要依赖于拥有所有的部分，即依赖于准确而比较完整的信息。搜集、储存信息碎片是非常重要的，因为这些碎片都是构成图像的原始材料”。

诚然，一定数量的准确而完整的情报材料确实是进行情报分析所必不可少的前提条件，缺少了这些原始材料，分析也就没有了依据。然而，指望通过搜集大量的情报材料，让其自然呈现出一幅关于事实的图像，其可行性与价值性值得商榷。

从搜集自身的角度看，随着现代侦察技术的进步、传递手段的提高以及情报来源的扩展，我们能够获致数量庞大的情报素材。然而，问题恰恰就是这些搜集能力超强的技术、手段和来源使得人们永远都不知道到何时为止搜集到的情报材料才算是足够全面，而能够做的就是永不停止地搜集下去。可以说，要想搜集到全部的“情报碎片”几乎是不可能的。

从情报分析的角度讲，情报分析人员并不是按情报的“马赛克理论”进行分析的，以这种方式也不可能完成最困难的分析任务。“实际上，分析人员通常是先形成一幅图像，然后选择碎片来拼凑，而不是将所有的碎片拼凑起来，让其自然地呈现出一幅图像。”休尔认为，缺乏准确的思维模式，而单单依靠大量的情报材料，是无法得出准确的判断结论的。这就是为什么有的分析人员，即使拥有了大量准确完整的情报材料，却也得不出正确的结论，而优秀的分析人员，根据残缺不全的情报素材，也能作出相当准确的判断。

2. “最低限度情报材料”

为了说明情报搜集的作用有限，休尔提出了“最低限度情报材料”这一概念。最低限度情报材料是指，对相关事件作出自认为比较准确的判断时，分析人员所需要的最低程度的原始材料。这些材料缺一不可，如果缺少其中任何一条，分析人员就无法作出判断，或对自己所作的判断没有信心。在拥有作出可靠判断所需的最低限度的情报材料后，进一步获致的情报材料就是附加情报材料。根据附加情报材料的不同性质，休尔将其分为四类：

第一，已有变量的附加细节。许多原始的情报材料都属于这一类别。我们不要期望这种补充信息能够影响分析人员判断的准确性。当然，与先前信息一致的进一步的细节会增加分析人员的信心。有相当深度的细节来支持结论的分析对其作者（分析人员）以及读者（决策者）同样更有说服力。

第二，新增变量。有关新增变量的信息可以使分析人员考虑到其他一些可能影响判断的因素。然而，认知心理学研究发现，判断是基于少数几个关键变量作出的，而不是根据全部证据得出的。这一发现可以解释为什么附加变量的信息通常并不能提高预测的准确性。在分析人员对情况缺乏了解的情况下，对于某些新的、先前没考虑到的单一因素会对分析人员的判断偶尔产生重要影响。不过，这样的情报材料应该属于下面两种新信息种类的一种。

第三，关于已有变量赋值的信息。此类信息的一个例子是：第四次中东战争时，以色列了解到埃及没有足够的空中力量，从而断定其不会发动战争。而如果以色列情报机构能够获悉埃及从苏联手中得到数量可观的导弹，其决心也许就会改变。因为这时以色列对埃及空中力量的赋值就会发生改变。当那些对判断、预测起关键作用的变量的值发生变化时，新的事实就会影响到判断的准确性。分析人员基于这些信息而作出判断的信心，就会相应地发生改变。

第四，关于哪些是最重要的变量以及这些变量相互之间关系的信息。哪些变量是最重要的，它们是如何相关的，对于这些问题的认识和假设组成了思维模式，告知分析人员应如何分析搜集到的资料。例如，预测一场战争的结局，是将双方兵力兵器数量的对比作为最重要的变量，还是将官兵的素质、兵器的质量或双方战略战术等视为最重要的变量？第三次中东战争时，埃及与叙利亚无论在兵器的数量还是质量上都不比以色列差，但是以色列的信息战水平高出了很多，以方通过欺骗，使埃及和叙利亚的防空系统形同虚设，结果仅仅用了 6 天，战争就以以色列的大胜而告终。战争结局出乎许多人的意料，这是因为他们在分析战争进程时没有成功地辨别哪些才是最重要的变量。诸如此类的信息会影响到预测人员对现有资料的分析，也就是影响到他们的思维模式。

“实际上，分析人员的判断在很大程度上是由少数几个主要的因素决定的，而不是由全部可用的情报综合决定的。分析人员实际用到的情报比自己认为所用到的情报要少得多。”因此，在获致最低限度情报后，应该立即投入大量精力展开分析工作，尽早作出判断、得出结论，而不应该再将大量的资源继续用于搜集附加情报材料。当然，在集中力量进行分析的同时，也不能完全忽略对附加情报材料的搜集工作，以免漏掉上述的第三、第四类附加情报材料，从而影响情报产品的质量。

（二）对情报分析认知心理的研究

休尔认为，分析首先是一个思维过程。他指出，“人们倾向于认为感知是一个被动的过程。我们看见、听到、闻到、品尝到或感觉到撞击我们感官的那些刺激。我们认为只要我们完全客观，就能记录现实中的事件。然而，感知其实是个主动而不是被动的过程。它构建而不是记录‘现实’。感知不仅意味着认识，还意味着理解。它是一个推论的过程，人们根据感官所得到的信息构建自己的‘现实’，这些感官输入受复杂的思维程序影响，决定了我们使用哪些信息、如何组织这些信息以及赋予它们何种意义。因此我们感觉到什么，容易感觉到什么，以及接受到信息后如何加工它们都受到我们以往的经验、教育程度、文化价值观念、社会角色要求以及所接受信息特殊性的强烈影响”。这一过程可以形象地比喻为通过“透镜”或“屏幕”来感知世界。情报分析人员不仅要掌握一定的情报素材，同时也要了解自己的“透镜”，因为，这些情报材料正是通过这种“透镜”而输入的，我们将这种“透镜”称为思维模式或思维定势。思维模式形成后，就会对情报分析产生重要的影响。因此，研究情报分析的认知心理问题，就要研究分析人员的思维模式，探讨其形成以及对情报分析的影响等问题。

1. 思维模式的形成

人的智力是有限的，人的大脑不能直接应付世界的复杂性。“如果不对事物做一番简化，先定下来要了解什么情况、什么才是最重要的，什么与什么有联系，就无法应付大量的感官刺激，或无法处理我们必须分析的大量复杂数据。”这一点对于情报分析人员来说尤其如此。随着情报搜集技术的进步、手段的提高、来源的扩展，所能搜集到的情报素材几乎是无限的，人们只能以某种特定的标准选出他们认为最重要的情报，并以一种特定的方式进行处理、加工或分析。这种方式也许是别人教授的，也许是自己的经验总结的。如果这种方式屡试不爽，人们就会将这种特定的标准、方式作为一种模式存储在大脑中；如果实践证明行不通，人们就会在此基础上作一些调整或改变，最终形成另一种特定的模式。可见，思维模式是在应付世界复杂性的过程中，根据自己的经验、学习、观念等逐步形成的。思维模式一旦形成，就很难改变。

2. 思维模式对情报分析的影响

第一，帮助分析人员及时生产出情报产品。分析人员不可能直接应付海量的情报材料，而必须根据自己的思维模式，决定了解什么情况，选出那些最为重要的素材，并按照特定的方式进行分析。如果没有这种思维模式，面对堆积如山的材料，人们永远都无法生产出任何情报产品。由于情报对时效性的要求很高，所以分析人员必须对最新的、通常是意外的事件进行及时的（如果不是实时的）解释。这时，除了自己所储存的背景信息外，分析人员只有一些原始的、通常是不完整的情报材料。在资料不完整、信息模糊的情况下，对偶然事件提供解释只能根据内在的思维模式进行。如果等搜集到更多、更清楚、更明确的信息再进行分析、作出判断的话，显然无法满足情报对时效性的要求。为了确保情报的时效性，有时甚至可以牺牲一定程度上的准确性。因此，思维模式在情报分析中是不可或缺的。

第二，思维模式中固有的认知偏见影响情报分析的准确性。思维模式最大的特点就是一旦形成，就不容易改变。分析人员形成自己特定的思维模式以后，就倾向于一直按照这一模式解释他们所接受到的新信息，这样，新信息就被现有的印象同化。休尔通过大量实验发现，“初次受命研究某一课题的情报分析人员，可能会准确发现被一个富有经验的老分析家所忽略的东西。有时，找到一个新鲜的角度很有用，因为以往的经验既可能帮助我们分析问题，也可能妨碍我们分析问题”。情报工作就是要了解未知情况，从某种意义上讲，情报分析就是研究高度模糊的形势。在形势模糊的情况下，分析人员对于搜集到的情报材料只能按照自己已有的思维模式进行解释与分析，如果事件出现了变化，即新信息与他们先前的认识不一致，他们要么“完全忽视（这些信息）”，要么“将这样的信息明确地解读为与自己认识相符的证据”；而如果新信息与他们相信与坚持的认识相矛盾，他们甚至会“断然拒绝”。这就是为什么历史上每当有重大事件发生时，总是让许多人感到吃惊，尤其是那些一直跟踪该事件的经验丰富的分析专家。

分析人员思维模式中固有的这些认知偏见影响了情报分析的准确性，正是因为这些偏见，加上思维模式在应对变化时的无能为力，使得人们总认为思维模式是不好的，应当避免。而休尔却客观地指出，思维模式无好坏之分，其是不可避免的。因此，情报分析人员应承认所有了解到的情况都具有暂时性，并使用各种手段来检验其感觉和假设是否与现实相符，就可以使分析最大限度地贴近事实。

（三）对情报分析方法的研究

正因为思维模式对情报分析有着深刻的影响，改善分析人员的思维模式才显得意义重大。改进思维模式、尽量避免认知偏见，需要借助一定的思维工具，即科学的分析方法。休尔对情报分析方法进行了深入的研究，并在总结自己经验以及吸收他人研究成果的基础上独创了竞争性假设分析法。此外，他还在情报分析中借鉴了现代社会科学方法中的定量分析法。

1. 竞争性假设分析法（ACH，Analysis of Competing Hypotheses）

情报分析一般都是以提出假设为开始的。如何提出假设，并根据情报材料对假设进行没有偏见的、客观的评估，从而得出准确的结论，是情报分析人员需要思考的主要问题。竞争性假设分析法正是休尔对这一问题思考的成果。“竞争性假设分析法”的核心就是在一系列看似合理的假设中进行竞争，通过一系列的交叉测试，选出那些与现有情报相符的假设——也就是那些没有被证伪的假设——进行进一步的测试。

ACH 是一种基于认知心理、决策分析和科学方法的程序，由八个步骤构成。

表 5—3：竞争性假设分析法分步概要

步骤	要　点
1	召集持不同看法的分析人员集体讨论并确定所有可能存在的假设。
2	对支持和反对每一个假设的重要证据和论据做一列表。
3	制作矩阵图，以假设作为横栏，将证据作为竖列。分析每项证据与每项假设的相关程度，考察证据的诊断价值，识别哪些证据最为关键。
4	完善矩阵图，重新考察假设，删除那些没有诊断价值的证据和论据。
5	对每一种假设的相对可能性作出暂时的结论，试图用证据去否定某一项假设而不是证实它。
6	分析初步结论对少数重要证据的依赖程度，同时考虑如果那些证据是错误的或有不同的解释，分析结果将会怎样变化。
7	汇报结论，阐述所有假设的相对可能性，而不仅仅是最有可能的那一个。
8	找出影响事态未来发展的关键事件以备后续分析使用。

不难看出，竞争性假设分析法不仅仅关注判断和结论本身，而且关注分析人员是如何作出判断、得出结论的。“分析人员留下了‘我所考虑的是什么’以及‘我是如何作出判断的’这一思维过程的完整记录。”正因为如此，竞争性假设分析法能够引导我们通过一个合理的、系统的过程避免一些常见的分析缺陷。

2. 定量分析法

情报分析中定性方法使用得较为广泛，但定性分析的结果经常显得较为粗糙。很多情况下，仅仅定性已经不能满足情报用户的需要。比如，情报用户通常是决策者，不仅需要了解国家安全环境是有利还是不利，而且需要了解有利或不利的程度。如果面临战争的危险，这种危险有多大；如果环境是和平的，这种和平能维持多长时间；如果判断某个事件可能会发生，其发生的概率为多少。所有这些都需要进行定量分析。情报界的许多有识之士也认识到了这一点，他们试图将现代社会科学研究方法中的定量分析法用于情报分析之中。1978 年，休尔将这些专家所写的相关论文编辑成书，即《政治情报定量分析方法：中央情报局的经验》（*Quantitative Approaches to Political Intelligence*：*The CIA Experience*）。该书详细介绍了定量分析法中的贝叶斯分析法、交叉影响分析法、回归分析法、运用理论模型法、内容分析法、建立事件数据库法、多维比例法等。

总的说来，定量分析需要经过测量、统计与统计分析等步骤。测量是指对研究对象进行有效的观察和量度，也就是依据一定的规则将数字或符号分别赋予变量之上，使所要分析的情报现象数量化或类型化。统计就是对变量所赋之值的大小和变化情况用数学方式（百分比、比率、百分点、相对比等）、图形方式（饼图、直方图、曲线图）、图表方式（矩阵图、树形图）等表达出来。统计分析就是对统计数字进行分析，找出变量之间的关系。

休尔将现代社会科学研究方法中的定量分析法用于情报分析之中，其初衷是为了弥补定性分析的粗糙性，满足情报对精确性的要求。同时，定量分析法客观上也起到了克服认知偏见的作用。情报分析中经常要求分析人员对不确定性进行表述，如果用“可能”一类的术语，人们都倾向于按照自己的理解对这种可能性赋值。这也就是休尔所说的“对不确定性的表述引起的偏见”。运用定量分析法，对可能性进行明确的表述，则可以避免这种偏见。

三、休尔情报分析理论的特点

（一）休尔理论的内容是一个有机整体

休尔的理论紧紧围绕着"如何提高情报产品的质量"这一问题展开。他认为，提高情报产品的质量可以通过改善搜集，也可以通过改善分析来达到。但是前人的研究已经表明，改善搜集工作并不能从根本上提高情报产品的质量，而只有精确、敏锐、透彻的分析才是改善情报产品的关键所在。休尔从理论上进一步论证了情报素材并非搜集的越多越好后，将研究的重心放在了情报分析上，决定通过改善分析来提高情报产品的质量。

分析包括三个要素，即情报素材、分析人员和分析技巧。道格拉斯·麦克伊钦（Douglas MacEachin）在为《情报分析心理学》（*Psychology of Intelligence Analysis*）所写的前言中指出，"情报素材和分析技巧是使情报分析成为一种特殊产品的必要条件而不是充分条件。我们应该为分析科学做更多的工作，这种工作必须从清楚地理解主要的分析机制——人类思维——以及人类思维处理信息的方式所固有的优点和缺点出发。"可见，改善分析可以通过搜集更多更好的情报素材，也可以通过不断地充实完善分析技巧来实现。然而，分析首先是分析人员一种主观的思维过程，分析人员的思维机制、认知心理才是影响分析质量最根本的因素。因此，休尔认为，改善分析人员的思维模式才是提高分析质量的关键。

至于如何改善分析人员的思维模式，休尔认为，一方面分析人员要了解、挑战、修正自己的思维模式；另一方面要借助一些系统、科学的方法克服思维过程中固有的局限和认知偏见。这些方法包括竞争性假设分析法和定量分析法。休尔对提高情报产品质量的思考可以用图 5—3 表示。透过该图，显然可以看出休尔情报分析理论内容的三个方面有着密切的关系，构成了一个有机的整体。

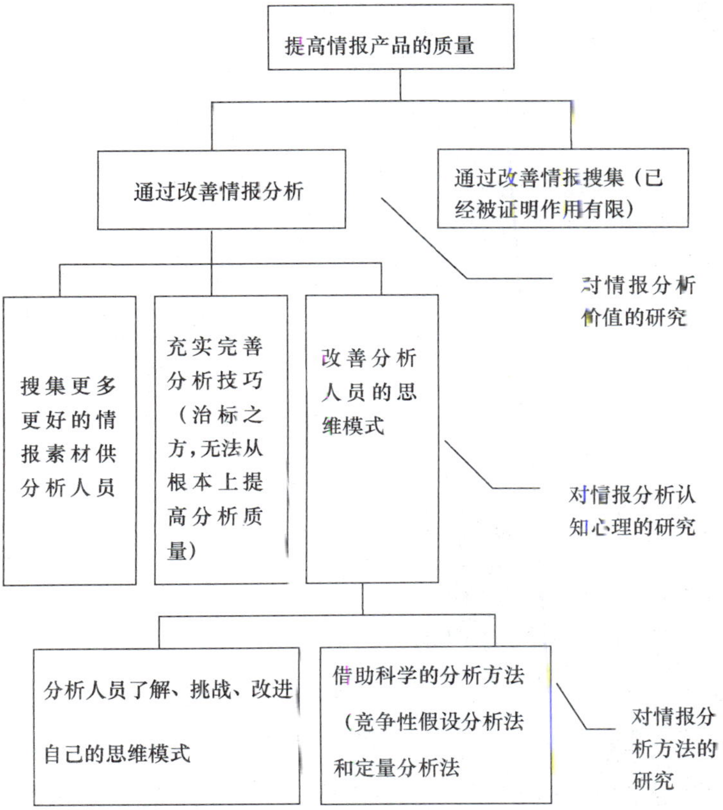

图 5—3 休尔对如何提高情报产品质量的思考

(二) 休尔理论的分析角度是分析人员而非决策者

理查兹·休尔之前的情报研究专家所写的著作，基本上都是从决策者的角度研究情报问题的。如《代号“巴巴罗萨”》（*Codeword BARBAROSSSA*）、《赎罪日战争和突袭的不可避免》（*The Yom Kippur War and the Inevitability of Surprise*）、《国家情报评估失误：以古巴导弹危机为例》（*Failures in National Intelligence Estimates: The Case of the Cuba Missiles*）等分别从苏联领导人、以色列领导人以及美国领导人的角度分析失误发生的原因。但是休尔指出，集中反映他分析思想的《情报分析心理学》一书与其他研究情报的作品有所不同，“它是从情报分析人员而不是决策者的角度来分析问题”。当然，从决策者的角度分析情报问题有其特定的优点，因为决策者是情报用户，决策者对情报的态度决定着情报的最终命运。但是，决策者作出判断所依据的情报终究还是由情报分析人员提供的，分析人员对情报的态度同样影响着情报产品的命运。更为重要的是，决策者在使用情报时，实际上自己还要进行一次分析，从某种意义上说，决策者也是分析人员。因此，对分析人员的思维模式、认知偏见以及分析人员应采取的情报分析方法等问题进行研究，得出的结论同样适用于决策者。因此，从分析人员的角度分析情报问题更具理论上的适用性。

（三）休尔理论的论证采用实验而非个案研究的方法

1962年罗伯塔·沃尔斯泰特（Roberta Wohlstetter）发表了关于情报失误研究的著作《珍珠港：预警与决策》（*Pearl Harbor*：*Warning and Decision*），引起了极大的轰动。她通过一个具体个案研究情报失误的方法也为学术界所认同。此后，情报研究基本上都沿用了这种方法。但是休尔在论证他的情报分析理论时所采用的方法却截然不同。休尔指出，《情报分析心理学》与其他著作的另一个不同点就是，“它主要是通过认知心理学实验而不是通过外交和军事历史中的例子来证明思维方式的影响”。休尔通过数十个精心设计的实验（其中包括借鉴别人曾经进行过的相关实验），对人类思维过程中固有的弱点和偏见进行了论证。

个案研究偏重于对单个事件进行解释与分析，进而推导出相关的结论。因此，其结论的普遍适用性较差。根据某个个案研究得出的结论可能完全不适用于解释另一个案例。而实验论证的方式由于探寻的是事件的基本样式，因而更具有理论上的普遍适用性。此外，在休尔采用的认知心理学实验中，有一部分是读者可以直接参与的，其效果读者可以直接感知，因此其结论更具说服力。当然，休尔仍然不得不借用一些案例说明或进一步论证他的分析理论，但总的看来，采用实验的方法论证其理论是休尔情报分析理论的一个显著特点。

（四）休尔的理论具有很强的实践指导性

一般来说，理论研究的最初目的都是为了解决现实中的问题。然而，许多理论研究的成果并不具备多少实践指导意义，只是一种纯学术上的探讨。对于这类研究的价值，我们当然不应该否定。但是，我们更加看重那些能够指导实践的理论研究。休尔的情报分析理论就具有很强的实践指导性。该理论紧紧围绕如何提高情报产品质量这一问题而展开。通过对这一问题寻根刨底，最终得出要从认知心理的角度改善情报分析，进而提高情报产品质量的结论。休尔的理论强调研究分析人员的思维机制与分析过程中的认知偏见，以及为克服这些局限进行更为系统思考的一些方法。这对于我们及时调整情报工作的重心、改变情报研究的角度以及改进情报分析方法都有很强的现实指导意义。

第六章

美国情报组织的人员招募与培训

第一节　中央情报局的人员招募

美国中央情报局是美国非军方的最重要的情报机构，在 2005 年国家情报主任办公室成立之前，一直是美国情报界的“老大哥”，统管着美国情报界，担负有协调、管理等任务，并负责生产最权威的《国家情报评估》，每天向总统提交《总统每日简报》，中央情报局局长是总统的最高情报顾问。中央情报局也是美国负责海外情报事务的情报机构，是唯一一家经过总统批准可以实施隐蔽行动的情报机构，其情报处、行动处和科技处都担负着重要的情报任务分工，成为中情局的一员往往意味着神秘、荣誉和献身。那么中央情报局是怎样招募情报人员的呢？本节将对中央情报局的人员招募进行介绍。

一、一般情报人员的招募

这里说的“一般情报人员”，是和行动处的间谍、特工相对而言的，主要从事情报分析、科技情报等工作。

中央情报局在 1947 年成立时，1/3 的人员是出身于常春藤联合会大学或华尔街的原战略情报局的精英。在 20 世纪 50 年代和 60 年代，它的招收对象主要是通过工作人员介绍推荐的学生、熟人和校友等。从 20 世纪 70 年代开始，中央情报局才开始用刊登广告的办法从社会上招收工作人员。主管招募的部门为中央情报局行政管理部的招募中心。

该中心负责刊登招聘广告、到各处尤其是大学招募人才、监督招收程序、组织对申请人进行心理和其他方面的测试。它在全国有 12 个招收中心。每年为招收人员要访问 450 多所大学，为有兴趣的毕业生放广告录像、解答问题。中央情报局的情报专业分为 11 个部分：政治情报、军事情报、经济情报、科学技术和武器情报、领导情报、信息收集、信息系统和服务、情报产品辅助服务、行政服务、图像分析和管理。中央情报局职位的竞争非常激烈，它每年大概招收 1000 多个全职、兼职或合同雇员，但收到的申请信和个人简历通常多达 15 万到 20 万份。

一般每年约有 12000 个申请人能满足基本要求，即：美国公民，21—35 岁，大学毕业，平均成绩在 3.0 分以上，有出色的口头和书面交际能力，有积极参加课外活动的记录，以及无犯罪记录。有固定工作的记录或服役经历的人会被优先考虑。在个人简历的基础上，中央情报局会从能满足基本录取要求的申请人中筛选出 5000 人，请他们参加 3 小时的职业训练课程初步介绍会。

中央情报局各部的代表将在初步介绍会上介绍各自部门的组成、工作性质和要求。在职业宣传上，中央情报局并不主张对职业进行传奇化、神秘化处理，因为职业专家的研究和实际经验表明，那些对未来职业抱有不切实际的幻想的人一旦进入现实工作往往会出现很多负面情绪，如失望、抱怨、感到自己受欺骗，以至于考虑离开或者真的辞职，这样一来工作招募和培训付出的成本就付诸东流，对个人和组织都是一种损失。所以，中央情报局在招募过程中会在不违反保密规定的情况下，尽量清楚地向应聘者描述未来工作的情形，尽量让应聘者以一种面对现实的心态考虑职业。中央情报局的总咨询办公室的网站上也有一个名为“对中央情报局工作的错误观念”专栏，努力用简单明确的方式破除对中央情报局的工作的偏见和错误认识。中央情报局的网页上也有“中情局的生活”专栏，内容包括中央情报局的文化、一些分析专家的业绩、分析人员对自己工作的讲述以及雇员的利益、招募对象在社会身份和才能要求上的多样性等。许多人在对中央情报局的工作有更多了解之后认为不适合自己便退出了，也有一些人退出是因为要他们说清楚服用毒品的历史等。

招收人员在介绍会以后与仍然希望参加中央情报局的人进行个别面谈。面谈结束后，招收人员会把正式申请表发给一部分人。据统计，填写正式申请表的人平均年龄 27 岁，他们中一半有高于本科的学历，2/3 到国外旅行过，20%能说至少一种外语，15%来自军队。申请表一共有 34 页，需要填写的内容包罗万象，如过去 15 年里的居住地址、17 岁以来的工作经历、兄弟姐妹的雇主姓名、配偶和父母的出生日期和地点，等等。申请人还得参加难度较大的智力测验、分析个性和稳定性的心理测验和能力倾向测验，并交一篇他们写的文章。如果能通过这些测验，招募中心就会对候选人进行从出生那天开始的历史审查。在审查过程中，招收人员会访问申请人的家人、熟人和以前的雇主，以证实申请人提供的资料。对候选人的背景调查通常需要几个月的时间才能完成。最后是测谎试验。

符合所有要求的人会收到正式的录取通知以参加职业训练课程。

为了扩大招募范围，招募中心的工作人员会出席许多全国性的专业会议，如黑人工程师全国协会和妇女工程师协会。中央情报局近几年招收的人员中约 22%出身于少数民族。在它的全部雇员中，15%是少数民族，44%是女性。①

---

① 徐维源著：《美国中央情报局——从罗斯福到小布什》，学林出版社，2002 年版，第 303—306 页。

二、间谍的招募

中央情报局的行动处是美国对外进行隐蔽行动的授权机构，美国间谍的活动均由该处负责。为中情局招募间谍（代理人）的工作人员主要是行动部的特工，遍布世界的130多个工作站的特工的主要使命就是在当地物色、招募间谍（代理人）。

从事间谍职业的人既包括情报机构正式或非正式招募来从事情报搜集活动的对象国（地区）的公民，也包括秘密派遣到对象国（地区）从事情报搜集的本国情报机构的官员以及情报机构招募的普通公民。中央情报局主要依靠前者为美国搜集情报。在对象国（地区）招募间谍的对象主要是对象国党、政、军要害部门的官员或工作人员；各学科领域的专家学者；思想意识倾向于己方的人员；侨民和混血儿等。

招募间谍的方式：

（一）直接式招募

直接式招募通常是特工对某个人的情况已经有了比较具体的掌握，比如某个在对象国情报机构工作的职员，能够接触较多重要信息，但是对领导不满，工资较低，家庭也不和睦，经常去某个酒吧喝酒，或在网上发泄过不满情绪等。中情局的特工通过了解该人的性格、习惯、收入、家庭背景等，就会找机会与此人接近，通常使用金钱利诱的方式直接开价，问其是否愿意合作。但这种方式如果遭到拒绝，还可能发生告发招募者或其他激烈反应，风险性较大。中央情报局认为，招募的技巧也只有少数人才能掌握，需要会搞交易的手腕。一名优秀的特工应该有主动性，有交际能力，有敏捷的思路，在危急情况下应付自如。

（二）渐进式招募

渐进式招募是特工和被招募对象逐渐建立联系、加深了解、培养感情、沟通思想，慢慢地水到渠成，使招募对象自觉不自觉地成为一名间谍。这种渐进式招募的过程短则几个月，长达数年。

渐进式招募的另一种方法是在对象国培养年轻目标，对于学习成绩优秀，家庭背景较为复杂，如有海外关系，将来可能在该国的重要、敏感领域进行研究或可能成为关键职位的候选人的目标，中央情报局可能在目标上高中、大学期间，就提供资助和出国学习机会等，其目的也在于实现渐进式招募。

（三）对主动投靠者的招募

情报官员在情报对象国经常会遇到一些主动投靠要求当间谍的人。在招募主动投靠者时，必须慎之又慎，关键是要把这类人员的真正动机搞清楚，防止他们是该国反间谍部门释放的诱饵或充当套取己方情报的卧底。如果经过考验，投靠者确实可靠，往往可以得到很多己方不易考虑到的有价值的情报。

中央情报局对招募的间谍进行的培训强调实用而有针对性，注重的是业务技能培训而不是学历教育。中央情报局的间谍培训基地为“皮里营”，内部称之为“农场”。它在弗吉尼亚州的威廉斯堡，是中央情报局的第二任局长史密斯授权贝尔德空军上校于 1951 年创建的。营地四周是带刺的铁丝网，内有 6 座兴建于 1961 年且设有重钢门和 X 光监视器保护的建筑物。“皮里营”一直被美国地图出版部门视为军方实验、训练机构，实际上它是一所专门为美国中央情报局及其他情报机构培训特工、教授学员运用五花八门的技巧招募外国人为中情局工作的秘密“间谍大学”，到处有专门为进行诸如潜入潜出技术、夜战、爆破、跳伞和情报搜集等复杂训练而建筑的各种设施。

据披露，美国招募的间谍都是在这里学习开锁、潜逃、渗透、跟踪及其他与他们性命攸关的技能。有时，受训者会进行秘密潜入邻近城镇的酒店或是摆脱教官跟踪的练习。美国在间谍培训方面主要借鉴了英国在二战中摸索出来的方法。当时英国特别行动处的培训是这样进行的：第一周由考评委员会对新来的人进行考评，在此期间心理学家要全面地研究每个学员的品质，看他们是否适宜于从事秘密工作。考评后的四至五周进行严格的军事训练，常常在苏格兰的旷野进行，要学习徒手搏斗、武器使用、执勤技术、摩尔斯电码和无线电通讯、爆破、破坏、识别地图、先进的袭击战术和非常规战争，训练往往通宵达旦。军事训练后再进行两周跳伞训练，主要是夜间跳伞的技巧。最后六至八周是秘密工作技术和安全训练，有盯梢、监视、摆脱跟踪、建立安全接头地点、及时转移、化装、保护自己的掩护身份、使用接头暗号、代号、秘密电报和安全方法。他们还要研究对方反情报机构的行动方法和组织体系，有的还包括单项专业训练，如无线电通讯、用科学方法破坏工业设施、在老窃贼指导下撬开保险箱等。所有训练结束后要进行四至五天的演习，受训者要把他们所学的一切付诸实践，由专家来检验其已达到的灵敏程度并找出其存在的弱点。

第二节　军事情报机构的人员招募

美国军事情报机构是指隶属于国防部的情报单位，包括国防情报局、国家安全局、国家地理空间情报局、国家侦察局以及各军种的情报机构。这些情报机构的工作人员大多数身着军装，但也有文职情报人员，在一些岗位上后者是必不可少的，本节将对美国军事情报机构的这两类人员的招募情况做一介绍。

一、军事情报人员的招募

美国军事情报机构的工作人员主要是通过军校教育成长为军官，进入各类情报机构的，但大多数国家级军事情报机构的情报官员都要求在情报界的其他单位任过职，或规定必须有轮职经历才能再进入更高一级的岗位。

因而对军事情报人员招募的论述重点就转移到对军事情报学员的教育上来。美军专门从事情报教育训练的机构主要有 9 个，其中隶属于国防部的有国防情报学院、地理空间情报学院、国家密码学校、联合反情报训练学院，隶属于各军种部的有陆军情报中心与学校、空军第 17 训练联队、海军技术训练中心、太平洋舰队情报训练中心、海军与海军陆战队情报训练中心。美军情报教育训练因军种不同、受训人员职级的不同、军职与文职的不同、现役与预备役的不同而各有区别。

负责情报事务的副国防部长专司审核所有情报教育与训练项目并为其提供政策依据与指导，协调国防部系统内的情报教育训练资源与预算，并就情报教育训练相关问题向国防部下属各分支机构领导人提出建议，以国防部系统内各情报教育训练机构为基础，向军/文职情报人员提供各种形式的教育与训练，以提高其在国内以及国际安全领域的任职能力。

在负责情报事务的副国防部长的授权与指导下，美国国防情报局负责国防部系统内的人力情报训练、总体情报训练和测量与特征情报训练。

在人力情报训练方面，国防情报局下设的“国防部人力情报训练委员会”（DHTC）为人力情报训练的顾问组织。国防情报局局长负责指派国防部人力情报训练委员会主席，并与国防安全合作局局长一同管理驻外武官人员的提名、遴选和训练过程。同时，国防情报局局长作为国防人力情报总监，负责监督国防部人力情报训练的成效，在各军种和联合参谋部协助下制定人力情报训练的政策、程序和标准等，并向负责情报事务的副国防部长提出训练资源要求。此外，国防情报局局长还负责组建联合训练行动组，以指导和监管与参联会主席、联合部队司令部司令及各军种部部长合作下的人力情报训练执行情况。

在总体情报训练方面，国防情报局下设的“总体情报训练委员会”为总体情报训练的顾问组织。国防情报局局长负责为总体情报训练项目提供政策指导并确立训练标准，向负责情报事务的副国防部长提出训练所需的具体资源要求，监管各军种及战区的相关情报专业技术训练，并提名国防情报局教育办公室主任，即总体情报训练委员会主席的人选。同时，国防情报局局长还负责监督吸收国防部以外的情报机构人员加入总体情报训练委员会，以便情报界各成员间交流信息，审查训练报告和课程设置。最为重要的是，国防情报局局长每年还须向负责情报事务的副国防部长办公室提交一份有关总体情报训练教学计划的年度报告，为国防部下属其他各情报机构提供在线分布式教学，审查、评估与指导国防部总体情报远程教育活动及训练技术。

在测量与特征情报训练方面，国防部情报局下设的“测量与特征情报训练与教育委员会”是其顾问组织。国防情报局局长同样需要为测量与特征情报训练提供政策指导及设立训练标准，向负责情报事务的副国防部长提出训练资源要求，审查与评估测量与特征情报训练项目的成效，任命测量与特征情报训练与教育委员会主席，并就相关政策与负责人事与战备的副国防部长进行协调。

国家安全局负责美军所有的密码训练项目，其下设的“密码训练委员会”是其顾问组织。国家安全局长负责为各军种部密码工作及其相关训练制定预算，审查各军种部密码和相关训练项目，提供技术指导、设立考核标准、为相关课程开发提供各方面支持，并每年向负责情报事务的副国防部长提供有关国家密码学校和各军种密码训练学校运作情况的报告，然后以此为基础提供建设性意见。

国家地理空间情报局负责国防部地理空间情报训练，其下设的“界内地理空间情报训练委员会”是其顾问组织，国家地理空间情报学院院长任主席。国家地理空间情报局局长主要负责为地理空间情报训练提供政策指导、确立训练标准，并向负责情报事务的副国防部长提出训练资源要求，为国防部系统内各部门的地理空间情报及其相关训练制定预算，确定国家地理空间情报学院院长人选，并任命其为地理空间情报局局长行政代理人以及地理空间情报训练委员会主席，具体筹划与地理空间情报训练的相关事宜。

反情报行动局主要负责反情报训练，其下设的“反情报训练委员会”是其顾问组织。反情报行动局局长通过联合反情报训练学院监管联合反情报领域内的教育训练工作，设立考核标准，并向负责情报事务的副国防部长提供建议，向反情报训练委员会提供有关新的教育训练技术、方式和装备方面的建议，并对教育训练效果进行评估。同时，他还应向负责情报事务的副国防部长提出训练资源要求，审查新的联合训练计划，任命反情报训练委员会主席，每年向负责情报事务的副国防部长提交一份反情报训练情况年度报告，并为联合反情报训练学院提供各类训练资源。

通过以上对各情报门类的人员教育训练，军事情报机构的人员来源基本得以保证，军事情报机构也从这些负责情报训练的院校单位中招募人员。

二、文职情报人员的招募

2008 年 2 月 20 日，美国陆军部颁布了《军事情报文职人员特别职业规划》（Military Intelligence Civilian Excepted Career Program，MICECP）。这一法规为陆军文职情报人员的雇用、训练、职业发展和管理、评估提出了相应政策和程序。所有反情报，战役、战术、战略层次的人力情报，专门的技术情报搜集以及行动支援的文职岗位都适用于这份职业规划。下面通过对这份规划的内容进行介绍，使读者对美军文职情报人员的职业管理有所了解。

（一）该规划的目标

1. 招募、培养和保留拥有技术技能的反情报、人力情报专家，以满足陆军情报工作战略和战役需要。

2. 在文职情报人员的职业管理中保持灵活性和延续性，从而将高质量的专业情报人员分配在美国陆军和情报界的情报用户机构中。

3. 努力持续地提高文职情报人员的质量和保持较高的标准，以确保该项目在国防部和情报界中的可信度、完整性和专业化。

4. 为陆军战役和战略各层级情报活动提供一个集中管理和控制的文职职业规划来满足人事需要。

5. 为战役和战略情报人员设立、发展和维持一个专门和可控制的职业规划，包括职业发展和变更的机制和程序。

6. 发展和保持动员能力，从而确保在国家指挥当局宣布动员、国家进入紧急状态或公开针对美国或其盟友的袭击发生时能够留住和继续使用军事情报特别职业的文职人员。

7. 通过辅助性的指挥和行动，确认哪些岗位应被设计为紧急事态中的关键和/或核心。

（二）工作岗位

1. 反情报，包括搜集、分析、生产以及情报与反情报的安全工作。

2. 对国家安全突发事件的调查。

3. 实施进攻性反情报行动。

4. 目标利用。

5. 测谎。

6. 公开的任务报告。

7. 人力情报搜集。

8. 网络反情报活动。

9. 高级的专业技术情报。

这些文职人员既要在美国本土内也要在海外完成情报任务，根据不同部门的职责和地点确定实际的行程。

（三）招募条件

1. 必须是美国公民，可以是本土公民也可以是出生地在美国。

2. 必须提交一份申请进入的报告，随后接受定期专门的背景调查，这样才能获得绝密身份认证，可以接触敏感部门信息和满足在职务轮换时对身份安全的要求：

（1）政策要求申请人的直系家属（包括配偶、父母、兄妹、子女和任何共同生活的人）都必须是美国公民。

（2）保持绝密身份或者能够接触敏感部门信息的人员要接受随机的毒品测试。

3. 可能会要求参加一次准备好的反情报范围的测谎试验，并将随机检查。职务轮换时专门的测谎试验可能会检测生活方式。拒绝参加者可能不能被任命。

4. 对于特别关键的职务必须同意提出的要求，必须在任命前填写相关表格。

5. 根据要求必须为应聘者提前提供书面的工作条件。

6. 所有选择此类职业的人员必须签订一份可以灵活变更的协议。

不能满足工作条件要求的人员将会被强制开除。

（四）个人特质要求

1. 无条件地对政府和美国宪法保持忠诚。

2. 诚实、正直和高度责任感。

3. 对军事情报文职人员特别职业规划及其任务特别感兴趣并具备倾向于从事此类工作的资质。

4. 智商较高，有常识和自律能力。

5. 能够在有情绪的时候也能成熟地判断，拥有接受任务和完成它们的能力。

6. 尊重领导并能够服从领导。

7. 有强有力的指挥才能和令人愉快的个性。

8. 能够和各种类型的人和睦相处，并能相互鼓励，增强信心。

9. 自信，并能换位思考。

10. 持续的求知欲和学习能力，能不断增加知识储备。

第三节　情报分析人员的培训

美国情报界高级的情报分析人员主要集中在中央情报局的情报处，因为这里曾经长期负责国家情报评估的生产。负责分析人员培训的机构是中央情报局谢尔曼·肯特情报分析学校。该校于 2000 年由中央情报局的高级管理人员建立，旨在提高情报处的专业分析水平。

一、肯特情报分析学校建立的背景

1998 年，时任中央情报主任的乔治·特内特写了一份关于中央情报局存在的问题和他打算如何去做的内部简报，在具体说明他对中央情报局的未来设想中，特内特以“战略方向”的说法强调了中情局应该改进当前的分析能力，更好地服务于国家安全决策者。不久，中央情报局没有向美国的决策者就印度进行核试验的意图作出预警，这次情报失误再一次表明特内特的“战略方向”改革势在必行。

最初，中情局对改进情报分析采取的措施是建立一个由 8 名情报处官员组成的“分析深度和专业性特遣部队”（Analytic Depth and Expertise Task Force），由他们研究怎样培养真正的世界级分析专家。他们每周进行几次会面，分别研究怎样加强初级、中级和高级分析人员的专业水准。他们发现中级分析人员可以通过轮职的方式扩充经验，比如在海外工作或进入决策层的有关机构。高级分析人员有更大的机会转行从事管理，而不是继续将他们的知识和分析能力用于情报分析。这支“特遣部队”认为应该创造一种更好的职业道路，不让高级分析人才转入管理工作。最后，他们得出的结论是初级分析人员最需要接受培训，奠定分析职业的基础。于是，“特遣部队”向后来的情报处处长约翰·麦克伊钦提交了两份建议：一是使分析人员发展到高级水准之后仍能继续从事分析工作；二是为分析新手建立一项培训规划。这两份建议都得到了批准，前者实现为“高级分析处”的建立，后者实现为谢尔曼·肯特分析学校的建立。谢尔曼·肯特学校是以 1952 年到 1967 年担任中央情报局国家评估委员会主席的谢尔曼·肯特命名的，他被视为“发展了情报分析职业的领袖”。在 2000 年 5 月肯特学校启用典礼上，特内特称赞肯特是“一代代分析人员的睿智的老师”，并希望“这所学校将不断地培养出令他骄傲的学员”。

二、美国对情报分析人员的培训理念

怎样才能成为一名合格的情报分析人员？美国情报学者普遍认为，情报分析人员必须经过专业的培训，分析人员越专业，其生产出来的情报产品质量也越高。特内特在肯特学校启用典礼上说：“专业水准——建立在学习和经验基础上——以及相关性和高标准对于形成情报产品中的洞察力非常重要。我们的分析人员要综合新闻报道人员的时间紧迫感、清晰表达能力和学者对细节的把握能力。”在特内特看来，情报赢得用户信任的东西正是情报产品所体现出的洞察力，而洞察力的获得必须经过训练。

除了专业训练外，情报分析人员还应该尽可能多元化，拥有特定地区的政治、军事、经济、地理、历史、社会等方面的知识，所以大学课程或在职培训中要使学员掌握语言和熟悉了解地区情况。前中央情报主任斯坦斯菲尔德·特纳还指出，许多分析人员的弱点是他们不了解对象国的文化。他建议，分析人员有更多的机会参加学术机构、专业会议，在国外旅行和生活，掌握对象国的语言，真正成为对象国专家。哥伦比亚大学教授罗伯特·扎维斯也认为，“充分的培训和亲自在对象国生活体验过”是提高分析能力的辅助手段。

三、肯特学校建立前中情局对分析人员的培训情况

中央情报局在成立后的很长时间里，都没有重视对分析人员进行培训。前中央情报主任麦克伊钦说：“现在我们所说的《总统每日简报》的创立人，迪克·雷曼，曾说他受到的基本的分析培训是1949年回来后他的上司对他说的一句简单的建议：“‘不论你做什么，只要记住一件事情——苏联不是个好东西！’很简单，但一语中的。”曾任众议院情报委员会顾问的马克·劳温塞尔也说过中央情报局“没有太多培训”，“他们只会说，祝贺你，你已经成为分析员，祝你有开心的一天”。培训过程通常都是依赖于分析人员以前接受过的教育，剩下的就靠分析人员自己的沉浮。肯特学校的前主任弗朗·巴克斯说：“以前情报处的培训就想把人扔进一个深水游泳池，如果训练或指导不及时，分析人员就要自己挣扎了。”

1996年，中央情报局为了改进对初级分析人员的培训，设立了一个月长的“情报处技能基础”（FDIT，Fundamentals of DI Tradecraft）课程。课程内容基本是根据前情报处主任麦克伊钦的思想设计的，并发给所有的分析人员和管理人员。但是这门课程在内部遭到了大量批评，因为节奏太慢，前后课程指导水平的不一致以及一个月的训练时间太短，分析人员还不能熟悉工作。这次培训课程的许多经验教训都被“分析深度和专业性特遣部队”所吸收，并在肯特学校的设计和训练项目上得到改进。

四、肯特学校建立后的分析培训

肯特学校的建立本身就是情报分析人员培训工作的一大进步。以学校为结构可以保证培训工作的持续性，且可以为未来的培训提供知识储备。肯特学校建立在情报处内部，可以更好地与情报处的需求实现一体化。该校由高级情报官员担任校长，可以保证它对情报处的归属，并提供更多行政支持和预算支配权。

“职业分析人员项目”（CAP，Career Analyst Program，以下用CAP替代）就是中央情报局第一个为专业情报分析人员建立的综合性训练项目。尽管它汲取了“情报处技能基础”课程的教训，但CAP还是一个全新的训练项目，它不仅包括专业的知识和技能，比如情报行动、情报搜集和反情报问题，而且讲授情报处的历史、任务和价值。这项综合性的训练项目不再限于1个月的培训时间，但到底多长时间才合适，也是一个备受争论的问题。特内特认为应该向行动处那样培训1年，否则说明情报处的培训没有得到应有的重视；“分析深度和专业性特遣部队”建议10个月，但遭到了情报处的反对，因为他们面临人力资源紧缺的限制，不想让新成员离开那么长的时间。经过协调，培训项目由10个月缩短到25周。CAP的课程内容根据分析人员和管理者的反馈不断地进行调整，从而使该项目更加有效。从 2000 年到 2002 年，根据学员的反馈并综合教员的评论，CAP 的长度进一步缩短到 22 周。

五、“职业分析人员项目”介绍

“职业分析人员项目”通过对分析新手的培训，使他们获得相应的知识和技能，从而能够在生产最终情报产品和整体的工作表现中更加高效。主要的教学思路是讲授情报失误的原因、避免失误的方法，教学员使用科学方法规范分析过程，运用认知工具等，从而生产出更准确的情报分析产品。CAP 是否有效以及中情局的情报分析是否得到了改进取决于分析人员在培训结束后的日常工作中是否有机会应用新获得的分析专业技巧。而对情报分析产品生产过程的最终机构性评估将可以看出分析培训项目是否帮助中央情报局生产出了准确、及时和符合用户（国家安全决策者）需求的情报。

到 2002 年 2 月时，CAP 已经是一项 22 周的项目，第一周是对情报问题的介绍，包括中央情报局的历史、任务和价值，以及由中情局情报研究中心的历史专家讲授一个单元的情报历史和文献。接下来的几周向分析人员介绍情报处各种各样的技能，包括分析思维、写作和自我编辑、简要报告、数据分析技术以及团队合作训练。这些基本技能即使对高级分析人员来说也十分必要，因为情报分析要把注意力放在决策者可能提出的各种问题上，而不是遇到的学术问题。简要报告的能力在学术训练中并不受到重视，但对于在政府部门进行有效的信息分发而言则至关重要。分析人员还要适应情报处的写作风格，即在文章的一开头做出最保守的判断。前五个星期的训练要在一支特遣部队的训练中进行检验，分析人员将有机会应用他们学到的技能，在课堂设置的情景下加以练习，并在更为现实的情况下加以应用。

五周之后，CAP 学员将完成一项为期四周的中期任务，这项任务帮他们理解情报处是怎样和中央情报局的其他部门、情报界、他们服务的决策机构相联系的。分析人员在他们的管理者的帮助下确认和他们有关的任务在整个行政体系中的地位，获知他们在整个职业生涯中都需要的和工作单元有关的知识，特别是要看一看情报分析在决策部门眼里是怎样被看待的和被使用的，这可以帮助他们了解自己的角色，更好地完成工作。这些中期任务还包括在军事指挥部门的参与——比如在珍珠港的太平洋总部——这可以为分析人员提供对军事用户的认识。2001 年麦克伊钦曾热情洋溢地讲到新的情报分析人员参观珍珠港的收获，可以让他们看到中央情报局建立的直接原因，以及他/她应该怎样适应 50 年来的工作传统，防止再发生类似的灾难。

四周的中期任务完成后，分析人员返回教室再接受四周的高级课程，比如书写和编辑长篇论文和主题模块，解决像欺骗与拒止、征候与预警之类的问题。这类课程需要更高一级和更精妙的分析技巧，分析人员需要扩充他们的知识面，了解情报界其他情报机构的知识，并参与行动处官员在集中训练时接受的一项“行动熟练化课程”。分析人员还要学习更多的技巧问题，包括在严格标准和下意识地分析情报原始数据时所用道德概念、技术和方法，这些都是情报分析人员的专业技巧。这些技巧还包括将情报所研究的问题转变成用户所需要的问题，将复杂的问题用简单的术语表达，剥除繁琐的假设、证明、背景介绍，不带政治立场地解决有争议的外交政策和政治目标问题。CAP 还用谢尔曼·肯特提出的“情报分析原则”作为学员学习分析技巧时的指导原则。这些原则强调严格的思考标准、有意识地避免偏见、愿意考虑其他判断、系统使用圈外专家进行盲检，以及坦率地承认不足并从错误中学习。

CAP 还讲授其他技巧，比如选择性分析技巧，包括研讨会和竞争性“A/B 队”方法，定期吸收外界专家的观点。此外，CAP 还应用理查兹·休尔的情报分析心理学理论让分析人员了解人类思维过程中的缺点和局限。CAP 非常重视从情报失误的案例中学习，花费大量的时间进行情报失误案例研究。

然后，分析人员再进行一次为期四周的中期任务，并在最后四周返回课堂学习更高级的技能。比如，关于情报政治化和职业道德的课程教分析人员“怎样将有效的情报支援和开出政策药方分离开来”；高级情报处编辑讲授“为总统写报告”，告诉分析人员中情局在为最高级的决策者写报告时的思路和技巧。CAP 也为分析新手们介绍有经验的分析人员是如何处理和国会、公众、媒体等方面的关系的，用他们辛苦获得的经验教训告诉新人们怎么做起作用，怎么做没有用。

最后的课堂教学部分将以一次实战演习结束，它将模拟一次持续两天的恐怖主义危机，CAP 的教员们利用这次机会让学员看到他们在今后的工作中可能遇到的情况，设定一些两难境地让分析人员即兴发挥并应用课堂上学到的技巧。“这次危机被有意设置得十分紧张，压力很大。”最后，CAP 将为每个学员写一份书面评估，寄到他们的所属单位，记录他们学到的技巧、能力、训练期间的表现。

除了要求十分严格的教学过程，CAP 还使用互动式教学方法使学员的学习和收获最大化。学员在抽象的课程讲授中往往不能积极地参与进来，CAP 就使用变化多样的教学方式。这对拥有不同学习风格的学员来说，可以使他们都能拥有很好的学习效果。尤其是案例研究方法，案例研究更接近现实，学员可以了解在面对复杂的、模糊不清的困境中如何做出决策、如何解决问题。

如何检验 CAP 的效果？肯特学校设计了一个培训前后对比测试，经过测试发现，培训后的分析人员在应用他们的能力时更加自信和成熟了。而且参加过 CAP 的学员们在培训结束后还会保持联系，这十分有利于他们在工作中的合作，比如在政府不同部门工作或情报界的不同单位工作时，如果遇到需要协调的问题，同学关系可以帮助他们很好地合作完成工作。在跟踪研究中还发现参加过

CAP培训的分析人员因为工作表现比较突出，他们得到提升的机会要比没有参加过培训的人高。

第四节　陆军情报军官的培训

陆军情报中心与学校是美军最为重要的基本情报技能训练基地之一，位于亚利桑那州瓦丘卡堡，隶属于美陆军训练与条令司令部，现已成为美军军事情报系统主要的人才培训基地及重要的情报装备系统研发与测试机构。通过军事情报各专业士兵的初级入门训练、准尉培训课程、军官培训课程等，为美军培养适应新形势发展需要的合格军事情报人员。

陆军情报中心与学校下属的第326军事情报营军事情报军官基础课程共17门科目，分别是：国家情报结构、需求、来源和机构、指挥评估处理、任务分析、目标开发、行动过程开发（包括进攻和防御）、决议简报、决策支援模板/推演（防御）、侦察与监视计划（防御）、情报周期简介、情报评估（防御）、方法论与预测性分析、战术图像情报活动、通信总论、SINCGARS无线电、非战争行动中的情报征候。高级课程共有11门，分别是：战场情报准备、情报评估、作战命令、旅级作战与情报、军事情报连作战命令、和平行动、进攻与防御作战情报、进攻作战与情报、下定战术决心、方法论和预测性分析、战术图像情报活动、信号情报活动、电子情报。[1]

在教学方法上，以基础课程“决策支援模板/推演（防御）”为例，该科目共9学时，包括2小时课堂教学和7小时实际演练。推演前，教官首先明确推演的五大原则：1. 要列出所有的有利与不利

① 参见http：//www.fas.org/irp/doddir/army/mioac/index.html。

点。2. 始终保持客观。3. 避免过早下结论。4. 不要比较行动过程。5. 不间断评估行动的可行性。整个兵棋推演共分为七个步骤：第一步，筹备推演所需工具。这些工具包括敌方情况模板、友方情况模板、事件模板、关键事件列表和同步跟踪矩阵；第二步，罗列友方力量。其中包括：可得到的力量，可得到更高一级总部支援的优先顺序；第三步，在任务分析过程中进行想定；第四步，关键事件和决策点列表；第五步，选择推演方式；第六步，记录与展示结果；第七步，推演战斗并评估结果。整个推演的目的在于使情报参谋与其他参谋，尤其是作战参谋保持同步，评估敌我行动进程，进而使学员在全源情报条件下，掌握如何在防御过程中应用决策支援模板。

陆军情报中心与学校下属的第 309 军事情报营在“9·11”事件后，在其教学大纲中明确规定将中东文化知识的介绍融入各军职专业的初级入门训练课程中，所有参训情报人员都要以伊拉克和阿富汗为重点，学习中东地理概况、中东战略地理、中东文化地理、中东部落文化、伊斯兰教概况等。① 其高级课程特别设置了“恐怖主义袭击分析与实践演练”板块，专门介绍恐怖分子的组织架构、运作方式、伊斯兰文化差异等，并进行假想敌实践演练。②

陆军情报中心与学校的联合情报战斗训练中心是针对联合作战对情报支援体系互通性的要求而组建的，为来自各军种的情报人员提供在联合条件下进行实践演练的机会，重点培养不同军种情报人员的协同配合能力。该中心以阿富汗和伊拉克战场为假定场景，每年进行 20 轮培训，每轮培训为期一周，年均受训人数为 2200 名。

---

① George Stemler, “Overview of MI Initial Entry Training Course Taught by the 309th MI Battalion”, *Military Intelligence Professional Bulletin*, Vol. 30. No. 2 (2004), p. 13. Available at: http://findarticles.com/p/articles/mi-m0IBS/is－2－30/ai－n6361521.

② 沙正新：“美国陆军情报高级班受训心得纪要”，载《陆军学术双月刊》，2006 年 10 月号，第 113 页。

在为期一周的紧张训练中，军事情报人员需要进行三个科目的演练，第一个科目是通过绘制通用作战图，理解战场情报支援的形式，并进行作战模式预测性分析，提供准确的情报评估。第二个科目是进行情报、侦察与监视活动，在这个科目中学员需要学习根据情报需求制定情报、侦察与监视透明图与矩阵，并学会如何合理地使用情报、侦察与监视资源。第三个科目是进行战场情报支援演习，使不同军种、不同情报专业的学员在相互协作中共同完成想定任务。① 所有的演练科目将不同军种、不同衔级、不同情报专业的学员融合在同一个模拟战术环境下训练，为其能够胜任联合作战环境下的情报支援工作打下良好基础。

2004 年 2 月，陆军情报中心依托网络技术启动了“军事情报大学”项目，将军事情报外语训练中心、文化教育中心和军事情报图书馆接入了互联网，在网络上设置了自我学习和情报延伸训练板块，为驻扎在世界各地的美军情报人员提供了随时可用的训练平台和教学资源。（有关“军事情报大学”具体内容见“其他培训机构”一节）

2006 年 2 月 1 日，该校成立了文化中心（Culture Center），主要负责对陆军情报人员进行文化认知方面的培训。成立该中心的初衷旨在强化美陆军情报人员，乃至国防部下属各军、兵种官兵的文化认知意识，为他们获取必要的国情文化知识与技能提供训练平台。同时，该中心还负责为相关军队、地方学者在跨文化教育、研究、训练等领域开展合作提供支持。按照美陆军训练与条令司令部的规定，文化中心的具体职能可以被概括为以下五个方面：

1. 针对中东地区及东南亚文化开展研究并形成研究成果（重点研究方向为中东地区）；

2. 制定、修正及评估相关文化训练标准；

---

① Barbara G. Fast, “Always Out Front”, *Military Intelligence Professional Bulletin*, Vol. 33, No. 1 (2007). Available at: http: //www. universityofmilitaryintelligence. us/mipb/article. asp? articleID=557&issueID=44.

3. 培养优秀的文化训练教官；

4. 协助“军事情报大学”（MIU）网络化项目的建设，承担其中军事情报数字化图书馆及文化教育网站的建设任务；

5. 促进同本中心相关的军/文职机构间的沟通与协作。

文化中心下设一个领导办公室及四个具体职能办公室。1. 领导办公室主要负责监督文化中心所承担的各项任务在日常工作中是否得以顺利落实，上级的各项拨款是否得到合理使用，教职人员是否严格遵章施教等具体事务性工作，其直接领导为陆军训练与条令司令部。2. 文化训练与教育教研室（CTEB）主要负责指派并协调教职人员开展教学与培训工作，为参训人员提供教学场地或远程教学设施，并同其他兄弟院校，如国防语言学院、外国军事与文化研究大学等开展交流与合作。该教研室在文化认知领域内所取得的研究成果并不仅仅局限在本中心内部使用，还可同美国防部、陆军及陆军训练与条令司令部下属的其他教育与训练机构进行交流。3. 语言实验室原属陆军情报中心掌管，在陆军训练与条令司令部文化中心正式成立后转而成为其下属的五个分支机构之一。该实验室主要负责为受训人员提供必要的硬件保障，储存相关外语音像资料，举办外语能力考试（如美军国防语言能力测试等），承办同外语训练相关的视频会议，并同国防语言学院保持合作关系。4. 公共关系办公室主要负责同美国情报界下属的其他相关机构进行沟通协调。

该校在教员的选调与聘用中，注重多种途径选择，多种成分组合。教员队伍不仅包括美军军官，而且还包括英军少校、德军少校、澳大利亚皇家陆军上尉、德军军士长各 1 人，他们分别负责反恐、非战争军事行动以及二战欧洲战史分析等课程的教授。[①] 在文化中心任教的教员大多具有在相关对象国或地区工作、生活的多年独特经

① 沙正新：“美国陆军情报高级班受训心得纪要”，载《陆军学术双月刊》，2006 年 10 月号，第 115 页。

验，对自己所教授的国家地区的语言、民族、历史、风俗、文化均有较为深刻的了解。目前共有18位语言文化方面的专家以及教育学专家任教于该中心，其中4人拥有博士学位，12人拥有硕士学位，几乎所有人都具备语言学方面的特长，更为特别的是这一团队中的所有成员都有在中东地区工作、生活的经历。这些教员中，有的曾经是常驻海外的退役军官，有的是经历丰富的资深记者，有的是经验老道的翻译人员。[①] 将这些具有不同领域知识背景和各方面工作经验的专家们组建成一个教学团队，能够使其在教学工作中发挥各自优势，相互取长补短，形成真正的优势互补，确保高质量的教学。此外，该校还开设了专门的教员培训课程，以提高教员授课技能，要求教员熟练掌握各种教学方法。在教员培训课程中，有为期13天的批判性思维训练模块，以提高教员在授课过程中灵活运用批判性思维方法的能力。[②]

近年来，陆军情报中心与学校开设了国际情报军官培训班，为来自不同国家的军官提供军事情报培训。2005年该校举办的国际情报军官培训班共有16名国际军官参加，其中来自巴基斯坦的有3人，埃及与吉尔吉斯斯坦各2人，中国台湾、也门、白俄罗斯、土耳其、塞尔维亚、马其顿、沙特阿拉伯、塞内加尔、立陶宛各1人，参加该期培训的美国军官与国际军官人数比例达65∶16。国际情报军官班的培训时间一般为21周，国际学员第1至5周单独由文职教员上课，目的是使其具备一般的情报专业常识；第6至8周同美军军官一同上课，主要进行战场情报准备演练；第9、10周国际学员再单独上课，了解美军武力部署方式和情报如何支援武力部署以及海空军的情报组织；第11至15周再与美军军官合上，与美军一起

① 参见 http://www.universityofmilitaryintelligence.us/mipb/article.asp?articleID=493&issueID=38。

② 参见 http://www.universityofmilitaryintelligence.us/mipb/article.asp?articleID=515&issueID=39。

完成完整的兵棋推演；从第16周起直至培训结束都安排为反恐课程的培训。[①]

第五节 美国专业情报人才培养的摇篮——国家情报大学

国家情报大学（National Intelligence University）是一所专门从事情报研究及培训的大学，经美国国防部授权成立、隶属于美国国防部国防情报局，被誉为"美军情报人才的摇篮"。该校是美国唯一一所允许学员学习和全面研究绝密/敏感性分类处理信息（Top Secret/Sensitive Compartmentalized Information）的高等教育机构。自成立至今，该校为美国情报界输送了大批优秀的专业人才，很多毕业学员成为中央情报局、国家安全局、国家地理空间情报局、服务与战斗司令部联合情报部门等情报部门的主管及重要岗位人员。

美国国家情报大学前身为美国国防部于1963年所设立的防务情报学校。随着美国国防情报需求的调整，防务情报学校不断发展壮大，并四易其名。1963年至1983年，名为防务情报学校（Defense Intelligence School），专门培训美军现役军职情报工作人员。1983年至1993年，升格为防务情报学院（Defense Intelligence College），开始培训美国国防情报机构、联邦政府情报部门下属现役军/文职及预备役情报工作人员。1993年至2006年，更名为联合军事情报学院（Joint Military Intelligence College），培训美国国防情报机构、联邦政府情报部门下属现役军/文职及预备役情报工作人员。2006年

① 沙正新："美国陆军情报高级班受训心得纪要"，载《陆军学术双月刊》，2006年10月号，第113页。

12月，更名为国防情报学院（National Defense Intelligence College），隶属于美国国防部国防情报局，是美国国防部所属的最重要的专业性情报人才培养基地之一，担负着教学和科研的双重任务。2012年8月，国防情报学院改名为国家情报大学（National Intelligence University）。国家情报大学的学员来源较之国防情报学院时期更为广泛，主要来自同国家安全事务密切相关的各政府组织及国防部下属的各情报机构，已逐步突破了仅仅满足国防部所属军事情报人员教育培训的既有范围。国家情报大学已通过不同形式、多个层次的情报学历学位教育项目，构建起了跨部门界限、跨专业领域、跨情报门类的现代情报教育综合体系，为美国国防部、情报界以及所有相关国家安全部门提供了一个指向明确、高效协作、功能齐备的教育与训练平台。

办学任务：

美国国家情报大学的办学方针是培养能与决策、计划和作战紧密配合的下一代掌管国防、情报和国家安全事务的领袖级情报人才，尤其是要为国防情报界培养未来的领导人，努力使国家情报大学成为面向21世纪的现役和文职专业性情报人才教育培养基地，为美国情报界培养精英。根据美国国防部第3305. 01号指令，国家情报大学的主要使命是："通过教育及研究等手段，培养军政机构情报人员；通过各种学术活动与教育规划提高情报人员的能力；作为国防部主要的情报学术推广联络服务机构，为有情报需求的国防政策、国土防御、国土安全等领域的军政人员提供专业技术培训；向联邦、公立和私立院校推广学位授予计划及进行国际项目的研究和学术推广等活动。"

其具体任务为：

1. 为捍卫美国本土以及美国在海外的利益，通过职业化的教育以及学术训练培养军/文职专业情报人才，使其在现实工作中具备有效识别与整合国内外军事情报的能力，并培养其献身国防事业的高度责任感。

2. 高度重视情报专业人才的教育训练机制，以及与情报相关的学术科研工作开展，以满足国防部平时及战时的情报需求。

3. 通过授予情报学学士/战略情报学硕士学位等方式逐步实施军事界的高等教育计划，提高国家情报大学培养出的情报专业人才的实际应用能力，通过各种情报研究项目推动高等教育计划的实施，并确立及施行合适的教学标准。

4. 在美国国防部和情报界之间起到交流沟通的桥梁作用。

5. 对有志于在情报、防务政策及计划、美国本土防务以及国家安全领域内开创个人事业空间的军/文职人员进行职业教育与培训。

6. 继续同各联邦公立、私立大学及学院在学位授予、国际课题科研以及学术研讨等方面开展行之有效的合作，以进一步提升国家情报大学在美国学术界的地位。

课程安排：

美国国家情报大学在筹划授课内容时极为注重理科知识与文科知识在实际工作中的相互融合，其课程安排主要围绕以下五大领域展开：

1. 情报的基本概念、获取手段、传递模式和分析方法。就此领域开设的课程有情报搜集概念、情报搜集原则、不同情报搜集系统的特点和局限、情报研究的资料来源与研究方法、情报的分析整理、情报数据自动处理系统的性能及操作方法、情报处理方法的运用与实践、情报工作资金管理以及经济情报等。

2. 情报机构的人员组成与职责。在这一领域开设的具体课程有：情报机构的任务、策略和人力物力资源、情报机构的领导风格和组织动态、驻外情报机构概况、驻外情报机构研究、国防部和非国防部情报人员的不同职责和作用，以及参谋长联席会议在组织、领导情报工作中的作用、任务以及开展的情报活动等。

3. 情报与决策和作战计划之间的关系。具体有：指挥部门的作用与职责、联合作战计划与情报、统计数据分析与决策理论等。

4. 情报在制定国家安全政策中的地位与作用。相关课程有：对威胁美国安全利益的全球性挑战的评估、各种征候和情报预警、恐怖主义概论、恐怖主义与反恐怖主义分析、国家安全政策的发展过程、国家安全政策的构成与原则、国家安全政策与情报间存在的主要联系等。

5. 世界主要国家和地区基本情况的介绍与研究。开设这门课程的目的是为了更好地、有针对性地在实际工作中开展各种情报活动。就这一领域所涉及的主要国家和地区开设的课程有：各国社会与文化分析、俄罗斯概况、中国概况、印度概况以及中亚地区、西南亚地区（伊朗及阿富汗）研究、拉丁美洲及其相关问题概述等。

美国国家情报大学在安排具体课程的讲授过程中继承了国防情报学院的特点，特别注重学员与高级情报专家以及教员的接触，以使全体学员获得有关情报及其相关领域的知识及综合能力，为其日后走上工作岗位、解决实际问题奠定坚实的基础。总的来看，美国国家情报大学的课程安排表现出以下鲜明的特色：

1. 注重对学员进行情报学基础理论的教育。国家情报大学在其开设的所有课程中始终将情报学基础理论教育放在首位，这些基础理论主要涉及情报的搜集、整编、分析等各个层面。通过有意识地引导，国家情报大学的学员通常都具有较为扎实的理论功底，在处理实际问题时善于以情报学的基础理论为依据，理性思维能力较为突出。

2. 注重情报与其他相关学科的交叉研究。除了重视情报学基础理论的教育之外，国家情报大学还较为注重情报与决策、情报与联合作战、情报与国家安全政策等相关学科的交叉研究，并在其授课过程中大量引入社会科学领域中的基础理论，不断地对情报学学科体系进行补充和拓展，以培养学员的全面思维与实践能力。

3. 注重课程的实用性，确保其紧随国防情报需求的牵引。国家情报大学的课程安排尤其强调实用性，学员在校学习期间所学到的知识绝非空洞无物的书本知识；恰恰相反，他们在学习期间掌握的每一门功课都与自己今后的实际工作有着密不可分的联系。与此同时，国家情报大学根据国防情报需求的不断变化也在不断调整完善自己的课程设置，例如："9·11"事件发生后，该学院有意加强了有关中亚、阿富汗、伊朗等地区的专题研究，还特别面向社会招聘了数名普什图语及达利语教员，以使学员能够全面、准确地掌握最新的情报需求动态，不断提升自己的实际应用能力。

教学模式：

国家情报大学面向军队、情报界各成员和国家安全机构招生，并根据所有军/文职人员各自特点的不同，设置了不同种类、不同层次的情报学历学位教育项目。国家情报大学在设置学制时以不同学员的不同学历与职业特性为出发点，采取了灵活多样的设置方法，充分兼顾了不同层次的学员对高等情报教育的不同需求。时至今日，国家情报大学已经形成了以学位教育为主，学历教育为辅；在职教育为主，在校教育为辅；日间教育为主，业余时间教育为辅；独立教育为主，联合教育为辅的教学模式。

1. 学位教育为主，学历教育为辅

目前，国家情报大学提供的11种学制设置中有8种均为学位教育，2012年6月获得科学与技术情报学理学硕士学位（MSTI）授予权。学员在修满所需学分并提交学位论文后即可获得从情报学学士到公共政策学博士不等的各种学位，而仅有的两种硕士学历培养方案也通常被视为由学士学位攻读硕士学位的前奏。

2. 在职教育为主，在校教育为辅

国家情报大学实行的11种学制设置中有6种为在职教育，主要面向那些来自陆、海、空三军，海军陆战队，海岸警卫队，国防部等军事部门以及联邦政府所辖的其他各文职机构中负责情报事务的专业部门的学员设立。其所涵盖的范围也从军/文职工作人员到预备役人员不等。另外4种在校教育模式主要针对脱产学员的学位教育。通常情况下，美国国防情报界各下属机构中每年只有极少比例的在职人员能够获得脱产学习的机会，绝大多数情报工作人员被鼓励积极参加在职教育。

3. 日间时间教育为主，业余时间教育为辅

为进一步拓宽在职学员的选择面，国家情报大学除按常例进行日间时间教育之外，还向在职学员提供了多种业余时间进修的培养方案。无法参加日间时间教育的学员还可选择报考夜间班、周末班、月度班等。

4. 独立教育为主，联合教育为辅

除独立开展大多数学位及学历教育之外，国家情报大学还就联合教育模式问题开展了积极的探索。该大学的联合教育模式可分为两类：其一为国家情报大学同美国国务院、国家安全局及国家空军情报中心联合建立的战略情报学硕士学位授予方案，该方案主要针对上述三家单位的情报部门工作人员设置，旨在通过在职教育提高他们的学历层次。其二为国家情报大学同马里兰州立大学联合建立的公共政策学博士学位授予方案，根据这一方案，国家情报大学可以在尚不具备单独授予博士学位的情况下借助地方知名大学的学术实力有效提高该学院的学位层次，充分利用现有资源培养更高层次的情报人才。

教学保障：

1. 信息保障

国家情报大学约翰·休斯图书馆的资料极及藏书极具专业价值，收藏有250多万件各类藏品，其中包括图书、期刊、报纸、解密后的情报文件、微缩胶卷、微缩胶片及地图等等。该图书馆还从世界各地订购了2000余种期刊、报纸、年鉴、统计报表，拥有极为丰富的信息资源，特别是在俄语资料的收藏方面尤为齐全。约翰·休斯图书馆还存有大量已经解密的文献档案资料，可供该院教职人员及学员随时查阅、使用。同时，学院图书馆还实现了信息资源的数字化。

2. 经费保障

国家情报大学行政机构下设一个应用研究办公室，专门负责鼓励该校学员积极参与各类情报应用性研究项目。该办公室专门负责为参与研究项目的学员提供包括考察、会议、住宿在内的凡属于研究项目相关的一切费用。正因为有这样的财力支持，国家情报大学

的学员才能够前往华盛顿特区以外的其他地方，甚至其他国家，有针对性地开展各类专题研究。此外，国家情报大学还经常邀请美国军方高级将领及学术界知名学者来院授课、任教或担任研究顾问，并给予丰厚的报酬，这一切也都有赖于其充足的资金保障。

3．机制保障

国家情报大学希望通过开展丰富多样的相关研究，使学员在学习的过程中积累更多的实用性经验，获取前人所总结出的情报工作的精华。在教学中特别注重鼓励以及资助本校教职人员积极就情报前沿问题开展研究。同时，该校还鼓励美国国防部下辖的其他军校的教职人员也积极参与到对前沿问题的共同研究中来，目前已经与他们开展了广泛的合作。国家情报大学教职人员及学员所取得的科研成果将被发表在本院所出版的学术期刊及论文集中，其中特别突出的研究成果与学术论文还将通过网络渠道同整个情报界的同仁们进行交流。

4．其他保障

国家情报大学拥有一个“国家情报大学基金会与校友协会”，该组织属于非赢利性组织，于 1985 年由校友自发组建。多年来，该组织的名称也随着国家情报大学名称的变换而改变，但始终不渝地坚持为该校的发展贡献着自己的力量。目前，“国家情报大学基金会与校友协会”每年定期主办各种学术研讨会和专题座谈会，供情报专业人员和协会会员交流信息和观点。此外，它还为国家情报大学开展的各项科研活动提供了大量资金和帮助。

第六节　情报界联合地方大学的人才培养

美国情报界认为在国家安全研究方面，需要一支有竞争力的、知识渊博的、由不同种族组成的人才队伍。单靠情报界现有的教育训练机构难以满足这一要求，为此，美国情报界创造性地提出了“情报界优秀学术中心”（IC CAE，The Intelligence Community Centers of Academic Excellence）计划。“情报界优秀学术中心”是美国情报界为了培养21世纪专业情报人才实施的一项战略性人才发展项目。这个“情报界优秀学术中心”项目旨在培养大量在信息技术、语言能力、政治学、经济学、科学技术、危机管理等方面的可使用人才，特别是培养拥有不同的文化背景或不同语种或在地理学方面有特长的女性、少数族裔的人才群体。所以这个项目对历史黑人学院和大学、西班牙裔研究院、部落学院和大学、亚洲裔和太平洋岛国裔研究院，以及其他拥有大量少数族裔或/和女性的学院特别关注。该项目面向所有经过认可的四年制大学或学院，愿意加入这一项目的学校要为实现“情报界优秀学术中心”提出的人才培养目标而努力，包括在录用学生、课程安排、基础设施方面做出努力。只要是美国公民，高中生、大学生、研究生都可以是培养对象。

一、项目主要内容

该项目由五大支柱组成：大学前/高中延展性项目、大学/学院项目、责任任务分工、基础设施建设和相互间关系的处理。

大学前/高中生的项目主要是通过大学与中学建立联系，通过夏令营、周末活动等方式让进入大学前的学生或高中生了解情报界的相关工作，培养他们对情报工作的兴趣。比如有暑期“国家安全”研究、周六研讨会、实地考察旅行、参观间谍博物馆、参加有关会议、听课等学习方法。

大学/学院教育则是为情报界提供教育课程、学习项目，这些大学或学院要鼓励和支持学生进行外国研究或出国学习，参与情报机构的实习工作，并开展对高中生的延展性教育等。大学要重新进行学科设计，强调对情报界所需的关键性能力培养，设立研究机构，开展对世界不同地区和国家的情报研讨会，设立专门的项目管理人，教员要参加情报界的培训，学校要提供充足的师资力量。

基础设施建设包括提供情报研讨会的条件、提供专家、进行“优秀学术中心”的资格认证、提供更多机会、安排学生和教员的实习与合作、提供情报界学习资源（如书本、期刊、报纸等）进行监管和评估工作等。

相互间关系的处理主要是在基础设施和条件方面的协调，包括进行授权和签订合同、设定研究优先顺序、安排学员实习、帮助完善课程设置、进行休假安排、奖学金发放、处理出国学习、在国外受到文化浸透式体验、培养优势语言能力、外国研究和出国旅行等方面的问题、提供人事方面的支持，如在职官员、合同商、退休工作人员、国防部或军方的其他人员等。

责任任务分工即对以上四大方面的责任和任务确定。

这个项目的高级顾问委员会由情报机构的高级官员以及大学的相关领导组成，他们对该项目进行监督，并提供反馈意见。高级顾问委员会还负责组建工作组，工作组是“优秀学术中心”项目的直接联系人，他们进行各机构之间的协调和支持性工作。

二、人才培养方向

“情报界优秀学术中心”提出培养以下五个方面的人才基本关键能力：

1. 信息技术专家，包括培养项目管理者、计算机专家、系统研究专家、软件应用专家、软件专家、电子数据最优化和网络安全方面的人才。

2. 政治/经济专家，包括政治学、外国/地区、经济学、军事、地理空间、国际商业/金融/银行方面的专业人才。

3. 语言专家，包括中东、远东和世界其他地区的语言人才。

4. 危机管理专家，包括反恐、反情报、反毒品、司法犯罪、国土安全、风险分析方面的专业人才。

5. 科学/技术专家，包括科学家、工程师、核技术专家、反扩散专家、武器技术专家、地理空间技术专家、图像专家、地图测绘专家、通讯专家、信息安全专家、法医等。

所有情报专家要具备的基本能力具体有：分析推理能力、批判性思考能力、口头和书面的交流表达能力、数学推理、项目管理、知识管理、时间管理能力、对模糊有限的数据进行研究并得出合理的结论和可选择的解决方式的能力、政治战略眼光、团队建设和合作能力、能对未来进行战略性关注、确定优先任务的能力、人际关系协调能力等。

三、项目运行情况

首批试行“情报界优秀学术中心”项目的大学有四所，它们是华盛顿特区的三一大学（Trinity University）、纳什维尔的田纳西州立大学（Tennessee State University）、亚特兰大的克拉克·亚特兰大大学（Clark Atlanta University）和佛罗里达国际大学（Florida International University）。2006 年以后，又有六所大学相继获得批准，成为这一项目的成员。下面以诺福克州立大学实施该项目的情况为例。

诺福克州立大学（Norfork State University）是一所有着培养黑人学生的历史渊源的大学，而且地理位置接近主要的军事基地和许多情报部门的总部，正是美国情报界优秀学术中心所需要的类型。2006 年秋，国家情报主任办公室拨款 230 万美元（5 年费用）要求该校设立情报界优秀学术中心，为情报界培养所需要的人才。2008 年 10 月 7 日，该校举办了国家顾问委员会年会。在年会上，工程学教授阿尔伦·麦克林博士提到目前国内有 10 所情报界优秀学术中心，诺福克作为其中之一在去年的主要活动和大事记以及一项硕士学历的情报研究项目中占有重要地位。年会提到：2008年春，情报界优秀学术中心开设了汉语课程；2007年12月，资助11名学生去突尼斯旅游；2008年5月，资助12名学生去中国旅游；2008年6月到7月，赞助36位高中学生参加一项暑期的阿拉伯研究项目；2008年4月，参加了中东协会，派学生出国对约旦、埃及、摩洛哥、突尼斯、联合阿拉伯谈判团进行学习研究，并授予学分；并提出2009年秋将开设少数族裔对阿拉伯和伊斯兰文化研究的项目。参加年会的学生包括：国防情报局和联合部队指挥中心的实习生、阿拉伯语专业及出国研究的学生、汉语及出国研究的学生、国家安全局研究人员。这些学生称他们获得了“改变人生的机遇”，都感谢情报界优秀学术中心给他们参加外语学习课程、出国学习以及在国防情报局、联合部队指挥中心和其他情报机构实习的机会。[①]

四、评析

美国情报界所使用的“情报界优秀学术中心”项目有很多亮点。首先，这是美国情报界创造性地利用地方资源储备情报人才的方式。“情报界优秀学术中心”项目是一种十分具有创造性的方式，它不需要情报系统再另行设立大学或培训机构对情报分析人员进行特殊培训。出于情报分析过程中对不同思维方式的需求，美国情报界专门与那些比较特殊的学院或大学合作，如历史上以培养黑人为主的学院、拥有大量少数族裔的大学等，这些人才如果由情报界从头开始培养必将占用大量的预算。而通过建立一种虚拟的“学术中心”，免

---

① 参见 *Norfolk State University Intelligence Community-Center for Academic Excellence (ICCAE) hosts annual National Advisory Board Meeting*，http://www.nsu.edu/iccae/about.html。

去了很多基础设施方面的投入。尽管这些大学签订合同后也要进行必要的基础设施建设，如负责组织研讨会、建立地区国家研究资料室、安排和额外组织教员培训等，但由于有着美国情报界的官方支持，这些准备工作就可以轻松完成。

其次，这是美国情报界对未来情报人才培养的系统性、战略性规划的表现。这一项目的面向对象不仅仅是大学生，还包括高中生和研究生。美国情报机构一向比较重视培养青少年对情报工作的兴趣，在大多数情报机构的官方网站上都有专为青少年开设的专栏，向他们介绍该情报机构的主要工作内容，有的还提供一些相关的游戏和训练，如地理空间情报局。在这一项目中，情报人才培养直接延伸到高中，事实上，处于青少年阶段的高中生是最富有想象力和对未来人生充满期待的时期，这一时期形成的兴趣点往往成为他/她一生的兴趣爱好。夏令营、周末研讨会、暑期到情报单位实习等方式不仅充实了学习生活，而且可能奠定高中生的人生理想，为其热爱的情报工作奋斗终生。对于已经有了较深厚的专业基础的研究生，这一项目也为他们提供了未来工作的选项。从高中生开始培养，并注重吸收研究生的这一计划充分体现了美国情报界对未来人才培养的系统性和战略性眼光。美国情报界于 2006 年公布了《情报界人力资本五年战略规划》，这一项目正是落实情报界对未来情报人才进行系统性、战略性规划的表现。

第三，这一项目充分体现了美国对情报分析中“可选择分析”、“不同观点”的重视。多样性的情报人才是改善情报分析的重要途径。这是从近两次情报失误中得出的教训。在“9·11”事件发生前，中央情报局曾在 2001 年 8 月 6 日提交的《总统每日简报》中以大标题的形式写着“本·拉登将袭击美国”，然而，这份情报简报中缺少预警的基本要素，时间、地点、方式。从简报中获得的信息主要是 1997 年、1998 年恐怖分子做过什么，他们有过什么意图。虽然提到了“劫机”，但对“劫机”的理解也是传统意义上的，最多要求美国政府释放被捕的恐怖分子之类。[1] 这说明情报人员缺少想象力，缺少发散性思维的危机意识。2003 年对伊拉克进行大规模杀伤性武器项目调查的国家情报评估则被无意识地“政治化”了，其对伊拉克的能力和意图分析由于存在对萨达姆政权的认知偏见、对伊拉克制造大规模杀伤性武器能力的高估倾向使情报丧失了客观性和准确性。[2] 正如理查兹·休尔所说，情报分析从本质上讲是一个思维过程。人的思维模式倾向于证实已有假设，一旦形成思维定势，即使获得新的证据不支持已有假设，这些证据也容易被忽视或被解读进现有认知框架中。然而文化、宗教、种族、性别上具有多样性的集体，由于所受教育和成长背景的不同，拥有不同类型的思维方式和知识结构，所以能在情报分析过程中对各种证据提出不同的理解，有助于避免情报机构陷入“集团思维”和思维定势的陷阱。

最后，美国情报界对该项目的落实有明确规定。从《美国情报界国家安全研究优秀学术中心——指南与程序》这份 2005—2015 财年项目计划中可以看出，美国情报界对优秀学术中心项目进展的评估几乎完全是量化的。比如对学员背景的人口统计、高中生参加各类活动的人数、举办会议的次数、提交论文的数量、教师的人数和教学时间长度、课程安排的数量、发放奖学金的数额、出国学习的人数等等。这些硬指标无疑有助于规范该项目并保证项目的持续运行。此外，高级顾问委员会则是专门进行监督和提供评估反馈的部门，它还将在必要时派出工作组进行协调工作。机构设置的完善也为项目的有效运转提供了保证。该计划还要求持续进行项目评估包括评估项目的计划、实施、修改，评估项目运行战略，进行课程调

① *National Security Advisor Holds Press Briefing* by National Security Advisor Dr. Condoleezza Rice, http://www.whitehouse.gov/news/releases/2002/05/20020516—13.html.

② *Report on the U.S. Intelligence Community's Prewar Intelligence Assessments on Iraq* by Select Committee on Intelligence United Senate 2004.7.7.

整，进行持续不断的经验教训总结和发表正式报告。2005 年至 2008 年是项目的试行阶段，2008 年至 2015 年，美国情报界对该项目进行制度化，设立情报界优秀学术中心的科研机构，不断建立学术网络等。这些明确的指标和规定无不体现了美国情报界以改善情报分析为巨大驱动力对这一项目有效落实和完善的决心。

第七节　其他情报人才培训机构

一、地理空间情报的人才培养

国家地理空间情报学院（National Geospatial-Intelligence College）

地理空间情报是指通过对地理空间信息和图像的分析和利用来描述、评估和标画出地球上的物理特征和与地理有关的活动。地理空间情报包括图像、图像情报和地理空间信息（如地图、海图和测地学）。国家地理空间情报学院就是为地理空间情报局培养所需要的人才。从网上公布的有限资料中，可以看到的课程内容有：

课程	学习方式
高级遥感图像 Advanced Remotely Sensed Imagery（ARSI）	在校学习和灵活学习
地理信息系统基础 Fundamentals of Geographic Information Systems（GIS）	在校学习和灵活学习
地理空间数字化数据用户课程 Geospatial Digital Data Users Course（GEODDUC）	在校学习
地理空间信息和勤务联合参谋军官课程 Geospatial Information & Services Joint Staff Officer Course（GI&S-JSOC）	在校学习

续表

课程	学习方式
战士地理空间信息和勤务 Geospatial Information and Services for the Warrior (GI&S4W)	灵活学习
图像利用支援系统基础 IA 课程 Imagery Exploitation Support System (IESS) Basic IA Course	在校学习和灵活学习
分析人员中级地理空间信息系统 Intermediate Geographic Information Systems (GIS) for Analysis	在校学习和灵活学习
遥感图像 Remotely Sensed Imagery (RSI)	在校学习和灵活学习

地理空间情报局为在校学生提供的实习项目有学生职业体验项目和学生临时聘用项目。在学生职业体验项目中，学生将在一学期或一季度都用来学习和都用来实习之间选择。学生的工作任务将根据个人的兴趣、能力和地理空间情报局的需要来确定。但是学生所在学校必须和该局签订协议，同意为这个项目提供合适的教员和行政支持。参加职业体验项目的学生根据工作日的时间，年薪将在17000 美元到 30000 美元之间，同时享受联邦人身保险、健康资金和退休项目，还可能收到助学金。学生临时聘用项目为学生在暑假期间提供真实的工作体验机会，工作任务和时间将取决于学生自己和他们的管理者，年薪和职业体验项目相同。在工作期间，学生也能拥有假期、加班费、年假和病假，非工作日没有工资。在临时聘用项目中，学生也可能收到助学金、但是没有联邦人身保险、健康基金、退休或自动转为正式工的项目。

要求：

参加学生职业体验项目或学生临时聘用项目的申请人必须满足以下要求：

- 美国公民。

• 满 18 岁。

• 所在学校有良好的声誉。

• 在和国家地理空间情报局的任务有关的学术领域努力获得学位，例如天文学、制图学、计算机科学、地区文化研究、环境科学、森林学、地球测量学、地理学（物理、政治、人口统计或地区方面）、地质学、地球物理学、大气动力学、图像科学、国际事务、海事科学、气象学、照片分析学、物理科学、遥感、商业、金融和会计等。

• 能够通过敏感部门信息的安全身份审查，要参加非法药物测试，直系亲属也必须是美国公民。

• 是大学一年级下学期或大学二年级的学生。

• 在四分制中平均成绩保持在三分及以上。

培训项目：

新成员项目。新成员项目是为了给新的分析人员提供广泛和共同的职业知识和认识，帮助新成员尽快融入国家地理空间情报局，为其成长为本领域的专家打好基础。

所有新雇用的分析人员会进入以下七个分析职业中：1. 航空分析；2. 制图学；3. 测绘学；4. 地理空间分析；5. 图像分析；6. 海事分析；7. 地区分析。参加的训练内容有以下几种：

基本分析训练——由国家地理空间情报学院教授，基本分析训练包括四种不同的情报基础课程：地理空间情报研讨会，分析人员分析基础训练，国家地理空间情报系统概览，情报交流。这些课程对所有分析新手而言都是必修课，也是参加其他正式的地理空间情报训练的先决条件，比如地理空间情报训练项目。根据课程需要，国家地理空间情报学院会在圣・路易斯、华盛顿和贝尔瓦堡（Ft. Belvoir，VA）讲授，其中一些课程安排在晚上。

岗位训练——精心设计的岗位训练项目提供了一系列有意义的实践和指导，来帮助雇员为拥有成功的地理空间情报职业提高分析能力。管理人员将为新成员安排一个师傅，带领新手完成一系列与职业相关的任务。

扩展活动——扩展活动包括各种演讲、参观活动，这些活动是用于拓宽地理空间情报分析人员的视野和国家地理空间情报局对国家政策、战斗支援的影响力。活动主题和参观涉及情报界、军队、学院教授、工业设备和基础设施。

实习——新成员要经历两个星期的实习，实习包括丰富的活动和任务，分析人员将从丰富多样的经历中受益匪浅，他们会对合作完成国家地理空间情报局的工作有更好的理解。实习可以为分析人员将来在本机构内外从事各种任务提供广阔的机遇。

地理空间情报训练项目——这个正式的训练项目将为那些在地理空间情报和图像分析方面一无所知或知之甚少的学生提供一个全面的入门指导，有助于他们将来在图像分析或地理空间情报分析职位上任职。

二、开设情报类课程的地方大学

美国哈佛大学（Harvard University）、麻省理工学院（MIT，Massachusetts Institute of Technology）、加州大学（California State University）、约翰斯·霍普金斯大学（Johns Hopkins University）、底特律大学（University of Detroit Mercy）、亚利桑那州立大学（University of Arizona）、南卡罗莱纳州立大学（University of South Carolina）、乔治·华盛顿大学（George Washington University）、坎贝尔大学（Campbell University）等数十所美国高等院校，都普遍开设了诸如“国家情报”、“战略情报”、“信息战争”、“美国情报史”、“美国情报政治学”、“情报与国家安全”、“情报与对外政策”、“情报政策与组织”、“情报：实践、问题与前景”、“恐怖主义：情报与政策问题”等大量情报类课程。

第七章

美国的情报侦察器材

第一节　光学成像侦察卫星：“锁眼”(KH)系列

一、概述

美国的光学成像侦察卫星为“锁眼”系列卫星。光学成像侦察卫星是指安装照相机或摄像机从卫星上对地面进行摄影的卫星。光学成像侦察卫星的任务是利用卫星上的可见光照相设备、红外照相设备、光学遥感设备，从卫星上对星下点周围的地区进行拍摄，获得地面景物的照片。

“锁眼”系列卫星分为详查型和普查型，目前已发展了六代。前三代普查型卫星的代码分别为“KH－1”、“KH－5”和“KH－7”；相应详查型的为“KH－4”、“KH－6”和“KH－8”。第四代为“KH－9”，也称“大鸟”号卫星；第五代为“KH－11”；最新的为第六代“KH－12”。美国目前在轨的照相卫星属于第五代、第六代卫星。

二、“锁眼-12”的技术特征

“锁眼-12”光学成像侦察卫星是当代最先进的光学成像侦察卫星。它于1990年2月28日开始发射，至今已经发射了5颗。这种卫星是在“锁眼-11”卫星基础上改进而成的，也有的称它为高级“锁眼-11”卫星。与“锁眼-11”系列卫星相比，“锁眼-12”通过采用新技术进一步提高了空间分辨率，通过组成星座进行侦察提高了时间分辨率（即缩小了观测周期）。卫星采用当今最先进的自适应光学成像技术，可在计算机控制下随观测视场环境的变化灵活地改变主透镜表面曲率，从而有效地补偿大气影响造成的观测影像畸变。

卫星还采用了小像元和多像元CCD、长焦距等新技术和复杂的卫星稳定控制技术，不但使地面分辨率从“锁眼-11”的0.15米提高到0.1米，也使瞬时观测幅宽从2.8千米—4千米提高到40千米—50千米。0.1米分辨率代表了目前照相侦察卫星的最高分辨率，足以发现地表几乎所有的军事目标。仅提高分辨率并不具有真正的实战意义，只有同时具备高空间分辨率和高时间分辨率才能真正满足实战需要。①

“锁眼-12”增装了热红外成像仪，从而改善了红外观测能力，这意味着“锁眼-12”能够侦察导弹发射、识别利用树林和灌木丛进行的伪装；采取了防核效应加固手段和防激光武器保护手段，增装了防碰撞探测器，这三种手段是首次运用在照相侦察卫星上，其主要目的是使卫星能够对付可能出现的激光反卫星武器、高空核爆炸和动能反卫星武器等，提高卫星的生存能力；增装了约4吨燃料，加强了机动变轨能力，以适应新的作战要求；工作寿命由3年增加到8年，但卫星重量已经达到17吨以上，研制和发射费用高达15

① 时间分辨率是指卫星的观测周期。

亿美元左右。

由于侦察到的大量数据必须靠数据中继卫星以高数据率中继，而且数据中继卫星的支持也使侦察弧段得到扩展，所以“锁眼-12”卫星装载了数据中继转发器和天线。该卫星既要保证对地面观测时防止相机抖动和保持稳定性，又要同时保证与数据中继卫星间通信波束的捕获与跟踪，因而卫星本身和大系统都较为复杂，需要较高投资和较长研制周期。

三、实战表现

自“KH-12”升空已来，它已经在美国的全球军事战略中发挥了重要作用。海湾战争期间，照相侦察卫星是根据“锁眼”计划部署的两颗“锁眼-11”和四颗“锁眼-12”卫星。这些卫星以平均两小时间隔飞越海湾地区一次，每次工作约 10 分钟，可以拍摄 10 平方千米一100 平方千米的目标。在波黑冲突、北约空袭南联盟、阿富汗“持久自由”行动和伊拉克战争中，“KH-12”都扮演了重要角色。从目前美国公布的新的军事作战条例来看，“KH-12”无疑是构成美国数字化战争的急先锋。

四、存在不足和改进趋势

“锁眼-12”最大的缺点是只能在天晴时提供丰富的信息，而在雨天、雾天或多云时便无能为力了。另外，“锁眼”系列是冷战时期的产物，主要用于搜集战略情报，因而难以满足当前局部战争的需要。它们无法直接支持战术行动，例如，由于卫星太重、太复杂、太昂贵，所以很难进行应急发射；对敏感地区重访周期太长，故不能随时提供所需情况；其扫描幅宽仅有 7 千米一10 千米，不适合战区作战，因为战区作战需要大范围战场图像，战场指挥员抱怨它是

“用麦管看战场”，等等。为此，美国正进行多方面改进。在 1999 年北约空袭南联盟的行动中，美国动用了三颗“KH-12”，其中两颗分别运行在昼夜轨道平面和晨昏轨道平面，轨道倾角 97°，另一颗“KH-12”运行在这两者之间，它能克服目标光照射对成像侦察的影响。它们每日飞过目标区域上方两次，并能对飞行轨迹东西两侧区域进行斜视成像，使 7 千米—10 千米的观测幅宽有较大扩展。尽管如此，“KH-12”的时间分辨率还是不够高，不能对目标进行持续的监视。因而，对那些时间较短的局部战争的支持能力还不够强。为了解决这一难题，美国提出研究新一代照相侦察卫星系统。新系统将由数量较多、体积较小、能力更强的新型小卫星组成。系统的时间分辨率高，覆盖能力好，成本低，能够有效地支持局部战争，满足 21 世纪美国的国家情报和军事行动需要。

从原理上讲，由于雷达波较强的穿透能力，选用一定频率能探测一定厚度的植被和掩蔽物下的目标，具有复杂天候下实时侦察的能力。雷达成像侦察卫星载有合成孔径雷达，在拍摄地面图像时，不受云层和黑夜的限制，具有全天候、全天时的侦察能力。美国的“长曲棍球”雷达成像侦察卫星与“锁眼”卫星配合使用，正好可以弥补光学成像侦察卫星的不足。

附：第四代“锁眼”卫星——“KH-9”“大鸟”的实战表现

第四代“锁眼”照相侦察卫星“大鸟”号卫星，1971 年 6 月 15 日首次发射，截至 1984 年底，共发射了 19 颗。它从美国西部的范登堡空军基地发射。卫星轨道器重量超过 11 吨，长 15 米，直径 3 米。它采用太阳同步轨道，近地点 114 千米—169 千米，远地点 186 千米—336 千米，轨道倾角 96°—97°，在轨道上工作的时间可长达 6 个月。“大鸟”号卫星是兼有回收和传输功能的卫星，卫星上除装置有高分辨率可见光照相机，配置红外和多光谱扫描器外，还装有微波成像设备——侧视雷达。它是第一个将普查和详查功能结合在一起的卫星。当大面积普查扫描发现特定目标时，根据地面指令进行详查拍照，然后将回收舱送回地面处理。这种详查和普查功能的有机结合，提高了从空间获取详细侦察情报的时效性。卫星相机所拍照片的最高地面分辨率达 0.3 米。“大鸟”上装有 6 个胶卷舱，可分 6 次回收，一个回收舱的胶卷拍完后，卫星经过美国阿拉斯加上空时，回收舱就从卫星上弹射出去，回收舱降落到夏威夷附近离海面约 15 千米的高空时，越来越大的空气阻力就会使回收舱自动打开所带的降落伞，这时，在此等待多时的美国 C-130 运输机会及时地飞抵这一空域，从空中进行回收。如果没有成功，回收舱就溅落到太平洋里，它可以在水面漂浮一昼夜，这时，美国“蛙人”必须迅速赶来打捞，因为在 24 小时之后，回收舱即会自动爆炸，带着它所拍摄到的秘密永远沉入海底，苏联人要想得到它几乎是不可能的。“大鸟”号卫星 1981 年后业已停止生产，逐步被“KH-11”等新型侦察卫星所替代。“大鸟”的寿命极长，并非一般侦察卫星可比，最长可达 170 天。这样，美国人每年只要发射几颗“大鸟”，就可以保证每天都有侦察卫星在轨道上进行监视工作了。而苏联的侦察卫星却不可相提并论，所带的胶卷少，平均工作寿命只有 13 天，因此，每年都得发 30—40 颗卫星才能满足需要。此外，“大鸟”还有一绝，它能驮着两个“小鸟”出游，即由它带着两个小卫星，发射时，它们先一同进入母卫星轨道，然后，小卫星再弹出来，进入自己的轨道，分别执行各自的任务。

在 1973 年 10 月 6 日爆发的第四次中东战争中，阿拉伯国家军队借助从苏联的侦察卫星获得的以色列军事情报，迅速突破了以色列的“巴列夫防线”，迫使以军全线清退。此时无计可施的以色列的军事领导人想到了运用最后的杀手锏——秘密制造的 13 枚原子弹。总理梅厄夫人在向美国总统尼克松通报了这个想法后，尼克松让她再坚持24小时，因为此时美国情报部门已发现可以扭转战局的重要情报。果然，几小时后，美方告知以方“大鸟”卫星侦察到重要情报：在埃及军队进攻的正面有一个十多千米的间隙。以国防部长达扬的眼睛一下子亮了。他感到这是个反击的绝好良机！以军沙龙将军的装甲部队偷袭渡过苏伊士运河，突入埃军后方，这是第四次中东战争的转折点。以后的战事就向着有利于以色列的方向发展了：以军突破埃及防线后，不仅打掉了埃及的全部导弹发射阵地，而且逼到苏伊士城下，彻底切断了埃军第三军的后路。萨达特总统无奈下达了停战的命令。可以说“大鸟”在这次战争中立了头功。

第二节　雷达成像照相侦察卫星：“长曲棍球”

一、概述

尽管美国顶尖级的锁眼-12卫星有许多优点，但它也存在所有光学成像照相侦察卫星所共有的一个缺点，就是无法透视云层。在冷战时期，由于苏联的大部分领土和其他一些令美国感兴趣的地区经常被云层所覆盖，所以这对情报搜集来说始终是一个难题。

雷达成像照相侦察卫星则可以弥补光学成像照相侦察卫星不能全天候、全天时进行侦察的不足，并有一定的穿透能力，从而能识别伪装，发现地下军事设施。其幅宽也比较大，因此时间分辨率较高，这对全面观测战区和侦察全球性军事动态有重要意义。不过，它的分辨率较光学照相侦察卫星低，而且观测不到西伯利亚的某些北纬地区。因此，从目前的技术水平来看，两者结合使用是最佳配置。

1988年12月2日，由美国国家侦察局研制的“长曲棍球”（Lacrosse）雷达成像照相侦察卫星成功发射，“长曲棍球”雷达成像侦察卫星是目前世界上最先进最昂贵的雷达成像照相侦察卫星，美国共研发了4颗，现役有3颗，首颗“长曲棍球”卫星在其飞行时间超过设计寿命后，于1997年3月受令脱离轨道进入大气层损毁。

二、技术性能和结构特点

该卫星是美国在冷战时期针对华约制造的。其主体呈八棱体，长8米，直径约4米，一对太阳能电池帆板在轨道上展开后跨度为45.1米，可提供10千瓦以上的电力，这在当今卫星中是最大的，因为这种卫星要向地面发射微波能量，所以需要大量的能量。卫星重15吨，设计寿命8年，运行在倾角57°—68°、高度在670千米—703千米的轨道上。

其上的合成孔径雷达天线呈矩形，长14.4米，宽3.6米，由3个平面天线阵组成，每个天线阵含4个长度相等的子阵。雷达的几何分辨率为0.3米—3米，所获图像数据通过大型抛物面跟踪天线经“跟踪与数据中继卫星”传至白沙地面站，再经过国内通信卫星传到贝尔沃堡。

合成孔径雷达是该星的“千里眼”。那么，合成孔径雷达是如何工作的呢？合成孔径雷达是指将雷达沿其飞行轨迹移动时接收到的信号（回波）组合起来以合成一副等效的特长天线的技术，被用来产生细节清晰可辨的雷达图像。由于它是靠自身提供照射（雷达脉冲），因此不论白天还是黑夜，也不论是否有阳光照射，它都可以随时对目标成像。而且，由于雷达的波长要比可见光或红外光的波长长得多，所以合成孔径雷达还能够透过云雾和烟尘“看到”地面目标，这一点是可见光和红外遥感仪无法做到的。

由于天基成像雷达可以透视云层，而且利用合成孔径雷达技术有可能以接近于光学照相侦察卫星水平的分辨率提供图像，因此，美国早就想利用装有这种雷达的侦察卫星，来监视华约装甲部队的活动和核查军备控制条约的遵守情况。1976 年末，时任中央情报局长的乔治·布什批准对这种卫星系统开展研究和研制工作，从而启动了美国合成孔径雷达成像侦察卫星研制计划的实施。

其实，首颗“长曲棍球”卫星早在 1987 年 10 月就造好了．但由于“挑战者”航天飞机机毁人亡事故的影响，因此“长曲棍球-1”卫星直到 1988 年 12 月才由航天飞机发射升空。迄今为止，这种卫星已发射了 4 颗，其中后 2 颗是在前 2 颗基础上的改进型，它们带有相控阵馈电系统，采用抛物面雷达天线，成像质量有所改善，现正在轨服役。

“长曲棍球”卫星单颗价值高达 10 亿美元。这种卫星在设计上的显著特点是装有巨大的雷达天线和巨大的太阳能电池帆板。一对太阳能帆板对称地垂直于星体两侧，比以往飞行过的任何天基雷达所能得到的最大电能高 10 倍之多。

星载合成孔径雷达能以标准、宽扫、精扫和试验等多种波束模式对地面轨迹两侧的目标成像。这些不同的波束模式各有各的独特用途，如有的模式用来以高分辨率对几十千米见方的小面积区域成像，有的模式则用来以较低分辨率对几百公里见方的大面积区域成像。头两颗卫星在以标准模式成像时分辨率为 3 米，以精扫模式成像时分辨率为 1 米。这虽与“锁眼-12”卫星上的光学成像相机可达到的 0.1 米分辨率相距甚远，但对于识别和跟踪体积较大的军事装备如坦克车和导弹运输车来说肯定足够了。后两颗改进型卫星的精扫模式分辨率被提高到了 0.3 米，与“锁眼-12”卫星的能力已相差无几。

“长曲棍球”卫星的巨大数据量，不仅要求数据传输速率达到每秒数百米比特，还要求以强大的计算能力进行数据处理。

两颗“长曲棍球”卫星配对工作可以反复侦察地面目标。它们不仅适于跟踪舰船和装甲车辆的活动，监视机动或弹道导弹的动向，还能发现伪装的武器和识别假目标，甚至能穿透干燥的地表，发现藏在地下数米深处的设施。

三、实战表现

据推测，”长曲棍球”还载有用于目标识别的光学遥感器，以供“锁眼-12”详细成像之用和核查机动式洲际弹道导弹条约的遵守情况。在1991年的海湾战争中和波黑战争中，“长曲棍球”卫星用于跟踪伊拉克装甲部队行踪和监视塞族坦克。它还多次用来评估美国巡航导弹对伊拉克和南联盟的攻击效果。1996年9月曾用来侦察评估美国巡航导弹对伊拉克的攻击效果。其在海湾战争中跟踪伊拉克装甲部队行踪和在波黑战争中监视塞族装甲部队行动中，都发挥了很好的作用。

四、使用现状

到目前为止，美国只发射了四颗”长曲棍球”（Lacrosse）雷达成像卫星。前面两颗为初始型号，其中首颗是1988年12月2日由阿特兰蒂斯号航天飞机在执行STS-27任务期间施放的，它也是美国的第一颗军用主动式雷达卫星，运行在近地点668千米、远地点703千米的轨道上，倾角57°。第二颗是1991年3月由大力神-4运载火箭发射的，轨道高度为683千米，倾角68°。“长曲棍球”卫星可全天候昼夜监视装甲部队的活动情况，其分辨率可达到1米级。相比之下，美国航宇局的航天飞机成像雷达（SIR）可达到的分辨率为10米—20米。据推测，“长曲棍球”卫星还载有光学遥感器。该卫星的作用可能还包括目标识别，以供“锁眼”卫星详细成像，并可能被用来核查对机动式洲际弹道导弹条约的遵守情况。卫星所获取的情报信息经“跟踪与数据中继卫星”传回位于新墨西哥州的白沙地面站。首颗“长曲棍球”卫星在其飞行时间超过设计寿命后，于1997年3月受令脱离轨道再入大气层损毁。

出于对“长曲棍球”卫星全天候工作能力的偏爱，以及只剩下一颗“长曲棍球”卫星在轨运行，需要补充一颗星与之配对工作，因此，改进型“长曲棍球”雷达成像卫星应运而生。新的改进型“长曲棍球”雷达成像卫星重15吨，已于1997年10月23日由“大力神-4”运载火箭射入684千米高的圆形轨道，轨道倾角68°。卫星上装有大型高分辨率合成孔径雷达，采用直径为9米－14米的抛物面天线，具有全天候、全天时的侦察能力，能够跟踪装甲部队、机动导弹的行动，并将拍摄的图像在30秒内传输到美军在卡塔尔的联合作战中心。

第三节　电子侦察卫星：“大酒瓶”

一、电子侦察卫星的基本原理

电子侦察卫星是用侦收敌方电子设备的电磁辐射信号以获取情报的人造地球卫星。它与卫星地面接收站共同组成卫星电子侦察系统。电子侦察卫星侦察范围广、速度快、效率高，且不受国界和天气条件的限制，可对敌方进行长时间、大范围的连续侦察监视，获取时效性很强的军事情报，是现代军事侦察不可缺少的重要手段。电子侦察卫星具体应用有：精确测定对方雷达的位置，尤其是防空雷达和反导雷达的位置及其性质；侦察对方军用电台的位置及其无线电信号特征并截获有价值的军事情报和实战情报；侦察和接收对方导弹试验的遥测信号。

电子侦察卫星与照相侦察卫星一样，也可分为普查型和详查型两种。普查型的扫瞄范围可达2000千米左右。电子侦察卫星按照定位方法可分为单星定位制电子侦察卫星和多星定位制电子侦察卫星。按侦察对象可分为侦察雷达和遥控、遥测信号的电子情报型卫星和窃听通信的通信情报型卫星。电子侦察卫星有实时的自身定位能力。为了保证较高的定位精度，单星定位时，要求对卫星进行精确控制。多星定位时，则需采用轨道控制系统，严格保持卫星之间的相对位置。电子侦察卫星的轨道一般要比照相侦察卫星高。电子侦察卫星的轨道为圆形或近圆形，为了增大对地球的监视地区、减少阻力、延长寿命并兼顾定位精度的需要，其轨道平面的倾角都较大，轨道高度大都在300千米—600千米，有的高达1400千米。有的部署在地球同步轨道上。卫星轨道高度的选择主要取决于其所担负的特定任务和星上设备的性能。

二、发展历程与实战表现

早在20世纪60年代初期，美国就开始发展电子侦察卫星。电子侦察卫星是由美国家安全局操纵的，属于保密等级最高的美国卫星之列，列为高度机密的空间计划，所以美国官方从未透露过有关这种卫星的情况。美国于1962年5月发射了第一颗详查型电子侦察卫星，这种卫星星载设备较为复杂，重约1500千克—2000千克。1963年8月发射第一颗普查型电子侦察卫星。该卫星重60千克，作为照相侦察卫星的子卫星一起发射，在进入照相侦察卫星的预定轨道后，电子侦察卫星就从运载火箭中脱离出来，尔后两个星载小型火箭发动机依次点火，将其送入比照相侦察卫星轨道稍高的500千米左右的近圆轨道。1971年美国开始发射多星定位制电子侦察卫星。到20世纪70年代初期，美国通过普查型和详查型电子侦察卫星已基本上掌握了前苏联和中国的雷达部署情况，以后再没有发射过这种卫星，只需持有几颗普查型卫星就够用了。随着卫星寿命的延长和电子侦察技术的进步，普查型卫星的发射数量也大为减少。海湾战争期间，美军2颗普查型电子侦察卫星，每天飞经作战地区上空1—2次，对伊军通信、雷达信号进行普查。

20世纪70年代后，美国又先后发射了三代地球同步轨道电子侦察卫星。第一代代号“流纹岩”，1973年发射，用于长期监视苏联和中国的雷达、通信和洲际弹道导弹试验。第二代“漩涡”卫星，曾用代号“小屋”。“漩涡”卫星主要专注于通信情报的搜集。“小屋/漩涡”卫星已发射了6颗，其中有2颗目前还在东经45度和东经115度定点位置上工作。第6颗投入使用的“漩涡”卫星是在1990年11月15日随“阿特兰蒂斯”号航天飞机发射的。第三代即为“大酒瓶”。

三、“大酒瓶”电子侦察卫星

“大酒瓶”卫星是最新一代同步电子侦察卫星，是第三代地球同步轨道电子侦察卫星。这些卫星灵敏度极高，足以侦听到欧洲野战部队的无线电话，并可以对信息发射体定位。它的覆盖范围包括前苏联、中东、非洲和整个欧洲地区。卫星重量约2.7吨，每颗卫星有两部大型抛物面天线，可截获更多更微弱的电子信号，其中一部用于截获很宽无线电频率范围内的信号，另一部用于将所截获到的信号转发给地面站。

第一颗“大酒瓶”卫星是由“发现”号航天飞机发射的。该卫星于1985年1月24日升空，一天后被施放到轨道上。第二颗“大酒瓶”卫星，是在将近五年后发射的，它也是随“发现”号航天飞机一起于1989年11月22日升空。第三颗“大酒瓶”卫星，则是在1990年11月15日随“阿特兰蒂斯”号航天飞机升空。今后，所有“大酒瓶”卫星都将改由“大力神IV”运载火箭发射。这些卫星由设在澳大利亚的松峡地面站控制，并通过该站转发其数据。

四、发展趋势

1988年9月，“大力神”火箭首次发射新型“雪貂”D近地轨道星座，它是一种多面体反光卫星，由6颗卫星组成，各轨道面彼此间隔60度。这些卫星除装有电子侦察接收机外，还装有一台红外探测器作为一种辅助遥感器。海湾战争期间，在轨的2颗“大酒瓶”、1颗“漩涡”电子侦察卫星和“雪貂”D电子侦察卫星，每天飞经海湾地区多次，每次侦察时间可持续数小时，监听了大量的伊拉克无线电信号，为多国部队提供通信、电子情报。战争初期，各种电子侦察卫星的信号经由他国接收后转给美军，后期，美军已能直接接收信号。

电子侦察卫星将向多功能、长寿命、实时性强、适应范围广等方向发展，如电子侦察与照相侦察相结合，被动式侦察与主动式侦察相结合等，进一步增强星上电子侦察设备的信号处理能力与处理速度，提高电子侦察卫星的抗干扰能力、变轨能力以及抗摧毁能力等。

第四节　U-2高空侦察机

尽管美国目前在太空中部署了各种各样的侦察卫星来搜集情报，但是空中的情报侦察监视平台拥有卫星无可比拟的其他优势。空中平台——即各类侦察飞机能够更快速、更灵活地部署，其难以预知的部署能力和飞行路线使得敌人更难于隐藏自己。

U-2飞机，绰号“龙夫人”，现在是美国有人侦察机中的顶梁柱。虽然它的设计还是基于20世纪50年代的技术，但它在近几次战争中的表现仍然十分出色。在“沙漠风暴”行动中，U-2 飞机提供了 50%的图像情报和 90%的地面目标信息。在“联盟”行动中，它为空袭提供了超过 80%的图像情报。然而，U－2 的生产数量十分有限，它们在超负荷地工作，而且预计 20 年之后，U-2 将会退出空军的生产项目名单。

U-2 飞机是一种单座、单引擎的高空侦察飞机。它可以在冲突的所有阶段为战区军事指挥官提供全天候、全天时、远距离的直接情报支援。它的机翼又宽又长又直，使 U－2 看起来像滑翔机。

U-2 飞机的基地在加利福尼亚的比尔空军基地（Beale），它能够为全世界的战区指挥官提供情报支援。

U-2 飞机于 1955 年 8 月首次飞行。1967 年，U-2 改进为体积更大、能力更强的 U-2R 并进行了首飞。1981 年 8 月，U-2 飞机改进为一种战术侦察机——TR-1A，并完成了首飞（目前凡是执行战场侦察任务的 U-2 都是 TR-1A）。由于设计目标是在欧洲进行远距离的战术侦察，所以 TR-1 在结构上和 U-2R 十分相似。1989 年 10 月，最后两架 U-2 和 TR-1 交付美国空军使用。1992 年，所有的 TR-1 和 U-2 飞机都是经过重新设计的 U-2R。从 1994 年到 1999 年，U-2 开始使用由通用电器制造的 F-118-10 发动机，这样就降低了耗油量，减轻了自身重量，能力更强。这种改进后的机型称为 U-2S/ST。美国空军认为这种飞机将持续使用到 2050 年。[①]

U-2 飞机上装载有各种各样的传感器和照相机。它能够搜集多传感器拍摄的照片，电子光学、红外和雷达图像，以及执行其他类型的侦察功能，如信号情报搜集。高级合成孔径雷达使 U-2 能够在夜晚和恶劣天气条件下实现近实时和高分辨率的移动目标探测。

U-2 飞机很难操作驾驶，往往需要特殊的起飞方式，这对飞行

① 注意：上文说今后 20 年 U-2 将退出空军的生产项目名单，意思是 20 年后不再继续生产该飞机，但是之前生产的 U-2 可能会服役到 2050 年。所以并不矛盾。

员的驾驶技术提出了很高的要求。而且，由于U-2是在高空飞行，对飞行员的身体素质要求严格，飞行员要穿类似宇航服的衣服来承受大气压力。飞行员要进行十分特殊的训练和飞行准备（比如需要特殊的食谱、在降落前一小时就要进行100％的深呼吸）才能抵抗10个小时持续飞行带来的大出汗、疲劳和头晕。2005年，有资格驾驶U-2的飞行员只有50人，而且他们要比其他飞行员花费更多的以时间承担临时飞行任务。有些观察家担心，部署任务的增加和驾驶员承受的危险和艰难可能给保留人才带来很大问题，这无疑会影响U-2的整体能力。

众所周知，U-2最初是用来搜集苏联的战略目标情报的，如飞机场和导弹基地。这些信息对于当时的美国情报界评估苏联的战略力量十分重要，但是1960年5月，一架U-2飞机被苏联击落。由此带来的外交尴尬和对飞行员弗朗西斯·加利·鲍尔斯的公开审判使得这一情报搜集平台的使用基本上停滞了。从20世纪60年代起，这类情报搜集任务开始由侦察监视卫星承担。在越南战争中，要在热带丛林上空提供胡志明小道上部队的行进情况，U-2飞机的价值也不明显。直到1991年“沙漠风暴”行动中，U-2飞机展示了它们作为近实时情报平台的巨大价值，由于在通信和监视方面的进步和提供大量数据的能力的提高，U-2提供的情报使军事指挥官能够在精确的位置安放炸弹。

“沙漠风暴”见证了历史上U-2使用率最高的日子，9架“龙夫人”，30名飞行员，每天飞行5架次。基本任务是侦察伊拉克军队在战场上的位置、炸弹毁伤评估和寻找“飞毛腿”导弹发射地点。U-2提供的照片和其他数据是提供给战术级指挥官的第一手资料，但是不可避免地出现了战役级和战术级指挥官对情报搜集优先权的争议，战役级指挥官认为应该搜集覆盖范围更广的照相情报，尽管有人认为光电和雷达侦察更适于完成此类任务。另外，如何在战区内冲洗照片和分发硬拷贝情报（指包含有情报的纸质材料、光盘、软盘等）

也是个难题。尽管如此，根据一份评估报告，U-2 所提供的情报占战区情报总量的 30%，图像情报的 50%，陆军目标选择与打击情报的 90%。①

在科索沃战争中，U-2 也发挥了重要的作用。在“联盟”行动中，U-2 被用来确认目标和进行战损评估，U-2 搜集到的数据将传回加利福尼亚的比尔空军基地进行分析，然后再传到战场指挥中心，战场指挥中心再将数据传到对目标实施打击的飞机上。一位空军高级将领在科索沃战争之后写道：“在没有 U-2 飞机侦察前，我们从不将炸弹投向目标。”②

尽管 U-2 在战场上表现神勇、劳苦功高，但它也不是没有弱点、百战不殆的。U-2 自鲍尔斯第一次折翅之后，在 20 世纪 60 至 70 年代，先后有多架飞机被中国击落。由于“萨姆”导弹的射程也能够抵达 U-2 的飞行高度，美国空军的设计人员正在将这一威胁因素考虑在内。

第五节 “全球鹰”无人侦察机

RQ-4A“全球鹰”无人侦察机是目前无人机中飞行时间最长、飞行距离最远、飞行高度最高的无人机，也是当今世界上最先进的无人侦察机。本节将对“全球鹰”无人侦察机进行介绍，并将之与 U-2 飞机作简要对比。

基本性能参数：

---

① Coy F. Cross II, *The Dragon Lady Meets the Challenge: the U-2 in Desert Storm* (Beale AFB, CA: 9th Reconnaissance Wing), 1996.

② Maj. Gen. William T. Hobbins, quoted in Peter Grier, “U-2 a ‘Mainstay’ of Allied Force,”

“全球鹰”RQ-4A 机身长 13.5 米，高 4.62 米，翼展 35.4 米，最大起飞重量 11622 千克。翼展和波音 747 相近。“全球鹰”机载燃料超过 7 吨，最大航程可达 25945 千米，自主飞行时间长达 41 小时，可以完成跨洲际飞行。可在距发射区 5556 千米的范围内活动，可在目标区上空 18288 米处停留 24 小时。飞行控制系统采用GPS全球定位系统和惯性导航系统，可自动完成从起飞到着陆的整个飞行过程。RQ-4A 在 2001 年 4 月进行的飞行试验中，达到了 19850 米的飞行高度，并打破了喷气动力无人机续航 31.5 小时的任务飞行记录。这项记录曾经是 Compass Cope－R 无人机保持了 26 年之久的世界记录。

“全球鹰”有“大气层侦察卫星”之称，其机上装有光电、高分辨率红外传感系统、CCD 数字摄像机和合成孔径雷达。光电传感器重 100 千克，工作在 0.4—0.8 微米的可见光波段；红外传感器工作在 3.6—5.0 微米的中波段红外波段；合成孔径雷达重 290 千克，工作在 X 波段。合成孔径雷达获取的条幅式侦察照片可精确到 1 米，定点侦察照片可精确到 0.30 米，甚至可测出隐藏在树丛中的恐怖分子。“全球鹰”能在 2 万米高空穿透云雨等障碍连续监视运动目标，准确识别地面各种飞机、导弹和车辆的类型，甚至能清晰分辨出汽车轮胎的齿轮。对以每小时 20 千米到 200 千米速度行驶的地面移动目标，可精确到 7 米。“全球鹰”既可以进行大范围雷达搜索，又同时可提供 7.4 万平方千米范围内目标的光电/红外图像。“全球鹰”一天之内可以对约 13.7 万平方公里的区域进行侦察，它经过改装可持续飞行 6 个月，只需 1—2 架即可监控某个国家，最终实现监控全世界的目的。

“全球鹰”最大的优点是，它能与现有的联合部署智能支援系统（JDISS）和全球指挥控制系统（GCCS）联结，图像能直接而实时地传送给指挥官使用，用于指示目标、预警快速攻击与再攻击、战斗评估。RQ-4A 型还可以适应陆海空军不同的通信控制系统，既可进行宽带卫星通信，又可进行视距数据传输通信。另外机上装有备份的数据链。在2001年4月22日进行的试验中，“全球鹰”直接将雷达图像传送到美陆军战术情报系统和美海军“乔治·华盛顿”航空母舰上的海军终端，又横跨大西洋到葡萄牙侦察欧洲大陆及马德拉群岛上的目标，这些图像均通过设在英国的联合分析中心传送到北约的大西洋最高司令部，经过处理后的情报又传给战区指挥员，供随后的两栖登陆演习使用。

每架“全球鹰”造价约5100万美元。由于美空军准备再购买66架，单价可望降到2000万美元左右。相比之下U-2每架造价则超过5200万美元。

“全球鹰”的地面控制部分包括任务控制台和发射恢复台。这些控制台包括人员、计算机、通信终端和遮蔽所。任务控制台需要4个人，发射恢复台需要2个人，他们最多可以同时控制3架飞机。发射恢复台必须部署在“全球鹰”的发射基地，而任务控制台理论上可以部署在任何地方。对这两个地面部分的部署需要2架C-17“大力神”运输机完成。

“全球鹰”的缺点是其飞行时速只有644千米/小时，难以逃脱高速战斗机的追击；喷气发动机仍会产生少量红外辐射信号。正因如此，“全球鹰”装备了红外诱饵弹。“全球鹰”有效载荷只有900千克，携带装备的能力非常有限。

飞行历史：

2001年4月22日凌晨，一架“全球鹰”从美国加利福尼亚空军基地起飞，经过22.5小时连续飞行，总行程达12000千米（相当绕地球1/4周），降落在澳大利亚阿莱德附近的艾钦瓦勒皇家空军基地，成为世界上第一架成功飞越太平洋的无人驾驶飞机。在飞行途中还试验了飞机上传感器的海上工作方式，并试验了澳方联合研制的图像发送装置。即便是有人驾驶飞机，也只有其中少数大型民航客机能够跨越太平洋。它是目前无人机中飞行时间最长、飞行距离最远、飞行高度最高的无人机，也是当今世界上最先进的无人侦察机。

“全球鹰”于1994年开始研制，1998年3月样机试飞，2001年春天才通过了系统设计，11月就匆匆投入了对塔利班的军事打击行动。在阿富汗战争中，“全球鹰”无人机执行了50多次作战任务，累计飞行1000小时，提供了15000多张敌军目标情报、监视和侦察图像，还为低空飞行的“捕食者”无人机指示目标。伊拉克战争打响后，“全球鹰”再次出征，勇创佳绩。战争中，美军只使用了2架“全球鹰”无人机，却担负了452次情报、监视与侦察行动的任务，为美军提供了“广泛的作战能力”。在1991年的海湾战争中，多国部队共损失了38架飞机。此次伊拉克战争之前，美军对伊军的防空力量忧心忡忡。这次伊拉克战争中，为了减少人员伤亡和飞机损失，美军使用了“全球鹰”进行全天候侦察。据报道，在伊拉克战争期间，“全球鹰”执行了15次飞行任务，提供了4800幅图像。美空军利用“全球鹰”提供的目标图像情报，摧毁了伊拉克13个地空导弹连、50个地空导弹发射器、70辆地空导弹运输车、300个地空导弹箱和300辆坦克（占伊拉克已知坦克的38%）。在用于摧毁伊拉克防空系统的时间敏感目标数据中，55%是由“全球鹰”无人机提供的。“全球鹰”在伊拉克战争中首次用来为F/A-18C战斗机传递数据，攻击伊拉克导弹系统。在一次交火中，“全球鹰”无人机机载合成孔径雷达提示机上的AAQ-16电光/红外传感器对准伊军隐蔽的导弹发射架，数据通过卫星数据链传到地面控制站，在传递给美国海军的F/A-18C战斗机之前进行分析和压缩，F/A-18C利用这一信息瞄准并摧毁在桥下的伊拉克导弹系统。从观察、探测到发射导弹摧毁目标所用的时间仅为20分钟，大大提高了打击力度。

美国空军参谋长莱恩将军说：“我本人认为，U-2飞机的时代最终将被‘全球鹰’所取代。”下面将二者进行简要对比：

U-2和“全球鹰”在飞行高度和速度上十分相似，但是也有很大的不同。不同点主要有三个方面。第一个区别就在于前者有人驾驶，后者无人驾驶。虽然“全球鹰”不会将飞行员置于危险的境地，无人驾驶的飞行平台也伴随有很多值得讨论的问题。其中一个潜在缺点就是无人驾驶的飞机平台在遇到变化的情况下不能像有人驾驶的飞机那样灵活反应。理论上，远距离的任务控制人员不能像在现场的飞行员那样迅速地做出决定和采取行动。不过在执行任务过程中，U-2 的飞行员也很少根据自己在驾驶室中看到的情况而采取行动，他们通常也是根据任务控制台的预警和命令做出调整。因此，在高空执行情报侦察监视任务时，无人机不存在缺乏灵活反应的问题，不过在执行其他任务时就难说了。

没有飞行员的另一个问题是如果在平时执行侦察任务时出现飞行故障，无人机难以采取弥补措施，很可能威胁到人民的生命财产安全。不论是美国还是外国政府都担心一旦遇到紧急情况，比如发动机着火或功能紊乱时，无人驾驶的飞机不太可能采取修正措施，比如在当地民用机场进行迫降。相反，无人驾驶的飞机更有可能坠毁在居民区。因此，政府提出对无人系统加以严格的计划任务要求，否则他们就不允许飞机在头顶过境。而这种复杂的计划任务需要投入大量的时间、人力和金钱。

没有飞行员并不能必然地提高可操作性。“全球鹰”和 U-2 的生存能力相当，也和 U-2 一样在高危险的环境中执行任务，比如可能面临远射程的“萨姆”导弹。由于每架“全球鹰”的造价高达 5000 万美元，高昂的造价很难让人承受。

第二个不同在于二者的监视范围和巡航时间。“全球鹰”在监视范围和巡航时间上都优于 U-2。“全球鹰”的监视范围是 U-2 的两倍，续航时间是 U-2 的三倍。在其他方面相同的情况下，数量少但巡航时间长的平台能够和数量多但巡航时间短的平台完成同样的任务。

第三个不同在于这两种飞机的载重能力。U-2 的载重量是“全球鹰”的两倍多，这使得它可以装载更多不同种类的传感器。载重量大的飞机也有更多升级的潜力。一般来说，载重量大的飞机意味着它的发动机将来可以有更多选择。此外，U-2 的大发动机比“全球鹰”可以提供更多的电力，从而提高了它负载传感器的能力。当所有其他方面相同时，少量的能负载更多传感器的平台和数量更多但传感器较少的平台能完成同样的任务。

根据上述比较可见，“全球鹰”从总体上讲比 U-2 飞机占据上风。美空军计划于 2007 年起提前退役 U-2 型机，用“全球鹰”无人侦察机替代其侦察功能。美空军目前共装备 33 架 U-2 型机，根据美国防部计划，U-2 型机将于 2007 年首先退役 3 架、2008 年退役 6 架、2009 年和 2010 年分别退役 7 架、2011 年退役最后 10 架。2009 年 6 月，美军已经将“全球鹰”部署到驻日美军基地。

第六节　预警机：“鹰眼”与“哨兵”

一、E-2“鹰眼”预警机

E-2“鹰眼”是格鲁门飞机公司为美国海军舰队设计的空中预警飞机，在海军航母编队中担任空中预警和指挥任务，保护航空母舰战斗群，但也适用于执行陆基飞行任务。E-2 是 E-1 预警机的后继机，从 1956 年 3 月开始设计，共研制 3 架原型机，第一架原型机于 1960 年 10 月 21 日首次试飞，1964 年 1 月正式交付美国海军使用。

（一）基本性能指标

E-2 机长 17.5 米，机高 5.58 米，翼展 24.56 米，弦长（翼根）3.96 米，机翼面积 65.03 米。空重 17859 公斤，最大油量 5624 公斤，最大起飞重量 24161 公斤。最大平飞速度 626 千米/小时，巡航速度 480 千米/小时，实用升限 11275 米，作战半径 1500 公里，转场航程 2852 海里。最大续航时间为 6 小时 15 分，在位时间为 4 小时 24 分钟。

E-2 的布局十分独特，其尾部有 4 个垂直安定面，机翼和垂直安定面前缘都有充气式防冰罩。为了方便舰上停放，其机翼可以折叠。飞机背部的大圆盘是旋转雷达天线罩，可探测范围达到 480 千米，能自动和连续跟踪 250 个空中目标并能导引飞机或导弹对其中 30 个目标进行截击。其动力是 2 台 T56-A-427 涡桨发动机，经减速器驱动汉密尔顿公司的 5446C-1 型 4 叶可顺桨反桨恒速螺旋桨。螺旋桨为钢梁、玻璃钢外壳内填充泡沫式塑料结构，以减少对电波的干扰。正常条件下可载空勤人员 5 名：正副驾驶、雷达操纵员、作战情报官和空中控制员。机舱从前向后排有：分列两侧的雷达与其它电子设备机柜，开在机身左侧的舱门，在左侧的雷达，敌我识别处理机机柜和计算机柜。后方是面向左侧的雷达操纵员工作台、作战情报官工作台、空中控制员工作台。

（二）E—2C 型

E-2 预警机一共有 A、B、C 三种型别，E-2C 是其目前正在生产使用的型别。自 1977 年换装新型雷达以来，E-2C 也可在陆地上空执行预警和指挥任务了。由于其独特的战术技术性能，显赫的战绩以及适中的价格，它成为预警机中最为畅销的一种机型。E-2C 由载机和监视雷达、数据处理、数据显示与控制、敌我识别、通信、导航和无源探测 7 个电子系统组成。E-2C 可在 9150 米高度全天候执行海军的各项任务，并可在 556 千米的距离上探测各种飞机。自动目标跟踪和高速处理能力使每架 E-2C 能同时跟踪 2000 多个目标，并控制 40 多个空中截击任务。它是美国海军目前唯一使用的舰载空中预警机，同时也被许多国家的空军在陆上机场使用，是全世界产量最大、使用国家最多的预警机。

E-2C 作为预警机，并不需要直接执行战斗任务，而且电子干扰能力极强，因此没有安装任何武器。而苏联及俄罗斯空军没有超过 450 千米射程的空空导弹，因此任何飞机在想攻击 E-2C 之前，都会被 E-2C 的雷达首先探测到。但俄罗斯目前正发展超远程的空空导弹，由于冲压发动机的发展，射程达 600 千米的空空导弹已被提上日程，将来有可能对 E-2C 造成巨大威胁。2004 年 3 月，出于“持久自由”和“伊拉克自由行动”中实战的促进作用，美海军打算将诺斯罗普·格鲁曼公司生产的 E-2C 从传统的预警飞机向执行远征作战任务的指挥控制飞机方向转变。在这些实际作战中，美海军的 E-2C 飞机处于一种复杂的空中管制态势之中，要对加油机、攻击机和无人机进行管制，还要执行战区情报、监视和侦察功能。由于目标变化非常之快，要求 E-2C 飞机上的人员必须在空中作出实时的指挥决定。美海军计划使当前的“鹰眼”能从多个情报源获得相关的战术图像。为此，他们要求改进通信能力，即需要更多的卫星通信信道、AN/ARC-210 无线电台，并要对内部通信系统进行升级。目前已计划对机上任务系统进行软件升级，使该飞机能自动发布空中任务分配命令，减轻机上人员的工作量。E-2C 已成为网络中心战的空中节点。该飞机将成为空中作战中心，能进行探测、决策、交战管理和评估。其原先的制式航母战斗群防御任务将会缩减，将承担战斗管理职责。除计划进行各种通信/战斗管理设备的升级外，美海军还想使这种飞机具有空中加油的能力，使其在空中的滞留时间加倍，从 4 个小时增加到 8 个小时。另一项变化是，可能将每艘航母上的 E-2C 数量从 4 架增加到 6 架。

（三）实战表现

E-2A 首次在越战中出现。从 1967 年至 1975 年，第 113 舰载预警机中队每年都会参加在越南进行的军事行动，E-2 所执行的任务包括攻击引导、战斗机控制和地面监视和控制。以色列曾经在 1982 年的中东战争中应用 E-2C 预警机和其他电子武器系统成功地进行了电子战，取得了良好的作战效果。随后在 1986 年打击利比亚行动中，该型机引导两艘航母的上 F-14 战斗机执行作战巡逻任务。在海湾战争中，E-2C 成功引导战斗机的对地攻击和作战空中巡逻，并在开战初期为航母舰载的 F/A-18 击落米格-21 提供了控制。在海湾战争结束后美海军损失了 1 架。当时是一架 E-2C 起火，飞行员跳伞后飞机仍继续向前飞行，为保密起见美海军 F/A-18 战斗机击落了这架无人的 E-2C。

（四）最新发展

"鹰眼 2000"。因为 E-2C 将在 21 世纪继续服役，美海军继续对其行改装，提高 E-2C 的探测、处理和识别、通信和导航能力。其中主要升级部分是计算机、卫星通信系统，以及安装 T56-A-427 发动机以取代 T56-A-425 发动机。改装后的首架飞机于 1997 年初飞行，并被送到帕特森河进行测试。1999 年开始生产。诺思罗普—格鲁门公司新生产了 18 架"鹰眼 2000"飞机，此外还有 3 架是由 E-2C 改装而成。到 2003 年海军共装备了 21 架"鹰眼 2000"。从 2004 财年开始，海军计划到 2007 年为止采购另外 3 架"鹰眼 2000"，以及 5 架用于训练。第 1 架"鹰眼 2000"于 2001 年底交付，并于 2003 年交付给尼米兹号航母上。

高级鹰眼。在 2003 年 7 月，美海军计划采购 73 架新生产的高级鹰眼飞机以逐渐取代"鹰眼 2000"和 E-2C。高级鹰眼将采用改进的雷达，使飞机能探测到更具威胁的目标，包括巡航导弹和弹道导弹。此外，该型飞机还能在濒海作战中起重要作用。海军计划在 2007 财年改装 2 架现有的 E-2C，以支持高级鹰眼的飞行测试项目，并到 2010 财年制造和交付 4 架飞机进行作战测试，并在 2011 财年具备初始作战能力。高级鹰眼的初始生产将于 2011 年财年开始。

二、E-3“哨兵”预警机

E-3“哨兵”是美国波音公司根据美国空军“空中警戒和控制系统”计划研制的全天候远程空中预警机。1963 年美国空军提出研制要求，1966—1970 年对比筛选出预警机方案，1964—1973 年研制筛选出雷达方案，又用 3 年时间对预警机所用雷达、数据处理、显示、通信进行分系统与全系统综合试飞，最后以波音 707 客机为基础研制 3 架原型机，1975 年首次试飞，对生产型电子设备进行了飞行试验。1977 年 3 月，第一架生产型 E-3 交付使用。E-3 的主要型别有：EC-137D，用波音 707-320B 改型的试验机，其中一架在完成试验后返厂改装成 A 型；A 型，美国空军首批生产型，1977 年 3 月开始交付，共生产 32 架；B 型，在 A 型的基础上提高目标处理能力与海上舰艇搜索能力的改装型，1984 年 7 月，第一架 E-3B 交付使用，其余的 A 型由空军自已用公司交付的改装件改为 B 型；C 型，与 B 型相同，但改装成适合欧洲使用的干扰通信系统。E-3 共有订货 84 架，其中美国空军订货 34 架，到 1990 年已全部交货，此外向北约集团出口 18 架，向英国出口 7 架，向法国出口 5 架，向沙特阿拉伯出口 5 架，到 1990 年共交付 69 架。E-3 的动力装置为 4 台 TF33-PW-100/100A 涡扇发动机，单台最大推力 93.4 千牛。

主要机载设备：包括雷达、敌我识别、数据处理、通信、导航与导引、数据显示与控制等六个分系统。雷达，为威斯汀豪斯公司研制的 AN/APY-1 型 S 波段脉冲多普勒雷达，平板缝隙式天线装在转速为 6 转/分钟的天线罩内，可根据不同作战条件把 360 度方位圆分成 32 个扇形区，选用不同的工作模态和抗干扰措施。敌我识别器，以 AN/APX-130 询问机为基础的高方向性询问—接收式敌我识别系统，敌我识别天线在雷达天线的背面。通信系统，装有 14 种高频、甚高频、超高频设备，在第三批飞机上装有三军通用的分时数字数据传输系统。导航系统，装两套轮盘木马Ⅳ惯导系统，ARN-99奥米加导航仪，ANP-200多普勒导航仪。数据显示与控制系统，装有9台多用途数据显示与控制台，用以显示目标与背景信息，在显示器的下方用表格显示目标的各种数据，显示器还能以放大32倍的倍率指挥多机空战。数据处理系统，其核心为IBM公司的4Picc-1计算机。尺寸数据：翼展4.42米，机长46.61米，机高12.6米，机翼面积282平方米，雷达天线罩直径9.1米，雷达天线罩厚度1.8米。重量数据：空重78000千克，最大起飞总重147000千克。性能数据：最大平飞速度853千米/小时，实用升限12200米，执勤巡航速度M0.6，执勤续航时间6—8小时（离起飞机场970—1600千米）。

第七节　E-8联合监视目标攻击雷达系统

联合监视目标攻击雷达系统（JSTARS或Joint STARS），简称为“联合星”系统，由载机、机载设备和地面站系统组成。其载机是老式波音707飞机，机载系统主要有雷达设备、天线、高速处理器以及各种相关软件等，地面站为移动式的，是一个可进行多种信息处理的中心。

该机所监控的对象并不是空中目标，而主要用于对付地面目标。E-8C可在任何气象条件下对地面目标进行定位、探测与跟踪。当它在空中飞行时，无论在前方、后方或侧面，都可对地面静止或移动目标进行探测与跟踪，其纵深距离可达到250千米左右。E-8C基本任务是：探测敌战场纵深地域内地面、低空的固定目标和活动目标，将目标位置实时传报给地面部队指挥官和空中的攻击飞机，指挥引导火力攻击。它是空军实施空地一体战的系统飞机，既是一种战略性和战术性的空中雷达站，又是一个战区战场用的空中指挥控制中心，还可兼作战术空中侦察和数据分析中心使用。

一、计划的提出及研制过程

研制联合监视目标攻击雷达系统是美国空军和陆军的合作项目，主承包商是诺斯罗普—格鲁门公司，其载机为老式的波音 707 运输机。前两架原型机的载机是用 2 架二手的波音 707 飞机改装而成的，称为 E—8A，经试验后定型的生产型称为 E—8C。从 1978 年起，美国有关方面就开始对联合监视目标攻击雷达系统的相关技术进行研究，总耗资已达到 50 多亿美元。

E—8C“联合星”系统的研制背景，要从美国空军的“移动目标显示计划”（MTT）和陆军的“远距离目标捕捉系统”（SOTAS）谈起。美国空军在提出 MTT 计划之前，就开始研究一个叫做“移动铺路者”的系统，它可提供目标监视，同时可使用武器引导模式指挥己方飞机或导弹对目标进行攻击。就在“移动铺路者”系统即将进入全面发展的时候，美国国防部提出要让空军的移动目标显示计划与陆军合并。

而陆军在同空军的计划合并之前，也已完成了一项称之为“远距离目标捕捉系统”研究，该系统的空中平台为直升机。只因为该系统初步研制完成后，在大规模实施过程中出现了技术问题，且耗资巨大，因而陆军感到有些力所不及。

负责国防研究与工程的美国国防部副部长提出，将陆军的“远距离目标捕捉系统”和空军的“铺路移动者”系统合并，这就是后来的联合监视目标攻击雷达系统（JSTARS，简称“联合星”系统），并由空军的电子系统部牵头负责该项目。

从 1982 年至 1984 年，美国空军和陆军有关各部门、国防部办公室，共同对“联合星”系统的研制方案，以及与雷达探测设备相匹配的飞行平台（载机）等进行了论证。当时比较倾向于将该计划分两个阶段实施，第一阶段是先将主要系统部署到 10 架常规飞机上，第二阶段再将成套设备装到专门的载机上。

1984 年 5 月，美国陆军和空军参谋长最后决定：将“联合星”系统雷达及其他设备，以及具有制导功能的武器等，都安装到波音 707 上。这就意味着“联合星”系统的载机或飞行平台已确定为老式的波音 707 飞机。1985 年 9 月，诺斯罗普—格鲁门公司取得了对该系统的大部分开发合同，诺顿系统公司作为转承包商获得了该项目雷达系统的部分开发任务。该合同包括改装 2 架“联合星”系统载机（用波音 707 旧飞机改装），有关改进的试验，以及在欧洲地区试验演示。

1986－1987 年，美国陆空军有关部门曾多次对“联合星”系统设计进行过审查，研制计划进一步明朗。另外，诺斯罗普—格鲁门公司为进行“联合星”系统的研制开发，还在佛罗里达州专门建立了一个新工厂。

1988 年 4 月，诺斯罗普—格鲁门公司制造出了第一架 E—8A“联合星”系统原型机，并很快完成了飞行试验，但是该机上未安装雷达探测设备。

同年 12 月，诺顿公司制造的雷达探测设备安装到该型飞机上，同时进行了首次全面的飞行试验。另外，在 1988 年 4 月，国防采购委员会对该计划进行了较大的调整，将 E—8 飞机的采购数量由原计划的 10 架增加到 22 架，同时批准了使用新制造的波音 707 飞机为 E—8“联合星”系统的载机，代替原来的已经用过的二手飞机。之所以如此是因为首批两架 E—8A 飞机是已飞行了 20 年的商用波音 707 飞机，在改装时遇到了较多的困难，同时考虑到旧飞机使用寿命问题，国防采购委员会才决定其后的飞机改装要用新制造的波音 707 飞机。不过，到 1989 年后半年这一决定也没有实现，原因是由于波音 707 的生产已经停顿多年，要重新制造费用非常高，因此到

1989 年 11 月，经白宫批准，其空中平台仍使用二手波音 707 飞机。该计划办公室官员虽然曾经考虑过使用波音 757、767 和麦道 MD—11 飞机为其空中平台的设想，但仍然因费用及其他问题而搁浅。

到目前为止，美国空军已经装备的 4 架 E—8C“联合星”系统均由已使用过的波音 707 改装而成。1997 年 12 月，空军宣布：他们装备的 E—8C 飞机已具备初步的作战能力。

二、系统组成及基本性能

E-8C 的载机为波音 707，机长 46.61 米，翼展 44.62 米，最大起飞重量 151100 公斤，最大平飞速度 1010 公里/小时，最大巡航速度 973 公里/小时，实用升限 11885 米，最大载重航程 6820 公里。E-8C 的动力系统为 4 台 JT3D-7 涡扇发动机，单台推力 8615 公斤，总推力 34460 公斤。

机载系统是“联合星”系统的关键部分。机载系统主要有雷达设备、天线、高速处理器以及各种相关软件等，其处理器的速度可达到每秒 60 亿次。E—8C 飞机的前机身下部有一个 12 米长的独木舟形的雷达天线罩，里面装有一副 APY—3 型相控阵雷达天线。APY—3 雷达设备重 1900 公斤，其多个发射器通过一个组合的大功率放大器将能量馈送到天线，这样做可增大雷达的探测距离，提高雷达系统的性能。该雷达天线可从飞机的任意一侧对战场进行监视，在平面方位采用电子扫描，扫描范围可达到 120 度；而在俯仰方向则采用机械扫描，可为“联合星”系统（包括在该机上和在地面站的工作人员）提供目标数据和战斗控制数据。根据这些数据，操作人员可向飞机、导弹或火炮发出指令，进行火力支援。据报道，由于 E—8C 飞机飞得远、飞得高、续航时间又长，且雷达探测距离大，可达到 250 公里，因此它可以在敌火力范围之外活动。单架飞机飞行 8 小时，其覆盖面积可达到 10 万平方公里左右。APY—3 相控阵雷达系统有多种工作模式，其中广域活动目标监视指示模式（WAS/MTI）是该雷达的基本工作模式。用这种模式，可对地面机动目标和直升机等慢速移动目标进行探测、定位和识别。通过信号分析处理，“联合星”系统可区分出轮式和履带式车辆的运动。通过对地面小范围的监视可使雷达探测到的目标成像显示更加清晰。不但可提供高分辨率的图像，可用于对地面移动目标进行监视，还可为战斗部队制定进攻计划提供准确的信息。对于地面固定目标的监视，使用的是合成孔径雷达/固定目标指示模式（SAR/FTI），这种模式可获得高分辨率的敌方阵地和地面固定目标的图像和照片。如桥梁、港口、机场和静止车辆，以及诸如“飞毛腿”等导弹的发射架等，都可以在很远的距离以很高的概率探测到，并获得高清晰度图像。

“联合星”系统可在任何气象条件下全天候工作。对地面运动目标，除可进行探测、定位、分类、跟踪和瞄准外，还可准确地判断其运动方向和速度，从而了解其作战行动的意图。E—8C飞机既能在很宽的范围内监视战场情况，也能在一个区域内进行搜索，还可应地面指挥员的请求对某个目标重点搜索或自动跟踪选定的目标。

E—8C“联合星”系统的另一个重要组成部分是地面站系统。“联合星”系统的地面站为移动式的，是一个可进行多种信息处理的中心。其信息和数据来自于“联合星”系统载机指挥官战术终端（CTT）、联合战术终端（JTT）和无人驾驶飞行器（UAV）传输的数据，同时通过局域网、有线网和无线网，向陆军指挥、控制、通信与情报部门的节点分发情报，以通报战场情况和目标数据。

第二代地面站，也称之为普通地面站（CGS），属于第二代情报与电子战（IEW）系统。它可以将二次图像及其他传感器数据分发给各战术指挥官，使他们对战场管理、情报和目标作战具有一个全面的整体的认识。陆军的普通地面站将对从E—8C飞机接收到的雷达图像数据进行分析，然后再将分析结果分发、通报到所有旅以上单位。

名为地面站，实际上它可移动，不仅是在地面和水面，而且包括空间。如普通地面站的设备，可装在C—130、C—141、C—17、C一5和CH一47D、CH—53等在空中飞行的飞机或直升机上，也可以装在水上航行的LACV—30和其他船只上，以及诸如LCU两栖舰或陆地上的平板运输车上，总之移动方式非常灵活。普通地面站共有6名操作人员，可一天24小时运转，不过每天需要约1.5小时的系统预防性维修。

E—8C“联合星”系统飞机上共有17个系统操作员和1个领航/自卫操作员，此外还有驾驶飞机的4名机组人员。每个工作台都配备有先进的数字显示处理器和高分辨率彩色图形监视器、键盘和通信终端，而处理机可迅速显示与更新地图、雷达数据及各种指示符号等。它是该系统的神经中枢，除控制雷达外，它还可对航空部队和远程导弹部队进行有效指挥。“联合星”系统采用保密的数据链和话音通信来分配和交换信息，其最重要的数据链是既保密又抗干扰的监视与控制数据链，用于将机上的数据传给机动的陆军地面站。同时，地面站对战场情报的要求也通过这一数据链传输到E—8C飞机上。

三、实战表现

“联合星”系统是战场指挥官及时了解战场战术态势的最有效的手段，因为它与侦察卫星、无人机相比更具有优势。侦察卫星距离太远，而无人机的探测范围和探测时间又很有限，并且它们的实时性比E—8飞机差。E—8飞机上的雷达数据，可通过数据链及时传到美国陆军的地面站上进行处理和显示，而且雷达的各种工作方式也可交错进行，可在不同的显示器上监视到不同的画面。根据E—8飞机所提供的数据，空军和陆军的作战部门就可协调行动，对敌方的目标进行攻击，同时在犬牙交错的战场情况下避免误伤自己，也可对战斗破坏情况进行评估，分析攻击效果，以便采取进一步的行动。E—8 飞机还装有“塔康”导航及 TADIL/Link16 数据通信设备，可与 E—3 预警机进行联系，获得其他装备所探测到的信息，包括卫星数据。飞机上还安装有电子对抗设备，如派往波黑地区的该型飞机上就装有导弹告警系统和曳光弹投放器等。

1991 年海湾战争爆发，当时刚刚问世，但仍处于试验阶段的两架 E—8A 型飞机就被派往海湾前线，参加了“沙漠风暴”行动，接受实战检验。在这次作战行动中，E—8A“联合星”系统主要用于监视跟踪伊拉克的地面坦克、飞毛腿导弹以及其机动部队的行动，为多国部队的空中和地面指挥员提供了前所未有过的关于战场的实时画面，及其它战略和战术方面的情报，为前线指挥员的决策和作战方案的制定发挥了重要的作用，受到了军方的高度评价。

海湾战争期间，2 架 E—8A“联合星”系统飞机，共飞行 749 架次，作战飞行时间共计 500 多小时。在它们所执行的多次任务中，有两次任务最使人难忘：一次是多国部队在对伊拉克的哈夫迪城进攻期间，为战场提供的监视与支援。当时 E—8A 飞机探测到伊拉克增援部队的 80 辆机动车辆正向哈夫迪城前进，多国部队依据“联合星”系统提供的情报，迅速调集战术空中力量，及时阻截了伊拉克的增援部队，使战事更加主动地向有利方向发展。

在伊拉克部队大规模从科威特市撤出期间，E—8A“联合星”系统探测到有数千辆正逃跑的车辆，并实时地将伊军的撤军信息及时地传输给了多国部队的空军作战中心，指挥官们依靠这些情报采取行动，在伊拉克部队撤出科威特市外的必由之路上，利用战术空中力量，阻断并全部消灭了伊拉克的这支机械化部队。

实战的初步检验证明了“联合星”系统的作用，于是海湾战争结束后，美参议院要求加速发展“联合星”系统的过程。

E—8C“联合星”系统通过参加波黑“联合行动”证明，不管其在恶劣的天气，还是复杂的地形情况下，都能很好地执行任务。其机组人员共飞行了95个作战架次，1000多个飞行小时，完成任务的有效率达到98%。同时也暴露了一些问题，并没有完全满足适应性评估要求。据美作战试验与评估处主任介绍：该机的发动机推力有限，很难达到正常的11000米的作战高度，与达到12600米的最大高度相差甚远。在执行“联合行动”中，该机在加满燃料起飞时，所需跑道长度大约为3350米，而北约的标准跑道长度约2500米，这些都会使它的使用受到限制。

1996年10月，两架“联合星”系统的生产型飞机又被派往该地区支援，其中第一架飞机来自于美空军第93空中控制联队，另一架则直接来自于诺斯罗普—格鲁门公司（还未来得及交付部队），这两架飞机均部署在德国。在北约部队驻扎在波黑地区期间（即11至12月），这两架E—8C飞机共飞行了36个作战架次，飞行时间470多小时。到1996年12月，来自厂家的那架E—8C飞机才正式交付美空军部队。

1997年，E—8C“联合星”系统首次参加了在韩国进行的美韩联合军事演习。在演习中，E—8C飞机为韩国和美军指挥官们提供支援，对部队的调动进行跟踪，提供指令与预警，成为了地面部队的通信中继平台。

由此可见，E-8C“联合星”系统是现代空地一体战的重要装备，对监视军事冲突和突发事件中的地面情况、控制空地联合作战都具有重要作用。

第八章

美国情报组织在国外的秘密行动

在美国，能够在国外实施秘密行动的情报机构只有中央情报局。秘密行动（或称隐蔽行动，英文为 covert action）是美国情报工作的四大任务（即搜集、分析、反情报和隐蔽行动）之一。根据美国《国家安全法》的定义：秘密行动是由美国政府实施的旨在影响外国政治、经济或军事的行动，并且此类行动不应暴露或使公众获知美国政府在其中的角色。秘密行动的类型可以分为：宣传、政治行动、经济行动、政变、准军事行动。这些行动的暴力性由低到高，而隐蔽美国政府角色的可能性也由大变小。

宣传通常靠大众传媒完成，通过散发信息，让己方所支持的个人或组织在政治活动中占有优势，并让对手居于下风。其手段有制造谣言引发政治或经济动荡、直接对个人进行人身攻击等。政治行动比宣传的力度更大，更有针对性，但二者通常联合使用。政治行动通常在目标国家的政治选举过程中使用，包括为友党提供资金、破坏支持政敌的群众集会、扰乱政敌的宣传等。20 世纪 40 年代晚期，美国在意大利和法国都实施了政治行动。经济行动是通过影响敌对国家的经济状况来破坏该国的稳定。因为经济和普通民众的日常生活息息相关，经济动荡和政治动荡往往连在一起。经济行动的手段包括制造必需品紧缺的谣言而带来恐慌、破坏重要农作物生产、向一国大量倾泄假币而使人民对货币系统丧失信心等。多年来，美国曾经通过直接或间接的货物禁运影响古巴经济。20 世纪 70 年代早期，制造经济动荡也是美国试图推翻智利阿连德政府的重要手段之一。政变是直接或通过代理人推翻某个政府。政变可能是多种其他行动累积的效果，如宣传、政治行动、经济动荡。美国曾经分别于 1953 年和 1954 年在伊朗和危地马拉成功实施政变。准军事行动是规模最大、暴力性最强、最危险的隐蔽行动。它包括向己方敌人的反对派提供武器装备和人员训练等，但是本国军人不参与战斗。20 世纪 80 年代，美国成功地在阿富汗实施了此类行动，20 世纪 50 年代，在中国西藏也进行了此类行动。1961 年的猪湾行动则是典型的失败案例。

第一节　初次胜利——中情局对意大利选举的宣传攻势干涉

第二次世界大战结束时，意大利共产党是欧洲除苏联以外的最大的共产党，它和它的左翼盟友意大利社会党在 1946 年战后的第一次大选中赢得了多数选票和议会中的多数席位，但是由于这两个党是分头竞选的，所以总理的职位还是落到了右翼的基督教民主党手里，除了共产党总书记担任副总理的职务，两党在联合政府里只得到了几个部长的位置。1948 年初，它们决定以人民民主阵线的名义联合竞选。这样一来，人民民主阵线（简称民阵）的支持率大大提高，在一次城市市政选举中，民阵的选票比 1946 年增加了 10%，远远领先于基督教民主党。在冷战的大背景下，美国担心意大利政府被共产党和社会党控制，于是想方设法要阻止民阵在大选中夺得政权。1948 年 1 月，美国总检察长汤姆·克拉克曾经鼓吹“不应该允许那些不信奉美国的意识形态的国家留在联合国”。

美国之所以要尽其全力阻止在意大利出现不信奉其意识形态的政府，是因为它担心自己在地中海和整个欧洲的战略地位受到威胁。在美国政府的全力支持下，中央情报局凭着1000万美元的秘密基金，组织了一场针对意大利选民的规模空前的宣传攻势，负责此次行动的是后来长期主持中央情报局反间谍工作的詹姆斯·安格尔顿。

首先，在美国的意大利裔美国人被动员起来给他们在意大利的亲戚朋友写信，告诉他们如果意大利人把共产党选举上台，他们将大祸临头。开始时这些信多半是人们仿照着报纸上刊登的“样板信”而写的，后来逐渐发展成大批量机械化生产，不光信的内容是印刷的，连邮资也预付了，所需要的只是收信人和寄信人的姓名和地址。除了信件，还有电报、明信片、招贴画等，所有的通信都传递一个信息：不能让共产党执政，“共产党的胜利将毁了意大利”，“意大利将沦为俄国的附庸”，“美国将取消经济援助，我们也不会再给你们寄礼物”，“新的世界大战将要爆发”，“你们将失去宗教、教会、房产、土地和家庭生活”等等。据估计，在短短的两个月里，由报纸、电台、教会、美国退伍军人协会等机构出面收集、寄出的此类邮件达1000万件以上。由于意大利至少有16%的人口与在美国的亲戚保持着经常的联系，这种宣传的影响极大，对于意大利南部和西西里地区的贫穷的农民尤其如此，因为他们对美国和在美国的亲戚总是抱着一种羡慕和敬畏的心理，当时整个欧洲都享受着“马歇尔计划”的福利，意大利人也确实需要外来的经济援助，所以这对意大利人产生了很大的心理冲击，他们开始权衡和犹豫最初的选择。

其次，美国通过广播、帮助竞选的方式进行宣传。多达120万的收听短波广播的意大利人每天听到美国的头面人物告诉他们，4月大选是在“民主和共产主义、秩序和混乱之间的选择”。在意大利共产党的独裁统治下，许多工厂将会被拆掉并运到俄国去，千百万意大利工人将会被送去俄国当苦工。美国之音雇用了许多明星、歌手制作专题节目，颂扬美国和意大利的友谊。一些著名的美籍意大利音乐家和演员到意大利各地巡回演出，帮助基督教民主党竞选。在意大利的美国新闻处到处举办展览会、放纪录片和好莱坞影片，展示美国的生活方式，宣传美国对意大利的援助，同时大肆攻击苏联的社会主义制度。

同时，美国国务院不遗余力地为这种宣传推波助澜，反复警告说，“一旦共产党获胜，美国无疑将停止提供援助”。这迫使人民民主阵线不得不再三向选民保证美国不会停止援助。美国司法部宣布，不仅参加了共产党的人不能移民美国，在大选中为共产党竞选的人也不能去美国。在大选期间，美国和英国的军舰经常出现在意大利港湾外面。《时代》杂志公开倡议，“美国应该明确表示，如有必要，它将使用武力以防止意大利变成共产主义国家”。

杜鲁门政府在选举前的一个月里先后为意大利政府许诺了价值6000多万美元的经济援助，其中包括430万支付给二战期间在美国“志愿”工作的6万意大利战俘的第一批工资。许多半官方组织也在中央情报局的策应下纷纷为意大利的对应机构许诺资助。意大利的反共工会、团体和政客直接或间接从中央情报局得到了大量的资助。

与此同时，尽管中央情报局千方百计强调苏联与意共的密切关系以及苏联对意共的资助，实际上苏联在竞选期间并没有太多的动作，更没有给意共太多的钱。据事后统计，右翼政党在选举中所花的钱是人民民主阵线的7.5倍。最让人迷惑不解的是，苏联不迟不早，在选举日的前5天宣布执行把亚得里亚海的的里雅斯特港变成自由港的协议（的里雅斯特在第一次世界大战以前属于奥匈帝国，1918年后被意大利占领，1943年被德国占领，1945年被南斯拉夫占领，1947年南斯拉夫与意大利签署和平协议，由联合国安理会担保，变的里雅斯特为自由港，其北部由英美管理，南部由南斯拉夫管理，该地现属意大利）。这严重地损害了意大利人的民族感情，葬送了人民民主阵线在大选中获胜的希望。据说苏联当局对美国的剧烈反应非常不安，他们开始担心万一民阵真的执政上台将会引起严重后果。

中央情报局毫不掩饰的粗暴干涉导致了人民民主阵线的支持率在选举前一个月中急转直下。最后基督教民主党获得了48%的选票，而左翼联盟只得到了31%。

成功操纵意大利1948年大选是中央情报局的初次胜利，它开创了以强大的宣传攻势干涉他国民主进程的先例。从此案例中也可看出，秘密行动的几种类型并不是截然孤立地进行的，而往往是多种行动并举，如大众传媒的宣传攻势和帮助竞选的政治行动、提供经济支援等齐头并进，从而达到最终的胜利。

第二节　中情局阴谋反对智利阿连德政府的秘密行动

20世纪50年代—70年代，阿连德都是智利颇受欢迎的政治家，他的政治主张是以社会主义路线改造智利社会，同时保留民主、公民自由和法律的正当程序。他尤其致力于财富重新分配，因为在智利，46%的财富集中在2%的人手中；实行主要工业尤其是铜矿公司的国有化；加速土地改革；发展与社会主义国家的友好关系。阿连德正直廉洁，他曾三次竞选总统，只有最后一次才以微弱优势当选，但实际上在人民中的威信一直很高。中央情报局为了阻止他的当选，实施了大量的秘密行动，包括宣传、政治行动、经济行动等，但最终没有成功。阿连德政府最后的失败是由国内生产停滞、通货膨胀等引起的罢工和暴力冲突最终升级为军事政变造成的。1973年9月，他在一次暴力军事政变中被推翻，遭到枪杀，其位置由皮诺切特取代。

下面对中情局采取的阴谋反对阿连德总统竞选的秘密行动作一

介绍。

1964年，中央情报局集中了近100人，投入260万美元，从政治、经济、组织、竞选技巧等各方面支持保守的基督教民主党候选人埃杜阿杜·福瑞，以阻止阿连德当选。在大规模的宣传战中，中央情报局在智利全国到处张贴宣传画，画中一个孩子的额头上被印上了镰刀和锤子；插播电台广告，其中先是一阵机枪扫射的声音，紧接着是一个女人撕心裂肺地惨叫“共产党杀了我的孩子”，然后是播音员沉痛地说：“共产主义带来的只是鲜血和痛苦。为了防止智利发生这样的悲剧，我们必须选举福瑞担任总统。”许多报纸收集、转载了大量出现在拉美各国报刊上支持福瑞，反对阿连德的文章，而那些文章绝大多数都是中央情报局各地工作站在兰利总部的统一部署下撰写的。中情局的恐吓战术收到了预期的效果，当年的选举中，福瑞和阿连德的得票比例是56∶39。

阿连德虽然输了大选，但他在人民中的威信依然不减，从而使美国对他无法释然。在1965—1969年间，中情局的活动主要集中在争取对智利大学学生会的控制，支持一个在政治上和学术上相当活跃的右翼妇女团体和扶植反共工会。智利发行量最大的日报《信使报》定期接受中情局的资金。中情局特工与军方、警方和其他政治势力保持经常的接触。从事这些“打基础”的活动的是美国驻圣地亚哥使馆中的十几名中情局特工，另外还有以学生或商人身份住在智利的特工。

但是1970年9月智利的大选中，阿连德获得了初选的胜利。为了阻止议会确认阿连德在总统大选中的胜利，中央情报局无所不用其极，甚至试图组织军事政变，为此花了800万美元。根据白宫的指示，中央情报局在反阿连德运动中的主要目标是“让经济呻吟”。在9、10月间，主管拉丁美洲秘密行动的威廉姆·布罗多次会见国际电报电话公司的高层领导，向他们提出破坏智利经济的计划。中情局希望通过削弱智利的经济，给军方制造进行干预、遏制动乱的借口。但因国际电报电话公司和其他一些大企业认为行不通，该计划没有实行。

阿连德在10月底当选后，尼克松又批准了一项500万美元的“破坏稳定”计划，以后又加码到700多万美元。同时，美国政府几乎彻底断绝了对智利的经济援助，美国企业拒绝向智利供应各种设备和配件，使严重依赖美国的智利经济无法正常运转，造成人民生活的诸多不便。中央情报局还进一步渗透智利所有的政党，赞助右翼电台和报刊杂志，建立反阿连德的“思想库”，组织准军事团体，协调情报工作，训练示威游行的组织者和破坏人员，为罢工和示威游行提供经费。例如，1971年12月，由基督教民主党和国家党组织的5000名妇女敲着空饭锅在圣地亚哥街头游行，抗议食物短缺和古巴总理卡斯特罗预定的来访。这些妇女一看便知养尊处优，有的甚至有女佣伴随，她们跟拥护阿连德的民众发生冲突并引起了暴乱。这次“空锅游行”就是由中央情报局资助的。1972年夏，卡车司机大罢工的组织者也得到中央情报局的经济援助，在持续26天的全国大罢工中，他们却一直能领到罢工津贴。

1973年春天的城市选举中，中央情报局再次展开秘密行动，慷慨解囊，在反对派的许多候选人身上投入150多万美元。在这次选举中，尽管面对美国的经济封锁、破坏性罢工和示威游行，以及中情局资助的右翼竞选、宣传和准军事行动，阿连德领导的政党还是赢得了44%的选票，反而增加了在各地议会中的席位。

但是到了1973年夏，随着越来越多的罢工和暴力冲突，军事政变已经不可避免。阿连德在9月11日被枪杀。皮诺切特军政府上台后，美国总统福特说：“我想这符合智利人民的最高利益，无疑符合我们的最高利益。”这句话的后半句道出了美国政府多年来在智利煞费苦心地实施秘密行动的原因。中情局在智利的秘密行动本来旨在阻止阿连德上台执政，但是并未取得直接的胜利，不过，长期的破坏活动让智利最终陷于混乱。可以说，中情局在智利的秘密行动胜败参半。

第三节　中情局在伊朗和危地马拉成功实施的秘密行动

一、扶植伊朗巴列维国王

众所周知，伊朗是美国在冷战中的前线，关键在于伊朗的巴列维国王是美国的坚定盟友。而他的上台正是靠中央情报局的秘密行动实现的。

1951 年，当时的伊朗政府由穆罕默德·摩萨台领导，摩萨台性格狡猾，擅长表演。他在冷战中保持中立，对伊朗共产党持宽容态度，并实施国有化政策，这令美国人十分恼火。艾森豪威尔上台后不久就决定除掉他。1951 年 5 月，伊朗政府把英国拥有的垄断伊朗全部石油生产的英伊石油公司收归国有的举措给了美国一个机会。伊朗将英国公司收归国有后，尽管许诺以石油利润的 25％作为赔偿，并保证英国雇员的安全和就业，但英国人根本不予考虑，他们要求原物归还，要摩萨台滚蛋。但当时英国尚未从二战中恢复元气，一时无奈，被迫向美国求助。

推翻摩萨台政权的任务落在了中央情报局身上，中情局中东处处长克米特·罗斯福被指定主持这一行动。克米特是西奥多·罗斯福总统的孙子，二战时期在战略情报局从事过中东和意大利的活动，他对阿拉伯世界非常入迷，写过许多相关著作。“他看上去与其说像詹姆斯·邦德，不如说更像个历史学教授。”

1953 年 7 月，克米特从伊拉克秘密越过边界，进入伊朗。由于德黑兰很多人都熟悉他，所以他只得躲在郊区一所房子的地下室里，受他直接指挥的是几个中央情报局的特工。克米特多次秘密会见了被摩萨台剥夺了实权的年轻的巴列维国王，向他保证英美的支持，鼓励他起来抵制摩萨台。同时，克米特在军队散发现金、招兵买马，唆使反摩萨台的伊朗人散布谣言，把摩萨台和共产党联系在一起，并煽动街头流氓与共产党作对。

8 月 14 日，巴列维签署了一份解除摩萨台职务、任命扎赫蒂将军为首相的法令。摩萨台不甘束手就擒，他逮捕了前去向他宣布法令的官员，谴责扎赫蒂是卖国贼，还动员他的支持者上街示威游行。根据克米特的建议，巴列维取道巴格达逃到罗马，以强调形势的险恶。在随后的几天里，德黑兰一片混乱，亲共的民众一时控制了街道，人们到处撕毁和焚烧巴列维国王的肖像、捣毁国王和他父亲的塑像。

8 月 19 日清晨，克米特命令发起反击，由从市场上招募来的虎背熊腰的举重大力士开路，以从附近农村拉来的农民为主力，亲国王的民众挥舞匕首、锄头和自行车链条，从四面八方涌向德黑兰中心，一路上高呼“国王万岁”！摩萨台派去驱散他们的军队反戈，扎赫蒂将军站在一辆坦克上，率领民众冲向国会广场。当晚，一切都结束了。摩萨台出逃境外，其内阁部长都被抓捕。政变中共有 300 多人死亡，数百人受伤。

三天后，巴列维国王从国外重返王宫，他对中情局的这位负责人感激涕零。为了回报美国，巴列维中止了英国在伊朗石油生产中的垄断地位，把伊朗原油产量 40％的开采权让给了美国财团。他还邀请中情局为他组织情报机构和训练秘密警察。

伊朗这场政变只花费了中情局 100 万美元，代价不高，成效显著，为此中情局大受赞赏。在以后的 26 年里，直到 1979 年伊朗革命，巴列维国王是美国在中东最坚定的盟友，伊朗也成为美国在冷战中的前线，在靠近苏联的边境地区遍布着中央情报局的电子监听设施和雷达站，它的机场是美国针对苏联的侦察飞行的主要基地之一，美国特工经常从伊朗渗透进苏联领土。但是，这次政变的成功也有其特殊性，摩萨台政权本来就很虚弱，缺乏军队基础。对此，克米特是十分清醒的，他在向华盛顿汇报时，也发出了警告，类似的政变不易成功，风险很大，除非“该国的人民及军队和我们的目标是一致的，否则，你们最好派海军陆战队去”。这也道出了靠秘密行动推翻一国政权的风险性。

二、推翻危地马拉阿本兹政权

美国要推翻危地马拉阿本兹政权的动因其实很简单，因为阿本兹总统将一家美国所有的香蕉园收归国有，而这家公司中的大股东都是美国政府要员，直接损害了他们的个人利益。美国政府便以阿本兹政权支持共产党为由，命令中情局除掉阿本兹。

实际上，1951 年 3 月通过民主选举上台执政的阿本兹总统并不独裁，他是危地马拉历史上第一个通过民主选举上台的总统。阿本兹内阁和军队上层没有一个共产党人，危地马拉和苏联等社会主义国家也没有外交关系。他只是信奉一种模糊的社会主义，决心在全国实行经济和社会改革，尤其要改变畸形的土地所有权。他采取的措施之一就是把美国联合果品公司名下的闲置多年的一片香蕉园收归国有，并分给 10 万农民。

联合果品公司不是一般的美国公司，美国国务卿约翰·杜勒斯是公司的法律顾问，中央情报局局长艾伦·杜勒斯是公司的股东，艾森豪威尔在国家安全委员会的代表罗伯特·卡特勒将军和助理国务卿沃尔特·史密斯将军是公司的董事，负责中美洲事务的助理国务卿约翰·卡博特的兄弟是公司的总裁。有这些人撑腰，联合果品公司发动了一场声势浩大的宣传战，拼命制造危地马拉即将被共产党统治的恐怖气氛。

1953 年底，艾森豪威尔拨出 450 万美元专款，授命中央情报局除掉阿本兹，由中情局局长杜勒斯亲自制定战略方针，并把艾伯特·黑尼调去现场指挥。

鉴于阿本兹在危地马拉深得人心，黑尼决定首先从军队下手，通过散布谣言、搬弄是非和贿赂收买，破坏军队的忠诚。其次，黑尼设法把一些苏制武器运进危地马拉，强化苏联人在中美洲建立了立脚点的假象。另外，还组织地下电台广播，丑化阿本兹。

中情局选择了一位铁杆反共的危地马拉政治犯阿玛斯，作为取代阿本兹的候选人。阿玛斯曾因为组织政变被捕，在洪都拉斯避难。中情局决定支持阿玛斯进攻危地马拉，推翻阿本兹。中情局训练危地马拉逃亡者和美国雇佣军，将美国控制的巴拿马运河区作为运送武器的中心。危地马拉首都的美国大使馆作指挥中心，美国大使频频会见反对派的政客和军官，美国工会的头头纷纷出面谴责危地马拉工会受共产党控制。美洲国家组织以 17 票对 1 票的多数表决宣布任何“受国际共产主义运动支配”的美洲国家是对整个地区的威胁。

这一切都暗示着一场入侵和政变迫在眉睫，阿本兹总统也开始准备武器弹药，中情局突击队对运送弹药的火车试图实施爆炸，但由于大雨，炸药威力没有发挥出来。中情局的心理战比较成功，它用地下电台和传单散布阿本兹准备解散军队、用共产党领导的工农民兵取而代之的谣言让许多军官心神不定。退休的空军司令在美国人的唆使下开着一架小飞机逃往国外。

1954 年 6 月，阿玛斯率领数百名“解放军”从洪都拉斯越境进攻，中情局的地下电台大造声势，似乎全国各地有很多人在同时酝酿起事。艾森豪威尔最终同意给叛军提供飞机，飞机 72 小时不停地攻击，政府军的弹药库、油库、营房多处被炸。地下电台乘机大肆渲染子虚乌有的叛军的胜利，鼓吹叛军的人数已经达到 5000 人，并在继续增加，几路纵队正在朝危地马拉挺进。一些广播故意使用政府电台甚至军队的频道，使不少人信以为真。老百姓终于害怕了，政府军则失去了斗志。部分军官对阿本兹发出要他辞职的最后通牒，阿本兹想发动民众保护政府，但军方拒绝给老百姓发放武器。阿本兹看到大势已去，在 7 月 2 日宣布辞职，躲进了墨西哥大使馆。

事实上，叛军最多时才 400 人，他们始终没有离开过靠近洪都拉斯的边境，时刻准备着一旦受到进攻就溜之大吉。当阿玛斯以胜利者的姿态进入首都时，迎接他的是中央情报局分发的炮仗和雇来的民众。美国联合果品公司迅速收回了被阿本兹收归国有的土地。农业改革法被终止；近 4000 人因共产党嫌疑被捕，许多人被拷打以至枪杀；工人和工会的权益被取消；全国 3/4 的文盲人口被剥夺了选举权；所有政党被取缔；反对派报纸被封杀。自那时起，危地马拉始终处于动荡之中，内战一直持续到 20 世纪 90 年代。大多数民众的生活条件依然贫困落后。特别具有讽刺意味的是，取代阿本兹的多半是更令美国人讨厌的军官。

第四节　“凤凰计划”——中央情报局在越南的秘密行动

“凤凰计划”是 1968 年至 1971 年，中央情报局在越南参与并组织的一项旨在查明并根除南越境内的共产党秘密组织（即越共基层组织）的行动计划。参与这项行动的不仅有中央情报局，还有南越情报机构以及警察和军事机构。他们搜集有关越共基层组织的情报并对越南共产党进行逮捕、暗杀、处决等。当时主要负责“凤凰计划”行动的是美国中央情报局局长威廉·科尔比。

1967 年年中，美国提出了一项旨在对付越共基层组织的《情报协调利用计划》，要求美国驻越军援司令部和中央情报局联合行动。同年 12 月，越南总理颁布了一项政令，将越南情报机构也纳入了这项行动计划中。于是“凤凰计划”便诞生了。1968 年 7 月，由威廉·科尔比起草，经当时的越南总统阮文绍宣布一项法令，要在越南各级行政单位建立“凤凰计划”委员会，作为“加速绥靖攻势”的一部分。该法令还要求各级“凤凰计划”委员会定出指标，规定要逮捕多少越共分子，根据赦免计划要劝促多少越共分子向政府投诚，或者用军队或警察使多少越共基层组织丧失行动能力。

时任中央情报局局长的威廉·科尔比在1969年对“凤凰计划”做出的指示中称，“‘凤凰计划’是对越南政府的‘凤凰计划纲领’的一项建议、支援和协助，其目的在于削弱越共组织在南越的影响和能力。……反对越共基层组织的行动包括：搜集情报以确定其成员的身份；诱导他们不再效忠越共而向政府靠拢；捉拿或逮捕他们以便交省安全委员会法办；如果用其他办法不能阻止他们进行非法活动的话，作为一种最后手段，只好动用军队或警察。我们在训练中强调要抓活的，同时强调使用明智和合法的方式进行审讯以获取他们所知道的越共基层组织其他方面的真实情况”。

“凤凰计划”的情报搜集主要是通过渗透、审讯、劫持信使、截收通讯、翻译缴获的文件、分析宣传品和广播以及进行学术性调查研究等手段进行的。此外，中情局还花了很大力量组织了一系列情报中心，由于南越和美国的其他情报机构也在干着类似的工作，因而可以利用这些情报中心与它们交换情报，同时还可以利用这些中心保护中央情报局所有的情报来源，使它们不至于暴露。

“凤凰计划”的主要内容有两个：一是全面实行身份证制度，每个15岁以上的南越人必须持有身份证；二是建立全国范围的监控系统，除了民间的告密者，其主要力量是美国扶植的南越警察。1961年南越只有1万名警察，而到1974年时达到了12万。

当时美国和越南的“绥靖”政策就是要吸收民众参加对越共组织的斗争，因此他们也非常注重斗争方法，防止因滥用职权或对无辜百姓采取行动而遭致民众的反感和抵制。中情局认为“如果对一个无辜的百姓采取行动就会使全村人产生敌对情绪并进行无声抵制，我们的攻势将蒙受即便逮捕十个证据确凿的罪犯也远远不能弥补的损失”。

为此中情局采取的第一个步骤便是保证搜集情报的准确性。他们制定了相应的规章制度和工作程序，如指派“凤凰计划”委员会中央一级的顾问协助制定行动计划的宗旨和工作程序，同时指派各级顾问协助同级当局逐步建立越共组织嫌疑犯的综合性卡片卷宗和个人档案，把有明显证据和没有明显证据的分开。越共嫌疑犯被分为三类：领导人和正式党员属于A类，负责其他各项工作的干部属于B类，一般成员和追随者属于C类。由于该计划的工作对象是越共组织的总部及其直接支配的机构，而不是一时的信徒或者支持者，所以其工作重点是A类和B类。中情局将嫌疑犯的个人档案印制成表格，建立档案，只要从三种不同渠道（实际操作中并不一定有这样高的要求）获得的情报证实某人是嫌疑犯时，就将该人列入黑名单。A类分子判处两年，B类分子判处一至两年，C类分子最多判处一年。

中情局还不断地打入越共省委和区委并从在其中担任要职的越南人那里得到更加准确的情报，这些人之所以愿意为中情局服务，有些是因为他们对北越的领导方式不满，幻想破灭；有些是想捞取现金或好处；还有些人是看到他们那里的战势对越共不利，想最后站到取胜的一方来。

虽然在法律程序的各个环节，如审讯、侦查、定案等都有明确的规定，终止对越共分子的无限期监禁等情况。但实际上，滥杀无辜以及越共分子遭到虐待的情况仍大量存在，“凤凰计划”成为中央情报局实施肮脏的秘密行动的代表之一。

在昆嵩岛监狱的牢房区，那里囚禁着被称为“越共顽固不化的危险分子”，其生存条件极其恶劣。犯人带着镣铐，四肢瘫痪，挤在肮脏的牢房里，低声乞求。普利策奖获得者彼特·坎恩在《华尔街日报》上也曾经报道一个越共领导人1969年在对三角洲的一个省的袭击中被俘，没有经过“凤凰计划”专为这种案件所规定的谨慎的处理程序就被立即处决了。

1971年，科尔比在国会听证会上就“凤凰计划”作证时说：在执行该计划中，1968年至1971年大约有17000人自愿投诚，28000人被捕，20000人被击毙。他反复强调说，“凤凰计划”不是一项暗杀越共基层组织的行动计划。他对20000人被击毙作了进一步解释，20000人中的大部分——85％以上是在越南、美国军队或辅助性部队作战时死亡的，只有大约12％的人是由警察或其它保安部队击毙的。并称这12％的人中大部分是在警察设法包围、捕获越共组织的干部时因拒捕、逃跑或进行自卫而发生战斗时死亡的。但这样的解释连美国人自己都不相信。

在实行“凤凰计划”行动的近三年时间里，中央情报局特工及其南越盟友求诸拷打、暗杀、绑架等种种残酷手段，一些参与其事的美国官员在事后承认，他们为了获得口供而无所不用其极，包括剁手掌、掀指甲、割耳朵、电击、把人从直升机上扔下去，等等。至于死伤人数，没有人确切知道是多少，但肯定远远高于美国的官方数字。战后连北越官员也承认，“凤凰计划”行动当时确实严重影响了他们的军事计划的执行。

第五节　中情局在西藏的秘密活动

20世纪50年代，美国中央情报局在西藏进行了一系列支持西藏叛乱的行动，并帮助达赖出逃到印度，企图将西藏问题国际化，作为遏制中国的手段之一。本节将具体揭示中央情报局在西藏的秘密行动。

美国对西藏的政策经历了一个转变。1947年，当美国驻新德里临时代办乔治·麦瑞尔写信给总统杜鲁门，要求对西藏加以重视时，美国国务院的回复是“西藏远不是美国的战略关注点”。“西藏太遥远了，对任何战争都不重要。”但是随着朝鲜战争把冷战进一步带到了亚洲，美国开始加强遏制政策，虽然在表面上仍然承认中国对西藏拥有主权，但开始支持西藏的分裂活动，甚至在1959年十四世达赖出逃后，准备宣布承认西藏为独立国家。

在二战尚未结束时，1942—1943年，美国的战略情报局曾向西藏派出过2名特工通过印度对西藏进行侦察。当时的主要任务是“穿越西藏，进入中国重庆，了解藏民态度；寻找朋友，发现敌人；绘出战略目标位置，对将来可能开展行动的藏区进行测量”。这两位特工，托尔斯泰和多兰面见了达赖喇嘛，并代表罗斯福总统送给十四世达赖喇嘛一块金表。两人在西藏旅行期间，每天写日志，记载了西藏各地地形、海拔高度、地带、温度、气候、潜在的机场场址及军事设施等，并写出了一份分为18个部分的报告，附有大量图片。尽管他们在西藏只同僧、俗官员打交道，但他们都是敏锐的观察者，还记录了在穿越藏北高原时所遇见的普通西藏居民的社交和文化景观。他们上交的最终报告对研究西藏基本情况做出了巨大贡献，为美国将要展开的情报活动提供了方便。这时对美国来说，其在西藏的利益十分有限，美国政府无意挑战英、中这两个盟友在藏的传统利益，美国战略情报局对西藏提供了无线电发射器和接收机，以及发电机等设备，但因为藏人不会使用，发电机在高海拔环境下也不能产生足够电力的问题，西藏并没有从美国真正得到什么好处。

新中国的成立和朝鲜战争的爆发使冷战在亚洲的火药味越来越浓，美国国务院在西藏问题上出现了支持承认西藏独立和反对承认西藏独立的两派观点。由于这两种观点难争高下，尤其是后者认为西方没有实际可操作的手段用以操纵西藏，西藏未明的军事潜力和匮乏的资源可能使西方的努力得不偿失，印度尚不予以合作等论点，使美国国务院只好采取拖延战术和弹性政策，即在维持对西藏友好态度的同时，避免涉及西藏的法理地位，不给中国攻击的借口。

1953 年艾森豪威尔入主白宫后，寻求以一种不进行直接的、代价高昂的军事对抗的方式对付共产主义。艾伦·杜勒斯被任命为中央情报局局长后，策划秘密行动开始成为中央情报局的重头戏。美国一直把中国视作苏联在远东地区的影子，西藏叛乱为美国制定秘密行动削弱中国共产党政府提供了机会。1956 年夏，中央情报局与达赖喇嘛的二哥嘉乐顿珠和当才活佛进行了谈判，同意先训练 6 名康巴人学习游击战术和使用无线电通讯设备，然后将他们空投回西藏，及时并定期报告西藏东部和中部叛军的活动情况。根据这些无线电报告，中情局决定是否以及提供何种援助。

首批的 6 名藏人均来自西康德理塘地区，由嘉乐顿珠、当才、夏格巴和嘉杜桑从康巴首领贡布扎西提供的人员中挑选。1956 年 11 月，这 6 人被秘密带离西藏，然后飞往美国东海岸的塞班岛受训。中情局官员通过顾问和翻译训练他们使用通讯设备，学习游击战术、情报收集和编写报告，以及使用从步枪到 60 毫米迫击炮、57 毫米无后座力炮等一系列武器。

1958 年 7 月，中情局进行了第一次武器空投，1959 年 2 月，进行了第二次空投。根据拉木次仁的记录，这两次空投的武器共计包括 403 支步枪，60 箱手榴弹，20 挺机关枪，还有 2600 多发子弹。这两次空投打开了向西藏提供援助的水龙头，在接下来的三年里，美国共空投 30 多次，参加空投的机组人员和飞机都是中情局名下的“民用航空运输公司”。前 7 次空投所使用的飞机是 C-118 运输机，它在高海拔和恶劣气候条件下飞行时，存在飞机失事的危险，且机载能力也较小。后来中情局和空军商议换成军用飞机 C-130 运输机，同时机身上的美国空军标志 USAF 被抹掉了，C-130 使载运量翻了一番。从 1957 年到 1961 年，中情局共向西藏空投了 250 吨无线电设备、武器、军火、医疗设备，还有手动打印机等。

到 1958 年，中情局开始全面履行支持西藏抵抗运动的承诺。年初，由于受训藏人明显不适应东海岸的低海拔，不少人生了病，美国国防部批准中情局使用在科罗拉多州的黑尔营地，这是二战时美国第10山地师的训练基地，1958年5月30日，第二批藏人开始在黑尔营受训，在这里训练藏人的活动一直持续了6年。

当时曾任中情局援藏行动事务主管的约翰·肯尼思·克瑙斯所著的《冷战孤儿：美国和西藏为争取生存的抗争》一书中对黑尔营的训练情况有十分详细的记录：

“训练中最费时间的就是向未来的游击队员们传授无线电收发报知识与技能，教授他们如何通过无线电以每分钟15-20个字的速度转译、传送并接受来自西藏的‘摩尔斯’电码。这一训练课程长达3个月。我们设计了一种密码本，把词和短语译成相应的数码组。数码一般被秘密记录在一次性便笺簿中，这样即便被人截获，上面的信息也不可能被解密。我们选择其中较为聪明的学员担任无线电收发报员，次一点的学员则操作手摇发电机。转惯了转经筒的他们熟悉这种节奏，操作起来驾轻就熟。”

“训练计划还包括如何阅读地图、搜集秘密情报、组建观察和汇报敌军方位及其活动的地下情报网，以及运用指南针和星辰确定方位（在这方面，很多学员都强于教员）等等。”

“后来，训练课主要集中于向这些学员灌输游击战的必备知识与技能。由‘比尔先生’，一位刚从朝鲜战场服役归来的年轻英格兰人教授射击课程。他教学员使用各种军械，包括在西藏东部普遍使用的英国恩菲尔德步枪，美国的斯普林菲尔德步枪及M-Ⅰ伽兰德步枪。由于当时恩菲尔德步枪可以轻易买到，所以在1958年和1959年初的空投中就有这类步枪，这一方面是为了不暴露美国，另一方面，西藏人也比较熟悉这种步枪。1959年秋，中央情报局开始空投M-Ⅰ伽兰德步枪，因为它比其他军械威力要大。”

“受训者同时还学习57毫米口径及75毫米口径无后座力步枪、60毫米口径与81毫米口径迫击炮以及手枪的使用方法。他们反复练习空降程序：首先选定安全空降区，然后在地上点燃‘T’字型篝火便于空中辨识。在这个地方，适合他们进行经常性拉练的山地有几百公顷。……为使学员适应回到家乡作战时可能遇到的所有天气变化，这种拉练一年四季都要搞。”

1959年3月，达赖喇嘛出逃到印度后，解放军集中打击西藏的分裂势力。中情局黑尔训练营的学员开始逐次被空投到西藏，实施游击战式的叛乱行动；中情局同时也空投了大量武器支持西藏分裂势力。但是这些叛乱行动都遭到了失败，从1957年开始到1961年，总共空投了49名队员，只有12名生还，其中10人经过精疲力竭、危险丛生的长途跋涉后出逃到印度，1名投降，1名被俘。事后拉姆次仁对这些失败的原因归结为多个因素："抵抗战士"不愿或不能接受受训人员的游击战建议，坚持进行正面交锋等，另外中央情报局没有向抵抗组织提供相互沟通的通讯设备，没有与他们共享情报信息，也没有对他们的行动进行协调。中情局的解释是藏人不太会严格按照保密规定操作通讯设备，可能遭到窃听。无论怎样，事实已经证明，中情局虽然成功地把人员、武器及装备空投到了环境恶劣、人迹罕至的生命禁区，但在西藏通过空中支援来维持大规模游击战争的想法是不可行的。

第六节 猪湾行动——中情局最大的失败和耻辱

猪湾行动是美国中央情报局试图通过支持古巴的反叛力量采取两栖登陆行动入侵古巴进而推翻卡斯特罗政权的秘密行动，结果遭到了惨重的失败，事件曝光后，中央情报局名声扫地，成为有史以来最大的失败和耻辱。

1959年1月，经过三年的游击战争，菲德尔·卡斯特罗夺取了政权，由于卡斯特罗强烈谴责美国60年来对古巴的控制和剥削，没收美国资本拥有的矿产、蔗糖和公用事业公司，威胁要收回被美国占据的关塔那摩海军基地，特别是他鼓吹向拉丁美洲输出革命，这使他构成了对美国的巨大威胁，美国与新政府的关系在短暂的蜜月以后迅速恶化。1959年11月，艾森豪威尔批准了暗中支持古巴国内外反对派的政策，使卡斯特罗成了中央情报局秘密行动的第一号对象。

1960年3月，主管行动部的理查德·比斯尔受杜勒斯委托，向总统和国家安全委员会下属的特别小组提交了一份详尽报告，该报告将美国的目标定为“以一个更关心古巴人民的真正利益、更能为美国接受的政府取代卡斯特罗，同时避免显示出美国干预的任何痕迹”。

报告罗列了四大任务：1. 在一个月内在古巴境外公开建立一个“有责任心、有号召力、团结统一的”反对派。2. 建立一个“灰色”广播设施进行反卡斯特罗宣传。报告建议把这个电台建在西加勒比海上的天鹅岛上，预计在两个月内可以完工。报告还强调要动员美国的商业电台和其他媒体进行同样的宣传。3. 在古巴境内成立一个受流亡委员会指挥的组织以收集信息和从事秘密行动。报告估计在60天里也许能建立起这样一个地下组织。4. 在古巴境外发展一支准军事力量，同时健全为古巴境内的秘密行动提供后勤支援的机制。考虑到发展游击队的准备工作已经进行了一段时间，该报告认为这一任务能在6—8个月内完成，其中包括3个阶段，首先是在美国招募和训练一支骨干队伍；然后在美国以外继续训练更多的骨干队伍；最后把这些骨干送入古巴去组织、训练、指挥那里的抵抗力量。与此同时，中央情报局将在两个月内加强其空运、渗透和撤退的能力。

在这个方案中，只有建立电台是可以完全由中央情报局决定的，其他任务中则有很多不确定因素，比如古巴流亡团体的各个派别由于政治立场和个人恩怨而互不认账，相互倾轧，这些人中间一直没有产生出一个团结有效、有吸引力的领导班子。而比斯尔等负责人则对整个计划过分热情，导致了他们对前景的过分乐观。比斯尔本人对中央情报局的其他部门严格保密，自始至终，情报部都没有参与对行动方案的可行性评估，这意味着比斯尔只能听到一面之辞。

1960 年秋天以后，杜勒斯和比斯尔对古巴的状况越来越失去耐心，于是决定毕其功于一役，改小股游击渗透为大规模入侵，入侵计划的要点是：1. 在反叛武装飞机的掩护下，古巴旅在古巴南部海岸的特立尼达登陆，一旦滩头阵地巩固以后，就把在佛罗里达的流亡政府运去，美国政府随即承认新政府。这种承认将为美国今后的直接军事干涉提供合法依据。2. 登陆前反叛武装的空军出动两次以摧毁卡斯特罗的空军和海军。3. 要是作战形势一时恶化，入侵者就会疏散到附近的山上去打游击。老百姓都会起来响应，政府军和民兵中一部分会反戈一击，不需很久，古巴旅就会像三年前的卡斯特罗那样，凯旋哈瓦那。

1961 年 4 月 17 日半夜，古巴旅靠 5 艘破烂笨重的老式运兵船运到了猪湾外的浅滩。但这完全不是原计划中的突然袭击。根据 2001 年猪湾事件 40 周年前夕古巴政府解密的文件表明，卡斯特罗早在 1961 年 1 月 12 日就得到报告，知道危地马拉的训练营地的存在。他甚至清楚肯尼迪政府在入侵问题上的分歧意见。此外，卡斯特罗在 16 日先发制人，下令在全国范围逮捕所有反政府的嫌疑分子；他的军队和民兵早已进入战备状态。而且猪湾早已不是什么荒无人烟的偏僻海滩了，卡斯特罗在夺取政权以后，在这片中情局一直以为车辆难以通行的沼泽地带修起了现代化的公路，3 个旅游中心的修建工程也即将完成，其中之一就在古巴旅的第一个目标吉隆镇上。所以迎接入侵者的不是一片漆黑，而是一片灯火，他们很快就撞上了一支巡逻队。

摸黑上岸本是两栖登陆作战的大忌，加上事先挑选的猪湾的入口处遍布暗礁，装有重炮和坦克的叛军的登陆艇费了九牛二虎之力才靠上沙滩。肯尼迪在最后一刻又收回了中央情报局对入侵部队提供空中支援的许诺，从而使制空权完全落入小小的古巴空军的手里。两艘运输船几乎一下子就被击沉了，其中一艘装着头10天的全部补给品——弹药、食物、汽油和救护用品，另一艘上是通信设备。根本没有民众起义。地下反政府组织不是已被粉碎，就是根本没有收到通过无线电发出的指示。在登陆以后的72小时里，入侵者在大海和一片沼泽地带之间无望地困守，最后弹尽粮绝，不得不向数量和装备上都占绝对优势的古巴军队和民兵投降。战斗中入侵者死了100多人，其中包括4个中央情报局雇用的美国飞行员。

实际上，在猪湾行动之前就有很多漏洞和危险。首先，比斯尔本人毫无作战经验，却把局里仅有的几个两栖登陆作战专家排斥在外；他也没有像情报部咨询古巴民众在发生入侵后究竟是否会起义反对卡斯特罗。

其次，比斯尔和其他人盲目地相信，他们可以保持整个行动的秘密性质，从而避免美国遭受世界舆论的谴责。在以后执行的过程中，为了维持这种“古巴人打古巴人”的假象，中情局在各方面都不得不极大地限制了自己的选择余地。

第三，对行动的危险作评估的人和制定计划的是同一批人，他们在感情上投入太多，客观判断的能力从而大打折扣。而且为了实现他们孜孜以求的目标，他们往往有意无意地向有关各方隐瞒事实，制造假象，特别是误导白宫和古巴旅。

第四，为掩护登陆而组织的空中打击力量严重不足。

第五，以一支弱小的武装向一支强大的武装挑战，必须考虑到万一失败以后的退路。古巴旅当时只能选择打游击，但是却没有进行过任何游击战训练，也没有打游击的装备，登陆时的坦克、大炮、卡车等都不可能带到山里去。

最后，比斯尔和他的助手们深信，万一进攻受挫，他们一定能说服白宫，让美军以某种形式卷入，至少可以以雇佣军的方式向古巴旅提供保护。但肯尼迪实际上在不让美国直接卷入这一点上坚定不移，他不仅不允许任何美国人参加入侵部队，不允许美国海军紧贴护航，而且禁止古巴旅的飞机从任何美军基地起飞，包括在波多黎各的基地。

在实际执行中，这一计划也存在很大问题。执行这样性质的攻击任务的本该是精锐部队，而由1500多个流亡者组成的古巴旅中，大都是平民，合格军人不到10%，有的已经60多岁了，他们缺乏严格的军事训练。而且这是一支严重分裂的队伍，其中主要有三派：卡斯特罗的前部下、巴蒂斯塔政权（卡斯特罗推翻的前古巴政权）的旧军人和大中学生。他们之间的关系一直非常紧张，他们与美国教官之间也时有摩擦，在指挥官的人选问题上发生过哗变。

原定于1961年4月14日深夜和凌晨在东方省发动的旨在转移卡斯特罗注意力的佯攻根本没有执行。负责佯攻的突击队的指挥官远远地从望远镜里看到岸上似乎有军队在活动，就自作主张地放弃了进攻，他认为他的任务本来就是次要的，因而不值得冒险。

比斯尔本来计划在入侵前的两天里进行两次20轮轰炸，以摧毁古巴的空军，同时打击古巴的通信设施、海军和交通。4月15日清晨实施了对古巴3个机场的9轮轰炸，但是只摧毁了卡斯特罗不到一半的空军力量。由于轰炸在国际社会引起的谴责，肯尼迪下令除非有绝对的必要，取消第二次轰炸。在4月16日，所有的军方人士和古巴行动小组都强烈主张在第二天即入侵当天的轰炸必不可少，但中央情报局的领导，尤其是比斯尔，却不敢据理力争，他们害怕如果过分强调了轰炸的作用，肯尼迪会怀疑整个行动的成功把握而在最后的关头取消行动，那时入侵部队离古巴海岸至少还有7个小时的航程。取消了第二次轰炸的后果是：剩下的卡斯特罗的6架轰炸机和4架战斗机不仅对登陆船只和部队造成了极大的威胁，而且使叛军的空中支援几乎化为乌有。

猪湾事件是中央情报局策划的最大规模的一次准军事行动，也是中央情报局历史上最大的失败和耻辱。无论在战略上还是在战术上，中情局几乎在所有可能犯错误的地方都犯了错误。这次事件使美国政府在全世界面前大大出丑。肯尼迪反复责备自己对中央情报局和军方的专家过于轻信，说他恨不得把中央情报局拆得片瓦不留。正是基于猪湾事件中情局的恶劣表现，肯尼迪决定成立由军方负责的国防情报局。

第九章

美国情报机构典型的分析研判案例

第一节 朝鲜战争中美国对中国入朝参战的情报失误

1950年6月朝鲜战争打响后，美国情报机构十分关注中国的态度和动向，“中国是否会出兵”成为一个迫切需要回答的问题。经过情报界的多次评估，最终得出了错误的结论，首先认为中国不会出兵朝鲜；其次，在确认了中国军队确实入朝作战之后，又错误地认为中国的参战不具有决定性影响，只是小规模表态性的。情报部门对中国入朝作战的错误判断，给美军作战造成了相当大的被动。究其情报失误原因：一方面，由于当时美国情报搜集工作处于混乱和无序状态，虽然搜集到了数量众多的情报，但其质量参差不齐，情报来源单一，缺乏有效的人力情报和技术情报。另一方面，美国情报部门在情报分析过程中，过于注重苏联的全球战略，忽视中国自身的安全需要，缺乏对中国军队情况的基本认识，以及军事领导人（麦克阿瑟）轻视中国的军事能力，过于傲慢自大。从中国方面讲，志愿军的战略战术和巧妙伪装也蒙蔽干扰了美国情报部门的侦察判断。

一、历史背景

（一）美国当时的情报搜集力量

朝鲜战争爆发时，美国在远东的情报搜集力量主要有三大来源：1. 远东司令部情报部（以下简称远司情报部）。远东司令部情报部全权负责监视远东地区的军事和政治状况，其负责人是查尔斯·威洛比少将。当时远司情报部的主要任务是监视苏联远东的军事力量，中国是较为次要的目标，朝鲜则根本没有得到重视。远司情报部的下属秘密机构联合特别行动部负责进行人力情报活动，并有协调、管理整个远东地区所有间谍与反间谍活动的职责，但这种管理只在名义上存在，中情局在人力情报活动中依然自成体系。当时威洛比手下对朝鲜加以关注的单位只有两个，一个是1949年7月在韩国成立的“韩国联系办公室”，在朝鲜雇有16名间谍，但威洛比经常怀疑他们其中一些人是双面间谍；另一个是远东空军在韩国的一个小型情报网，仅有4人，主要搜集朝鲜空军的情报。其他情报部门都将重点放在苏联的军事能力上。2. 中央情报局。中情局在远东地区的主要活动是人力情报搜集，但是中情局和军方在资源协调上一直争执不下，朝鲜战争爆发前，中情局的基本方向是中国大陆，1946年到1948年间，中情局沈阳站站长约翰·辛洛布曾在安东（今丹东）建立了一个针对朝鲜的情报网，他在东北招募了很多朝鲜人，让他们潜回朝鲜搜集情报。但是中国大陆解放后，随着国民党逃到台湾，中情局无法延续在中国的活动，所以在朝鲜战争爆发时，中情局在远东地区几乎没有有效的情报搜集活动，它只能依靠国民党和远东美军获取少量情报。3. 信号情报单位。无线电监听是美国在远东地区获取情报的重要手段，远东的信号情报单位分别隶属美军陆海空三军的信号情报机构。其中规模最大、最主要的信号情报单位是陆军的陆军安全局，在远东设有陆军安全局太平洋处，主管整个太平洋地区的陆军信号情报工作，默顿·鲁宾中校是当时的处长。海军和空军的信号情报力量远小于陆军，他们仅负责监听日常的苏联军事事务。必须指明的是，麦克阿瑟的远东司令部没有控制远东地区陆军安全局和其他军种信号情报单位的权力，这些监听站的日常管理直接听令于他们在美国的局部。而且，由于严格的保密管理，即使在少量可以接触到信号情报的远东司令部情报分析人员中，很多人并不知道怎样使用这些情报。

（二）中国的政治军事准备

朝鲜战争爆发伊始，中国对其尚未给予特别重视，依然按照原计划推进国内的各项政策，中国领导人的注意力没有转移到朝鲜问题上来，只是对其保持了相当程度的关注。美国全面卷入朝鲜战争后，中国开始更加重视朝鲜战局，并且进行了军事方面的部署。1950 年 7 月，中央军委会议作出了《关于保卫东北边防的决定》。8 月和 9 月多次调整军事战略部署，加强边防军的训练和准备工作。9 月 5 日，毛泽东在中央人民政府委员会第九次会议上，向包括各民主党派委员在内的政府委员公开阐述了帮助朝鲜的问题。是否出兵朝鲜基本已经确定。9 月 15 日，美军成功实施仁川登陆后，朝鲜战场形势突变，中方压力大增，一边继续调动部队，统一思想准备出兵，一边与苏联积极磋商朝鲜局势。9 月 20 日，华东军区 9 兵团正式下达部队北上命令，配置为东北边防军的二线部队。1950 年 10 月 5 日，中共中央政治局扩大会议统一意见并且作出了出兵的决定。就在同一时间，周恩来、林彪还秘密前往苏联，争取了苏联空军的援助。另外，在 7 月和 8 月，周恩来总理多次致电联合国秘书长和安理会，谴责美国发动侵朝战争，武装干涉中国台湾。9 月 25 日，中国人民解放军代总参谋长聂荣臻与印度驻华大使潘尼伽共进晚餐时告诉他，中国人不会袖手旁观，不会让美国人一直打到中朝边境。10 月 3 日凌晨 1 时，在美军即将跨过三八线前，周总理再次紧急召见潘尼伽，指出："美国军队正企图跨过三八线，扩大战争。……我们不能坐视不管，我们要管。"并且明确希望潘尼伽博士把他的话传给美国政府。第二天，潘尼伽通过当时在北京的英国大臣将周恩来的口信传达给美国。10月9日，中国外交部再次发出措辞强硬的警告，"美国的侵朝战争从一开始就对中国的安全构成了严重威胁……"。

二、对中国出兵的错误判断

第一阶段：误判中国不会出兵。时间：1950年6月25日—1950年10月24日。

从1950年6月30日中情局提交第301号情报备忘录开始，中国是否参战就成为美国情报机构的关注重点。此后的三个多月内，美国情报机构始终认为，各种限制条件将决定中国不会出兵。1950年10月19日晚，中国人民志愿军秘密渡过鸭绿江，开始向朝鲜境内隐蔽开进。1950年10月下旬到11月初，志愿军在开进过程中与美军发生遭遇，通过激战迫使美军退至清川江以南地区。志愿军将这次作战称为第一次战役。此战过后，中国是否出兵已有明确答案，美国情报机构也确认了中国出兵的事实。

朝鲜战争一爆发，美国情报界就认为是苏联策划和鼓动了朝鲜战争。此后，在中情局的每日概要、每周概要和情报备忘录中，中央情报局一再重复苏联支配中国出兵的论调：

"中共的军事力量可以同时向台湾、朝鲜、香港和东南亚发动攻击，但是除非克里姆林宫提出明确要求，否则他们不会这么做。到目前为止，苏联对朝鲜半岛局势依然保持了一种超然姿态。据此可以认为，苏联不想引发世界大战，也不会鼓励中共进行军事冒险。"（《每日概要》，1950年7月6日）

"目前还不清楚苏联是否会迫使中共公开支持朝鲜的军事行动或

在该地区其他地方采取新行动。中共不太可能主动在中国以外的地方采取军事行动，但如果苏联要求他们这么干，几乎可以肯定他们将惟命是听。”（《世界局势评估》，1950 年 7 月 19 日，中央情报局7-50）

根据 7 月份的种种情况，中情局认定苏联不会扩大朝鲜战争，也不会增加世界大战的风险。（《每周概要》，1950 年 7 月 28 日）

随着朝鲜局势的发展，中国对朝鲜局势的影响越来越大，美方开始把中国作为一个因素单独考虑。9 月 8 日，中情局提交了题为“中共直接干预朝鲜可能性”的第 301 号情报备忘录，单独评估了中国的意图和能力。仔细考察了中国近期的宣传和军事行动后，该文主张“考虑到公开行动的重大后果，中国参与朝鲜冲突的方式更可能是间接的，将会被限制在朝鲜人民军东北志愿兵的范围内”。但是即使在单独评估中国的意图时，苏联仍然是美国的首要考虑因素。文章写道，“考虑到如果中共干涉朝鲜将影响苏联在中国和朝鲜的地位”，苏联将阻挠中国干预朝鲜。（《情报备忘录 301 号》，1950 年 9 月 8 日）

仁川登陆后的最初几天内，美国依然延续了前一段的分析思路，着重分析苏联的意图。仁川登陆当天，美国虽然注意到近期“中国的军事调动和对美国侵犯中国领土的指控，都使有关中国干预朝鲜和中苏对军事政策有不同意见的推论得以加强”，但是马上老调重弹，坚持认为“没有证据证实中苏有不同意见，有令人信服的政治和军事因素使得中共不可能直接公开投入朝鲜”。其列举的原因如下：第一，“苏联不愿爆发全面战争”，不会鼓励中国冒险；第二，中国的干预将“破坏中苏同盟”。文章还为中国近期的行动找到了解释，认为通过上述举动“中苏将赢得一份有利的朝鲜和平协议”。仁川登陆成功后，中情局又在每周概要中指出：“苏联认为人民军败局已定，考虑到世界大战的风险，苏联宁愿朝鲜失败也不愿进行干预。慑于美国强大的海空军实力，苏联不太可能动用自己的军队或者使用中共部队。”

对于中国的宣传报道和政府公开声明，美国依然认定中国不会干预，视警告为欺骗和虚张声势。在10月12日中情局的备忘录中，美国在列举了近期获得的若干迹象（公开警告、军队调动、宣传攻势）和分析了中国干涉的利弊后，得出的结论是“虽然仍然必须把中共在朝鲜实施全面干涉视为一种可能，但是考虑到所有因素后得出的结论是，除非苏联决定发动全球战争，中国不太可能在1950年进行干预”。这份情报分析的观点得到了国务院和军方情报单位的赞同，代表了美国中央情报机构当时对中国出兵问题的看法。

在对中国能力的分析中，美国情报虽然判定中国军队在大量集结，但认为解放军战斗力有限，“过去三个月的报告显示，满洲正规军的数量有了相当大的增长。林彪第4野战军的大多数部队（包括大约10万老兵）估计目前在东北。现在大约有21万部队部署在华北地区，一些报告称其中的一些正在向东北地区开进”。“中共有一支包括200到250架作战飞机在内的空军，其中的一些据情报说布置在东北地区。”联合情报委员会认为，解放军过去的战斗经验不适用于在朝鲜的战斗。解放军早期的战斗主要是“打了就跑”的游击战术，从来没有遇到过一支训练有素、士气高昂、装备精良的现代化军队。另外，中国也无法为朝鲜提供空中和海上力量。到了10月中上旬，则认定最好的干预时机已经过去，美国的空中力量将给解放军以致命打击。

综观这一时期美国对中国出兵意图的分析，苏联假设左右了整个分析全局，成为最突出也是最明显的标志。尽管美国情报机构一再收到中国的警告，但是情报分析却始终从原有假设出发，优先考虑苏联意图。根据情报，美国确认苏联意图未变，因此推断中国也不会干预朝鲜。面对中国接二连三的警告，美国情报部门将其解释为警告不过是中国的欺骗和虚张声势，信息传递人潘尼迦倾向性过于明显等等，始终没有怀疑原有假设的正确性，完全忽视新情报对假设的质疑和挑战，没有及时调整思路修正假设，而是提出了中国出兵意在保护边界和电力设施的补充解释。在这样的固执己见和一厢情愿的理解中，美国继续一意孤行，在朝鲜战争中逐渐陷入全线被动。

第二阶段：误判中国出兵性质。时间：1950 年 10 月 25 日—1950 年 12 月。

志愿军在首战中出其不意地打击了美韩部队，迫使其后撤。美国的情报来源得到大范围拓宽，搜获的情报迅速增加，但是各级情报机构却低估了中国的参战兵力，误判了中国出兵的性质。其原因除了固守原有假设，没有及时进行修正外，各级情报机构对志愿军战略战术特点的无知为志愿军再次突袭成功创造了客观条件。

志愿军在 10 月底给联军有力的打击之后，考虑到自身的困难和捕捉战机等因素，选择主动后撤、诱敌深入。志愿军的主动后撤令美国情报机构十分意外，它们纷纷猜测中国的意图，并作出了错误的解读。这时，以美国第 8 集团军情报部和第 10 军情报处为主的战场情报分析单位在整个情报分析中占据了越来越重要的地位。它们分析当时情况，直接为作战部队提供情报保障，同时为远东司令部情报部和中情局提供分析建议。

中情局在 1950 年 10 月 28 日和 10 月 31 日的《每日综述》中仍在强调“尽管在满洲和朝鲜边界有大量中共军队，但是中共在朝鲜的出现还未得到证实”。在证实了确有中国军队出现在朝鲜后，中情局的结论是“可能有数量很小的中共军队目前正在朝鲜作战，但是中情局不相信这些中共士兵指出的中共试图直接或公开干预朝鲜”。

到了 11 月 1 日，情况出现了变化，中情局长史密斯向杜鲁门提交了一份备忘录，其中总结了朝鲜最近出现的情况，指出“明显的事实表明中国共产党的军队也在反对联合国部队”，“中国的主要动机是在鸭绿江南边建立一个有限的‘防御带’”，“其目的很可能是(a) 保障满洲边界的安全，不受联合国军（中国人认为联合国军是侵略者）的侵犯，（b）确保电力源源不断地从关键的水丰水电系统送到满洲的工业区”。为了便于总统理解，史密斯还对中情局的观点进行了背景解释，“水丰电力系统对满洲极为重要，近期一名韩国将军宣称将切断满洲电力，这可能加剧了北京的忧惧。”

从 11 月 6 日志愿军主动后撤到 11 月 24 日“联合国军”再度发动攻势，半个月内美国作了多次情报分析和情报研判，意在把握中国的相关情况。其中第 8 集团军和第 10 军的情报分析严重受制于战场形势。志愿军刚刚和其脱离接触，“对中国人大规模干涉的恐惧感就渐渐消失了”，他们认为中国人“仅仅想进行一场防御性阻滞战斗，没有迹象表明，有大规模的中共军队通过边界入朝”。11 月 24 日，第 8 集团军估计在朝鲜大约仅有 6 万中国军队。11 月 23 日，虽然第 10 军在其正面发现了 9 兵团 20 军，而且清楚知道该军是第一次战役后志愿军补充的有生力量，但是在联合国军发起总攻的前夜，第 10 军似乎仍认为在它正面的中国军队顶多不超过一两个师，而且中国军队作战形式仍将是纯防御性质的。

远东司令部这一时期的情报极为混乱模糊，经常自相矛盾。远东司令部情报处处长威洛比对于中共正规军在朝鲜的人数从 4 万到 7 万游移不定，对于志愿军的干预能力，起初认为“西线志愿军得到补充后，可能会与东线协调一致向南推进并包围联合国军”。可是进攻前一天又说“中共部队本身存在后勤供应难题，如果中共部队试图阻挡第 8 集团军，那么他们陷于不利境地”。对于中国军队的行动方式，11 月 15 日，威洛比推测“敌军的行动非常可能按下列顺序进行：（1）实施攻势作战，（2）共军从朝鲜境外进行增援，（3）开展游击作战，（4）防御”。10 天后，这种推测发生了变化，“从朝鲜境外进行增援被提到了首位，而采取攻势作战被降到了第二位”。总之，远东司令部在这半个月内的情报经常前后矛盾，11 月 24 日麦克阿瑟到战场视察部队，干脆宣称“中国没有参与朝鲜战争”。

11 月 24 日，即联合国军发动最后攻势的前夜，中情局联合国务院、陆军、海军和空军的情报组织，提交了题为“中国共产党对朝鲜的干涉”的第 2/1 号国家情报评估，集中阐述了对近期局势的看法。文章认为“目前中国军队在朝鲜的军事活动，并不足以表明有发动重大攻击性行动的计划”。就在这份情报评估提交的当天，美军发动了“圣诞节攻势”，企图一举结束朝鲜战争。第二天，美军就踏入了志愿军的伏击圈，被迫由总攻转入退却。志愿军则一举收复三八线以北广大地区。11 月 28 日麦克阿瑟致电参联会称“我们面对一场全新的战争”。

综观这一时期美国对中国出兵性质的分析，第 8 集团军和第 10 军的情报分析占有重要地位。不过这两家单位的分析严重受制于战场形势。志愿军主动后撤后，他们对志愿军干预的关注程度直线下降，不再关心中国是否介入战争，完全依赖远东司令部情报部的结论。面对大量情报，远司情报部仍然低估了志愿军的兵力，中央情报机构由于没有不同的情报来源和缺少专业知识，轻易赞同了远司情报部的意见，认为中国的兵力不多，干预行动是象征性的，难以从根本上改变战场形势。实际上，中国的抗美援朝决心早已下定，截止到 11 月 7 日第 9 军团入朝，志愿军前线作战兵力已达 30 个师，38 万余人。美国情报机构的这种误判，直接为志愿军第二次成功突袭创造了客观条件。

三、美国情报失误的原因分析

美国对中国出兵朝鲜的情报误判应从两个方面来解释。首先是美国方面，一开始美国情报机构对中国出兵与否的判断就是以苏联的态度为焦点，认为只要苏联的态度不变，中国必然唯苏联马首是瞻，不会与美国发生正面对抗。美国情报机构即使在收到大量与原先假设不同的信号情况下，也认为是噪音，未给予应有的重视。造成这种“锚沉现象”的原因有：

1. 当时美国的情报搜集能力不足。首先，二战后的裁军和压缩军备政策削弱了作战部队的情报能力，情报能力的削弱体现在：经验丰富的老兵大量流失，导致情报单位人员素质的急剧下降；裁军和压缩军备导致作战部队减少对情报教育训练的投入，情报人员的语言能力、图片判读能力都较差。其次，作战部队情报单位缺乏设备，无力更新侦察系统和各种装备。最后，人力情报和信号情报搜集都没有发挥应有的作用。新中国成立后我国采取各种措施严格控制美国等西方国家的在华势力，展开各种反特行动，打击了美国的秘密情报搜集活动。中情局当时只能依赖国民党提供的人力情报，但其对国民党也缺乏信任，怀疑国民党方面有意挑唆自己和中共发生冲突。所以美国缺乏足够的人力情报。在信号情报方面，由于缺乏足够的装备和有经验的信号情报专家，美国陆军安全局只能集中精力监听苏联。中国参战前，陆军安全局和空军安全局都没有针对中国实施通信分析。此外，志愿军原始的通信系统也制约了美国的信号情报搜集。志愿军最重要的通信手段是有线电报，无线电通信设备很少，进入朝鲜时，志愿军实施了严格的通信安全保密措施，保持无线电静默。各部队主要通过通信员传递信息，或者是利用暗语广播接受命令。这导致美国在日本和韩国的信号情报单位没有发现任何志愿军大部队入朝的征候。

2. 情报分析人员缺少对中国志愿军基本情况、特点的了解。无论在战略层面还是战术层面，美国情报机构对志愿军都缺乏最基本的了解。在朝鲜战争结束二十多年后，麦克阿瑟在其回忆录中还认为当年是林彪指挥了志愿军。在第一次战役中，联合国军曾多次俘获战俘，从战俘身上美国获得了许多有关志愿军编制体制、干涉能力意图的情报，尤其是战场实时情报。当美军从战俘口中得知中国决定在朝鲜投入 24 个师时，美军情报分析人员认为只是一个骗局，他们根据自己的常识认为一个普通的士兵不可能被告知如此重要的战略情报。后来的战斗证明这一情况基本属实，原来志愿军与其他军队不同，它注重各种合理有效的政治工作制度，认为这将使普通士兵充分了解战术形式以及部队的作战计划等情况，还可以增强战士在重大战斗行动中的主动性和责任感。在战略层面，美国情报分析人员对毛泽东“诱敌深入”的战略思想知之甚少。在第一次战役后，志愿军主动后撤。战场情报机构对志愿军的意图做出了一系列的猜测，比如陆战队认为志愿军是因为过度消耗而退出战斗，第 8 集团军认为志愿军仅想进行一场防御性阻滞战斗，还有个别人认为这是外交信号。没有一家机构准确领悟了志愿军的意图，完全不了解“诱敌深入”这一战略思想，难以看透撤军的深刻含义。缺少换位思考和依赖镜像思维也是不了解基本情报的后果。美国认为志愿军的武器装备良莠不齐，战斗力必定不会太强。他们根据朝鲜人民军依赖公路推进，靠公路提供后勤保障，类比推断志愿军也要依赖公路行动，麦克阿瑟海据此推断到 11 月中旬时中国投入朝鲜的兵力不会超过 3 万人。事实上，此时志愿军兵力已达 30 万人，原因是志愿军基本不需要公路提供后勤保障，多靠人力和畜力运输物资，摆脱了公路的制约，在地形特殊的朝鲜半岛获得了独特的机动性。

从中国方面来看，中国实施了成功的战略欺骗和战术欺骗。在战略欺骗上，为了迷惑敌人，志愿军故意释放战俘，散布虚假消息，对他们说“因为后勤供给不足，部队将撤回国”，“志愿军主力还未过江”，此举迎合了美国情报部门内轻视志愿军战斗力和志愿军主力尚未入朝的情报分析假设。此外，志愿军分批投入兵力也迷惑了美国的情报分析，美国情报部门被这种渐次分批投入兵力的行动欺骗了，大大低估了志愿军的兵力，以致错误判断了中国出兵的性质。战术欺骗方面，主要是隐蔽开进和用数字代指部队番号。志愿军十分擅长昼伏夜行，一般在每晚 7 点开始行军，次日凌晨 3 点就停止前进，凌晨 5 点半之前必须完成防空隐蔽，每个人、每件装备、每头牲畜都必须伪装隐蔽起来。即使白天在丛林里休息，也要采取封锁消息、控制电报通信等一系列保密措施。当志愿军必须在白天行军时，他们就放火烧山，用滚滚浓烟对付空中侦察。为了隐藏兵力和部队番号，志愿军用数字分队进行代指，去掉了一切可能透露部队番号的标示。被俘的志愿军官兵都说来自第54、55、56、57、58分队，美军的情报人员信以为真，据此推断中国派到朝鲜的部队数量不多，只具有象征性。事实上，第55分队即第39军，55分队第1营代表第39军的115师。直到志愿军发起第二次战役，美国情报人员才意识到“分队”其实代表军级单位。

朝鲜战争中的美国对华情报失误是一次在特殊时间、特殊条件、特殊对手间出现的情报失误。在此之后，美国想方设法加强自己的情报工作能力。强化作战部队的情报能力建设，为作战行动提供有力的情报支援，进而扭转了朝鲜战场的不利局面。朝鲜战争增加了美国的对华情报需求，台湾成为美国对华情报搜集的重要基地，美国还以情报失误为契机，大力推动了美国情报界的各项调整和改革。

（参考资料：崔鹏：《朝鲜战争初期美国对华情报失误研究》）

第二节 《特别国家情报评估》与中国首次试爆原子弹

1964年10月16日下午3时，中国在西北荒漠新疆罗布泊试爆了中国的第一枚原子弹。这和美国情报界提交的《特别国家情报评估：共产党中国即将进行核爆炸的可能性》（SNIE13-4-64）中所预测的时间存有较大偏差，该评估报告认为，中国的核试验会在1964年年底以后的某个时间进行。由于中国试爆第一颗原子弹有着重要的象征意义，所以这份特别情报评估尤为值得关注。

一、历史背景

1956 年，毛泽东在《论十大关系》中曾特别指出："我们还要有原子弹。在今天的世界上，我们要不受人欺负，就不能没有这个东西。"1961 年蒙哥马利访华，在《毛泽东、刘少奇、周恩来会见蒙哥马利谈话记录》中，可以得知中国人发展核武器的态度是十分坚决的。刘少奇当时说："美国有，你们英国有，法国也有一点，苏联有，我们也要搞。除非你们美国、英国、法国都销毁核武器，我们也可以不搞。"周恩来对中国是否正在发展核武器的问题。态度十分肯定，但同时也承认，这是一个长期的过程。因为当时中国的科研实力、工业实力都还比较薄弱。当时全国的科学家和工程师的人数屈指可数，人才不足是中国研究核武器面临的一个最为严重的问题。核工业是知识、技术、资金密集的工业，而中国到 20 世纪 60 年代还是一个科技落后、工业基础能力薄弱的国家，这对核试验的基础设施建设、核装料的获得都构成很大的挑战。

美国从多种渠道已经明确中国进行核试验的态度是严肃认真的，中国拥有核武器只是一个时间问题。美国看到，新中国成立之初无论在意识形态还是外交政策上都全面倒向社会主义阵营，"中国在对外宣传中一直高喊反美，反帝，支援世界革命，鼓吹暴力革命、武装斗争，比苏联更'好战'，因此原子弹掌握在中国手里更危险"。[①] 20 世纪 50、60 年代也是美国"核威慑"理论研究的黄金时代。美国认为，核武库存在巨大的脆弱性，使得拥有核武器的双方在危急时都倾向于首先发动核打击。为了维护美国的国家利益，美国必须警惕对手的核力量。因此，美国高度关注中国的核武器计划和进程。

---

① 约翰·路易斯、薛里泰著：《中国原子弹的制造》，原子能出版社，1990 年版，第 1 页。

二、特别国家情报评估对中国首次试爆原子弹的评估

1964年8月的特别国家情报评估中，情报人员分析由U-2高空侦察机拍摄到的有关中国罗布泊核试验基地建设进展情况的侦察照片后认为，一方面，“大约两个月后，该试验场地就可交付使用”，另一方面，又有足够的迹象表明，“中国在今后几个月内还不能得到足够的核试验所需的裂变材料。显然，今年年底以前进行核试验的可能性不大”，因此，中国的第一次“核试验将在1964年年底以后的某个时间进行”。其主要内容有：

1. 最新的侦察照片显示，新疆罗布泊确实是一个核试验基地，该基地的各项设施将在未来两个月竣工。

2. 中国尚缺乏进行核试验的裂变材料，在包头发现的钚反应堆在未来几个月内不可能提供足够的裂变物质。

3. 尚未发现中国其他地区有生产核裂变材料的核反应堆，虽然不排除在某些地区有生产核裂变材料的可能，但在所有可能适合建造核反应堆的地区的侦察均未发现此类工厂或基地。

4. 根据中苏关系的现状，苏联不可能向中国提供裂变材料。

5. 研制核武器是一项十分复杂和庞大的工作，而且有着强大的政治压力，中国过去在一些重大项目上常常出现进展不一致的情况，所以这次——一些设施不能如期完工，如尚未建成的兰州同位素气体扩散厂，另一些大型设施、精密工程超出了目前中国人的能力——进展不一致也不足为奇。

6. 罗布泊地理位置偏僻，交通通讯不便，中国科技人才稀缺，经济困难。

在对这个问题的讨论中，最关键的问题就是中国是否有充足的进行核试验的核裂变材料，因为罗布泊基地试验塔的竣工意味着中

国很可能准备进行核爆炸，关键看核裂变材料是否足够。中情局的科技分局将生产核裂变材料的地点锁定在包头，而包头的钚反应堆在1965年年中才可能生产足够的材料。但实际上，中国第一颗原子弹所使用的核裂变材料是由兰州生产的高浓缩铀。

原子弹的核装料主要有两种：铀-235和钚-239。第一种方法是通过浓缩铀，提高铀同位素铀-235对铀-238的比重，但是由于天然铀-235在自然界中丰度极少，只有0.7%左右，而供原子弹使用的装料，其铀-235的丰度要求达到90%以上。因此需要对铀的同位素进行分离与浓缩，使铀-235富集，但是这一过程十分复杂，要求技术含量非常高。另一种方法则是利用二氧化铀作为反应堆的原料来生产钚，这种提取钚的方式要比制取高浓缩铀-235容易得多，技术上也较简单。美、苏、英、法等国的第一颗原子弹均采用钚为核装料。因此，美国研判，中国的第一次核试验也会采用钚-239为装料。

1964年8月提交了这份国家特别情报评估之后，关于中国是否即将进行核试验的讨论并没有结束，国务院情报研究局的专家认为，如果不是中国的核试验已经临近，中国不可能在罗布泊建成试验塔。美国应该在中国进行核爆炸之前公布中国的核试验计划，并向周边国家保证美国正在关注和警惕这件事情。美国国家图像解译中心主任还建议先发制人，对中国采取行动。其他的应对措施甚至包括联合苏联对中国进行军事打击。但经过权衡之后，1964年9月29日，美国的国务院发言人仅仅宣布，中国的核试验可能就在不远的将来。

10月15日，科学情报处处长给中央情报局副局长一份便函，便函中提到，最新的情报证实，中国很可能即将在罗布泊进行核试验。卫星照片显示了一个340英尺高的塔楼，四周是双重护栏，两个小型塔楼，各种地堡和平台，从基地建筑完成的先后顺序来看，计划中的核试验马上就要进行。便函中还说，频繁来往该地的飞机也于

1963年9月停止，当时基础建设差不多已经完毕，1964年9月，飞机又恢复飞行，可能意味着基地已经进入最后的准备阶段。

虽然仍认为包头的反应堆是提供核裂变材料的唯一来源，但科学情报处对包头的基地进行重新评估后发现，到1963年3月，供应反应堆的电力线路已经铺设完毕。这个发现大大降低了人们对1964年8月判断的信心，8月份的判断认为，反应堆要到明年年初才投入使用。分析人员还提到，另一个可能存在裂变物质的地方是玉门附近的一个大型建筑物，这栋建筑物的一个房间里可能藏有一个小型的、正在运行的反应堆。科学情报处这时的观点已经发生了很大的改变，他们认为，关于罗布泊的照片说明，试验随时都有可能发生。但他们还是留有一定余地，说核试验将在未来6-8个月内的某个时候进行。

未来6-8个月内的某个时候当然也包括第二天，最后的事实是科学情报处在发表了这样的看法的第二天，10月16日，中国胜利试爆了第一颗原子弹。包头的设施根本没有在第一颗原子弹的建造中发挥作用，实际情况是1962年，中国负责核计划的第二机械工业部指示兰州，在1964年初生产出足量的制造原子弹的铀物质。1964年1月，兰州生产出第一批高浓缩铀，并已开始定期生产。第一颗原子弹使用的正是兰州提供的铀-235。

中央情报局事后在《情报研究》的一篇文章中说："我们事先也想到中国很可能采用那种方式，但是却没有认真考虑这些方式。"

三、情报评估偏离实际的主要原因

（一）惯于"镜像思维"

"镜像思维"是指情报分析人员常常以所熟悉的情况为参照物来对陌生的情况进行评判，把别人当成自己的"镜中像"，即"以己度人"。这种方式一方面为分析人员提供了简便的分析思路和模式，但存在一个致命的缺陷：即“镜中像”并非真正的“别人”，对方未必按照自己惯用的行为方式行事。这一点明显体现在美国分析中国核试验所使用的核装料时所犯的错误。根据已有的经验，各核大国都是以钚作为第一次核试验的装料，所以中国限于时间压力，也会使用钚装料。另外，美国根据自己在对核反应堆进行处理时的经验来预测中国第一次核试验的时间。但是中国没有使用钚装料，美国对中国核试验时间的预测也就随之失败。

（二）偏爱“理性依据”

在选择对中国核武器计划进行评估的依据时，美国常采用一种理性的方法，认为中国政府对自身的能力与可能的潜力肯定会有一个非常清楚的认识，因此在选择研制核武器的道路上也会按部就班，过分强调中国的客观困难，从而轻视了主观精神的作用。后来学者认识到，“在毛泽东的精神世界中，他一直有把中国带入世界强国之列的远大抱负，实现社会主义宏伟理想的顽强精神，以及领导国际共产主义运动的坚定信念。为了实现这一切，在毛泽东的个性中的许多东西恐怕是难以纳入理性分析的。”[①] 中国第一颗原子弹被称为“人民的炸弹”，因为这颗原子弹所使用的铀全部来源于发动群众用土方法采集的，而按照美国理性的分析方法，铀矿的开采只能是通过正规工厂按照标准作业程序一步一步获得的。

尽管美国对中国首次进行核试验的时间预测出现了偏差，但美国当时对中国核武器研发进展的一系列评估，基本上还是符合中国的实际情况的。比如，美国搜集中国领导人对核武器看法和态度的有关言论，断定中国发展核武器计划的态度是认真严肃的，但同时也认为，这只能证明中国有发展核武器的意图和决心，结合中国的

① 约翰·路易斯、薛里泰：《中国原子弹的制造》，原子能出版社，1990年版，第89页。

科研能力、工业实力、经济保障能力以及中国核基础设施是否完善等，认为中国仅凭现有这些是无法研制出原子弹的。美国在实施情报评估时，综合利用多种评估依据进行评估，既使用先进的侦察技术获取情报，如使用“科罗纳”照相侦察卫星、U-2侦察机等，又利用公开渠道搜集公开信息，如美国外国广播信息服务处、联合刊物研究服务处以及驻中国香港领事馆的中国大陆报刊查阅处等。虽然美国的最终结论出现失误，但这种综合利用多种依据进行分析的方法值得借鉴。

第三节 《总统每日简报》和“9·11”事件

2001年9月11日，美国纽约曼哈顿的世界贸易中心双子大厦遭到恐怖分子驾驶的民航飞机撞击，双子大厦一时燃起熊熊大火，美国国内陷入恐慌和混乱中。由本·拉登策划的此次“9·11”恐怖袭击成为美国历史上的一个重大转折，这是有史以来美国本土第一次遭到突袭，而突袭的方式让这个崇尚创意的国度也大跌眼镜。

众所周知，战略预警是情报部门的重要职责，“9·11”事件发生后，人们对情报部门的不作为提出种种质疑和问责，但是情报部门却大呼冤枉。因为在恐怖袭击发生前，情报部门发出了多次预警，2001年8月6日《总统每日简报》的标题赫然印着“本·拉登决心袭击美国”，如此明确的警报难道还能把责任归咎于情报部门吗？但白宫对这份简报却有自己不同的看法，本节将围绕这份《总统每日简报》（Presidential Daily Report，PDB）是否对“9·11”恐怖袭击做出了明确的预警进行相关探讨。

一、2001年8月6日《总统每日简报》的内容

标题：本·拉登决心袭击美国

（日期：2001年8月6日，解密日期：2004年4月10日）

秘密渠道、外国政府和媒体报道显示，自从1997年以来，本·拉登一直想对美国实施恐怖袭击。在1997年和1998年美国的电视采访中，本·拉登暗示他的跟随者将模仿拉姆兹·约瑟夫用炸弹炸世界贸易中心的例子，“把战争带到美国”。

根据某个机构的消息，1998年本·拉登在阿富汗的基地被美国导弹打击后，他告诉他的跟随者，他打算报复华盛顿。

同时，一名埃及的伊斯兰杰哈德特工对某个机构说，本·拉登计划利用他进入美国，发动一次恐怖袭击。

1999年发生在加拿大的新千年阴谋可能就是本·拉登试图在美国发动恐怖袭击的一次尝试。策划者阿姆德·里萨姆被捕后对联邦调查局说，袭击洛杉矶国际机场是他自己的主意，但是本·拉登的副官阿布·祖巴丹鼓励他并帮助他实施了此项行动。他还说1998年阿布·祖巴丹就在计划他对美国的袭击了。

里萨姆说，本·拉登知道洛杉矶行动。

虽然没有成功，但本·拉登1998年对肯尼亚和赞比亚美国大使馆的袭击表明他在几年前就已经在准备这些行动，而且不畏惧任何困难。本·拉登的副手早在1993年就对内罗毕和达累斯萨拉姆进行了监视，1997年，策划内罗毕爆炸的一些基地组织成员被捕并被驱逐出境。

基地组织的成员——包括一些美国公民——已经在美国定居或来美国旅行数年，这个群体明显维持着一种对袭击活动可以相互支持的结构。两名密谋对美国在东非的大使馆进行爆炸的基地组织成员是美国人，一名高级的埃及伊斯兰杰哈德成员自二十世纪90年代中期就生活在加利福尼亚。

根据一个秘密来源，1998年，本·拉登的组织曾在纽约为袭击招募年轻的美国穆斯林。

我们还不能确证一些更加耸人听闻的威胁报告，比如来自某个机构的消息称在1998年，本·拉登曾想劫持一架美国飞机，让美国释放“瞎子沙卡”、乌马阿达尔曼和其他美国逮捕的极端分子。

——无论如何，从那时起，来自联邦调查局的信息说明国内各种可疑活动和劫机或进行其他类型的袭击准备是相一致的，包括最近在纽约对联邦大楼的监视。

联邦调查局对整个美国将近70处和本·拉登有关的地区进行了调查。中央情报局和联邦调查局正在对五月份打到我国大使馆的一个电话进行调查，这个电话中说一群本·拉登的支持者计划对美国进行炸弹袭击。

二、决策者当时对该简报的认识

2002年5月16日，美国国家安全顾问赖斯在媒体通报会上表述了当时总统对这份简报的态度和理解。① 赖斯说，美国虽然十分重视恐怖主义威胁，但是他们在2001年春季和夏季获得的情报都是围绕恐怖分子在海外的活动，他们得到的信息更多的表明恐怖袭击可能

① *National Security Advisor Holds Press Briefing*, by National Security Advisor Dr. Condoleezza Rice, http://www.whitehouse.gov/news/releases/2002/05/20020516—13.html.

会发生在巴黎、土耳其、罗马，而在八国峰会期间，注意力又转向了八国峰会的安全问题。赖斯反复讲到，这份简报不能认为是一种警报，只是一份分析报告，简报中没有提到恐怖分子将在何时、何地、以何种方式进行袭击，虽然提到了“劫机”，但他们的理解仍是传统的“劫机”，“恐怖分子”和“劫机”联系在一起并没什么特别，最多还是通过劫机要求释放被捕的恐怖分子。从简报中获得的信息主要是1997年、1998年恐怖分子做过什么，他们有过什么意图。这些内容都不足以引起总统的特别关注。那么这份简报为什么会在2001年8月6日提供给总统呢？有什么特殊的背景吗？是总统要求的，还是获得的某些最新情报与此问题有关？赖斯回答说这份简报和平时的简报并没有什么区别，它混杂在大量的总统需要关注的问题中。至于这份简报的诞生，只是总统认为他需要对某些情况有一个了解，或者情报部门在搜集了大量的相关情报后认为需要把这些情报进行汇总来向总统汇报某个情况，其诞生只不过是按照日常情报生产方式进行的。那么在获得这样一份“分析报告”之后，美国是否采取了安全措施对可能发生的袭击进行预防呢？赖斯回答说：自从2000年12月以来，尤其是2001年6、7月份美国就收到了不断增加的恐怖活动预警，而且十分谨慎地对待这一问题，但是他们的关注焦点仍然主要集中在海外，比如中东地区、阿拉伯半岛和欧洲。对于可能发生的劫机事件，美国的飞行员都得到了提醒，必须非常非常小心，必须保持高度警惕，但是由于获得的警报都十分笼统，没有具体形式，所以没有对美国民众在乘坐飞机方面加强安全措施。而且美国当时对恐怖分子已经保持警惕，但是恐怖分子不单是指“基地”组织，埃及伊斯兰杰哈德也是恐怖组织，简报中提到的“瞎子沙卡”就是这个组织的成员，所以关注对象的广泛性同样导致对基地组织活动情况的忽视。

三、"9·11"事件后对情报界的改革

"9·11"事件发生后，由美国国会组成的"9·11联合调查委员会"对"9·11"事件进行了调查，其后又有"9·11委员会"对情报界进行了深入的调查。2004年6月公布了《9·11调查报告》，其中对情报界提出了大量改革建议。在对"9·11"事件的情报失误原因进行调查和反思过程中，美国发现由于情报界存在部门间相互隔离的情况，一个机构获得的情报不能与其他机构的情报进行相互印证，缺少"融合性"的整体研究。比如恐怖分子的大本营在国外，国外情报由中央情报局负责；恐怖分子如果进入美国国内，联邦调查局则开始跟踪，中央情报局就不能插手。国内情报与国外情报相互隔离，结果使本来可以清楚地分析出恐怖分子能力和意图的材料不能及时综合研究上报，错过了重要的预警时机，也就不能提出有效预警信息。

2004年，国会通过了《情报改革与反对恐怖主义法案》，该法案规定美国情报界设立国家情报主任一职，统管情报界，旨在通过集中管理、分散实施的方式，加强美国情报界的一体化，消除美国对内情报和对外情报的隔膜、消除各情报部门之间的壁垒，强化情报界各机构之间的信息共享，并努力创造情报界的信息共享文化。此后，美国公布了《国家情报战略》、《情报界信息共享战略》、《国防部信息共享战略》等多份战略文件，对情报共享进行了系统的规划，包括在技术上、文化上以及机构设置上进行改变。在技术上，强调技术系统的兼容性、互通和互操作性。在文化上，由过去的"需要知道"的文化转变为"有责任提供"的积极共享文化。在机构设置上，设立"国家反恐中心"，所有有关恐怖主义的情报都在此汇集，并得到综合性分析。这些举措构成了美国情报界自珍珠港事件后最大规模、最具颠覆性的一次情报改革。在《总统每日简报》的

生产上，也由原来由中央情报局一家生产，改为由国家情报主任办公室提供，有利于综合更多来源的情报，使《总统每日简报》成为一份具有高度融合性的情报产品。

第四节 《2002－16HC》与伊拉克的核计划

2002 年 10 月，一份关于《伊拉克继续进行大规模杀伤性武器项目》的国家情报评估送到了总统手中，这份报告后来成为伊拉克战争“情报门”的关注焦点。

2003 年 3 月 20 日，美国声称伊拉克拥有大规模杀伤性武器，并且和制造“9·11”恐怖袭击的基地组织有联系，将对伊拉克发动代号为“伊拉克自由行动”的一场战争，战争的首要目标是推翻萨达姆政权。伊拉克战争的主要作战行动历时只有 43 天，但美军由此陷入了伊拉克战争泥潭。美军在伊拉克部署了大约 146000 人，自开战以来已经有 4200 多名美国士兵葬身伊拉克。美军在伊拉克的费用也在不断攀升，美国国内掀起了对伊拉克战争的一片问责之声。而情报部门被再度推到了风口浪尖，因为直到战争结束都没有发现伊拉克拥有大规模杀伤性武器以及萨达姆政权支持了恐怖组织的证据。

本节将围绕这份国家情报评估（NIE）——《伊拉克继续进行大规模杀伤性武器项目》进行相关探讨。

一、评估的生产过程

2002 年 9 月 9 日和 10 日，参议院情报委员会的理查德·德宾和鲍勃·格拉汉相继写信给中央情报主任，提出对伊拉克发展大规模杀伤性武器的相关情况生产一份国家情报评估的请求。12 日早上，负责战略与核武器项目的国家情报高官收到了来自中央情报主任的指示，开始着手起草国家情报评估。在13日和17日，又相继有参议员提出生产国家情报评估的要求，其中还具体陈述了应该对哪些问题进行说明。生产国家情报评估的任务主要分配在四位国家情报高官身上，即战略与核武器项目高官负责管理整个评估及核武器和弹道导弹部分；常规军事问题高官负责化学战和无人机部分；科学技术高官负责生物武器部分；近东南亚高官负责周边地区的反应问题，并和常规军事问题高官交接关于恐怖主义以及伊拉克是否会把大规模杀伤性武器交给恐怖分子使用的问题。

由于时间短促，国家情报高官们从各情报机构现有的资料中进行信息采集。2002年9月23日，战略与核武器项目高官就将评估草稿分发到情报界各机构，并于两天后和情报界分析专家们召开了一整天的协调会议。26日，战略与核武器项目高官将吸收进不同意见的第二份草稿分发出去。鉴于生产这份评估的时间限制，国家情报委员会并没有将草稿提交给外界专家小组审阅。当时国家情报委员会的副主席认为，这份评估是由四位国家情报高官联合生产的，可以算作“虚拟的专家审查”了，而且说他不相信外界专家会对此份评估有不同意见，“我认为所有人都可以说它已经代表一致的意见了，因为外界不可能再有不同观点。”2002年10月1日，国家对外情报委员会一致同意了这份评估，而且当天进行了刊印。

二、评估的主要内容

这份国家情报评估包括四个部分：1）萨达姆追求核武器；2）化学战项目——重建和扩大；3）生物战项目——比以前更大；4）运载系统——伊拉克有了更多选择。

在这份评估的末尾，有以下结论：

高度确信：

• 伊拉克不顾联合国的决议，正在继续其化学武器、生物武器、核武器以及导弹计划，在某些领域中还有扩展。

• 我们没有侦测到这些武器计划的任何部分。

• 伊拉克拥有被禁止的化学和生物武器及导弹。

• 一旦获得足够的核原料，伊拉克能够在几个月到一年的时间里制造出核武器。

中度确信：

• 伊拉克还没有核武器或足够制造一枚核武器的原料，但 2007 年至 2009 年有可能拥有核武器。

低度确信：

• 萨达姆何时会使用大规模杀伤性武器。

• 萨达姆是否会采取针对美国本土的秘密袭击行动。

• 萨达姆是否会丧心病狂地与“基地”组织共享生化武器。

三、围绕评估的争议与审查

这份国家情报评估的结论有很多有争议的地方，从其他情报机构的不同观点就可以看出。首先，伊拉克到底有没有重新启动核计划。这份报告十分肯定地指出，自从 1998 年联合国核查委员会撤出伊拉克之后，伊拉克就继续进行化学武器、生物武器、导弹等项目，并重建了核武器计划项目。而国务院情报与研究局的观点是，“缺乏令人信服的证据表明巴格达已经有序地开始了核武器计划，国务院情报与研究局也不情愿来推测伊拉克的这种努力开始于联合国核查人员离开伊拉克后不久，或者说现在没有看到伊拉克的行动时间表。”第二，在一些细节的推测上，其他情报部门也提出了不同意见。比如美国空军情报、监视和侦察部门负责人不同意伊拉克发展无人机主要是用作施放化学和生物武器平台的说法。伊拉克新型无人机的尺寸很小，这表明首要的用途是侦察。国务院情报与研究局认为，伊拉克努力获取铝管的目的并不是用于核武器制造。根据能源部技术专家的判断，这些铝管并不适合用于制造浓缩铀所需的空气离心机，它们很可能是用于制造火箭弹的。

参议院对伊拉克战前的情报审查报告认为，2002 年 10 月的国家情报评估中的大多数核心判断都是或者高估或者没有基本的情报报告。判断伊拉克“正在重建其核项目”没有参议院情报委员会所知的情报支持。情报报告确实表明伊拉克曾经获得过军民两用的可以生产核设施的设备，但是这些设备同样可以用于常规军事或工业设施。情报报告也表明伊拉克以前的核武器科学家继续工作在以前的核设施和组织上，但是报告并不能表明像 NIE 中所说的这些人是近期又重新聚集在一起或者加强了工作，而且也不能表明他们的工作涉及核武器。

核心判断中“巴格达拥有化学和生物武器”的说法高估了已知的情报和分析人员对伊拉克掌握化学和生物武器的判断。情报报告的结论是化学和生物武器在伊拉克的技术能力内，伊拉克试图获得双重用途的原材料，不确定伊拉克是否完全销毁了海湾战争前的武器储备。但这些都不能得出伊拉克拥有这些武器的确定结论。

同样地，评估中的“伊拉克进攻性生物武器项目的所有核心方面——研究与发展、生产、武器化——都很活跃，而且大部分比海湾战争前都扩大和向前发展了”，也没有委员会已知的情报的支持。情报报告确实说过伊拉克可能拥有移动的生物武器项目，但大多数报告都是来自同一个人力情报来源，这个人又是情报界从来没有直接接触过的。分析人员关心伊拉克双重用途的设备的能力是合情合理的，但是情报报告并不能得出伊拉克现在的生物武器项目的各方面都比海湾战争前扩大和进步了。

造成这份情报评估得出夸大实际情况的判断的主要原因就在于政策对情报的影响。决策者的既定政策和倾向促使情报界偏离了客观性，不管他们是否意识到这一点，情报确实受到了政策的影响，倒向了政策的一方。

2008年12月，即将卸任的美国总统布什在接受ABC电视网采访的时候说，他感到最大的遗憾就是关于伊拉克大规模杀伤性武器的情报失误，他希望关于伊拉克的情报是另一种样子，因为这份错误的情报是以很多人的声誉为赌注的。但是他却拒绝设想如果他知道萨达姆·侯赛因没有大规模杀伤性武器的话，他会不会在2003年3月发动对伊拉克的战争。这样的拒绝不禁让我们再度陷入对情报的作用的思索中。情报究竟是用来辅助决策还是用来支持政策？情报是否该沦为政治的工具？其实关键就是看情报到底在何时出现。情报应该在决策过程中，确切地说是在决策之前出现，而不是在决策已经作出之后。在决策过程中，情报应该是决策者了解情况的最可靠途径，正如孙子所说"三军之事，莫亲于间，赏莫厚于间，事莫密于间"，情报应该是决策者最信赖的伙伴，决策者根据情报进行决策前的思考直至下定决心。如果决策者以政治家的身份早已根据自己的政治需要下定了决心，做好了打算，那么情报的内容对他而言是无足轻重的，他更需要的是支持自己决定的情报，而不是可能会唱反调的事实。从情报生产者这一方来说，军事、政治、外交情报无不涉及国家利益，情报部门本身又是国家机器中的一个组件，如果政治需要的话，情报做出牺牲也是应该的，这样也就出现了"情报政治化"现象。在美国，"情报政治化"的后果是情报部门受到了一次又一次的伤害，公众对情报机构恶语相加，中央情报局局长道歉甚至辞职，情报界的信誉受到了严重损害。

第五节　关于伊朗核能力与意图的《国家情报评估》

伊朗是美国确定的"流氓国家"之一，美国最担心的事情就是流氓国家与大规模杀伤性武器的结合，因而对伊朗、朝鲜的核能力及其研发核武器的进展始终保持着密切关注，并极力打压遏制这些流氓国家发展核技术。另一方面，这些国家都声称本国拥有和平利用核能的权利，坚持进行核能力开发和研究。那么这些国家的核能力和意图到底是怎样的情况？在美国大呼对伊朗进行制裁的声浪中，2007 年 12 月 3 日，美国国家情报委员会公布的一份“伊朗的核能力与意图”的《国家情报评估》让美国政府陷入尴尬，因为这份情报评估指出伊朗于 2003 年秋就停止了核武器项目，并且长达几年之久；到 2007 年的年中，伊朗也没有重启核项目。该评估还预测，直到 2015 年，伊朗都不可能生产出足够制造核武器的钚，伊朗最早能够制造高浓缩铀的时间是 2009 年。

这份情报评估不仅仅是对伊朗核能力与意图的总结与预测，而且在情报与政策这个敏感问题上，代表了情报部门的一种趋势和勇气。本节将围绕美国对伊朗核能力与意图的此份《国家情报评估》进行分析。

一、2003 年到 2007 年各方对伊朗核项目的主要观点[①]

2003 年 2 月，国际原子能机构调查员找到了伊朗已经开始秘密进行铀浓缩的证据。

2003 年 5 月，伊朗总统穆罕默德·卡塔米提出与美国对两国不同情况加以解释的要求，但布什政府拒绝了这一要求。部分地因为美国拒绝谈判的原因，欧洲国家决定自己与伊朗谈判，同时劝说布什政府加入谈判进程。

2003 年 10 月，法国、英国、德国和伊朗达成了首项伊朗终止铀

① http://www.npr.org/templates/story/story.php? storyId=16933385.

浓缩活动的共识。但布什政府不支持这项共识，坚持认为伊朗只有首先完全废弃所有铀浓缩活动，美国才会加入谈判。

2003 年 11 月，国际原子能机构宣布伊朗违反了《核不扩散条约》，伊朗没有报告自己在进行核材料加工和设施建设，而且伊朗官员秘密隐瞒其核项目近 20 年。（《国家情报评估》则高度确信 2003 年秋，伊朗停止了秘密的核武器项目）

2003 年 12 月，经过与欧盟的谈判，伊朗同意允许国际原子能机构调查员扩大在伊朗的行动，包括询问伊朗的科学家和官员，审查文件档案，以及对它的核研究发展设施进行进一步地检查。

2004 年 11 月，伊朗向欧盟谈判方保证，它已经中止了所有处理核燃料的项目。尽管伊朗坚持否认这些活动有军事目的，但布什仍称伊朗的核项目是“核武器项目”，指责伊朗领导人仅仅是中止，而不是完全彻底地终止。布什说：“我们的立场是他们必须终止他们的核武器项目。”

2005 年 2 月，布什总统指责伊朗是“世界上首要的支持恐怖主义的国家，追求核武器，并剥夺他们的人民所追求和本应享有的自由”。

2005 年 6 月，美国国务卿赖斯说美国不支持穆罕默德·艾尔巴拉迪担任第三任国际原子能机构主席，除非他对伊朗的核计划采取更严厉的措施。

2006 年 4 月，伊朗总统迈哈默德·内贾德说伊朗科学家已经成功地制造了比例为 3.5%的浓缩铀。他说：“我正式宣布伊朗加入了拥有核技术的国家。”生产原子弹的浓缩铀需要达到 90%左右的浓度。

2006 年 12 月，联合国一致同意对伊朗没有停止其浓缩铀项目进行制裁，禁止联合国成员国向伊朗提供可以用于核项目的技术和设备。

2007 年 1 月，国际原子能机构主席穆罕默德·艾尔巴拉迪呼吁在伊朗核项目问题的争执中暂停一下，如果伊朗冻结其核项目，联合国应该中止对伊朗的制裁。他对 CNN 媒体说：“伊朗问题的关键是伊朗和美国之间进行直接地谈判，就像美国和朝鲜那样。”

2007 年春，在此期间，国会期待情报界能提供一份关于伊朗的国家情报评估，但是由于情报部门对有关伊朗核项目的信息进行了再评估，这份国家情报评估多次被延迟提交。

2007 年 8 月，美国总统布什说“伊朗积极寻求可以制造核武器的技术将会把已经充满不稳定和暴力的地区陷入核毁灭的阴影中”。（而根据 2007 年 12 月公布的《国家情报评估》，“我们中度确定德黑兰到 2007 年年中都没有重新启动它的核武器项目。”）

2007 年 9 月，根据《纽约时报》引用的一位匿名官员的话，美国情报高官，包括中情局局长迈克尔·海登开始对关于伊朗的信息进行再次评估。报纸上说，白宫官员那时已经知道情报部门在认真复查白宫的结论，但并不知道不久之后，这些结论会发生戏剧性地改变。

2007 年 10 月，布什总统说：“我们得知，一位伊朗领导人宣称他想要毁灭以色列。因此，我要告诉人们，如果你想避免第三次世界大战，那么就必须阻止他们获得任何可以制造核武器的必要知识。”

2007 年 11 月，一份《国家情报评估》的最终草稿提交给了总统布什和副总统迪克·切尼，其结论是伊朗在 2003 年秋已经停止了核武器项目，而且自从那时起，没有迹象表明伊朗继续进行该项目。

2007 年 12 月，《国家情报评估》公布一天之后，布什说国家情报主任迈克·麦康奈尔最早在 8 月份告诉过他有一些关于伊朗核项目的最新情报，但是他并没有告诉自己那些最新情报是什么。布什在新闻发布会上说，他仍然认为伊朗是“危险的”。他对记者们说：“谁又能保证伊朗不会开始实施另一个隐蔽的核武器项目呢？”

二、《国家情报评估》的主要内容

《国家情报评估　伊朗：核意图与能力》

核心判断：

A. 我们高度确信在2003年秋季，德黑兰停止了它的核武器项目[1]；中度到高度确信德黑兰至少在发展核武器上保持着开放性的选择。我们高度确信德黑兰的此次停止、宣布中止铀浓缩项目以及签订《核不扩散条约安全协议附加议定书》主要是直接受到由于先前未曾宣布的核活动的曝光而不断增强的国际审查和国际压力。

• 我们高度确信，2003年秋季之前，伊朗军事部门在政府的指令下研发核武器。

• 我们高度确信，这次停止持续了至少数年。（但是，由于在这份评估的其他地方谈到的情报空白，能源部和国家情报委员会只能中度确信这次停止代表了伊朗整个核武器项目的停止。）

• 我们中度确信，德黑兰直到2007年年中，都没有重新启动它的核武器项目，但是我们不知道它目前是否有发展核武器的意图。

• 我们仍然中度到高度确信，伊朗目前还没有核武器。

• 伊朗停止核武器项目的决定表明伊朗并不像我们自2005年以来判断的那样在发展核武器方面有那么大的决心。我们认为项目停止的主要原因是国际压力。这说明伊

---

① 在这份评估中，我们所言的"核武器项目"都是指伊朗旨在设计核武器、武器化、秘密进行和铀转化、铀浓缩相关的工作；并不指伊朗所宣称的和铀转化、铀浓缩有关的民用工作。（原文注释）

朗和我们以前的判断相比，更容易受到外界影响。

B. 我们低度确信，伊朗可能进口了一些至少可用于武器的裂变材料，但中度到高度确信，它没有获得足够生产核武器的材料。我们不能排除伊朗已经从国外——或者将来从国外——采购一件核武器或足够生产一件核武器的裂变材料。如果阻止这种采购，伊朗要想拥有核武器，它需要靠自己生产足够的裂变材料——我们高度确信它还没有完成。

C. 我们认为如果伊朗决定生产核武器，它可能首先使用离心机浓缩活动来生产足够的裂变材料。尽管在核武器项目上停止了，伊朗在2006年1月重启了它的离心机。2007年伊朗在纳坦兹安装的离心机使它有了重大进展，但是我们中度确定伊朗在操作机器上仍然面临很大的技术问题。

- 我们中度确信伊朗能够在技术上生产足够用于制造武器的高浓缩铀的可能的最早日期是在2009年晚期，但这非常不可能。

- 我们中度确信伊朗可能在技术上生产足够用于制造武器的高浓缩铀的时间是在2010—2015年之间。（国务院情报与研究局根据可以预见的技术和程序问题判断，伊朗在2013年之前不可能拥有这种能力。）所有情报机构都认为伊朗获得这种能力的日期可能在2015年以后。

D. 伊朗实际在继续发展各种可以应用于生产核武器的技术能力（如果它决定要生产核武器的话）。比如，伊朗的民用铀浓缩项目在继续。我们也高度确信自2003年秋，伊朗已经在进行可用于商业和传统军事设备的研究和发展项目——其中一些也可以有限用于核武器。

E. 我们没有足够的情报来十分确信地判断德黑兰在权衡其选择时，是否愿意维持核武器项目的中止，也不知道它是否会为重启核计划设定具体的时间底线或标准，还是它已经设定好了。

• 我们 D 认为伊朗在 2003 年停止核项目的原因主要是由于国际压力，这暗示了德黑兰在决策时遵循成本—效益方法，而不是不顾政治、经济和军事成本盲目热切地追求核武器。这反过来说明，联合使用加大国际审查和增加国际压力的威胁手段以及为伊朗实现其安全、威望、地区影响力的目标在其他方面提供一些机会，可能——如果伊朗领导人认为可信的话——促使德黑兰继续中止它的核武器项目。具体说明怎样联合使用怎样的手段还很困难。

• 我们中度确信要说服伊朗领导人最终放弃发展核武器十分困难，因为在伊朗领导层内部许多人都将核武器的发展和关键的国家安全和对外政策目标联系起来，再加上伊朗自 1980 年晚期直到 2003 年始终致力于获得核武器所付出的大量努力。我们判断只有伊朗在政治上做出决定放弃核武器的目标，才可能使伊朗不再发展核武器——而这样的决定在本质上也是可以反悔的。

F. 我们中度确信伊朗可能使用隐蔽的设施——而不是它所宣称的核设施地点——生产武器所用的高浓缩铀。不断增加的情报暗示伊朗曾进行过秘密的铀转化和铀浓缩活动，但是我们判断这些活动随着 2003 年秋的中止也中止了，且至少到 2007 年年中，没有重启这样的活动。

G. 我们高度确信伊朗在 2015 年之前没有生产和处理足以制造核武器的钚的技术能力。

H. 我们高度确信如果伊朗决定制造核武器，它终究能够获得生产核武器的科学、技术和工业能力。

在此份评估的最后，还用表格的形式罗列出了 2007 年的国家情报评估和 2005 年情报界所做的评估之间的主要区别。2005 年情报界的评估判断中：（1）高度确信伊朗目前在决心发展核武器项目，而不顾国际义务和国际压力，但不能预测伊朗是坚定不移的。（2）中度确定伊朗可能正在制造核武器，但在下一个十年的早期到中期，不太可能实现。（3）如果伊朗加快进度并一切顺利，到这个十年的末期，就能够生产足够的用于制造核武器的裂变材料。通过比较这些判断和最新的《国家情报评估》可以发现，主要有以下差别：（1）在伊朗是否在进行核武器项目上，最新的评估高度确信在2003年秋直到2007年年中，伊朗都处于核武器计划的中止阶段，而两年前的评估却认为伊朗当时正在进行核项目。（2）在伊朗政治决策模式上，过去的判断认为伊朗决策层几乎是固执己见的、非理性的，最新判断认为伊朗决策层同样受到国际机制、国际舆论的影响，并且在决策时考虑成本—效益关系。（3）在伊朗能够生产足够的裂变材料和制造出核武器的时间判断上，过去的判断认为如果伊朗加快速度，可以在2009年左右获得足够的裂变材料，但在2010—2015年之前不太可能制造出核武器。最新判断认为，2010—2015年之间伊朗有可能在技术上足以生产出制造核武器的高浓缩铀，并且国务院情报与研究局认为在2013年之前，伊朗都没有这样的能力。可见最新判断将伊朗能够生产足够的裂变材料的时间向后推迟了，且没有预测伊朗最终生产出核武器的时间。

三、从此份情报评估看情报与政策之间的关系

情报与政策的距离一直是情报界的核心问题之一。美国“战略情报之父”谢尔曼·肯特曾经在《服务于美国世界政策的战略情报》一书中指出：“情报与政策的理想关系应该是在情报组织与情报用户之间划定一条明确的界限，使情报生产者和政策制定者之间保持一定的距离，这样就可以防止情报产品的‘政治化’，保证情报分析结果的客观性和公正性。”正如肯特在书中所言，“如何使情报生产者

和用户保持适当关系非常微妙。情报务必紧贴政策、计划和作战以便起到最大限度的指导作用。但又不能太近，以免丧失了判断的客观性和完整性。”①

伊拉克战争前，情报界在2002年对伊拉克大规模杀伤性武器项目的国家情报评估就是由于情报与政策的距离太近而丧失了客观独立的负面例子。此次“情报门”事件也是促发美国情报改革的直接动因之一。经过情报调查小组对情报界的全面调查及其提出的大量改革建议，情报改革的成效如何在这份对伊朗的情报评估身上有所体现。

根据一份资料称，② 关于伊朗核能力与意图的这份国家情报评估早在对外公布时间（2007年12月3日）的一年前就已经完成了，但是被白宫阻拦了下来。“对伊朗的国家情报评估已经被搁置了一年多，主要是为了扫清情报界对伊朗核项目的不同意见，并且使这份文件更加支持美国副总统迪克·切尼对伊朗的军事进攻性政策。”白宫对关于伊朗的国家情报评估的控制和对伊拉克战前情报的操控有着惊人的相似。但是尽管切尼加以干预，这份国家情报评估仍然明确地说明了伊朗的核项目并不构成迫切的危险。《新闻周刊》一位记者说，情报界正在试图传递一种信息：“缓和总统，特别是副总统想对伊朗做的事情。”

如果这份资料可信，那就可以很容易地推断出情报界此次为摆脱政策的影响所做的努力。这一次，情报界终于在情报改革的鼓励下，勇敢地坚持自己的独立性，用事实说话，让情报真正成为辅助决策的助手，而不是执行政策的工具。

---

① 张晓军：《美国军事情报理论著作评介》，时事出版社，2005年，第103、106页。

② 以下内容均来自 http：//www.npr.org/templates/story/story.php? storyId=16912258。

第十章

发展趋势

第一节　美国情报界发展构想

美国通过一系列战略规划来设计未来的情报界，以期满足不断发展的情报需求。对美国情报界发展影响较大的是美国前国家情报主任麦康奈尔签发的第 20511 号文件（下文简称《构想》），计划将情报界改革成一个情报企业，实现网络化和一体化的目标，该理念对美国情报组织的发展影响深远。

一、出台背景

（一）战略环境变化的要求

情报界改革是战略环境迅速变化的必然要求。《构想》中指出，在全球化的大背景下，美国需要面对的是更大的不确定性、更多的风险和更难预测的未来。不确定领域可分为两类，即持续性威胁和正在出现的威胁。其中，持续性威胁包括：恐怖袭击、技术扩散、反情报斗争、情报欺骗、地区性强国等；正在出现的威胁包括：传染病、科技突破、金融病毒、经济竞争、环境问题、能源问题，以及网络攻击、全球贸易威胁、跨国犯罪等。在如此复杂的环境下，情报界面临情报时敏性更强、信息公开程度更高、预警时间缩短、情报流程压缩等挑战。为此，未来的情报界更加需要一体化和协作的能力，这样才能预期到广泛的威胁和风险，并迅速做出反应。《构想》正是在这一环境下应运而生，为提高情报界的能力提供了具体的目标，并展现了未来情报界的发展趋势。

（二）情报界改革的目标

《构想》的出台同时也是情报界自我完善的需要。在过去的六十多年中，美国对情报界进行了近 40 项调查研究，并且提出了很多改革建议，但大部分建议都很少或者充分贯彻落实，情报界仍然是机构庞大、人员冗余、各自为战的局面。就历史而言，组织差异造成了恶性的竞争文化，情报机构之间不能共同使用系统，决策权不明晰，再加上冲突的业务原则，这些协作的障碍大大削弱了情报界的适应能力，减少了组织的机动性。国家情报主任办公室（ODNI）认为，当前最重要的任务就是整合情报界中的基本元素——政策、管理和预算、技术和获取、信息、搜集和分析、文化，以消除门户界限。为此，国家情报主任相继签发了美国情报界深化整合和协作的“一百天计划”和“五百天计划”，并设立了联合项目管理办公室，以监督和协调计划的执行情况。在“五百天计划”历程行将过半之际，ODNI 又出台了旨在完善情报界宏观整合的《构想》，为指导下一步的改革工作提供了指导。建成一个网络化、一体化的情报企业，是针对现有问题和需要构建出的整个情报体系的理想状态，也是近期美国情报界改革的目标。

二、主要内容

（一）建立决策优势——未来情报界的三要任务

提供客观和相关的情报支援，以帮助情报用户达成决策优势，是情报界永久不变的任务。决策优势，即调动情报的所有方面去获取和提供信息，以形成一种边缘性的或竞争性的优势。这种优势能消除决策者的犹豫不决，使其付诸行动。《构想》认为，情报界没有必要一味地追求情报的客观性而与决策者保持距离，相反，能够促进决策的能力才是真正的情报客观性。因此，为实现决策优势，情报与决策必须既保持客观性又保持相关性。

辅助决策者实现决策优势有两种方式：一是获得更具有决定性的信息，或通过假情报和情报欺骗等否定竞争者掌握的我方情报；二是使决策者做好应对战略突袭的准备，发现关键性的早期征兆并向决策者发出警报，是情报的关键角色，未来的情报更需要有感知和评估“微弱信号”、问题端倪以及安全风险的能力。实现决策优势的两个先决条件是全球感知和战略预测：全球感知，即开发、理解、控制大量分离的全球信息；战略预测，即深入研究已存在的条件，以及使用对此的回应来改变假设和方案，最后确定联系和可能性。

（二）用户驱动的情报——未来情报界的服务特点

《构想》预期到未来将会出现各种类型的情报用户，情报生产者和情报用户的界限将变得模糊，因此情报界需要改变服务方式。为此提出了用户驱动的情报的概念，即在与用户加深关系的同时扩展用户的类型，以通过一系列简明的产品和服务驱动情报的生产与传递。

《构想》认为，未来的情报用户几乎都是信息时代的用户。他们都是在计算机文化中成长起来的，在网络中既是信息的使用者又是提供者，他们将对自己与情报企业的关系做出不同的定位，但总体上会向一种更加互动的模式转变。未来的用户类型有三种：伙伴型、顾客型和消费型。伙伴型的用户将提供最热情的个人支持，他们希望参与到情报界中，与情报界一起得出结论，并且会向情报界提供专业性的评价，亲自登录网络，或者根据行动和政策做出反馈。顾客型的用户更喜欢协商性的角色，关注与他们的政策相关的产品，并保持互动。消费型的用户则会与情报企业保持类似于交易的关系，他们会向情报界提出问题并期待得到迅速、直接的答案。但是三种用户都有一个共同点，即更加独立自主和更加精通技术。情报界需要根据不同类型的用户提供定制的服务，而且不仅用户的类型改变了，用户的范围也将扩大到其他的联邦部门（如健康与人事部门、农业、贸易机构等），各州和当地机构，国际组织，以及私人部门和非政府组织。

在情报界与用户的关系方面，情报界应该以一种最实际的态度对用户提供情报支援。为此，应该使用一定的技巧来发掘用户的需求以及用户对情报工作的评估情况，比如情报人员可以问用户“您想要达成什么目标”而不是“您的优先情报需求是什么”。情报界还必须向用户提供各种层面的服务，因此应当首先使用户了解情报专家的强项和短项。实现这一目标的关键就在于发展用户参与和管理的模式，指定“路线管理者”，根据用户类型、职能方向等标准来指定合适的专家完成任务，以满足特定的用户需求。

（三）任务聚焦式行动——未来情报界的工作模式

过去的美国情报界被分成几个不连续的门类和若干职能，这样的分类通常导致竞争和任务重叠。目前的情报工作模式仍是基于机构的线性模式（任务—搜集—处理—加工—分发），而未来需要的则是一种任务聚焦的工作模式。它的好处在于既保持了情报门类划分的原有优点，又促成了职能的进一步融合，因此，这种一体化的工作模式将更加灵活和互动。它有四个关键的工作原则：一体化的任务管理，适应性的情报搜集，协作性的情报分析和战略性的伙伴关系。

1. 一体化的任务管理。任务一体化是一种网络化的知识共享模式，能够迅速将分散的专家和资源根据特定任务集中到一起。一体化的任务管理可以通过减少垂直管理层次，明确任务职权的方式，提高搜集和分析的速度，并且使专家各司其职，从而减少重复工作。

2. 适应性的情报搜集。即通过一体化搜集系统，加强每个情报门类的搜集能力。它建立在全球搜集网络的基础上，全球搜集网络由许多能自主工作和近实时合作的网状传感器组成，能够实现在网络中“推拉”数据（包括原始数据、半成品和成品），既可使用数据也可生产数据。搜集到的数据将属于整个情报企业，而不属于任何一个单一的机构。《构想》中所描述的未来搜集界远景如下：第一，情报搜集的评价标准将由对搜集对象的渗透深度决定，因为深入的渗透是理解外国领导人意图、外国核计划、恐怖组织和扩散网络的关键。第二，更加强调寻求“综合情报”搜集战略以及多机构的合作。第三，搜集界应当由通晓对象国语言和文化的人组成。第四，情报搜集者能够迅速适应与信息获取相关的技术革新。最后，搜集界应当形成一个完全一体化的处理、加工和分发体系，以使信息迅速传至使用者处。

3. 协作性的情报分析。分析专家将分散在情报网络里，而又聚焦于共同的任务上。他们进行独立工作，任务是解决用户的疑惑，推动情报搜集，试验新的研究方法，以及共同建立全体的知识库。协作的焦点不再是起草情报产品，而是在研究早期就对数据和假设进行惯例性的讨论。信息过载问题将通过尖端的数据准备和工具得到克服。随着信息技术的发展，新信息将被标记，并可以使用工具进行追踪，分析家可以使用这些工具采集数据，验证假设，提供修正。分析家也将习惯性使用高级分析技术，包括基于方案分析、交替分析和系统思考。广泛使用数据、工具和建立模型是协作分析的核心。

4. 战略性的伙伴关系。美国情报界的战略伙伴将包括传统盟友、多国组织、国内社区、学术界和工业界等。情报界需要增加全球覆盖范围和每个地区的专家数量，提高协同，扩大伙伴关系的广度和深度。为此，需要整个情报界的战略和政策，有能力的关系管理者和联络员，以及灵活安全的信息共享环境。

任务聚焦模式有助于提升情报的准确性、即时性和灵活性，且不再受到组织竞争和职能规定上的限制。其目标是使情报企业开始运转，将任务聚焦从以机构为单位的层次提升到整个情报界层次的行动。

（四）以网络为中心的信息——未来情报界的技术基础

情报企业必须首先拥有健全的信息基础设施。《构想》认为，信息结构必须经过一个根本性的转变，从根据特定门类进行信息搜集、分析和分发的复合的“毂辐”（hub-and-spoke）模式（“毂辐”模式，原指在中心机场周围设置多个相连的机场，这里即指在中心系统周围连接多个终端设备），向围绕常见的信息“云”（cloud）的一体化结构转变，即以网络为基础，规模庞大而分散的计算机组件相互连接。这个信息设施使得被授权的终端使用者可以通过一系列的服务，包括联合提问和使用一体化的分析工具等，发现、使用和加工数据，未来情报工作者的分布点也得以更为分散。

《构想》中指出信息基础设施的任务是提供基于需求的服务。为维持技术尖端，必须采用一个全企业范围内的服务导向体系。未来应该展开的企业范围内的服务，包括交流服务、数据服务、安全服务、分析服务等。

（五）企业整合的基础——未来情报界的新型人才和技术

《构想》认为，情报界是以人员、流程和技术为基础的，整合情报企业，就必须解决组织差异和业务原则冲突的问题。尽管从“9·11事件”起已经采取了一些改革措施，但要真正整合情报企业，仍然需要领导和组织上的持续努力。

1. 人力资本和知识管理

情报企业的核心是人。建立情报企业最大的挑战之一就是如何招募、训练、维持一支高度专业、善于革新和适应能力强的工作队伍。受未来信息基础设施的影响，情报队伍将更分散、更务实、更灵活。情报界需要的专家要有很强的语言技能和对文化的理解力，以及对“人的领域”（可能指心理和思维等）的掌握能力，既具有深层的专业知识，又擅长网络，且善于协作，还要能同时进行搜集和分析等多种工作。

情报企业的领导人应该具有跨机构协作的经验和在多个情报门类工作的经验，而且要能融合各机构及其文化，制定共享计划，客观地分配任务，并实现在此基础上的行动联合。领导者还需要制定领导发展计划，业绩评估系统，以及针对整个情报界的激励机制。

随着情报企业发展，关注的焦点不再是信息共享，而是知识共享。《构想》强调未来需要知识共享和管理的战略手段，是必须将教训汲取、概念和条令制定等手段联合起来。

2. 现代业务实践

如果要开发有限的资源，就必须转变模式，计划的进程和系统、项目、预算和个人安全的管理必须根本性地转变。

（1）业务系统现代化：《构想》认为，组织适应性和行动机动性的关键赋能器就是一个一体化的计划、规划、预算、企业管理和金融系统，它将战略、预算和能力三者紧紧结合在一起。情报企业需要的正是这样的业务系统，有了它就可以更好地预期未来，制定长期计划、规划和预算，也有利于对时效性强的问题做出迅速反应。

（2）安全改革：个人安全必须向全面的生命周期方式转变，情报界将保证所有专家在整个情报生涯中处在高度安全的状态。另一方面，与战略伙伴的知识共享需求，也对保密以及控制和管理秘密信息的开发提出了更高的要求。

（3）机动设施：情报界成员可能要分布在距离总部很远的地区工作，跨机构协作、多职能合作以及诸如联合职责这样的计划都需要更加机动的设施。为此，《构想》中建议实行一种战略，将以机构为中心的大规模固定设施向更加分散和一体化的模式转变，这种模式将采取酒店管理实践，创造一个更加开放和协作的工作环境。机动设施有两个原则：一是综合职能小组的配置，不同职能的人员（如搜集人员、科学和技术人员、分析家、任务管理者）配置在一起，小组将围绕计划或任务进行工作；二是虚拟的配置，因此分散的工作人员能通过网络迅速“聚集”到一起应对新任务。

3. 改革、科学和技术

《构想》认为，为加强适应性、迅速性和机动性，情报界需要形成全新的概念，通过奖励创新和业绩，以及表彰可能要承担风险的隐蔽工作者，促进改革。技术方面，尽管情报界将继续依靠商业中最好的技术，但情报界仍然需要研究、发展和整合技术以维持竞争中的优势。必须鼓励和奖励勇于尝试风险、创造力丰富的企业家的行为。

《构想》还强调了创设一种革新文化的重要性，建设一种革新文化需要更加关注高级的概念、技术和条令，以加强领导、组织机动性和资源配置。

（六）从构想到现实——实施原则、计划和条件

1. 原则：适应性、联合性和机动性。

适应性是一个组织对环境变化的成功预期、感知和回应的能力。情报界需要持续研究外部环境，识别威胁或机遇，理解挑战和能力之间的差距，试验新想法，从环境中学习。适应性的关键是对外界思想和影响持开放态度，并且做到积极采纳。

联合性是一个组织的核心战略、系统、工序和联络的统一和稳固的程度。它是一种控制机制，可以确保战略目标、部署能力和业绩清晰地联系在一起，共同完成任务。实现联合性，关键是确保努力的合作性，而不是达成一致的结论。

机动性是一个组织用最少的努力和资源，迅速重建流程和结构，以更好地抓住机遇和规避战略风险的能力。机动的组织拥有灵活的、模块化的设计，共享设施，以及一种革新的、勇于承担风险的文化。

2. 战略路线图：国家情报主任将组建一个高层设计小组制作路线图。路线图将详述可以确保战略适应性、加强联合型和提高组织机动性的行动。其中典型的适应性行动包括：开发可完成预测任务的工具，考虑和部署预备情报能力；开发和试验新的军事行动概念和战术；决定任务管理的最优化模式；从历史和教育训练行动中汲取教训；在用户参与方面发展最好的实践，招募企业范围内的引导型管理者；建立一个“知识分子之家”作为思想指导等。联合性行动包括：以政策形式正式规定新情报界的成员与国家情报主任办公室的关系；制定一个联合目的、手段和方法的情报企业战略；形成简单、透明、有序的战略管理流程以驱动预算；通过不断趋于严密的政策、法规、标准和技术整合反情报能力；发展政策、程序和基础设施，从而允许新的、临时的、任务聚焦的部门作为情报企业的行动分支工作；建设一种包括个人、机构和企业的业绩文化。机动性行动包括：精简机构；详细规定一体化行动模式的组成部分；弄清各部分的角色、任务、职能和决策权；促进关键信息（包括行动信息和管理信息）进入并在企业范围内流通；从庞大而昂贵的搜集平台向更小、更加网络化的搜集系统转变；强化常用领域的服务，采取流水线形式并简化企业支援行动；寻求新的方式，通过一体化的行动、实践和支援服务等加强企业文化；奖励那些使用创新方法提高业绩和工作效率的部门、领导和情报专家，鼓励勇于承担风险的文化。

3. 领导驱动变革：《构想》中指出，向网络化、一体化的情报企业变革的障碍主要有三个：一是文化的转变，很多人不愿改革现有模式；二是现存体制的障碍，由官僚体制引起的摩擦可能会导致变革进程缓慢；三是预算的障碍，情报界的变革需要稳定的和可以预测到的预算；四是当前的专制主义的障碍，情报界的高级领导人常常无暇认真思考改革的方式。

因此，《构想》的实现，需要以下四个条件：

第一，需要与外界展开合作交流，为情报企业的所有组织成员提供能量。需要强有力的领导力量，顽强不屈的奉献精神，以及被授权变革的机构，来组成改革的动力。

第二，必须通过一个新的国家情报战略，即一幅显示关键能力标志的战略路线图，以及发展和管理规定任务和进程的年度实施计划，来联合情报企业。

第三，需要分配责任到情报企业的关键领域，包括任务（如反恐、反扩散、反情报等），机构，项目管理人，职能领导（如总信息长官、总人力资源长官、科学与技术部门领导）等。

第四，需要进行制度化变革，可采用确保短期胜利、评价和奖励业绩、保证持续进步等方式。最重要的也许是高级领导层必须致力于建立一种勇于承担风险，将构想付诸实际的文化。

三、主要特点

（一）情报界与用户更加接近

《构想》虽以预测情报界远景为目的，但在开篇就强调，无论时代和环境如何变化，情报工作的任务永远都是帮助情报用户达成决策优势，以保证情报的客观性和相关性，今后的情报工作更需要与用户保持良好的互动关系。可见，情报与政策的关系在未来倾向于更加接近。一方面，情报工作有赖于政策指导，情报界应当迅速洞察决策者的需求并为之提供专业的服务；另一方面，未来的趋势是情报工作人员与用户的界限逐渐模糊，用户不仅是信息的受众，而且还将参与到情报流程当中，与情报界互动解决问题。因此，《构想》主张以一种更加实际的态度与用户相处关系，并针对用户的不同类型和不同需求提供定制的服务。

（二）一体化的共享和协作

全球化环境及未来更加复杂的威胁和挑战，对情报界提出了一体化的必然要求，情报共享和协作日益重要。美国情报界已经认识到这一要求，2008 年 2 月的《信息共享战略》已经详细描述了实现情报共享的战略路线图，2008 年初的《五百天计划》也以提高协作和整合能力作为核心目标提出了改革计划。《构想》中所反映的情报界的未来状态就是一个合作范围更广、合作领域更宽、合作对象更多的一体化情报企业，不再强调机构、职能和门类的划界；任务管理将实现知识共享模式，集中专家和资源，更有利于共享和协作的实现；无论是搜集还是分析环节，都将创建知识共享和交流讨论的协作平台，所有情报界成员以共同的任务为中心开展各自的工作。实现情报的一体化协作是情报界发展的必然趋势。

（三）网络化的分散与集中

未来的情报界是一个网络化的情报界。一方面，线性的情报周期已经无法满足未来的需求，它在规划上相对集中，而“任何集中化的规划者都无法适应情报需求的变化。”出于情报协作和信息共享的需要，专家和资源在增多的同时也将更加分散，流动性更强，情报工作实现网络化，同时又有一个核心原则将其集中到一起，即任务聚焦，这一原则使得网络化的情报界运作更加有序。网络化也有利于资源的充分利用。另一方面，网络技术是实现这一目标的技术保障。《构想》中描述的未来情报界是“云”的工作模式，虽然各机构和专家分散在不同的点上，但可以通过一个集中管理的网络凝聚到一起，这一工作模式对未来的协作与合作更为有利。

（四）企业模式的情报界

“企业”的概念主要侧重于情报界的运作模式方面的特点，它是相对于传统的官僚体制而言的。情报企业不再具有传统体制的“集中规划、循规蹈矩和等级森严”等特点，情报界也不再仅仅是利用“生产线”进行工作的“工厂”，而是一个现代的“企业”。在《构想》中，情报界主要借鉴企业管理方法、企业设施、企业文化等概念。其中，企业文化是根本。《构想》强调改革情报文化的必要性或途径，指出情报改革最大的障碍就是文化的转变。为此，《构想》中认为，未来的情报界需要一种协作、创新、适应性强的企业文化，当前倡导的文化主要在于鼓励改革。

第二节 美国情报界人力资本战略计划

为确保情报界能够获得并保持一支可满足未来需求的人才队伍（和机构文化），《国家情报战略》指定情报界人力资本总监与国家情报大学校长一起制定一个综合性的情报界人力资本战略计划。美国国家情报主任办公室颁布了《人力资本战略计划》（下文简称《计划》）。这一计划概述了情报界在人力资本方面面临的诸多威胁和挑战，提出了情报界人才队伍一体化前景，并且进一步规划了人力资本的具体目标和可行性方案。

一、出台背景

（一）现实和未来威胁的刺激

该战略中详细分析了情报界所面临的复杂战略环境，指出国家安全正受到“从流氓国家和正在崛起的地区大国到非国家行为体和极端主义运动等现实和潜在敌人的多重复杂威胁”。具体而言，这些威胁包括：美国的对手借助网络技术威胁美国安全；恐怖主义仍是美国的头号威胁，反恐仍是情报界的第一优先任务；大规模杀伤性武器和扩散是国家安全的第二大主要威胁，尤其是来自朝鲜和伊朗的威胁；生物技术、纳米技术等新兴的“双刃剑”技术可能用于破坏性目的；全球化现象带来的激烈竞争和贫富差距、毒品、犯罪、传染病等问题；正在崛起的地区大国——尤其是中国和印度，将与美国争夺自然资源和资本；能源竞争与中东主要能源生产地的安全问题；国家基础设施抵御自然灾害和人为破坏的能力还很脆弱；流行性疾病对国家安全的影响。无论哪一种威胁，都是对情报工作的重大挑战，而这些威胁潜在的错综复杂的相互影响，使得美国情报界进一步坚定了这样一种信念，即“必须拥有一支尽可能从人力和技术上透彻了解上述每一种威胁的人才队伍”，人才是时代的主体，情报界必须对未来的人力资本进行一个战略上的规划。

（二）情报界面临着人力资本的重大挑战

美国情报界之所以要重新规划人力资本，主要还是因为界内在这方面存在很多不足之处，无法满足新时代、新威胁、新挑战的需求。首先，情报界需要与外界展开激烈的人才争夺战。众所周知，美国出生率比较低，因而劳动力市场就显得资源不足。情报界急需的是难掌握的语言、科学学科、新兴技术等深奥技术方面的人才，然而在人才紧缺和安全审查条件之间存在的矛盾更加剧了人才招募的难度。其次，美国情报界多元化程度不足，与此相对，民间劳动力却变得越来越多元化，这也对情报界造成了挑战。目前，美国情报界需要的是“一支看上去是美国式的人才队伍”，还需要一支“能够有效应对世界不同民族、不同文化和不同亚文化的人才队伍”，所幸美国是一个移民国家，不同族裔社区为情报界提供了丰富的备选人才资源。第三，人才队伍失衡，各年龄组和不同资历的专业人员不是大体平均分布，而是呈“双峰分布状态”。在情报界的雇员中，“9·11”后的新雇员与符合退休条件的老雇员所占的比例最大，而有经验的中年职业情报人员则严重缺乏，从而使情报界整体能力不足，领导继承上也很困难。第四，“9·11”后的新雇员在工作和事业上拥有不同的“世界观”，与老雇员之间有“代沟”，从而对管理提出了更高的要求。第五，情报界身处与承包商争夺雇员的竞争之中，这得归因于编制员额限制和经费等方面的问题。

（三）改革大背景下的必然

2001年后，情报界受到了“9·11”委员会和大规模杀伤性武器委员会的猛烈批评，再加上2004年《情报改革与恐怖主义防止法》以法规形式为情报界制定了改革框架，这些改革措施都促使情报界加紧着手情报能力和文化的转型，而人力资本的转型就是这一转型的主体要求。2005年，《国家情报战略》在“情报业界发展目标四”中充分肯定了人的重要性，它号召情报界“吸引、招募并形成一支具有创新性、注重绩效的情报界工作团队”，并要求制定一个五年人力资本战略。其目标是：

1. 通过如下措施建设一支灵活的“全源”工作团队：拟定对完成使命十分重要的人力资源（数量和质量）需求规划和计划；确定满足这些需求所需要的军职、文职人员等的最佳比例；制定顶层人力资源政策和信息架构，使情报界及各机构能在本机构内部和跨机构间迅速获得、培养、整合并分配人力资源。

2. 通过如下措施打赢人才争夺战：吸引并保留最具前途的最佳人才；充分肯定和褒奖技术精湛、表现优异、诚实正直、忠于职守的人员；提供在业界接受专业培训和领导能力培养的机会；在情报界的成员和领导层倡导积极主动、改革创新、足智多谋、乐观向上的精神。

3. 通过如下措施加强情报界建设：在各级组织营造人文文化、专业技术文化和领导管理文化；在情报界营造无私奉献、诚实正直、使命至上的道德风尚；把这些价值观融入21世纪的转型领导团队，从而带领情报界各级组织共创佳绩。

由此可见，《国家情报战略》所提出的目标不仅是对人力资本战略建构的指导，更反映了未来情报界人力资本建设的远景。理想中的未来情报界应该是“一支注重绩效、团结合作、大胆无畏、面向未来、自我反省、改革创新的高效率情报工作队伍”。

二、主要内容

“毋庸置疑，美国情报界要协助保卫国家安全，首先要依靠具有奉献精神的军职和文职人员队伍。”围绕这一根本宗旨，美国情报界提出了人力资本的远景目标，以及为实现这一远景目标而需要实现的三个具体目标。

《计划》明确指出，情报界人力资本方面的远景目标，就是组建一支一体化的国家情报“力量”。“对于我们面临的无数威胁的唯一答案，就是建设一个真正一体化的情报界，将重点放在共同力量的建设上（通过人力资本政策法规的推动和支持），就能成为一支能应付各种威胁的强大力量。”但是，国家情报力量的“一体化”并不意味着机构文化的统一和一致，或实施“完全统一”的人事制度和程序，在一体化整合的基础上也应该遵循“和而不同”的原则。为了实现这个宏伟的远景目标，《计划》又提出了人力资本的三大战略目标。

（一）组建一支灵活的“全源”力量

情报界必须首先制定打造一支“全源”人才队伍的计划。这支队伍通过对军职和文职雇员、承包商以及国际和学术界合作伙伴进行的无缝隙整合，达到最大的灵活性，因此必须以更准确、更严格的标准制定人才需求（质量和数量两方面）计划，将未来需求与现有能力进行对比，填补计划过程中发现的缝隙。

为此，《计划》首先提出，人力资本的第一个目标是保证实现下列关键性的任务与业界目标：任务目标包括战胜国内外的恐怖分子、防止并对付大规模杀伤性武器的扩散、预见决策者关心的战略问题等；业界目标包括构建一体化的情报能力、加强分析能力、优化搜集能力和开展突破性的科学研究。

1. 制定威胁与需求计划。“能力始于计划”，此处的计划包括制定应对威胁的计划、战略谋划、构建基于计算机的供需模型、制定外语需求计划、加强军队人力管理等各方面的努力。

2. 确定共同核心能力。这是制定人才队伍计划之初的“定性问题”，不仅要考虑某一部门或职能所需人员的数量，还要考虑每个雇员的能力和素质，界定和确认每个主要职能的专业人员所应该具备的能力；确认情报分析能力，为此美国情报界已经在 2006 年完成并付诸实施了情报分析能力模型，包括全面分析能力（如判断性思维能力）、“目标”专业技术分类（根据《国家情报优先任务框架》确定的主体和国家）和分析技能（情报学使用的工具、方法）等，可以直接反映情报界分析产品的质量标准；还需要分析资源编目，即关于分析人员的专业技术、工作经历等情况的综合数据库，并提供基准数据进行比较；根据职能和专业管理人力资本，计划在 2007 财年之前构建综合的各职能专业人员能力模型；在编制重要人力资源综合职能目录清单的同时，还必须保证注意到人员的外语能力。

3. 构建一个业界人力资源信息架构。对此，首先要整合各个系统，促进人力资源信息共享，在确保相互操作性的同时，必须满足近期重要信息技术需求。

4. 整合情报界的“总体力量”，包括制定详细的条令加以整合，取消最高编制员额限度，界定政府固有职责，根据预算控制员额数量。

5. 成立新的组织机构，其目的在于将各种不同职能和活动整合起来，为情报界提供新的完成任务的能力。具体措施包括成立联邦调查局国家安全分部，并在其下设立一个情报事务处，以提高联邦调查局的情报搜集和情报分析能力，该项工作于2006财年启动；与此同时，成立的还有国家秘密勤务署，将各机构的人力情报活动及人员统一交由中央情报局领导，以加强国家的人力情报能力；成立国家情报主任办公室下的中心和任务总管，这项工作已经投入运作，他们将进一步发挥人力资本战略管理方面的作用。

（二）打赢人才争夺战

对于这一目标，《计划》也提出了一些关键的业界目标，如构建一体化情报能力、加强分析能力、优化搜集能力、构建明确而统一的安全实施规则、开展突破性的科学研究、取消冗余的支持系统等。这一目标将以情报界对人才的吸引力以及人才队伍的整体素质和“健康状况”等为主要衡量标准。

1. 保持情报界的竞争优势。美国情报界将动用一切手段来保持和加强竞争优势，包括进入大学校园等招募场所进行联合招募、完善情报界招聘网站、在毕业前预定人才、吸纳半路出家的雇员、扩大应急“预备队”等手段。同时还会加快重新设计安全审查程序的进度，统一审查标准，以便情报界机构间和机构中的人员流动。

2. 增加关键技术人才的供给。情报界计划采用重点供给战略，并发挥优秀学府中心的作用，落实国家安全语言倡议，通过增加能通过审查的候选者数量来增加外语人才的录取率。

3. 加强人才队伍的多元化。情报界人力资源管理部门已经将多元化作为一项十分紧迫的任务来对待，要求人才队伍“能够理解不同文化间的细微差异，了解不同种族、不同语言群体和亚群体的复杂性，并能与不同国家、不同文化的各种人展开交流”。国家情报主任在这方面做了大量工作，保留了由工业界、学术界、军方和情报界的高级官员组成的情报界多元化高级顾问小组，并取得了缓慢而持续的进步。同时，情报界亟需努力开展情报界有目标的少数族裔的招募工作。

4. 人力投资。美国情报界将采取更加统一的方法对专业人员进行教育、训练和职业培训，统一标准和课程设置，建立一种“共同”学习教育体制——国家情报大学体制。另外，还将构建专业工作机构，各自负责“管理”各自的专业，规划本专业成员的职业发展道路，赋予职能管理职责，培育专业队伍，并搭建专业门类间沟通的桥梁。

5. 确保竞争性补偿。情报界将更加重视根据雇员的“市场价值”和他们的工作业绩分发补偿金和进行年度薪金调整。从2006年起开发一个情报界通用的补偿金体系，成立计划执行办公室专门研究出合适的薪金制度，然后提出选择方案和建议，并对绩效管理制度进行评估。

6. 提供有竞争性的、制度化的福利待遇。措施包括扩大福利的选择面、提供医疗福利选择等。

7. 扩大情报界的社会承诺，赡养雇员的家庭，以最好的方案为军职和文职人员的家庭提供最好的服务。

（三）在各级培育一种领导文化

以上两个目标主要都在为保证情报界拥有一支德才兼备的人才队伍，提供了一个一体化程度更高的平台，但要想使情报界真正转型，则需要创建一种共同的情报界文化，这对情报界的各级领导人提出了更高的要求。“作为一种机制，情报界是一个矛盾的集合体”，必须用情报界的共同文化将情报界各机构团结起来，因此需要在各级单位培养和运用一种新的领导文化。

1. 培养奉献、正直和负责的职业道德。美国情报界将通过界定、宣扬、逐渐灌输来巩固情报界的核心价值观（无私奉献、诚实正直、勇于负责），并构建一种善于自我批评的学习文化，试图在情报界创建和保持一种共同的机构文化。

2. 制定新的领导能力培养蓝图。就这一方面，情报界对各层次领导的能力提出了很高的要求，不仅要确保高层领导的职权，还要确定关键的领导才能，发现和培养脱颖而出的领导者，为各级领导设立高标准。

3. 将领导能力视为业界资源。对此，《计划》提出要继续落实和完善联合职责制度。

4. 整合培养领导能力的工作，联合培养领导者，并制定情报界领导能力培养路线图。

5. 打造一支高级国家情报队伍。首先就必须将情报界领导者当做一个统一的高层执行团队，由他们把情报界整合起来，赋予机构间更大的灵活管理权，树立共同的领导观念。

三、主要特点

（一）将情报人员视为重要“资本”

美国情报界借用了企业管理的理念，使用“人力资本”来这一概念来界定情报人员，凸显了情报人员的重要地位。这一理念使其重视对人的投资，采取联合职责、国家情报大学高层培训等措施提高人的素质和能力，也是为情报界自己创造更高的效益。《计划》还充分重视中国常说的“以人为本”的原则，在考虑情报界利益的同时，确保情报界根据雇员的“市场价值”及其对情报界任务的相对贡献进行薪金发放和经济补偿，兼顾了效率和公平。美国情报界对人力资本的重视，主要体现在对人员的招募、选拔以及长远发展的重视上。情报界对人才争夺战抱有势在必得的态度，同时威胁和挑战带来的危机感又使其采取文化、制度、技术等各种手段来争取人力资本的获取。

（二）重视改革创新

《计划》号召情报界吸引、招募并形成具有创新精神、注重绩效的情报界工作团队。美国人向来重视不断地发展、完善和创新技术、理论和体制，创新既是美利坚民族的灵魂，又是情报界转型发展的动力。该文件中的创新不仅体现在具体内容中有 11 处谈到了创新的要求，还体现在整个规划的理论创新方面。比如在解决安全审查问题的方法上，提出情报界人事安全部门必须在国家情报主任办公室的领导下，加快对安全审查与审批程序的重新设计，以便情报界的新雇员不必再等待数月才能开始他们的工作。该计划的创新还体现在重视新技术、新程序、新机制的采用，如情报分析能力模型的建构等技术的创新。文件中多处体现了美国人在遇到问题时善于开发新技术、借助高科技手段解决问题的思维方式。

（三）人力资本适应一体化目标

“一个真正一体化的情报界是应对美国面临的无数威胁的唯一武器。”因此，《计划》首先提出的根本目标就是实现人力资本的一体化。情报界各机构和服务人员应当将他们由各自独立但相互合作的机构组成的集合体，转变为一个更加统一、更具凝聚力的整体。情报界专业人员应该把自己看作是一个更大的，由高标准、高效率、共同使命和共同核心价值观统一起来的支配一切力量的“国家情报军种”的一部分，而这正与《情报改革与恐怖主义防止法》和《国家情报战略》中提出的加强资源整合和共享的目标相一致，也符合人力资本发挥作用对运行环境的需求。只有在一体化的环境中充分开展协作，才可能实现人力资本的价值增值。例如国家情报大学正是一个一体化人力资本培养的基地，各机构和职能可以打破封闭界限，充分共享一体化带来的更加丰富的资源。

第三节 国防情报局战略计划

在情报改革的大背景之下，美国国防情报局出台了《国防情报局2012—2017年战略计划》，在该计划中明确提出了“一个任务，一个团队，一个机构”（One Mission-One Team-One Agency）的构想。提出了将国防情报机构建成一个一体化企业的发展战略，展示了一幅情报界整合框架下的国防情报局的发展蓝图，该构想和美国国家情报主任办公室发布的未来美国情报界的展望相契合，为美国国防情报局未来发展提供了方向性指导。

一、国防情报局的远景瞭望

《计划》首先展示了构想中的国防情报发展远景，即“整合具有高超技术的情报专业人员，运用尖端技术搜集信息并创造能为作战人员、国防计划制定者、国防和国家安全政策制定者提供预警、抓住机会和发挥绝对优势的知识”。由于这份文件的性质主要是阐述国防情报机构的发展战略，因而与《2015构想》描述性的远景截然不同。与其说是远景，不如说是目标更加恰如其分。这一远景目标体现了国防情报局重视人力资源、技术和可用知识的基本思想，将通过整合和发展这三个方向的内容，来建设一个一体化的国防情报企业。

国防情报机构提供的主要是军事情报，因此其服务对象更多的是战争中的军队，既包括控制战场局面的指挥官（决策者），也包括战场军事行动的主体——士兵（执行者）。因此国防情报部门既要提供与战争有关的战略性和战役战术情报，更要致力于为作战提供战场情报支援。进入新世纪以来，随着全球恐怖主义活动的加剧，美国将反恐战争作为其首要任务，新总统奥巴马曾发表声明，称恐怖战争为“一场长期的战争”（a long war），为美国国防部门的工作标定了一个重要方向。国防情报局前局长迈克尔·梅普尔斯陆军中将曾这样描述国防情报局的任务：“我国正在进行反恐怖主义和反暴力极端主义的长期战争，为我国奋战在伊拉克、阿富汗和全球反恐战争中的陆、海、空三军和海军陆战队的将士提供支援是我们的首要任务。”《计划》中也指出，指挥官和决策者依靠军事情报专业人员提供富有洞察力的情况判断，通过准确而及时的信息和预警来了解世界。非正规战和全球反恐战争要求作战部队反应灵活，武器精确高效，二者在很大程度上都是以信息为中心的。对于国防情报机构而言，这一要求下的情报支援“绝不是一项微不足道的挑战”。

国防情报局将迎接这一挑战并以下列五大战略行动为重点，逐渐发展成为最杰出的情报作战支援局：一是建设一个能为美国的军事行动提供深度情报和预警的反应灵敏、面向未来的机构。二是加强人员、分析和技术能力建设，以便通过先进的情报搜集和分析活动，保持优于对手的领先地位。三是支持情报界的统一行动，以促进数据存取与信息共享的横向联合。四是招募、培养和保留一支多样化的、情报专业队伍，以确保正确的技术和能力到位。五是建立高素质、现代化和可以量化的人力、技术与财务支援系统，以最大限度利用所有可用的资源。

二、近年国防情报局的五大基本任务

《计划》表明，国防情报局正在努力转变为一个全球作战支援机构，而转变的重点就是高度融合、互联互通。为此，国防情报局计划与其合作伙伴围绕以下五大基本要务展开合作，以实现共同的远景目标。

第一，继续支援全球反恐战争。当前国防情报局的主要任务是，为领导者和指战员提供有洞察力的、知识性的和可用于行动的情报，以取得全球反恐战争的胜利。要完成好这一任务，需要不断更新和调整资源和能力，以保证能够持续不断地深入了解对手。全球反恐战争和美国日益关注的非正规战，使情报战成为作战行动的中心。在与恐怖主义的战斗中和防止大规模杀伤性武器扩散的行动中，都要求情报专家和工作人员团结起来，全身心地投入到收集、分析和提供有用情报的工作当中去。

第二，计划和支援国防行动。通过国家范围内的国防联合情报作战中心（DJIOC）和地区范围内的作战司令部联合情报中心（COCOM），包括全源情报作战计划能力（ICP），情报专家和作战人员可实现更高水平的整合。联合情报作战中心将成为协调国家和国防情报机构、作战司令部联合情报作战中心、作战司令部情报分析和搜集单元、军种情报机构、情报监视侦察联合职能司令部（JFCC-ISR）等部门的主要交互式平台。

第三，努力实现国防情报工作的统一行动。在国防情报机构中努力实现国防情报联合，需要联合制定相关的政策、程序和制度，以鼓励和方便情报的使用、共享和协同。为更好地为用户服务，国防情报局将通过多种途径协调各方的能力和资源，实现国防情报的联合。实现良好协调的途径包括制定所需的新计划，同时整合已经启动的国防情报项目，如《国防部情报信息系统分发指南》、《国防情报分析计划》，以及建立国防人力情报管理办公室等。

第四，支持国家情报主任办公室的工作。作为全源国防情报的提供者，国防情报局是连接国家情报主任办公室和国防情报局的重要桥梁。为支持国家信息系统，《计划》提出了与支持国家情报战略相一致的一系列发展目标。未来几年，国防情报局计划发展和支持的初步工作是与国家情报主任办公室建立一个协作互动的工作关系，以确保协调一致地管理国防和国家的优先任务。

第五，发展国防情报企业。国防情报局致力于向国防情报企业转型，以支持所有情报的搜集、分析、计划和管理活动的整合与协调。建设后的国防情报企业能够利用所有的情报资源和更有效地满足国家和国防用户。

三、实现远景的具体目标和措施

围绕国防情报局确定的基本任务，《计划》构建了国防情报局近年来致力于达成的八大目标。其中前四个目标主要围绕提升该局业务能力和情报质量展开，《计划》称之为“使命管理”；后四个目标则侧重于从管理层面着手改革，通过管理上的努力使国防情报机构转变成国防情报企业，也即“企业管理”。

（一）加强使命管理

1. 国防情报企业转型。为了达到建成一体化情报企业的目的，《计划》提出了整合国防情报界的主要途径：第一，在国防情报企业全面实现国防联合情报作战中心和各作战司令部联合情报作战中心的横向整合；第二，全面建设“情报活动计划”能力，促进情报活动走上一体化发展道路；第三，制定并执行综合性的“全球力量管理”方案，实现整个国防情报企业的统一行动。也就是说，通过将国防联合情报作战中心作为各机构和各战区间情报协作与互动的基础，制定根据目标的优先次序统一协调情报资源利用的“情报活动计划”，以及用“全球力量管理”方案支持国防部的力量和资源的分配与调拨，促进国防情报界计划向更加一体化的目标迈进。

2. 实现下一代情报搜集能力。所谓下一代情报搜集能力，既是指新的一体化国防情报企业的情报能力，又表明国防情报局决心在情报搜集上得到大幅度的跃升，形成持续性的搜集能力。第一，发展横向整合的、适应性强的情报搜集能力，实现持久的监视；《计划》指出获取并利用战场感知能力是达成预警与战术优势的重要条件，因此必须将人力情报与技术搜集手段整合到一起，提高情报搜集能力。第二，加强联邦国防科技情报工作的能力，强调要提高利用各种科研成果的能力，并建立多层次和多传感器的架构，遂行近距离技术情报搜集活动。第三，提高对公开来源信息的感知、获取和利用，确保全源情报的搜集与分析。第四，加强反情报搜集管理和分析，尤其必须了解外国情报组织、颠覆或恐怖组织的行事方法和规律，提高反情报活动与调查、分析与评估、技术研发与保护以及部队保护等多方面的能力，从而更好地辨别、压制和利用外国威胁。第五，与用户、工业界及合作伙伴合作，以迅速发现和开发新出现的情报概念、技术和程序。

3. 在正确的时间为正确的用户提供正确的情报。第一，将危机管理全源情报分析与用户需求相连，国防情报局将根据用户的要求，通过技术手段向用户提供访问所有相关档案数据的特定存取接口，以用户需求为主旨开展全源情报分析活动。第二，加强各级分析技能训练，提高专业水准，提升国防情报的质量与准确性。第三，运用先进的研究方法和技术，培养分析人员的判断性思维，综合运用这种思维模式和不同分析结果的不同观点，向用户提供能明确阐述机遇、弱点和不确定因素的分析判断，从而促进长期战略分析和预警能力。第四，使搜集人员和分析人员在同一时间共同访问可用信息，提高全源分析质量，也就是保证情报搜集人员和分析人员之间的紧密合作，拆除妨碍信息迅速共享的围墙。

4. 创建以知识为基础的文化。第一，与外国合作伙伴合作，拓宽获取本国情报分析人员难以获得的那些信息和观点的渠道，从而提升全球态势感知能力并填补重要的情报缺口。第二，应用成熟的互操作信息管理技术，实现与“信息共享环境”的兼容，它将通过有效利用多重信息管理行为，支持“国防部情报信息系统”的应用软件和数据实现横向和纵向的无缝整合。第三，国防情报局将贯彻创新战略，通过与企业界、学术界、合作伙伴机构及其他学科的领导人互动交流，确定知识创新战略，从而更好地发现、共享和运用知识，把知识作为整个国防情报企业的力量倍增器。

（二）加强企业管理

1. 吸引、培养和保留以结果为导向的人员队伍。第一，招募具有不同背景、不同经历、掌握不同技能，包括目标国家的语言和文化知识的高素质队伍，并尽力保证把新人员安置在与他们所掌握的技术、能力及其职业理想相一致的工作岗位上，使国防情报局的能力向深度和广度延伸。第二，培养国防情报局群体，保证这支队伍的技术和能力随时能满足未来的任务需求。为此，国防情报局将营造一种环境，确保所有成员都能得到与工作相关的培训机会，培养他们具备与未来期望相符的品质、技术和能力，包括主要业务技能、核心管理能力以及文职或军职人员晋升前的轮岗工作经验等。第三，制定一整套创新性学习战略，修改并扩大专业学习范围，为所有人员提供学习机会，包括根据国防情报局人员日益分散在世界各地的现实情况，制定非传统的学习战略，从而为国防情报局在世界各地的人员提高工作效率服务。第四，通过重在管理实践的创造性、创新性教育，培养下一代领导者。

2. 提供卓越的资源和机构管理。第一，规定并保证国防情报局的财政和人力资源用于情报计划，提高情报能力，同时还要求财政数据和人力管理的透明度和准确度，以利于监督和评估有关资源的决定。第二，将国防情报局资源分配和效率评估与战略目标挂钩，将资金投向最可能产生与实现战略目标相关的结果和效果的项目，完成预算效能的整合。第三，以投资组合方式支持计划管理和对对外承包项目的监督，加强采购和对外承包的计划性。第四，加强对外联系，构建战略关系，为各利益攸关方提供深入全面了解国防情报局的活动和成就的机会，提高使命意识和为国家安全做贡献的全局意识。

3. 保持不断进取的文化。第一，加强集中管理，继续采用“精益六Σ”方法（lean six sigma），消除核心程序中的冗余和变量，全面提高情报生产力，改进完善管理工作。国防情报局还将利用已经建立的关键性能指标，使高级领导者依据数据做出与该局战略目标相一致的决策。第二，简化国防情报局战略计划周期，确保资源的分配和有效利用能服务于战略优先项目，还将评估总的工作环境，识别正在出现的和潜在的威胁，确定作战情报的需求变化以及潜在的资源，以适应用户的动态需求。

4. 创造最佳的工作环境。第一，消除雇用方面的障碍，保障所有雇佣人员享有训练、升迁换岗、职业培养的机会。第二，完善基础设施，为人才队伍履行职责、饮食住宿、安全保密等提供支持服务。第三，不断完善统一的保密政策、程序和实施措施，要求对工作人员进行认真的审查，并保护数据安全，规定访问授权，形成安全保密的工作环境，开展积极的反情报行动。第四，制定一个充分整合的、可实施的任务保障计划，通过积极的计划和准备来降低风险。

最后，为了激励国防情报企业成员为改革做出充分努力，该计划提出了国防情报局的奋斗方向，“国防情报局理想的最终结果是：将高超的情报专业团队与尖端技术结合起来，发现信息、创建知识，为作战人员、国防计划制定者和国家安全政策制定者提供预警，抓住机会，使其获得压倒性优势。”这不是一句简单的口号，其中包含了国防情报局的宗旨——为作战和决策服务并提供预警，服务对象——作战人员、国防计划制定者和国家安全政策制定者，以及工作重点——信息、知识、技术和团队。它是一个情报企业本应达到的目标，然而在现今的制度和水平限制下，国防情报机构的工作效能并不能得到充分发挥。目前，国防情报局正处在一体化改革的转捩点上，而这份《计划》正是打开束缚其发展的枷锁的一把钥匙，为国防情报局的未来发展提供了宝贵的战略指导。

第四节 美国地理空间情报局战略计划

毋庸置疑，当今世界，美国是地理空间情报技术发展的领跑者，领导着世界情报发展的新潮流。为了保持美国作为世界第一强国的地位和信息优势，适应“9·11”以来国家的安全形势，并满足政治、经济、军事、科学等多方面对地理信息日益增长的需要，美国在地理空间方面进行了一系列的整合，在情报界一体化整合的背景下，也渐渐走上一体化道路。

地理空间情报是美国近年来最为重视的情报门类之一。从地理空间情报局的发展史便可管窥美国对地理空间情报的重视程度。从1992年的“中央图像办公室”到1996年的“国家图像与绘图局”，再到正式成立于2004年的国家地理空间情报局，历时仅十余年，发展速度却非常快。这主要得益于卫星侦察技术的迅猛发展以及信息化战争的新要求。美国要在情报侦察尤其是战场侦察中获取优势，塑造出全天时、全天候、全方位的全维透明化战场，那么空天情报就不可或缺。卫星搜集有着其他搜集手段不可比拟的优势，它可以不受温度、气候的影响，只需几颗卫星，就可以24小时连续不断地监视地球上每一个角落。新世纪美国对反恐战争等非传统安全威胁的重视，使其越发重视战场情报的搜集。而卫星侦察获取的空间情报传到地面，如果没有准确的地理测绘产品进行比照，那么很容易造成目标的偏差，美国精确打击的技术优势也就无从谈起。因此，美国认识到了将空间侦察与地理测绘相结合，成立一个兼具二者职能的机构的重要性，于是国家地理空间情报局（NGA）应运而生。然而，美国地理空间情报的发展并没有至此停滞。国家情报主任办公室成立后不久，美国又成立了地理空间情报系统（NSG）并设立了职能主管负责运筹协调。《2007年战略意图说明》界定了其性质和范围，“国家地理空间情报系统是在多源情报、多领域综合环境中生成地理空间情报所需的技术、政策、能力、条令、行动、人员、数据和团体的综合体”。它的成员包括“情报界、联合参谋部、军事部门（包括各军种）、作战司令部、国际合作伙伴、国家应用办公室、民事应用委员会成员，工业界、学术界、国防部提供商以及民事团体服务提供商等”。实际上已经把与生产地理空间情报有关的各种元素融合到一起，形成了一个综合职能部门，但美国地理空间情报局并没有纳入这个轨道。2007年美国地理空间情报局与地理空间情报系统联合签署了《2007年战略意图说明》，集中体现了其发展的战略方向和战略重点。更重要的信息是，美国国家地理空间情报系统的印章标志着美国在实践上已经成立了一个更广泛的地理空间情报界，他们将响应2005年《国家情报战略》的号召，充分整合与协作，向着一体化地理空间情报界迈进。

《2007年战略意图说明》阐述了美国地理空间情报局和地理空间情报系统在未来五年的远景、目标和任务。虽然五年的时间很快就将成为过去，该文件中的美好展望在五年之内也未必就能实现，但充分体现了美国在地理空间情报方面的战略思考，以及对地理空间这一情报门类发展的长远规划。

一、美国地理空间情报界的远景目标

当时兼任美国地理空间情报局局长与美国地理空间情报系统职能主管的海军中将罗伯特·默里特在前言中指出，“这份新的战略意图的重点在于团结协作、可信的分析性远见和人员方面”。由此可见，作为亟待转型的机构，美国地理空间情报界首先将转型重点定位在文化转型、分析转型和人力资本转型上，创建善于协作的一体化文化，更好地完成地理空间情报任务以支援军事行动，以及打造一流人才队伍并加强管理。

为此，美国地理空间情报系统展望了这样的远景：建立一个融入作战和国家伙伴机构以满足其作战和情报需求的地理空间情报专业人员的一体化协作共同体。这一远景体现了美国地理空间情报系统以作战和国家情报作为服务对象，以与美国“9·11”后情报改革相一致的一体化协作为基本特征，同时还要在人力资本上保持专业化的目标定位。

《2007 年战略意图说明》还对“地理空间情报学”这一学科门类下了定义，指出“地理空间情报学，包括为获取有关国家安全或作战环境的情报，计划、搜集、处理、分析、利用和分发空间信息，可视化描述这一知识，并通过分析和可视化处理，将所获知识与其他信息相融合而涉及的所有活动”。并再次明确说明：“地理空间情报由图像、图像情报和地理空间信息组成。”

二、美国地理空间情报局的任务

（一）使美国地理空间情报局与美国地理空间情报系统形成整体，加强整个情报界的合作关系

在美国地理空间局的远景规划中，将以任务为中心，开展密切协作，建立持久的合作关系。为此，他们制定了以下目标和任务：

1. 努力为更广泛的情报界树立多源情报环境下的协作榜样；

2. 通过组建多学科小组和一体化行动中心，促进群体协作；

3. 通过建立有利于一体化地理空间情报行动的正式架构，实施统一的地理空间情报行动战略；

4. 投资源自地理空间情报战地用户的有增值价值的信息的搜集和利用；

5. 增进地理空间情报界与国际上、学术界和私营部门之间现有

的和新的合作关系，以提高地理空间情报能力。

同时，为实现上述目标，就要在管理层面采取相应的措施：

1. 通过美国地理空间情报系统高级管理委员会，解决情报界最具挑战性的问题和最关注的领域；

2. 通过制定地理空间情报条令和指令，确保对美国地理空间情报系统实施有效的管理；

3. 提高绩效管理措施的效果，以最大限度地优化资源分配。

另外，一直很重视先进科学技术的美国也再次强调了研发前沿基础科学技术和应用科学技术的重要性，要求加速研究成果向作战环境转化：

1. 立即投资有前景的地理空间情报研发活动，以应对目前和正在出现的情报和作战挑战；

2. 根据国家情报主任的《科技计划》，制定地理空间情报研发路线图，实现技术上的突破以解决长期存在的最艰巨的情报难题；

3. 确保国家地理空间情报系统取得并保持不断获取地理空间情报核心科学领域优质专业技术的渠道。

（二）推动完成地理空间情报任务——“协助打赢战斗”

首先，不断调整、提供实效要求高的特定地理空间情报，以打赢长期战争。

1. 调整分析工作，遂行《国家情报战略》和《国防部长情报指南》规定的优先任务；

2. 以一个完全统一的机构的合作者的身份运作，以满足快速多变的多源情报任务环境中的地理空间情报需求；

3. 发挥灵活性，提供及时、特定的情报分析支持，以适应合作者的行动节奏；

4. 提高分析活动的质量，与情报界、国防部及国际伙伴协作，加强分析强度，深化分析效果。

第二，要确保对航空、商业、先进地理空间情报和由外国卫星和国家卫星搜集到的情报的整合与利用。

1. 进一步整合对航空、商业、先进地理空间情报和卫星数据的搜集与利用的管理；

2. 提供结构分析、生成技术和可视化工具，以提高地理空间情报数据的质量，扩大覆盖范围，并提高分析人员的工作效率和分析效果；

3. 加快传感器数据、元数据、压缩格式和文件标识符的标准化；

4. 制定对呈指数增长的数据和信息进行处理的策略和方法，确保所有相关数据均得到分析。

第三，保证在需要的时间和地点得到地理空间情报。

1. 建立反应性地理空间情报信息技术基础设施，以增强整个国防部和情报界在多源情报环境下的透明度，促进信息共享；

2. 通过一个以网络赋能的、以服务为导向的体系架构，确保发现、存取、分发和管理所有地理空间情报数据仓库；

3. 提供工具和方法，以便在所有必需的安全等级上融合并管理来自多个生产者的数据资源。

第四，要将前端与后端紧密相连，解决搜集平台问题，从而构建一个基础知识库和访问国家地理空间情报系统产品和服务的全面通道。

1. 扩展“探险文化”，确保将地理空间情报系统内的人员和能力与实时行动整合起来，为决策者和作战人员提供所需的情报产品和服务；

2. 开发和维护地理空间情报知识库，为决策者和作战人员提供所需的情报产品和服务；

3. 开发和维护地理空间情报知识库，将其作为地理空间情报数据和信息的虚拟核心知识库；

4. 明确阐述国家地理空间情报系统对传感器平台发展、数据分发、数据存储和数据利用等方面的需求，实现最佳平衡的投资战略。

（三）以一流的工作环境吸引、激励和保留最高素质的人才队伍

美国地理空间情报界计划通过加大人员投资和提供一流工作环境两方面，加强人力资本建设，使地理空间情报界的人才队伍更加强盛，实力更加雄厚，从而提高情报工作的效率和水平。

一方面，为了加大对人员的投资，提高情报人员的自身能力，为此确定了以下几项目标和任务：

1. 实施人才战略计划，筛选、跟踪和培养关键岗位、关键技术和关键能力方面的人才；

2. 加强分析人员的招募和人才队伍的培养，以便有效地利用所有的地理空间情报资源；

3. 通过内部实习、业界实践、导师指导以及最先进的训练方法（基于网络的虚拟方法），培养并深化专业技能；

4. 锻造一支领导和塑造未来国家地理空间情报系统的领导人队伍；

5. 创造并保持一种能使各种人才献身，增长其才干并能激励他们慎担风险的环境；

6. 以创新性雇用和职业培养战略，招募和保留高度灵活机动的新一代雇员；

7. 建立业绩评估的高标准，以确保人才队伍能树立杰出专业人员的行为榜样。

另一方面，美国地理空间情报界还计划通过提供一流的工作环境，加强地理空间情报系统履行任务的能力：

1. 改善工作的物质环境，以增强执行任务的能力，适应不断变化的任务需求，激发昂扬的士气；

2. 使用经久耐用、安全可靠、可升级的基础设施，以促进协作

并建立以任务为导向的工作环境；

3. 通过转变遗留的传统体制结构，消除管理和基础设施方面的“烟囱”，简化业务处理流程；

4. 通过利用国家地理空间情报界的能力，保证使运作上的连续性和无缝转型达到新的定位。

三、核心价值观

价值观是价值主体在长期的工作和生活中形成的对于价值客体的总的根本性的看法。它决定了人们对待客观现实的态度，评价和取舍事物的标准，选择对象的依据以及推动人们实践和认识活动的动力。对于一个企业而言，价值观就是企业文化的内核，对于情报界这个企业也是如此。它能为情报企业的生存与发展提供精神支柱，能决定企业的基本特性和发展方向，能对情报企业及员工行为起到导向和规范作用，还能激励员工发挥潜能，增强情报企业的合力。《2007年战略意图说明》在最后概括了美国地理空间情报界所提倡的价值观，鼓励为地理空间情报服务的人员做到：诚实正直、灵活应变、出类拔萃、团队精神、改革创新、尊重差异和紧迫意识这七个方面。这些价值观就像一种理性的黏合剂，它们将把美国地理空间情报界的员工固定在同一信念目标上，以大量微妙的方式沟通员工的思想，创造一个共同协作的背景，把地理空间情报界内部的各种力量汇聚到一个共同的方向上。

第五节　美国情报界“一体化”构想

随着情报界转型的深入，“一体化”已经成了一个家喻户晓的词汇。过去由情报机构组成的松散联盟已经无法满足时代的要求，美国一再强调为了成功应对未来将面临的多样化复杂威胁，情报界要向“一体化的情报企业”转型。“一体化”已经成为当今美国情报界转型的主旋律和最终目标。

一、美国情报界“一体化”总体构想的提出

“一体化”的总体构想是建立在大量研究和试验的基础之上的，学术界在构想形成之初扮演着重要角色。从进入新千年开始，美国就有很多学者和业内人士通过著书立说表明自己对情报改革的观点，并勾勒了一幅幅未来情报界的蓝图。如格里高利·特勒沃顿的《重塑信息时代的国家情报系统》、布鲁斯·D. 伯尔考威茨和阿兰·E. 古德曼合著的《绝对真实：信息时代的情报工作》就是这方面的代表。他们虽然没有在著作中明确提到“一体化”这个名词，但提出了要改革过去那种过分集中的、官僚体制下的情报组织模式，向更加分散、共享的网络化模式转变，这可以视为迈向“一体化”情报界的宣言。

美国官方逐步形成“一体化”构想是2004年来情报转型的结果。2004年7月，“9·11”事件独立调查委员会报告中总结了情报界在“一体化”道路上的众多障碍，为情报转型奠定了基础。2004年12月生效的《情报改革与恐怖主义防止法》提出了实现“一体化”的具体步骤，包括建立国家情报主任、国家反恐中心、国家反扩散中心等。2005年公布的《国家情报战略》标题全称为“通过整合与创新实现转型的美国国家情报战略”，而在英语中，“整合”（integrate）与“一体化”（integrated）乃同一词源，尽管仍然没有明确使用“一体化”这个词，但可以看出美国情报界转型是通过“整合”这一行动来实现“一体化”这一目标的。同时，《国家情报战略》中提出了两个首要战略目标：任务和企业。而后者正是美国情报界“一体化”的体现，即像一个企业一样高效运作，而不是各机构各自

为政。除此以外，2008 年 2 月公布的《情报界信息共享战略》，以及作为情报转型阶段性计划方案的《百日计划》和《五百日计划》等众多文件中都将“整合”作为转型的重点之一。

随后，以《国家情报战略》为蓝本，各情报机构的构想和战略计划文件中纷纷体现了各领域或机构的“一体化”的建设目标。如美国地理空间情报局和地理空间情报系统联合签署的《2007 年战略意图》，展望了 2012 年的情报界将成为“一个融入作战和国家伙伴机构以满足其作战和情报需求的地理空间情报专业人员的一体化协作共同体”；《国防情报局 2012—2017 年战略计划》也提出了类似的构想。

2008 年 7 月，美国国家情报主任办公室出台了整个情报界范围内的“一体化”构想：《2015 构想：全球网络化、一体化情报企业》，其中所反映的情报界的未来状态就是一个合作范围更广、合作领域更宽、合作对象更多的一体化情报企业，不再强调机构、职能和门类的划界；任务管理将实现知识共享模式，集中专家和资源，更有利于共享和协作的实现；无论是搜集还是分析环节，都将创建知识共享和交流讨论的协作平台，所有情报界成员以共同的任务为中心开展各自的工作。文件还指出，实现“一体化”是情报界发展的必然趋势。

二、美国情报界“一体化”构想的结构模型

为了实现“一体化”构想，美国情报界从各个方面采取措施，着手情报转型建设。其总体思路可以总结为：首先，必须有强有力的领导层来负责使情报界向“一体化”转型，这是迈向“一体化”的第一步；为了实现实体（物质）上的“一体化”，必须首先构建一种“一体化”的文化，形成抽象（精神）上的“一体化”；同时领导管理层通过协调和整合整个情报界，打破原有的阻碍“一体化”的

实际界限，主要是国内与国外的责任界限，以及各机构间各自为政的局面，实现实际工作中的“一体化”；无论是精神上的“一体化”还是物质上的“一体化”，都必须有充分的软件和硬件设施作保障，这就必须同时注重推动人力资本等软件建设和信息系统等硬件建设。经过多层次、多方面的保障，美国情报界认为构想中的“一体化”必将成为现实。

由此可见，美国情报界的“一体化”构想是一个循序渐进的过程，从设定管理层开始，以各种具体条件为保障，逐步实现抽象的和实体的“一体化”转型，最终完全达到“金字塔”的顶端。对这一结构的思考容易使人联想起美国参联会主席麦克斯韦尔·泰勒在1981年提出的经典的战略公式，他提出，战略包含目的、途径和手段三个要素，用公式表示即：战略＝目的（追求的目标）＋途径（行动方案）＋手段（实现目标的工具）。因此，美国情报界的“一体化”构想是从战略高度对情报界转型提出的高屋建瓴的架构，既然“一体化”是美国情报界转型的最高目标，那么“一体化”构想就可以视为“美国情报转型战略”的代名词，即依靠新设负责整合情报界的领导层，以及信息设施和人力资本建设的基础等具体手段，通过破除“一体化”道路上的文化界限和情报界职能和机构的界限，最终实现情报界“一体化”的目的。

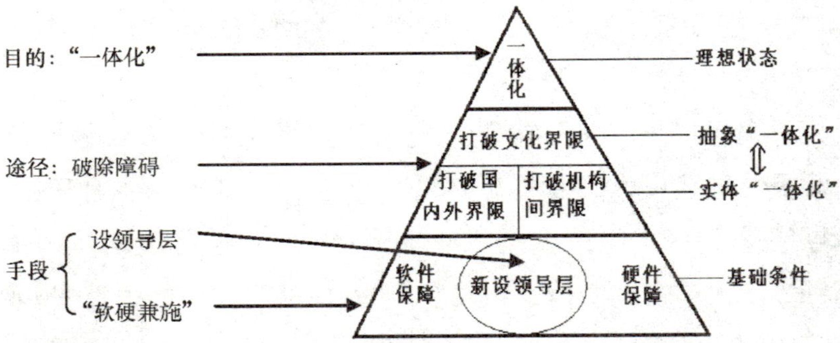

图 10－1　美国情报界“一体化”构想的金字塔结构

三、美国情报界"一体化"构想的关键环节

(一) 设立国家情报主任办公室——构想向现实转变的起点

尽管美国宣称这次的情报转型与过去屡次情报改革有质的不同，不再仅限于过去新建情报机构的改革做法。但事实证明，建立新机构似乎已经成了美国但凡情报改革必须迈出的一步，这已经成为了一种习惯或称为思维定势。只不过与历次改革的区别在于，这次的"一体化"构想在建立一个新的领导层和新机构之后走得更远，不仅建立了金字塔的根基，而且还在持续向更加艰难的高度继续进发。然而不可否认，在转型之初设立新的领导层的确有战略精妙之处。

2005 年 4 月 22 日正式开始运作的国家情报主任办公室是美国情报界向"一体化"转型的权力机构和责任机构。成立一个凌驾于情报界各成员之上的新机构，有助于减少情报界关于权力的纷争，尤其是中央情报局和国防部争权夺利的长期历史可以暂告一段落，从而为消除机构间的界限创造了条件。最重要的是，情报界转型是一项浩大的工程，筑就这个金字塔需要很大的精力和努力，任何一个现有的情报机构由于肩负具体的情报工作任务，都无法全力以赴。此时成立一个负责整合与协调整个情报界的机构比历史上任何时期都更为必要，虽然它是"一体化"的基础条件之一，但却有着举足轻重的地位，是其他手段和途径实现的基础。国家情报主任办公室的设立是使"一体化"构想真正成为现实的起步条件。

(二) 文化"一体化"——构想实现的根本条件

美国密歇根大学的卡梅隆和奎因教授认为，对于一个企业的变革而言，如果没有更改基本的目标、价值观和期望值，企业的改变将是很微小的，而且不能持久。如果变革没有触及企业的根基，即组织文化的改变，将不可能有好的结果。美国情报界"一体化"构

想反复强调文化转型的重要性，就是想从根本上使情报界从原有模式中走出来，成为一个全新的“一体化”情报企业。

2008年2月的《美国情报界信息共享战略》中提出了情报界文化转型的一个方面，即情报界的工作态度应当由被动转为主动，将“需要知道”的老文化转变为“有责任提供”的新文化。“一直以来使情报官在‘需要知道’的基础上处理情报的政策应该废除了。美国情报界需要采用一种新的指导思想，即‘有责任提供’情报给决策者、战场人员和分析家，而同时仍要有效保护情报的来源和方法。”新文化既是情报界提高工作效率、减少情报失误的需要，也是情报界应对更加瞬息万变的全球化环境和复杂威胁的需要。实现“有责任提供”的文化包括需要调整与情报用户的关系，在“需要共享”和“需要保护”之间实现一种平衡，同时也包括情报协调与协作的文化。其中，情报界更为关注的还是情报协作文化的转型。情报界加强整合与协作的《百日计划》和《五百日计划》中都将“创建协作文化”作为转型的第一个重点领域。因为情报界人员之间由于各机构发展历程不同造成相互间缺乏联系，未能培育出使情报界形成一种共同协作文化所需的相互信任感或信息共享网络。为了实现情报界“一体化”，为了在实体上打破情报界各机构、职能或门类之间的界限，情报界将更需要整个企业的通力协作来完成任务，而不是像以前那样各自为政，老死不相往来，保护各自的情报来源和工作重点，讳言共享与协作。

文化“一体化”与实体“一体化”实施起来并没有先后顺序，二者互相影响。文化“一体化”难以一日而就，它的实现是一个长期的过程，然而一旦深入人心并对情报界造成潜移默化的影响，则可能催生新的实体“一体化”方式，此时实体“一体化”对于情报界的文化“一体化”构想只起到一定的补益作用；实体“一体化”则可以通过管理制度方式相对较快地确立起来，并通过实践促进文化“一体化”的实现，然而真正做到情报工作的无缝连接，则离不开文化“一体化”的催化作用。文化转型是情报界实现“一体化”的根本条件，它无形而又无处不在，很大程度上决定了转型能否获得持久的彻底的成功。

（三）实体“一体化”——构想实现的主体

在美国情报的历史上，阻碍情报界实现“一体化”的至少有两个因素：一是国内与国外的情报职能界限过于明显；二是情报界各机构或各情报门类呈现一种“烟囱”式的工作模式，相互间的工作互相独立、互不联通。对于前者，美国有学者戏谑地称其为美国情报少有的特点，“有趣的是，实际上除了美国之外的每个国家都没有将情报模式严格区分为国外和本土威胁。”而后者也是很多学者和业内人士批判的对象，美国第二任国家情报主任麦康奈尔曾经明确指出，冷战后的现实，加上导致情报‘烟囱’的实践，抑制了信息共享、协作和整合的发展。

自从美国开始情报转型以来，这两个局面都有所改观。2002 年 11 月，美国成立了国土安全部。该部的主要任务是预防在美国国土内再次发生恐怖主义袭击事件，提高应对恐怖主义的能力，合并情报界各机构的反恐资源，集中进行反恐情报分析，以克服情报机构以前存在的因相互封锁而导致情报分析不完整的情况。国土安全部的成立开创了消除国内外情报界限的先例。不久，美国情报界又成立了四个国家级的情报中心：国家反恐中心（NCTC）、国家反扩散中心（NCPC）、国家秘密行动部（NCS）以及公开来源中心（OSC）。这四个围绕任务集中调动情报界搜集与分析资源的中心模糊了国内外界限以及各机构和各职能界限。WMD 委员会（大规模杀伤性武器委员会）在 2005 年 3 月提交的报告中建议国家情报主任应指定“任务主管”负责制定与优先情报目标有关的各方面的情报战略。如今，国家情报主任办公室已经任命了专门负责朝鲜、伊朗和古巴/委内瑞拉等方向的任务主管，从而消除了各机构间在重要工作方向上的资源争夺与浪费。

《2015构想：全球网络化、一体化情报企业》指出，未来情报界的工作模式应该是一种“任务聚焦式行动”，包括一体化的任务管理、一体化搜集系统、协作性的情报分析与战略性的伙伴关系这四个要素。这种任务聚焦模式有助于提升情报的准确性、即时性和灵活性，且不再受到组织竞争和职能规定上的限制。可见，美国情报界的“一体化”构想所要达到的是完全融合的程度，这似乎是任何行业或企业都梦想企及的理想状态，然而这种高度“一体化”想要最终实现，注定是一个漫长的过程。

（四）“软硬兼施”——实现“一体化”不可或缺的因素

美国情报界“一体化”的实现任重而道远，如果没有必要的软件和硬件保障，那么只能是停留在“构想”状态的空中楼阁。软件，最重要的是人，情报界能够适应“一体化”的工作人员和能够引领“一体化”变革的领导人；硬件，最重要的是信息网络，使构想能够应用到实际工作中的信息基础设施。

“一体化”的情报界要求有一支“高度专业、善于革新和适应能力强的工作队伍”，这也是情报界实现构想的“最大挑战”。拥有强大的人力资本也是实现文化“一体化”的关键。《五百日计划》在“创建协作文化”这一领域强调的具体目标和措施几乎都集中在人的领域，目前情报界努力的方向主要是追求人员的多元化，以及实施情报界联合职责计划。2005年6月，国家情报主任办公室发布了《人力资本五年战略计划》，提出人力资本“一体化”的远景目标，“对于我们面临的无数威胁的唯一答案，就是建设一个真正“一体化”的情报界，将重点放在共同力量的建设上（通过人力资本政策法规的推动和支持），就能成为一支能应付各种威胁的强大力量。”

“一体化”也离不开信息基础设施的保障。“一体化”不是所有情报界成员都集中到一个城市里的一个具体区域，成员们很可能相隔万里，甚至越洋过境，因而“一体化”的实现就要建立在虚拟协作的基础上。如果没有网络化的计算机系统作支撑，无论是情报搜集还是分析领域的虚拟协作都不可能实现。而且，既然“一体化”意味着高度的信息共享，那么其中涉及的很多安全审查和保密问题就应该倍加重视，毕竟，情报永远不可能“全球一体化”，否则情报就没有存在的必要了。

四、美国情报界“一体化”构想的缺陷

美国情报界的“一体化”构想所展示的是一个近乎完美的状态，没有隔阂、没有私利、无缝连接、运转流畅。然而这样的构想又有点过于理想化了，不仅是情报界所追求的终极状态存在与否的问题，在实现“一体化”的漫长过程中也会给情报界带来很多麻烦。

首先，“一体化”的终极状态脱离了美国社会和情报界的现实。美国不仅是个情报大国，首先还是个资本主义国家。维护本机构利益正如维护个人利益一样是资本主义社会机构的本性。即使将情报界的整体利益置于最高位置，由于情报界的业绩衡量标准以及预算分配仍然与各机构的年度绩效挂钩，因此“一体化”落实起来还是难以摆脱各机构争夺利益的羁绊。而且美国情报界是一个拥有16个机构组成的庞大集合，想完全协调、整合成“一体化”模式，难度可见一斑。

美国国家情报主任办公室2009年1月公布了关于《五百日计划》实施结果分析的《五百日计划后续报告》，摒除这一调查报告的客观性和准确性不谈，报告中对六个重要领域改革进程评分最高的为“对国家情报主任职权的界定和调整”，仅为2.4分（总分为5分），最低的为“业界管理现代化”，仅1.5分，其他四个领域除了“搜集与分析转型”略微多于2分，“创建协作文化”、“加速信息共享”和“树立精良装备采购和技术的领先地位”均低于2分。《2015

构想》中提出的美国情报界“一体化”构想的实现必定是一个长期而艰巨的过程，想在2015年就能实现希望渺茫。造成这种长期性的因素主要有二：一是“一体化”构想以文化转型作为其重要方向，而文化的转型必定不是一朝一夕的，“考虑到风险，我们国家的安全至少需要国家情报主任（就算不是总统）对情报界的文化不厌其烦地进行变革。”文化转型时间过长也可能会对国家安全不利。二是这一构想对信息技术的依赖性太大，虽然美国信息技术发展很快，但也未必就能赶上情报界“一体化”的步伐；情报是攻方和守方的较量，虽然网络化的共享和协作会给工作带来便利，但也可能会为精通网络攻防技术的对方提供机会，这时的代价将更为惨重。

另外，美国情报“一体化”的进程太长也会给情报工作造成一些不利影响。在实现完全“一体化”的道路上情报界会有很多老毛病和新缺口，新构想将情报按照优先需求分配到各个职能中心或任务主管之下，这可能会使情报界某一职能中心下的分析专家忽视平常关注较少的、新兴的威胁。例如，一个朝鲜分析专家，可能很少关注填补情报界范围内的情报空缺，而是争取知道关于朝鲜的一切情况，以成为他这个机构中在朝鲜事务上的权威。现今的这种组织模式仍然仅仅制造了无数“只见树木、不见森林”的分析人员，而很少有真正的分析专家。这样的局面无法有效应对不断扩散的国家安全威胁。

五、结语

对于任何一个国家来说，情报界都需要根据变化中的时代特征和威胁不断调整情报界的发展模式和战略。如今，稳定不变更多地被理解为停滞，而非坚定；传统意义上伴随企业重大变革而产生的令人恐惧的不确定性，被如今因为一成不变而带来的令人不安的不确定性所取代。美国情报界的“一体化”构想和实践所展示更多的是这个情报大国在情报转型上的决心和勇气。对于美国这个情报大国而言，情报转型一样艰巨，然而也许正如我们无法想象埃及金字塔是如何建成的一样，未来美国“一体化”的情报界也许同样会引来无数惊叹。即使等待他们的是失败，情报界也会从教训中成长进步。“一体化”不是一日成就的，情报“罗马”也不是一天建成的。

这一构想思路清晰，从战略高度对情报转型进行了有序规划，其中很多做法和思想都对各国情报机构的转型有一定的启发作用。尽管美国情报界“一体化”构想可能存在很多缺陷，但正如“一体化”无法尽善尽美一样，一个构想也不可能无懈可击。只要在实现的道路上不断调整和修改，美国情报界的“一体化”构想也许就会成为现实。但是，不可否认，美国情报界的转型将是一个长期的过程，他们在“一体化”道路上还有很长的路要走。

图书在版编目（CIP）数据

美国情报组织揭秘/高庆德著．—北京：时事出版社，2016.4

ISBN 978-7-80232-956-0

Ⅰ.①美…　Ⅱ.①高…　Ⅲ.①情报机构—研究—美国　Ⅳ.①D771.236

中国版本图书馆 CIP 数据核字（2016）第 005732 号

出版发行：时事出版社
地　　址：北京市海淀区万寿寺甲 2 号
邮　　编：100081
发行热线：（010）88547590　88547591
读者服务部：（010）88547595
传　　真：（010）88547592
电子邮箱：shishichubanshe@sina.com
网　　址：www.shishishe.com
印　　刷：北京百善印刷厂

开本：787×1092　1/16　印张：28　字数：364 千字
2016 年 4 月第 1 版　2016 年 4 月第 1 次印刷
定价：65.00 元